2판

예비교사를 위한

교육평가

김성훈 · 김신영 · 김재철 · 반재천
백순근 · 서민원 공저

학지사

2판 머리말

교육현장에 있는 교사들의 교육평가 전문성을 높이기 위해 기획되고 교사의 평가전문성 신장은 교사양성 과정에서부터 시작되어야 함을 강조하기 위해 『예비교사를 위한 교육평가』라고 이름 지은 이 책을 출간한 지 벌써 8년이 지났다. 그간 이 책을 사용하면서 느꼈던 미흡함을 수정 및 보완하고 현실적 혹은 이론적으로 점차 더 중요시되고 있는 내용들을 담고자 개정하게 되었다.

1판은 총 6부로 구성되었고 각 부의 제목은 '교육평가의 이해' '학생평가의 이해' '교육평가 도구의 제작 및 문항분석' '교육평가의 측정학적 기초' '교육 프로그램 평가의 이해' '교육평가의 미래'였다. 2판은 1판과 같이 총 6부로 구성하되 '교육평가의 이해' '학생평가의 이해' '교육평가 도구의 제작 및 양호도 분석' '교육평가의 방법론적 기초' '교육 프로그램 평가의 이해' '교육평가의 미래'로 체제를 조정하여, 학교교육 현장이 변화하고 혁신됨에 따라 강조되고 있는 학생평가에 적용되는 가치기준과 결과 못지않게 과정 또한 중시하게 됨에 따라 변화된 평가방법 그리고 교사가 학생의 교육적 성취를 평가하는 데 필요한 직접적이고 실질적인 노하우를 최대한 많이 담고자 하였다.

다루는 내용에 따라 각 장의 개정 정도가 다소 다를 수 있다. 내용이 많이 수정된 장도 있는 반면, 교육평가의 본질을 다루는 장은 그 내용이 별로 변하지 않아 수정이 많지 않다. 이번 2판의 가장 큰 변화는 4차 산업혁명으로 인한 학교교육의 변화와 혁신에 따라 새롭게 강조되고 있는 개별 학생의 특성을 이해하고 그들의 성장을 지원하기 위해 필요한 평가방법과 그 활용 및 체제적 접근, 평가결과의 활용 등을 각 장마다 보완하였다는 점이다. 이 과정에서 독자들의 이해를 최대한 돕기 위해 체계적으로 충실하게 서술하고자 노력하였다.

이 책은 현장교사의 교육평가 전문성 신장에 기여하는 동시에 교육연구자에게 도움을 주기 위해 집필되었다. 이를 위해 우리 집필진은 지속적으로 책의 내용을 수정하고 보완해 나갈 것이다. 또한 이 책의 독자가 문제점이나 개선사항을 집필진에게 보내 준다면 감사한 마음으로 반영할 것이다.

이 책을 꾸준히 관리해 주시고 개정판의 출간을 도와주신 학지사 김진환 사장님과 편집진 모두에게 진심으로 감사드린다.

2018년 9월

집필진 일동

1판 머리말

이 책은 교육현장에 있는 교사들의 교육평가 전문성을 높이기 위해서 기획되었다. 『예비교사를 위한 교육평가』라는 제목은 교사의 교육평가 전문성을 높이기 위한 첫걸음은 교사양성 과정에서 시작되어야 함을 강조하기 위한 것이다.

교육평가는 교육현장에서 가장 자주 쓰는 용어 중 하나이고, 교육 실제에 가장 큰 영향을 미치는 동시에 가장 전문적인 지식이 요구되는 교육 실천 중의 하나다. 교사는 학생들이 어느 정도나 성장했는지, 학습상의 문제가 무엇인지, 무엇을 어떻게 지도해야 할 것인지, 어떤 방향으로 진로를 잡아야 할 것인지, 자신의 수업의 질을 높이는 데 학교교육이 어느 정도나 경쟁력을 가지는지, 그리고 경쟁력을 높이기 위해서 무엇을 어떻게 해야 할 것인지 등에 답을 얻기 위하여 평가를 한다. 이처럼 평가는 교육의 제 측면에서 다양한 형태로 활용된다. 그리고 평가는 가장 복잡하고 고차적인 정신작용으로서, 이를 실시하기 위해서는 상당한 전문성을 갖추어야 한다.

상당히 오랫동안 우리나라 예비교사는 교육평가에 관한 전문성을 충분히 갖추지 못한 채 교육현장으로 나갔다고 할 수 있다. 예비교사 양성 과정 중 교육평가 전문성을 위해서는 '교육과정 및 교육평가'라는 교직과목의 후반부 몇 주 동안 가르친 것이 전부였다. 다행히 2009학년도 입학생 이후부터는 '교육평가'를 독립 과목으로 가르치게 되었다. 교육평가와 관련하여 학교현장이 요구하는 전문성의 범위나 깊이 그리고 그 영향을 고려할 때, 그러한 조치는 늦은 감이 없지 않다. 하지만 그러한 변화는 교육현장의 교육평가 전문성의 필요성에 대한 공감대가 형성되었음을 나타내는 것이다.

이 책은 교육현장에 있는 교사들의 교육평가 전문성 신장이라는 궁극적 목적을 달성하는 데 필요한 내용을 충분히 담는 동시에, 현실적으로나 이론적으로 점차 중요시되는 내용을 과감하게 포함시키고자 하였으며, 연구에 필요한 내용도 담고자 노력하였다. 그러한 요건을 충족시키기 위하여 집필진은 이 책을 총 6부 15장으로 구성하였다. 각 부의 제목은 '교육평가의 이해' '학생평가의 이해' '교육평가 도구의 제작 및 문항분석' '교육평가의 측정학적 기초' '교육 프로그램 평가의 이해' '교육평가의 미래' 등이다. 제1부와 제6부는 각각 서장(제1장)과 종장(제15장)으로만 구성하고, 제2부에서 제5부까지는 2~5개 장으로 구성하였다.

제1부와 제6부는 각각 서장인 제1장과 종장인 제15장으로만 구성하되, 교육평가 전문성의 실천적 가치를 높이고자 하였다. 제1장 '교육평가란 무엇인가'에서는 우리 교육현장의 교육평가에 관한 반성을, 제15장 '교육평가의 전망과 과제'는 앞 장들에서 구축한 교육평가 전문성을 전제로 할 때 우리나라 교육의 발전을 위해서는 교육평가가 어떻게 되어야 할 것인지를 설계해 보도록 하였다.

제2부 '학생평가의 이해'는 교실(내)평가의 중요성과 다양성을 반영하고자 기존의 교육평가 교재에 비해서 비중을 높였다. 제2부에는 학생평가, 진단평가, 형성평가, 총괄평가, 정의적 특성평가 등을 각각 하나의 장으로 다룸으로써, 학생과 교육현장 이해에 근거한 지도를 위해 학생평가가 최대한 실질적이고 충실하게 기능할 수 있도록 서술하였다.

제3부 '교육평가 도구의 제작 및 문항분석'에서는 교육현장에서 학생평가를 하는 데 가장 직접적으로 필요한 노하우를 담았다. 선택형 평가 문항의 제작(제7장), 수행평가와 학교 적용상의 쟁점(제8장), 문항의 양호도 분석(제9장)을 각각 하나의 장으로 서술함으로써 현장의 요구를 충족하고자 하였다.

제4부 '교육평가의 측정학적 기초'에서는 교육평가뿐만 아니라 연구에 필요한 기본적 지식을 제공하고자 하였다. 교육통계의 기초(제10장), 검사이론(제11장), 교육연구 방법(제12장)을 각각 하나의 장으로 구성함으로써, 교육평가에 소개되는 다양한 개념을 이해하고 교육현장 연구에 필요한 기본적 개념을 갖추도록 하였다.

제5부 '교육 프로그램 평가의 이해'는 학생평가 외에 그 중요성을 더해 가는 학교평가, 교사평가, 교육정책평가 등에 대한 전문성을 갖추도록 구성하였다. 그러한 평가는 학생이

교육적 성장을 하는 데 필요한 제 조건(하드웨어 및 소프트웨어)의 질을 판단하는 것으로서, 교육 프로그램 평가로 불린다. 교육 프로그램 평가의 이론모형과 실제를 각각 하나의 장으로 서술함으로써, 이론과 실제에 대한 안목을 갖추도록 하였다.

이 책은 일차적으로 교사교육을 위한 대학 교재로 쓰일 수 있도록 장을 구성하였지만, 현장연구를 위한 참고서로 쓸 수도 있을 것이다. 한 학기의 수업은 14~16주 동안 매주 2~3시간씩 이루어짐을 감안하여 총 15개 장으로 구성하였다. 각 장은 매주 3시간 동안 밀도 있게 진행하는 수업에 충분하도록 구성하였다. 그러므로 2시간 수업이라고 한다면 필요에 따라서 요약하거나 선택적으로 사용하고, 다루지 못한 내용은 과제로 제시할 수도 있을 것이다. 이러한 내용의 충분성과, 특히 제4부 교육평가의 측정학적 기초는 교육평가 연구뿐만 아니라 일반 교육 연구자에게도 실질적인 도움이 될 수 있을 것으로 믿는다.

앞서도 언급하였듯이, 이 책은 현장교사의 교육평가 전문성 신장에 기여하는 동시에 교육 연구자에게 도움을 주기 위한 것이다. 과연 그럴 수 있을지는 앞으로 이 책을 사용하는 과정에서 확인해야 할 것이다. 집필진은 이 책의 사용 과정에서 드러나는 문제점을 지속적으로 수집하고 수정 · 보완함으로써 우리나라 교육현장의 전문성 향상에 기여하고자 한다.

이 책의 독자가 사용 과정에서 발견된 문제점이나 개선 사항을 집필진에게 보내 준다면 매우 감사한 마음으로 받아들일 것이다. 끝으로 이 책의 원고를 기다려 주시고 편집의 노고를 아끼지 않으신 학지사 사장님 이하 편집진 모두에게 감사드린다.

2010년 8월

집필진 일동

차례

제3부

교육평가 도구의 제작 및 양호도 분석

제7장 검사이론 _ 159

제8장 평가 문항의 제작 _ 181

제9장 수행평가 _ 221

제10장 문항의 양호도 분석 _ 245

제4부
교육평가의 방법론적 기초

제5부 교육 프로그램 평가의 이해

제6부 교육평가의 미래

제1부

교육평가의 이해

제1장

교육평가란 무엇인가

이 장은 교육현장에서 교육평가라는 이름으로 이루어지는 다양한 활동이 어떻게 개념화될 수 있을 것인지를 전체적으로 조망한다. 다양한 교육평가 관련 활동들을 포괄할 수 있는 개념을 정의하고 유사한 개념과 대비함으로써 개념을 명료화한다. 이어서 교육평가 활동의 범주화 과정을 통해 이 책에서 다루고자 하는 교육평가 관련 활동들을 전반적으로 소개한다. 그리고 교육평가의 목적과 기능을 구분하여 제시함으로써 기존의 교육평가 관련 논의에서 한층 정교한 개념체계를 구축한다. 교육평가 기능의 개념화는 비교적 새로운 시도이다. 교육평가가 교육 실제에 미치는 영향을 감안할 때, 그 기능의 개념화는 이론적으로나 실천적으로나 의미 있는 역할을 하리라고 본다. 마지막으로 우리 사회에 널리 퍼져 있는 교육평가에 관련된 일상적 관념들을 앞에서 개념화한 바에 근거하여 반성해 보는 절을 마련함으로써 교육평가의 의미를 재확인한다.

1. 서론: 지구촌 사회에서의 교육과 교육평가

세계가 지구촌을 형성한다는 것은 이제 더 이상 새로운 주장이 아니다. 지구촌 속에서 각 개인이나 국가들은 시간적으로는 더욱 즉시적이고 공간적으로는 더욱 즉상황적인 관계를 형성한다. 이는 정보화 및 교통, 통신의 발달에 힘입은 바가 크다. 그런 맥락에서 지구촌은 정보화 사회이기도 하다. 한 나라의 증시 상황은 다른 나라의 증시 상황과 거의 동시적으로 영향을 주고받는다. 지구 온난화나 사막화와 같은 환경문제의 발생이나 영향은 한 나라에만 국한된 것이 아닐 뿐만 아니라 그 해결을 위해서는 국제적 협조가 절대적으로 필요하다. 이처럼 지구촌에서의 각 개인 또는 집단의 삶은 국경을 초월하여 서로 밀접히 관련되어 있으므로 서로 협조적인 관계가 중요시된다.

교육계도 지구촌화에서 예외가 아니다. 낮 동안 학교 교실에서 수업을 듣던 학생이 방과 후에는 지하철이나 버스에서 다른 지역이나 외국의 강의를 듣거나 학습자료를 탐색할 수 있다. 공학교육인증과 같은 대학교육 프로그램은 국제화되어 있다. 표준화된 영어능력 시험은 미국과 같은 영어 사용권뿐만 아니라 우리나라에서도 선발이나 자격을 위하여 활용된다. 어떤 단계의 학력기라고 하더라도 다른 나라에서 교육받은 바를 서로 인정해 주고 있다. 이처럼 교육은 더 이상 지역이나 제도적 틀 안에 국한되지 않는다. 그리고 선진화된 곳일수록 교육의 국제 교류는 학교 차원이건 국가 차원이건 자연스러운 변화의 추세라고 할 수 있다. 학생, 교사나 교수, 연구자의 교류와 같은 인적 교류뿐만 아니라 강좌나 자격교육 프로그램의 교류, 국제이해교육 등 다양한 형태로 교육의 국제적 교류가 전개되고 있다.

지구촌의 삶이 국경을 초월하는 협력체계를 하나의 특징으로 한다고 해서 각 개인이나 집단 간 또는 국가 간 경쟁이 없다거나 줄어든다는 것은 결코 아니다. 개인 간이든 국가 간이든 경쟁은 정보화에 힘입어 시공간을 초월하여 더욱 즉시적이고 즉상황적이고 폭넓게 이루어질 수 있고, 또 실제로 그렇게 진행되고 있다. 한 국가의 자산의 규모가 국제적 표준에 의해서 비교되고 있음은 어제오늘의 일이 아니다. 이제는 어느 나라가 정보화가 잘되어 있는지, 공공서비스가 좋은지, 투자하기가 적합한지, 부패가 적은지 등 다양한 비교가 이루어지고 있다.

지구촌의 경쟁은 교육계에서도 예외가 아니다. 대학의 경쟁력은 국내에서뿐만 아니라 국제적으로 비교되고 있다. 한 연구자의 연구결과는 국제적으로 심사되고 평가된다. 초·중등교육에서도 마찬가지이다. 전국적 학업성취도 평가에 참여한 학생의 성취는 그 학교나 국가 내의 다른 학생들과 비교될 수 있을 뿐만 아니라 국제적으로도 비교될 수 있다. 예를 들어, 미국 대학으로 유학하고자 하는 학생은 어디에 있든 인터넷을 통하여 입학사정에 필요한 시험(SAT, ACT, TOEFL 등)에 응시할 수 있다. 그리고 TIMSS나 PISA와 같은 국제적 학업성취도평가는 주요 교과의 성취도를 국제적으로 비교한다.

지구촌에서의 인간관계가 시공간을 초월하여 진행될 수 있다는 것은 경쟁관계 또한 그렇게 될 수 있음을 의미한다. 사회가 발전할수록 각국은 경쟁력 강화를 위해 더욱 신경을 쓸 수밖에 없는 상황에 직면해 있음이 그러한 사실을 반증한다. 정보화 사회로 묘사되는 지구촌에서 정보력은 경쟁력 결정의 핵심적인 요인이다. 우리나라와 같이 물적 자원이 풍족하지 못한 경우에는 더욱 그렇다. 이는 곧 교육이 경쟁력 배양의 핵심에 있음을 의미한다. 각 국가마다 교육에 막대한 예산을 투입하는 것은 바로 그러한 믿음에 근거한다.

교육이 경쟁력을 결정한다는 명제는 개인적 차원에도 그대로 적용된다. 교육을 통해서 각 개인은 인격적 성장을 추구하는 동시에 직업을 준비하고, 더 나아가서는 일평생 개인적 및 사회적 성숙을 추구한다. 물론 예외도 있지만, 모든 개인은 각자가 원하는 직업을 가지기 위해서 경쟁을 하여야 한다. 그러므로 그 준비를 하는 과정에서 교육에 참여하는 개인들이 서로 경쟁을 하는 것은 자연스러운 귀결이다. 가르치는 사람은 가르치는 사람대로, 배우는 사람은 배우는 사람대로 누가 더 수월한지, 특정 목적에 누가 더 적격인지 등은 가장 쉽게 생각할 수 있는 경쟁의 형태이다. 이러한 경쟁은 교육적 경쟁인 동시에 사회적 경쟁인 경우가 많다. 예를 들면, 대학입시나 전문직 자격 경쟁은 그 자체가 사회적인 경쟁인 동시에 교육된 결과를 가지고 경쟁한다는 점에서 교육과 관련된 경쟁이다. 한편, 사회적 경쟁이라고 하기는 어렵지만 교육적 경쟁이라고 할 수 있는 형태의 경쟁도 있다. 한 개인이나 집단은 이전의 어떤 상태를 극복하기 위하여 또는 스스로 설정한 어떤 목표에 도달하기 위하여 자기 자신의 이전의 상태와 경쟁할 수도 있다. 교육평가는 이러한 경쟁이 공정하고 효과적으로 이루어질 수 있도록 하는 데 결정적인 역할을 하여 왔다.

'교육평가란?' 이 질문은 완전한 문장으로 던져지지는 않았지만 분명 교육평가에 대한 뭔가를 묻고 있다. 간단하게는 교육평가의 개념 정의를 통해서 답할 수 있다. 그러나 교직을 꿈꾸는 예비교사들의 교육평가 전문성 축적을 목적으로 하는 이 책의 첫머리에서 던지는 질문으로서 의도하는 바는 다음과 같은 주제들에 대한 담론을 전개하는 것이다.

- 교육평가는 어떻게 정의되는가?
- 교육평가와 관련된 개념에는 어떤 것이 있는가?
- 교육평가에는 어떤 유형의 활동이 있는가?
- 교육평가는 어떤 기능을 하는가?
- 교육평가 전문성은 어떤 개념들로 구성되는가?
- 우리 주위의 교육평가에 대한 일반적인 관념은 어떤 점에서 반성될 수 있는가?

2. 교육평가의 개념 정의

교육평가가 무엇인가에 대한 일반적 관념을 검토하면서 알 수 있는 바는 교육평가에 대한 관념들이 교육평가를 온전히 다 포함하지 못한다는 것이다. 우선 '평가'의 사전적 정의를 살펴보자. 우리나라 표준국어대사전(국립국어연구원/두산동아, 2001)의 정의를 보면 다음과 같다.

평가(評價)

1. 물건 값을 헤아려 매김. 또는 그 값.
2. 사물의 가치나 수준 따위를 평함. 또는 그 가치나 수준.

사전적 정의를 원용하면, 평가대상의 값을 헤아려 매기거나 그 가치나 수준을 평하는 것을 의미한다. 그렇게 볼 때, 교육평가란 '교육의 가치나 수준 따위를 평가하는 것 또는 그 가치나 수준'으로 정의할 수도 있을 것이다. 그런데 같은 사전에 교육평가에 대한 정의도 있다.

교육평가(教育評價)

학습자의 학습과 행동 발달 정도를 교육의 목표에 비추어 측정하고 판단하는 일.

이 정의에 의하면 교육평가는 평가의 대상을 '학습자의 학습과 행동 발달 정도'로 대표되는 '학생의 특성'이라고 규정하고, 가치나 수준을 평함에 있어서 그 기준을 '교육의 목표'에 비추어 판단한다고 규정한다. 그렇게 볼 때 교육평가는 일반적 평가의 하위개념으로 이해될 수 있다. 즉, 교육평가는 평가의 대상과 방법이 보다 구체적으로 규정되어 있어서 일반적 평가의 한 분야로 이해될 수 있다. 비슷한 논리로 '일정 시점에서의 자산의 화폐 가치를 결정하는' 재산평가나 '각 직무가 기업 내에서 차지하는 상대적 가치를 기업의 처지에서 비교하고 판정하는' 직무평가는 각각 고유한 평가대상과 방법을 가지는 평가의 분야들로서 교육평가와 병치관계에 놓여 있다고 할 수 있다. 그런 맥락에서 본다면 정치평가나 사회평가 등 다양한 분야의 평가가 있을 수 있다. 그러나 아직 그러한 평가는 사전에 등록되어 있지 않다. 이런 점에서 그러한 평가는 이론적으로나 실제적으로나 고유한 활동으로 자리를 잡았다고 하기는 어렵다.

한편, 교육평가에 관한 이론적 논의는 교육평가를 위와 같은 사전적 정의 개념에만 국한하여 개념화하지는 않는다. 학문적 논의에서 자주 거론되는 학자나 단체에서 규정하는 교육평가의 정의를 보자.

Tyler(1942, 1967): 교육과정 또는 교육 프로그램의 목표가 실제로 달성된 정도를 판단하는 과정이다.

Provus(1971): 성취 결과(performance)를 어떤 기준(standard)에 비추어 비교하고 그 불일치 정도 또는 차이(discrepancies)가 있는가를 결정하는 활동이다.

Accreditation model: 전문가들이 프로그램이 진행 중인 현장을 방문하여 일정한 기준에 의하여 그 프로그램의 장단점을 판단하는 것이다.

Cronbach(1963), Alkin(1969): 평가란 의사결정에 필요한 정보를 제공하는 일이다.

Stufflebeam(1971): 프로그램의 상황, 투입, 과정, 산출에서의 의사결정 정보를 제공하는 일이다.

Stake(1967): 프로그램을 기술하고 판단하는 과정이다.

Scriven(1967): 프로그램의 장점과 가치를 결정하는 일이다.

Scriven(1974): (교육)프로그램의 장점과 가치에 대한 소비자의 판단이다.

Parlett & Hamilton(1976): 교육의 과정과 절차에 관련된 요소들을 명료하게 보여 줌(illumination)으로써 교육의 개선을 가져오고자 하는 사람들에게 도움을 주고 빛을 밝혀 주는 과정이다.

Joint Committee on Standards for Evaluation(1994): 대상의 가치나 장점을 체계적으로 조사하는 일이다.

Eisner(1985): 교육 프로그램에 대한 전문적 감식과 비평이다.

이상은 각 학자가 자신의 이론적 관점에 따라서 다양한 형태로 교육평가를 정의하고 있음을 보여 준다. (주요 이론적 관점은 따로 뒤에서 별도의 장으로 다룬다.) 그중 Tyler(1942, 1967)나 Provus(1971)의 정의는 학생들이 교육목표를 어느 정도 달성했는지를 측정하고 판단하는 것을 핵심적 활동으로 한다는 점에서 앞에서 본 사전적 정의와 크게 다르지 않다. 그러나 그들의 정의는 학습과 행동 발달 정도를 측정하여 학생의 특성을 평가하는 데 그치는 것이 아니라 그 학생에게 주어진 교육(프로그램)의 가치를 평가한다는 점에서 앞의 사전적 정의와 구별된다. 위의 이론가들의 정의는 교육목표의 달성 정도를 판단하는 데 그치기보다는 그 목표를 달성시키기 위한 (학교교육, 수업, 교육과정 등의) 교육(프로그램)의 가치를 판단하는 것으로 개념화하고 있다. 이러한 정의들은 미국을 중심으로 활발하게 전개된 교육 프로그램 평가를 개념화하기 위한 것으로서 1960년대 후반 이후에 그 이론화를 위한 활동들이 확산되었다. 이러한 변화는 전문적 활동으로서의 교육평가의 장르가 교실 상황의 학업성취도 측정에서 크게 넓어진 것을 반영한다. 우리나라의 한 원로는 이러한 변화를 다음과 같이 묘사한다.

> ……1970년대를 기점으로 급격히 변화하고 있는 교육이론의 다양한 혁신은 교육평가의 개념도 학생평가, 학업성취도평가에서 보다 거시적 관점의 평가로 변환되어야 할 압력으로 작용하고 있다. 이제는 학습자의 학업성취도평가를 넘어서서 교육평가의 철학적 함의, 교육환경의 평가, 교수의 평가, 비용-효과의 적정성, 의사결정의 합리성, 공중과의 관계 등을 포함한 넓은 개념으로 이해할 것을 요구하고 있다……. 다양한 평가이론은 과거에 학업성취 결과를 측정하여 등급을 결정하는 것을 교육평가로 인식한 우리의 시각에 커다란 전환이 있어야 할 것을 시사한다(황정규, 2002: 70-71).

그리고 김성훈(2008)은 다음과 같이 교육평가를 학생평가와 교육 프로그램 평가를 포함하는 활동으로 주장하고 있다.

> 우리나라의 경우 1990년대 이전까지 교육평가는 학생들의 지적 및 정의적 성취를 측정하는 것으로 간주되었다. 그러므로 교육평가 교재는 학생들의 능력이나 성향의 측정을 중심으로 저술되었다(김호권, 1984; 황정규, 1984). 학생의 지적 및 정의적 성취 측정을 중심으로 하는 것은 미국의 경우도 비슷하였다(Ebel & Frisbie, 1991). 다만, 우리나라의 경우와 다른 점은 교육평가(evaluation) 대신 교육측정(measurement)이라는 용어를 사용하였다는 것이다(Worthen, Borg, & White, 1993). Worthen, Borg와 White(1993)는 평가라는 용어를 학생들의 성취를 측정하기 위해서 실시하는 문항 또는 검사의 양호성이나 관찰평정과 같은 가치판단이 이루어지는 경우에 국한하여 사용하였다. 교육측정이든 교육평가든 학생들의 성취를 측정하거나 평가하는 것

을 중심으로 구성되었음은 공통적이다.

이제 더 이상 교육평가를 학생의 교육성취평가와 동일시하기는 어렵다. 우리나라를 중심으로 볼 때, 비교적 최근 10~20년 사이에 교사평가, 수업 또는 강의 평가, 교육과정평가, 학교평가, 교육청평가 등이 교육현장에서 중요한 평가활동으로 자리매김해 왔다. 그러한 변화와 함께 대학의 교재 또한 그러한 변화를 반영하였다. 즉, 교사평가, 수업 또는 강의 평가, 교육과정평가, 학교평가, 교육청평가를 설명할 수 있는 개념모형들이 장으로 포함되거나(강승호 외, 1996; 성태제, 2005), 별도로 저술되었다(배호순, 1991, 1994; 곽영순, 강호선, 2005). 그러나 이러한 다양한 평가는 전체적 하나의 개념으로 통일되어 있지는 못하다. 각 저자는 저술 의도에 따라 '학교평가'(성태제, 2002), '프로그램 평가'(배호순, 1994), '수업평가' 또는 '교사평가'(배호순, 1991; 곽영순, 강호선, 2005)와 같이 구체적 활동을 제목으로 사용하고 있다.

새로이 대두되는 교육평가 활동을 기존의 개념체계로 포착하기 어려울 때에 우선적으로 할 수 있는 바는 활동이나 현상을 분류하는 개념을 도입하는 것이다. 이제까지의 논의에서 짐작할 수 있듯이 필자는 교육평가를 평가대상에 따라서 구분할 수 있다고 본다. 즉, 평가의 대상을 학생으로 보는가 아니면 학생에게 영향을 미치는 외적 조건으로 보는가로 대별할 수 있다고 본다. 전자를 '학생평가'로 부를 수 있는 반면, 후자는 '교육 프로그램 평가'라는 이름 아래 교사평가, 수업 또는 강의 평가, 교육과정평가, 학교평가, 교육청평가 등이 모두 포함될 수 있다고 본다.

프로그램은 수업과 같이 "특정 목적을 위하여 조직된 일련의 활동들"로 좁게 규정되기도 한다(Royse, Thyer, & Padgett, 2010, p. 5). 그러나 프로그램평가를 그렇게 좁게 규정할 필요는 없다고 본다. '프로그램 평가'라는 이름을 가진 저술들은 학교평가, 교사평가, 수업평가 등 다양한 상황에 적용할 수 있는 내용들을 담고 있다(배호순, 1994; Fitzpatrick, Sanders, & Worthen, 2004). 그렇게 볼 때, 교육 프로그램 평가는 학생의 교육적 성취를 위하여 조직된 유·무형의 조건들의 가치를 판단하는 활동이라고 정의할 수 있을 것이다. 유형의 조건이라면 시설이나 기자재, 예산과 같이 직접 관찰할 수 있는 요소들을 의미하고, 무형의 조건이라면 수업의 질이나 심리적 환경 등과 같이 직접 관찰하기 어려운 요소들을 의미한다. 그러므로 이 정의는 학교평가와 같은 기관평가뿐만 아니라 수업평가와 같은 좁은 의미의 프로그램 평가를 다 포함한다.

이상은 교육평가를 구성하는 지식은 학생의 성취를 측정하는 학생평가 관련 내용과 학생에게 주어지는 조건들에 대한 평가를 의미하는 교육 프로그램 평가 관련 내용으로 대별될 수 있음을 제안하는 것이다. 이렇게 제안하는 이유는 학생평가의 논리와 교육 프로그램 평가의 논리가 공유되는 부분도 있을 것이지만 별도로 구성되어야 할 부분도 있음을 지적하기 위한 것이다. 예를 들자면, 평가가 타당하게 이루어져야 할 것이라는 점에서 평가 결과의 타당성이라는 개념은 공통적으로 필요로 하는 개념이다. 그러나 학생평가 결과 타당성 확보를 위한 검사이론에 근거하는 타당도 개념들이 프로그램 평가 결과를 타당화하는 데에는 한계가 있다.

이제 교육평가는 사전적 정의와 같이 학생들의 특성을 측정하고 판단하는 활동으로만 정의할 수는 없다. 현실적으로 학교평가, 수업평가, 교육과정평가 등의 평가활동은 교육의 질을 판단하기 위한 필수적인 전문적 활동으로 자리 잡아 가고 있다. 이는 교육평가의 외연(denotation)이 한층 넓어졌음을 의미한다. 앞으로 교사들은 학생들의 교육목표 달성 정도를 측정하고 해석할 수 있어야 할 뿐만 아니라 학교평가, 수업평가, 교육과정평가 등의 활동에도 참여하여야 할 필요가 있다. 그러므로 교육평가 관련 전문성 함양에는 학업성취도평가 외에 학교평가, 수업평가, 교육과정평가와 같은 평가도 포함할 필요가 있다. 전자는 전통적 의미에서의 교육평가로서 학생평가로 개념화될 수 있고, 후자는 학생의 교육적 성취를 위하여 인위적으로 조직된 유형 또는 무형의 조건에 대한 평가로서 교육 프로그램 평가로 개념화될 수 있다(김성훈, 2007).

이와 같은 맥락에서 이 책에서는 교육평가를 두 가지 평가활동을 병렬적으로 포함하는 것으로 정의한다. 즉, 교육평가란 학습자의 교육적 성취를 위하여 조직된 유・무형의 조건이나 학생의 교육적 성취 자체의 특징이나 가치를 체계적으로 조사하고 판정하는 활동으로 정의한다. 전자는 교육 프로그램 평가로 그리고 후자는 학생평가로 부른다. 어떤 평가이든 평가대상, 즉 교육 프로그램이나 학생의 장점이나 가치의 정도나 양상을 드러낸다. 학생평가의 경우에는 학생의 지적・정의적・신체적 특징이나 가치를, 교육 프로그램 평가의 경우에는 그 프로그램의 특징이나 가치를 판단하기 위하여 체계적인 조사를 필요로 한다. 체계적인 조사가 의미하는 바는 가치에 대한 판단이 임의적으로 이루어지는 것이 아니라 양적 및 질적 자료를 수합, 분석, 해석하는 활동을 포함함을 의미한다. 이상으로 볼 때 교육평가의 내포(connotation), 즉 개념요소는 다음과 같다.

- 교육평가는 가치를 판단하는 활동이다.
- 가치판단의 대상은 학생 또는 교육 프로그램이다.
- 가치판단은 자료수집, 분석, 해석을 포함하는 체계적 조사에 근거한다.

개념의 내포와 외연

내포(內包, connotation)와 외연(外延, denotation)은 논리학에서 많이 다루는 개념으로서 개념을 규정하는 조건들이다. 내포란 개념이 적용되는 범위에 속하는 여러 사물이 공통으로 지니는 필연적 성질의 전체이고, 외연은 일정한 개념이 적용되는 사물의 전 범위이다. 외연은 어떤 개념을 나타내는 물건이나 현상의 집합이고, 개념은 그러한 집합이 공통적으로 가지는 특징들의 집합이라고 할 수 있다. 논리학에 있어 일반적으로 외연이 증대하는 순서대로 명사를 늘어놓으면 그 순서에 따라 내포는 감소한다는 점에서 내포와 외연은 상호 의존적 개념이다.

척추동물을 정의한다고 해 보자. 표준국어사전(국립국어연구원/두산동아, 2001)에 의하면, 척추동물은 "후생동물의 한 문으로, 좌우대칭으로 머리 · 몸통 · 꼬리로 구분되며, 몸의 등 쪽에 세로로 늘어선 등골뼈로 된 척추가 있으며, 중추신경계 · 폐쇄 혈관계가 있고, 호흡은 폐나 아가미로 한다. 암수딴몸으로 먹장어강, 두갑강, 연골어강, 조기강, 양서강, 파충강, 조강, 포유강으로 나눈다." 이 정의에 의하면, 척추동물의 내포는

- 후생동물이어야 하고,
- 좌우대칭으로 머리 · 몸통 · 꼬리로 구분되며,
- 몸의 등 쪽에 세로로 늘어선 등골뼈로 된 척추가 있으며,
- 중추신경계와 폐쇄 혈관계가 있고,
- 호흡은 폐나 아가미로 하고,
- 암수딴몸이어야 하는 등 6개 조건들로 구성되는 특성 집합이다.

척추동물의 외연은 위의 사전적 정의 마지막 부분인 '먹장어강, 두갑강, 연골어강, 조기강, 양서강, 파충강, 조강, 포유강'의 8개 강으로 구성되는 실제 동물 집합이다.

위의 사전적 정의가 완전하다면, 정의문에 포함된 내연과 외연은 필요하고도 충분해야 한다. 즉, 8개 강은 여섯 가지 내포 조건을 빠짐없이 공통적으로 갖추어야 하며(내포의 필요조건), 그 이외의 공통 조건은 필요치 않아야 한다(내포의 충분조건). 그리고 6개의 내포를 가지고 모든 동물을 분류하였을 때, 위의 8개 강은 빠짐없이 선택되어야 하며(외연의 필요조건), 8개 강 이외의 동물들 중 빠진 것이 있어서는 안 된다(외연의 충분조건).

내포 및 외연은 전통적으로 명사에 관하여 말하지만 현대에는 명제에 대하여도 사용된다. 예를 들어, '어떤 수는 스스로를 제곱하거나 2배수로 하더라도 결과가 같다.'라는 조건 명제가 있다면, 그 명제를 만족하는 외연은 {0, 2}이다.

3. 교육평가와 관련된 개념

교육평가는 폭넓은 범주의 내용을 체계적으로 조사하고 판단하는 활동이기 때문에 이와 관련된 다양한 다른 활동을 필요로 하거나 병행한다. 이에는 (교육)측정, 검사, 시험, 사정, 연구 등의 활동이 포함된다.

1) 교육평가와 교육측정

흔히 평가(evaluation)와 측정(measurement)은 밀접하게 관련되지만, 분명히 구별되는 개념이다. 평가는 가치판단을 핵심적 개념요소로 하지만, 측정은 수량화 과정으로서 가치판단 활동이 아니다. 예를 들어, 국어능력시험을 치른 후 점수를 산출하는 것은 측정활동인 데 비해서, 그 점수를 통하여 매우 우수하다든지 보충수업을 받아야 할 것이라는 등의 판단을 한다면 이는 평가를 한 것이다.

측정은 교육평가로 하여금 과학적 접근이 되도록 하는 활동이다. 측정은 체계적인 자료수집, 분석, 해석을 통하여 관심대상을 기술, 설명, 예언하는 과학적 활동의 근간을 이루는 것이기 때문이다. 측정은 그 대상을 숫자로 표현하는 것인 만큼 숫자가 불변적인 것처럼 측정대상도 불변적임을 가정한다. 예를 들면, 지능을 (일정 기간) 불변적이라고 가정한다. 그러한 불변적인 특성들은 주로 심리검사 등에 의하여 수량화하여 비교나 선발에 사용한다. 비교나 선발이 제대로 이루어지기 위해서는 그 비교에 쓰인 측정치가 양호해야 한다. 그 측정치는 비교나 선발이라는 목적에 적합해야 한다는 점에서 타당해야 한다. 불변적인 대상을 수량화하는 것인 만큼 측정치는 시간적 변화와 관계없이 일관적이어야 한다는 점에서 신뢰도가 중요시되며, 객관적으로도 그 정확성을 확인할 수 있어야 한다는 점에서 객관도도 중요시된다.

평가는 체계적 조사를 하여야 하는 만큼 측정활동을 포함하는 경우가 많다. 학생의 교육적 성취를 평가하기 위해서 시험과 같은 검사를 사용한다. 그러나 평가는 그러한 검사에만 의존하지는 않는다. 그러므로 평가와 측정은 포함관계를 이루지는 않는다고 보아야 할 것이다. 교사가 학생평가를 한다고 할 때, 그가 평소에 관찰한 결과 얻게 된 그 학생의 변화 가능성도 평가에 반영할 수 있다. 그러한 결과는 개인 간 비교에도 쓰이기는 하지만, 그보다는 학생을 진단하고 그 결과에 따라서 수업의 효과가 판단되거나 앞으로의 지도의 방향을 결정하는 데 사용한다. 이는 평가대상인 학생이 상황에 따라서 또는 시간적 변화에 따라서 달라질 수 있음을 가정하고 있으며, 주관적이고 질적인 자료 또한 활용함을 의미한다. 그러므로 평가는 측정치와 주관적인 관찰자료를 종합적으로 수합, 분석, 해석하여 평가대상에 대한 가치판단을 한다. 그렇기 때문에 그 판단에 사용된 자료는 양적 자료의 경우에는 당연히 신뢰도나 객관도가 중요시되지만, 그보다도 전체적으로 볼 때 해석과 최종 판단의 타당성과 그러한 결과가 피평가자나 다른 평가자에게도 공감되어야 한다는 점에서 간주관성도 못지않게 중요시된다.

〈표 1-1〉 측정과 평가

비교준거	측정	평가
개념	수량화 과정	가치판단
대상에 대한 가정	불변적	가변적
방법	지필고사 등 검사 이용	가능한 모든 방법
양호도	신뢰도, 객관도 중시	타당도, 간주관성 중시
활용	선발, 분류, 예언	진단, 교수, 수업 효과 판단

2) 평가와 검사 및 시험

검사(test)는 관심대상을 측정하기 위하여 표집된 행동을 체계적으로 관찰하는 활동이나 그 활동에 사용되는 도구로, 그리고 시험(examination)은 지적 능력을 측정하기 위한 일종의 검사로 정의할 수 있다. 그러므로 측정은 검사를 포함하고 검사는 시험을 포함하는 개념이다. 즉, 그 개념적 관계는 '측정⊃검사⊃시험'으로 표현할 수 있다. 그러므로 검사나 시험은 측정방법이지만 모든 측정이 검사나 시험은 아니다.

수량화 과정인 측정은 흔히 재는 활동으로 이해되기도 한다. 우리나라 표준국어대사전에서는 측정을 "일정한 양을 기준으로 하여 같은 종류의 다른 양의 크기를 잼"으로 정의하고 있다. (몸)무게나 키와 같은 길이를 측정함은 몸무게나 키를 잼으로 표현한다. 이처럼 '재다'라는 표현은 측정하고자 하는 대상이 한 번의 측정만으로 충분한 경우에 적용된다. 그러나 신체, 인성, 지능, 국어능력의 경우에는 '잼'이라는 표현보다는 '검사함'이라는 표현을 쓴다. 이처럼 검사는 '표집된' 행동을 관찰하는 것이기 때문에 여러 번 또는 여러 측면의 측정을 필요로 하는 경우에 필요한 개념이다.

검사이기 위해서는 표집된 행동이나 사물을 관찰해야 하며, 어떤 체계성을 갖춘 관찰이어야 한다. 표집된 행동을 관찰한다고 함은 여러 번 또는 측면을 관찰함을 의미한다. 신체검사를 위해서는 키나 몸무게 하나만을 관찰하는 것이 아니라 그 외에도 맥박, 귀, 눈, 대변, 소변 등을 관찰한다. 이들 표집된 측면을 묶어서 신체검사라고 한다. 그 각각을 볼 때에도 검사가 꼭 필요한 경우와 그렇지 않은 경우는 구별된다. 맥박은 잰다고 표현하기도 하지만, 청각, 시력, 대변, 소변의 경우에는 검사로 표현되어야 한다. 맥박은 한 번 측정하는 것으로 충분하지만 청각, 시력, 대변, 소변은 여러 가지의 관찰을 필요로 한다. 인성, 지능, 국어능력과 같은 심리적 특징도 마찬가지이다. 어떤 심리적 특징을 측정하기 위해서는 그 특징을 대변할 수 있도록 표집된 문항들에 대한 관찰을 종합하여야 한다. 그러므로 어떤 검사를 위해서는 그 검사대상을 잘 대변할 수 있도록 관찰 목록을 표집하는 것이 일차적으로 중요하다. 그 표집이 잘될수록 쓸모 있는 측정이 될 수 있는 것이다.

시험은 지적 성취 결과를 확인하기 위한 성취도검사에 국한된 용어로서 고사로도 불린다. 즉, 기말시험, 국어시험이나 기말시험 대신 국어고사나 기말고사로도 불린다. 그러나 인성 또는 체력은 '시험 친다'는 표현 대신 '검사한다'는 표현이 어울린다. 그리고 지적 능력의 경우에도 교육을 통하여 쉽게 성취될 수 있거나 그렇게 성취된 것에 '시험 친다'는 표현을 쓴다. 그러므로 지능은 시험 치는 것이 아니라 '검사한다'고 한다. 적성은 그 경계선에 있다. 적성(aptitude)은 전통적으로 검사한다고 하였으나, 근래 우리나라에서는 시험이라는 용어도 쓴다. '법학적성시험(Legal Education Eligibility Test)'이나 '의학적성시험(Medical Eligibility Test)'이 그 예이다. 이들 시험이 측정하는 적성은 특정 전공의 목표달성도가 아니라 향후 대학원 교육에 적합한 일반적인 능력을 측정한다는 점에서 적성을 측정한다고 할 수 있다. 한편, 대학 학부 과정에서 성취한 능력을 측정한다는 점에서 시험이라고 부를 수도 있다. 그러나 그 어느 경우라도 영어로는 검사(test)로 부르므로 엄격히 시험(examination)과 구분되지는 않는다.

3) 평가와 사정

사정(assessment)은 결과를 수량적 등급으로 표현하는 평가를 의미한다. 재산평가나 경제평가는 화폐가치를 수치화하므로 사정과 평가가 같은 의미로 사용된다. 비슷하게, 전국적 교육성취 평가(National Assessment of Educational Progress)나 성적사정과 같이 평가 결과가 수량화되는 경우에는 평가와 사정은 구분되지 않는다. 그러나 평가와 사정이 항상 같다고 하기는 어렵다. 예를 들어, 어떤 예술작품을 평가할 때 수량화하지 않는 채 그 작품의 비평을 언술로 하는 경우도 있다. 그러한 경우는 사정했다고 하기는 어렵다.

4) 평가와 연구 및 평가연구

사전적 의미로서의 연구(research)는 어떤 일이나 사물에 대하여서 깊이 있게 조사하고 생각하여 진리를 따져 보는 일이다. 학술적 개념으로서의 연구는 지식의 지평을 넓히기 위하여 자료를 체계적으로 수집하고, 분석하고, 해석하는 활동이라고 정의할 수 있다. 자료를 체계적으로 수집, 분석, 해석하는 활동이라는 점에서 평가는 연구를 닮았다. 그러나 연구가 지적 호기심 만족 또는 학문적 지식의 창출에 그 목적이 있다면, 평가는 관심대상에 대한 현실적 의사결정이나 문제해결과 같은 가치판단을 목적으로 한다는 점에서 차이가 있다. 그리고 연구 결과로 얻어지는 지식은 보편적일수록 그 (진리)가치가 큰 데 비해서, 평가 결과는 특정 상황이나 인간들에게 타당할수록 (실천적) 가치가 크다. 그러므로 연구는 통제된 상황이나 모의 상황에서 보편적 (진리)가치가 큰 또는 탈가치적인 결과를 얻어 내고자 하는 반면, 평가는 자연적이고 실제적인 상황에서 다양한 실천적 가치가 조정된 결과를 얻어 내는 것이 일반적이다.

〈표 1-2〉 연구와 평가

연구	평가
보편적 지식의 추구	특정 상황에 타당한 의사결정
지적 호기심의 만족	의사결정 또는 현실적 문제해결
상황 통제/모의 상황	자연 상황/실제 상황
탈가치화 중시	가치의 조정과 판단이 핵심

평가연구(evaluation research)는 평가를 어떻게 할 것인지에 대한 지식을 창출하는 연구 또는 체계적인 절차를 통하여 객관성이 높은 판단에 이르는 평가를 의미한다. 전자는 순수한 의미의 연구라고 할 수 있지만, 후자는 연구와 평가의 경계선에 있는 특수한 연구의 형태이다. 흔히 전국적 학교평가와 같은 대규모 평가는 두 단계의 절차를 거친다. 첫 단계에서는 누가, 언제, 어떻게 할 것인지를 설계하는 연구를 한다. 이 연구 과정에서는 상당한 정도의 가치판단을 필요로 한다. 예를 들면, 평가의 기준이나 지표를 만들기 위해서는 다양한 이해관계자의 가치를 반영하는 과정에서 가치의 조정 과정을 필요로 한다. 그러므로 그 연구결과는 통제된 상황에서 탈가치적인 지식을 창출하는 것은 아니다. 그렇지만 가능한 한 평가대상들에 보편적으로 적용할 수 있는 평가설계라는 지식을 창출한다는 점에서 연구라고 볼 수 있는 것이다. 그러므로 그 보고서는 평가보고서가 아닌 연구보고서로 발간된다.

다음 단계에서는 전 단계에서 연구된 계획에 따라 실지로 평가를 진행한다. 이 단계에서 흔히 연구의 진행 절차와 비슷하게 자료를 수집, 분석, 해석하는 활동들이 이루어지고 가능한 한 객관적인 최종 판단을 한다. 이처럼 가치판단에 이르기는 하지만 체계적인 절차를 좇아서 객관적인 결과에 이르고자 한다는 점에서 연구의 일종으로 이해하여 그 보고서를 평가연구보고서로 부르기도 한다. 그러나 그러한 엄밀한 절차를 거쳐서 객관적인 판단을 하더라도, 그 결론이 최종적인 가치판단이라는 점에서 엄밀하게는 보편적 지식 창출을 위한 연구라고 보기는 어렵다.

4. 교육평가의 유형

교육평가에는 다양한 활동들이 포함된다. 몇 가지를 나열하여 보자. 대학종합평가, 수업평가, 교육과정평가, 기말평가, 인성평가, 절대평가, 상대평가, 지필평가, 수행평가, 교실평가(classroom assessment), 진단평가, 형성평가, 총괄평가, 주관식평가, 객관식평가, 서답형평가, 선택형평가 등 다양하게 존재한다. 이들은 서로 어떤 점에서 구별되는가?

이 장의 '2. 교육평가의 개념 정의'에서 교육평가란 학습자의 교육적 성취를 위하여 조직된 유·무형의 조건이나 학생의 교육적 성취 자체의 특징이나 가치를 체계적으로 조사하고 판정하는 활동으로 정의하고, 전자는 교육 프로그램 평가로 그리고 후자는 학생평가로 부르기로 한 바 있다. 이 구분은 교육평가를 평가의 대상이 학생인가, 아니면 학생에게 주어지는 유·

무형의 조건, 즉 교육 프로그램인가에 따른 구분임을 의미한다. 개념 구분을 정리하면 〈표 1-3〉과 같다. 이하에서는 학생평가와 교육 프로그램 평가를 절을 달리하여 구분한다.

〈표 1-3〉 교육평가의 분류

구분	평가의 대상	평가의 예
학생평가	학생의 자질	교과성취평가 인성평가 수행과제물평가 등
프로그램 평가	학생 교육을 위하여 주어지는 제 조건	학교평가 교육청평가 학문영역평가 교육과정평가 수업평가(교사평가)

1) 학생평가의 유형

학생평가는 〈표 1-4〉에서 보는 바와 같이 다양한 준거에 따라 분류된다.

〈표 1-4〉 학생평가의 분류

분류의 준거	종개념
평가의 목적	진단평가
	형성평가
	총괄평가
평가점수 해석 방법	준거지향평가
	규준지향평가
평가도구의 형태	지필평가
	수행평가
	컴퓨터 활용 평가: CT/CAT/CM/IM
평가에 대한 심리적 부담의 크기	고부담평가
	저부담평가

(1) 평가목적에 따른 분류: 진단, 형성, 총괄 평가

평가의 목적은 크게 교육 프로그램 출발지점이나 그 과정에서 학습자의 상태를 진단하거나, 수업의 속도나 내용을 조절하거나, 특정 기간에 이루어진 교육적 성취를 총괄하여 판단하는 목적 등으로 대별된다. 그러한 목적을 수행하는 평가를 각각 진단평가, 형성평가, 총괄평가로 구분한다. 그런데 Glaser(1963)가 수업모형을 이 세 가지 평가모형과 함께 소개한 이후로, 그 세 가지 평가 유형은 시간적 순서와 밀접한 개념으로 이해되기도 하였다. 즉, 수업의 계획을 위해서 하는 평가는 진단평가로, 수업과정에 하는 평가는 형성평가로, 수업의 결과를 확인하는 평가를 총괄평가로 이해되기도 한다. 그러나 수업의 진행 과정에서도 학습자의 오개념을 진단하는 진단평가도 가능하며, 기말에도 다음 학기를 위한 진단평가를 하거나 형성평가를 할 수도 있는 것이다.

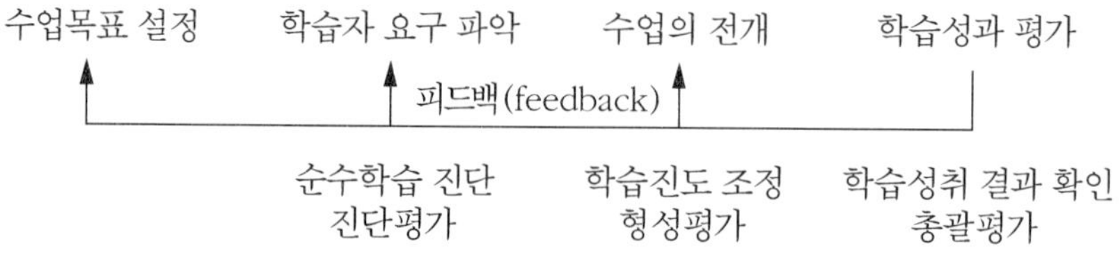

[그림 1-1] Glaser의 수업과정모형과 평가

진단평가(diagnostic evaluation)란 학생들의 선수학습 정도, 신체적 및 정서적 상태, 오개념 등을 진단하는 목적으로 하는 평가이다. 그러므로 수업 전에 하는 평가를 '예진적' 진단평가라고 부른다. 이러한 예진적 진단평가는 학생들의 학습준비도를 측정하고, 그에 근거하여 특정 수준의 학급조직에 학생을 배치하기도 한다. 후자는 정치(placement)의 목적으로 하는 예진적 진단평가로서, 준비도를 진단하기 위한 예진적 진단평가와 구별되기도 한다.

예진적 진단평가가 있다면, 그 밖에도 진단적 목적으로 하는 평가가 있을 수 있다. 오개념의 진단이 바로 그러한 예이다. 이는 교과내용 및 교육학, 인지심리학, 컴퓨터과학, 심리측정학의 협동적 발달에 힘입어 학생들의 오개념을 체계적으로 측정할 수 있게 됨에 따라 두드러진 평가의 유형이다. 오개념 진단은 의사가 환자를 지속적으로 진단하고 그에 근거하여 치료하듯이, 학생들의 오개념을 진단하고, 그에 근거하여 교정지도를 할 수 있음을 전제하는 것이다. 교정지도를 한다고 함은 진단평가 정보가 수업에 환류됨을 의미한다. 그러므로 오개념 진단평가는 형성평가와 밀접히 관련된다.

형성평가(formative evaluation)란 수업의 진행 양상을 특정한 방향으로 형성(form)하거나 조정(modify)하기 위한 평가이다. 그러므로 학생을 평가하지만 그 결과는 교사의 수업 내용, 진행방법, 속도 등을 조절하는 것이 일차적인 목적이다. 그러므로 형성평가는 수업 진행 중에 그 수업에서 성취하고자 한 목표나 학습단위가 성취되었는지를 묻는 간단한 쪽지시험이나 수행과제를 풀게 한다. 그 결과가 만족스러우면 더욱 속도를 내거나 심화된 내용을 다루고, 만족스럽지 못하면 진행속도를 늦추거나 보충을 한다. 이처럼 형성평가는 학생들의 반응을 통하여 교사가 그의 수업을 조정하는 것이 특징적이다.

그런데 형성평가 정보는 학생들의 반응에서 얻는다. 그러므로 그 정보를 가지고 학생을 진단할 수도 있는 것이다. 물론 형성평가에서 얻는 정보는 목표달성 정도를 나타내는 점수이다. 그러나 학생들의 반응을 분석하여 오개념을 확인해 낼 수도 있다. 이는 곧 앞에서 언급한 진단적 정보라고 할 수 있다. 그렇게 볼 때, 진단의 목적으로 얻은 (오개념) 진단평가 자료는 형성적 목적으로 활용될 수도 있고, 그 반대도 가능하다. 이러한 평가의 경우는 진단평가인 동시에 형성평가라고도 할 수 있는 바로서 목적이 어디에 더 크게 실려 있는가에 따라서 달리 부를 수 있겠지만 묶어서 형성적 진단평가로 부르기로 하자.

〈표 1-5〉 진단평가, 형성평가, 총괄평가의 비교

평가유형	(예진적) 진단평가		(형성적) 진단평가	형성평가	총괄평가
목적	준비도 결함 파악 및 수업계획	(수준별) 학급 배치	학습 결함의 원인 파악 및 치유수업	수업 내용, 방법, 속도 조절	성적사정, 수업효과 평가
평가요소	선수지식, 정의적 · 신체적 특성	강좌 또는 단원 목표에 관련된 전반적 내용	구체적 학습실패의 원인 파악	사전에 계획된 학습 단위의 성취 여부	강좌 또는 단원 목표에 관련된 전반적 내용
문항 난이도	쉬운문항 70~80% 난이도	광범위한 난이도	학습내용에 따라 변화	학습내용에 따라 변화	광범위 난이도 (20~80%) 평균 50~60%
실시 시간	강좌나 단원 시작 시	강좌나 단원 시작 시	필요에 따라	수업 진행 중 주기적으로	강좌나 단원의 종결 시
측정방법	준거지향검사, 교사제작검사	규준지향검사, 표준화검사	특별히 고안한 오류진단 검사, 학생반응 프로토콜 분석	간단한 시험이나 수행과제 부과	기말고사, 중간고사, 전국적 모의시험
점수해석	준거지향	규준지향	준거지향	준거지향	규준지향, 준거지향

총괄평가(summative evaluation)란 일정 기간의 수업이 진행된 후에, 그 기간의 목표들이 어느 정도로 달성되었는지를 종합적으로 확인하는 평가이다. 정의상 일정 기간이란 교육 프로그램별로 다르겠지만, 일상적인 학교교육 상황이라면 중간고사나 기말고사를 통한 평가가 총괄평가에 해당한다고 할 수 있다. 이러한 평가는 성적사정에 사용되는 것이 일반적이지만, 학급별 비교나 전국적 성취도 결과의 학교 간 및 지역 간 비교를 통하여 책무성을 확인하는 목적으로도 이용된다. 한편, 총괄평가라고 해서 그 결과를 진단적 또는 형성적 목적으로 사용하지 말라는 법은 없다.

(2) 평가 결과 자료의 해석방법에 따른 분류: 규준지향평가와 준거지향평가

규준지향평가(norm-referenced evaluation)와 준거지향평가(criterion-referenced evaluation)는 평가 결과 자료의 해석방법에 따른 분류이다. 규준지향평가는 규준(norm)에 비추어 해석한다. 규준이란 어떤 전체 집단을 잘 대표할 수 있는 표본에서 얻은 점수분포에 근거하여 마련한 점수의 해석기준이다. 규준지향평가의 기본적 개념은 한 학생의 점수는 그가 속한 집단의 점수분포에 근거하여 상대적으로 해석된다는 것이다. 백분위 점수는 규준지향평가의 전형적인 예이다. 그러므로 규준지향평가를 상대평가라고도 부른다.

규준지향평가는 개인차 변별 및 개인 간 비교를 목적으로 한다. 이러한 평가가 가정하는 것은 아무리 교육을 잘해도 개인차는 항상 있게 마련이기 때문에 항상 성공하는 사람과 실패하는 사람이 있을 수밖에 없다는 것이다. 그렇기 때문에 얼마나 공정한 비교가 가능한가가 중요시되고, 따라서 신뢰성 있고 객관적인 평가가 중요시된다. 개인차를 잘 변별할 수 있도록 하기 위하여 검사는 변별도가 높을수록 양호한 문항으로 간주된다.

준거지향평가는 평가자료인 시험 또는 검사 점수를 그 점수분포와 관계없는 어떤 절대적 기준에 비추어 해석하는 평가를 의미한다. 이 경우의 점수 해석기준은 교육과정이나 교육내용 또는 교육목표로도 주어지기도 한다. 그럴 경우는 각각 교육과정지향평가, 내용지향평가, 또는 목표지향평가로 불린다. 그러한 해석의 특징은 집단의 점수분포에 근거한 상대적 해석을 하는 것이 아니라 어떤 주어진 내용 또는 목표라는 절대적 기준에 따르기 때문에 절대평가로도 불린다.

준거지향평가는 학생의 개인차 변별이 아니라 학업성취 결과를 직접 확인하는 것이 목적이다. 평가 결과는 학생이 무엇을 얼마나 성취했는가를 직접 확인하는 것이다. 이는 교육이 성공적이라면 모든 학생이 완전히 학습할 수도 있고, 따라서 개인차는 없을 수도 있다고 가정한다. 그러한 평가를 위해서는 무엇을 얼마나 성취했는지를 직접 확인할 수 있는 문항들이 필요하고, 개인차 변별을 잘할 수 있는 문항보다는 확인하고자 하는 목표나 내용의 성취 여부를 타당하게 측정하는 문항이 양호한 문항이다.

현실적으로 학교교육 상황에서는 준거지향평가와 규준지향평가가 동시에 요구된다. 오개념 진단이나 형성적 목적을 위해서는 준거지향평가를 하는 것이 타당할 것이지만, 학년말에 하는 총괄평가를 위해서는 두 가지 평가 모두 요구된다. 그러나 다음과 같은 경우에는 규준지향평가가 아닌 준거지향평가가 필요한 경우도 있다. 첫째, 사회윤리적으로 준거지향평가가 요구되는 경우이다. 이는 의사, 약사, 교사, 비행사, 운전사, 변호사 등과 같이 인간의 생명이나 사회 안전 또는 개인의 권익의 보호를 위하여 전문적 자격을 필요로 하는 경우이다. 둘째, 진단 및 형성의 목적으로 하는 평가이다. 현실적으로 모든 영역을 다 진단하고 그에 근거하여 교정학습을 하기는 어렵다. 그러나 학습의 위계가 뚜렷하거나 오개념의 유형이 미리 알려진 경우, 학습자의 학습 실패를 절대적으로 진단하는 것은 이론적으로나 실천적으로나 당위성을 지닌다.

〈표 1-6〉 규준지향평가와 준거지향평가의 비교

구분	규준지향평가	준거지향평가
개인차에 대한 가정	• 개인차는 항상 있다. • 항상 성공/실패자가 생긴다.	• 개인차는 없앨 수 있다. • 적절한 환경과 방법, 노력에 의하여 완전학습이 가능하다.
평가 목적	개인차 변별 및 상대적 비교	학업성취 결과 직접 확인
확인내용	누구보다 얼마나 더 성취했는가?	무엇을 얼마나 성취했는가?
시점	도달점에서 확인	평가는 교수-학습 과정과 유기적 관계
양호도	신뢰도와 객관도 중시	타당도 중시
측정학적 배경	심리적 · 상대적 측정 전통	물리적 · 절대적 측정 전통
좋은 문항	비교적 중간 난이도/변별도가 높은 문항	매우 어렵거나 쉬운 문항이라도 내용타당도가 높은 문항
점수분산	개인 간 점수분산이 클수록 바람직	개인 간 점수분산은 중요치 않음

(3) 평가도구의 형태에 따른 분류: 지필평가, 수행평가, 컴퓨터 활용 평가

지필평가, 수행평가, 컴퓨터 활용 평가는 각각 지필검사를 활용하는 평가, 수행과제를 활용하는 평가 그리고 컴퓨터를 활용하는 평가이다. 이 세 가지는 평가를 위해서 활용한 도구가 무엇인가에 따른 구분이다. 그러나 앞에서 본 목적에 따른 구분이나 점수 해석기준에 따른 구분과는 달리 이 세 가지 유형은 서로 배타적이지는 않다. 왜냐하면 논술이나 시의 창작과 같은 지필검사의 형식으로 이루어지는 평가는 지필평가인 동시에 수행평가라고 할 수 있고, 논술과 같은 수행평가는 컴퓨터를 활용할 수도 있기 때문이다.

그러나 그 세 가지를 병렬하는 이유는 현실적 중요성과 연구가치 때문이다. 교육의 현장에서 학생평가 결과를 기록하는 학교생활기록부는 선택형 지필평가와 수행평가를 구분하도록 서식화되어 있다. 그러므로 논술 지필평가는 현장에서 수행평가에 포함될 수 있음을 보여 준다. 그리고 컴퓨터 활용 평가는 전통적 지필평가나 수행평가를 보완하거나 대체할 수 있는 수단을 제공하고, 앞으로 교육평가의 변화의 견인차 역할을 할 수 있을 것이라는 점에서 독립적 유형으로 볼 필요가 있다.

( )과 성적 일람표

제1학년 ( )반 교과담당교사 ( )인

평가방법 (반영비율)		선택형, 지필평가 (60%)				수행평가 (40%)						합계	성취도	석차/재적수
번호, 성명 \ 명칭, 영역 (반영비율)		1회 (30%)	2회 (30%)			말하기 (10%)	듣기 (10%)	읽기 (10%)	논술 (10%)			100%		
1	김○○	28.5	29.4			8.8	9.6	8.8	10			95.1	수	4(15)/532
2	나□□	25.5	19.2			6	8	7	5			70.7	미	273/532
3														

※ '김 ○○'의 지필평가 1회(중간) 환산점수 28.5는 100점 만점에서 95점을 받았을 때이며 수행평가 말하기 환산점수 8.8은 50점 만점에서 44점을 받았을 때임

[그림 1-2] 학교생활기록부 교과학습 발달 상황 기록 예

컴퓨터의 활용이 확산되면서 교육평가를 위해서도 컴퓨터의 활용은 다양한 형태로 전개되어 왔다. Bunderson, Inouye와 Olsen(1989)은 교육측정을 위한 컴퓨터의 활용은 컴퓨터화 검사(Computerized Testing: CT), 컴퓨터 적응검사(Computerized Adaptive Test: CAT), 지

속적 측정(Continuous Measurement: CT) 그리고 지능적 측정(Intelligent Measurement: IM)의 네 세대를 거쳐서 발달하고 있다고 보았다. 첫째 세대의 컴퓨터화 검사란 지필검사를 컴퓨터에 실음으로써 시험지와 연필로 하던 것을 모니터와 키보드 및 마우스로 전환하는 것을 의미한다. 이렇게 전환함으로써 더욱 빠르고, 정확하고, 흥미롭고, 보다 현실적인 지각자료를 제시할 수 있게 되었다. 둘째 세대의 컴퓨터 적응검사(CAT)는 이전 세대의 컴퓨터화 검사(CT)에 비해서 보다 정교하고 효율적으로 측정할 수 있을 뿐만 아니라, 각 피험자에 맞추어(adaptively) 문항을 선택적으로 제시할 수 있게 하였다. 셋째 세대의 지속적 측정(CT)은 기존의 교육측정, 연구, 교수 등과 상당히 다른 모습을 보인다. 이전과는 달리 교육측정은 연구나 교수 등과 구별되는 것이 아니라 통합적으로 이루어진다. 각 개인의 능력의 변화 과정은 수업 진행 과정 속에서 측정 · 관리(monitoring)되며, 그 자체가 수업활동이 된다. 한 학습자의 성장 과정(trajectories)은 수시로 평가되어 프로파일로 저장되며, 그에 근거하여 후속적 학습이나 수업이 전개된다. 넷째 세대인 지능적 측정(IM)은 지식 기반과 추론 엔진이 충분히 발달하기 전까지는 현실화되기 어려울 것이다. 지능적 측정은 개인의 성장 과정과 학습 프로파일에 근거하여 그에게 적응적이고(adaptive) 지적인(intelligent) 교수-학습을 안내할 수 있게 할 것이다.

이상의 네 세대 중 뒤의 두 세대인 지속적 측정(CM)이나 지능적 측정(IM)은 아직 연구 수준에 머물러 있다고 보아도 과언이 아니다. 이들 두 세대의 컴퓨터 활용 평가는 한 시점의 능력 수준을 제공하는 이전의 세대에 비해서 가르치고 배우는 데 더욱 실질적이고 직접적으로 도움이 되는 평가정보를 제공한다는 점에서 주목을 받는다.

(4) 평가에 대한 심리적 부담의 크기에 따른 분류: 고부담평가와 저부담평가

고부담평가(high-stake evaluation)와 저부담평가(low-stake evaluation)는 평가 결과가 피평가자에게 어느 정도로 심리적 부담을 주는가에 따라서 구분되는 것이다. 부담의 크기를 기준으로 하므로 어떤 평가가 고부담평가인가 저부담평가인가는 어디까지나 상대적인 개념이다. 그러므로 일반적으로 대학입시를 준비하는 학생들에게 대학수학능력시험이나 내신성적은 다 전국학업성취도평가나 전국적 입시 준비를 위한 모의고사에 비해서 고부담평가라고 할 수 있지만, 대학수학능력시험과 내신평가는 누구에게나 다 같이 어느 하나가 더 고부담평가라고 할 수는 없다. 예를 들어, 대학수학능력시험을 많이 반영하는 대학을 준비하는 학생에게는 그 시험이 더 고부담평가이겠지만, 내신만을 반영하는 대학을 준비하는 학생에게는 내신평가가 더 고부담평가이다.

고부담평가가 피평가자에게 부담을 많이 느끼게 하는 이유는 그 결과가 개인적으로나 사회적으로 중요시되기 때문이다. 우리나라에서 대학입학은 개인의 정신적 성장을 위해서나 사회적 진출 준비를 위해서나 매우 중요한 관문이다. 그러므로 경쟁력을 갖춘 대학일수록 입학경쟁은 치열하고, 그러한 준비에 필요로 하는 학생평가는 고부담평가가 되는 것이다. 이러한 고부담평가일수록 교육현장의 풍토에 영향을 크게 미친다는 점에서 교육적으로뿐만 아니라 사회적으로도 관심의 대상이 되고 있다.

2) 교육 프로그램 평가의 유형

교육 프로그램 평가는 학생에게 주어지는 조직된 유형 및 무형의 조건들을 평가하는 것이다. 학교평가가 시설, 예산, 교사 등의 유형의 조건과 발전계획, 학교 분위기, 교육과정 등의 무형의 조건들로서 구성되는 하나의 대형 (학교)교육 프로그램에 대한 가치판단이라고 할 수 있다면, 수업평가는 상대적으로 작은 교육 프로그램에 대한 가치판단이라고 할 수 있다. 교육 프로그램 평가가 학생평가와 다른 점은 평가의 대상이 학생이라는 피교육자가 아니라 피교육자에게 주어지는 학교, 수업, 교육과정 등의 조건이라는 것이다.

프로그램 평가의 경우도 평가의 목적에 따라 진단적 교육 프로그램 평가, 형성적 교육 프로그램 평가, 총괄적 교육 프로그램 평가로, 자료해석 방법에 따라서 준거지향평가와 규준지향평가로, 그리고 부담의 크기에 따라서 고부담평가와 저부담평가로 나누어 볼 수 있다. 그러나 프로그램 평가의 경우는 그러한 분화적 개념들이 한꺼번에 다 적용되므로 단위 프로그램 평가가 하나의 유형으로 포착되기 힘들다는 점에서 분류의 필요성이 크지 않다. 그보다는 교육 프로그램 평가는 프로그램의 유형과 평가단의 구성 특성에 의하여 실질적으로 분류된다.

〈표 1-7〉 교육 프로그램 평가의 분류

분류 준거	분류	예
프로그램의 유형	기관평가	대학종합평가, 단과대학평가, 초 · 중등학교평가, 교육청평가
	교육과정평가	학교교육과정평가, 교양교육과정평가, 교직과정평가
	수업(강의)평가	강의평가, 수업평가
	메타평가	평가 프로그램
평가단의 구성	자체평가	학교 자체평가, 내부평가
	외부(실사)평가	외부평가, 실사평가

(1) 프로그램의 유형에 따른 분류: 기관평가, 교육과정평가, 수업평가, 메타평가

현존하는 교육 프로그램 평가의 대표적 예에는 교육기관평가, 교육과정평가, 수업평가, 메타평가 등이 포함될 수 있다. 이러한 대표적 예들을 가지고 분류하는 것이 프로그램의 유형에 근거한 프로그램 평가의 외연을 다 포함하는 것이 될 수 없음은 분명하다. 다만, 현존하는 중요한 평가를 한 차원에서 나누는 시도를 하며, 앞으로 새로운 유형이 추가될 수 있다는 점에서 열린 구분이라고 할 수 있다.

교육기관평가(educational body evaluation)에는 학교평가와 교육청평가 등이 포함될 수 있고, 다시 학교평가에는 대학평가, 초·중등학교평가 등이 포함될 수 있다. 교육과정평가에는 전국적 학교교육과정평가, 단위학교의 교육과정평가, 대학의 교양교육과정평가나 교직과정평가 등이 포함될 수 있다. 수업평가는 강의평가로도 불리는 것으로서 일반적으로 학생들이 교사나 교수의 수업(강의)을 평가하는 것을 의미한다.

이상의 교육 프로그램 평가는 학생에게 주어지는 또는 교육적 개입으로서의 교육 프로그램의 가치를 판단하는 활동이기 때문에 학생평가와 밀접한 관계를 가진다. 즉, 학교평가를 하거나 강의평가를 한다고 하더라도, 그 학교교육의 효과를 학생들의 교육성취로 평가할 수도 있는 것이다. 그렇게 볼 때, 학생평가 결과는 일반적으로 학교평가를 위한 한 요소이지 전부라고 보기는 힘들다. 그러므로 교육 프로그램 평가는 학생평가를 하나의 판단자료로 활용할 수 있다.

메타평가는 Michael Scriven이 1969년에 교육 생산품들을 평가하기 위한 계획을 평가하기 위하여 소개한 개념이다. 그는 메타평가를 평가, 평가체제 및 평가방법을 평가하는 것이라고 정의했다(Stufflebeam & Shinkfield, 2007). 그렇게 볼 때, 메타평가란 학생평가이든 교육 프로그램 평가이든 평가방법, 과정, 결과 등을 평가하는 것이라고 할 수 있다. 메타평가는 평가에 대한 평가를 의미하기 때문에 학생을 평가하는 것은 아니다. 그리고 메타평가의 대상이 학생평가이든 학교평가나 수업평가와 같은 교육 프로그램 평가이든 학생에게 주어지는 어떤 조건을 평가한다는 점에서 교육 프로그램 평가의 한 유형으로 이해할 수 있다.

메타평가는 평가가 교육 실제에 영향을 미칠 뿐만 아니라 책무성을 다해야 하는 전문적 활동이기 때문에 공공적 평가가 있는 곳에는 항상 필요하다(Stufflebeam & Shinkfield, 2007). 교육평가는 교육에 실질적인 영향을 미칠 뿐만 아니라 상당한 정도로 경비와 노력을 필요로 하는 활동이다. 학교평가의 경우를 예로 든다면, 자체평가를 위해서 자체평가단을 구성하는 전문적 인력이 상당 기간 인적 및 물적 경비를 쓴다. 그 후에 외부 실사평가단 역시 또 다른 인적 및 물적 경비를 쓴다. 이러한 활동은 전문적 활동으로 이루어진다. 달리 표현하면, 그 평가를 위해서 각 평가단은 평가편람상의 안내에 따라 평가를 하기는 하지만, 상당한 정도로 자율적 판단을 하게 되며 책임 역시 자율적으로 진다. 그리고 그 평가는 해당 학교의 교육에 실질적인 영향을 미친다. 그러므로 그 평가가 잘못된다면 평가에 투입한 인력, 시간, 경비가 허비될 뿐만 아니라 교육에 대한 악영향도 배제하기 어렵다. 그런 맥락에서 그 평가가 타당하게 이루어지도록 감독되어야 할 뿐만 아니라, 평가 결과가 소기의 목적을 달성했는지 확인할 필요가 있다. 메타평가는 평가가 더욱 타당하게 이루어질 수 있도록 보장하기 위하여 평가에 대한 정보를 수집, 분석, 해석하는 조사활동을 의미한다.

(2) 평가단의 구성에 따른 분류: 자체평가, 외부(실사)평가

학교평가를 하는 경우, 일반적으로 두 단계를 거친다. 첫째 단계에서는 학교 내부 구성원으로 구성된 자체평가단이 그 학교의 장단점을 파악하기 위한 평가를 하고, 둘째 단계에서는 외부평가단이 자체평가를 평가한다. 전자를 자체평가 또는 내부평가로 부르고, 후자를 외부평가로 부르거나 실제 조사를 한다는 의미에서 실사평가로 부르기도 한다.

자체평가는 프로그램을 세부적으로 잘 이해하는 내부자가 하는 평가이다. 이는 평가를 위해서 장점이 될 수도 있고 단점이 될 수도 있다. 즉, 프로그램의 내용을 잘 알기 때문에 외부인에게는 잘 보이지 않는 미묘한 단점이나 장점을 파악하기 쉬울 수 있다. 그러나 다른 한편 외부인에게는 장점이나 단점으로 포착될 만한 요소들이 내부자에게는 당연시될 가능성도 있다. 그리고 자체평가가 외부실사평가를 전제하는 경우라면, 외부평가에서 단점을 잡히지 않기 위해서 엄격한 평가를 하기 어려울 수도 있는 것이 내부평가이다. 그렇기 때문에 가능한 한 자체평가 및 실사평가의 평가 준거나 지표를 명료히 하는 것이 중요하다.

5. 교육평가의 교육조형 기능[1)]

교육평가는 교육의 한 부분적 과정이라고 할 수 있으며, 부분은 전체에 영향을 미칠 수

1) 이 절은 김성훈(2008)에 실린 글을 인용하였다.

있다는 점에서 교육평가는 교육에 영향을 미친다고 할 수 있다. 그러나 그러한 일반 논리를 넘어서서 교육평가가 교육의 모습을 결정하는 실질적인 모습도 그려 볼 수 있다. 학생평가 방법이 어떤가에 따라서 교수 및 학습 방법은 달라진다. 객관식 검사가 실천된다면 단순지식이나 이해를 중심으로 교수-학습이 진행되기가 쉽고, 수행평가가 중요시될수록 그 수행과제에서 높은 점수를 받을 수 있도록 교수-학습이 진행되기 쉬울 것이다. 이러한 현상에 대한 주장은 동서양을 막론하고 발견된다. "고사, 고시, 시험이라는 실체는 엄청난 힘을 가지고 있다. 시험 여하에 따라 사람들을 좌지우지할 수 있고 사회의 향방마저 좌지우지할 수 있다."(정범모, 2003, p. 12)는 국내 학자의 주장은 "검사는 몸통을 흔드는 꼬리(Testing tail is wagging the instructional dog)"(O'Connor, 1992, p. 24)로 외국의 학자가 평가를 보는 입장과 다르지 않다.

이와 같은 현상을 교육평가가 가지는 교육활동 '조형(shaping) 기능'으로 부르고자 한다. 이 현상을 교육평가의 '주형(molding) 기능'으로 부른 바도 있다(김성훈, 2007, p. 5). 그러나 교육평가가 교육활동에 미치는 영향이 다양하고 정형화되지 않는 형태로 영향을 미칠 수 있다는 의미를 강조하기 위해 '주형 기능'보다는 '조형 기능'이 더 적합하다고 본다.

교육평가의 교육활동 조형 기능은 학생평가에 국한된 것은 아니다. 학생평가든 교육 프로그램 평가든 평가를 어떻게 하는가에 따라서 교육활동은 그 모습을 달리한다고 할 수 있다. 학교평가에서 어떤 지표가 어느 정도로 비중이 큰가에 따라서 학교의 투자가 달라지는 예를 주위에서 쉽게 볼 수 있다. 수업평가 또한 그렇다. 수업을 평가하는가 안 하는가, 한다면 어떤 내용을 평가하는가에 따라서 수업의 양태가 달라질 수 있다. 그리고 이러한 현상은 평가 결과가 어떻게 사용되는가에 따라서 그 정도가 달라질 수 있다. 그 결과가 이해에 더욱 크게 영향을 미칠수록 평가의 조형 기능은 더욱 크게 작용한다고 할 수 있다. 이러한 조형 기능을 전제할 때, 평가는 조직체의 건강을 위한 필수적인 요소(Stufflebeam & Shinkfield, 2007)라고 하는 주장이 더욱 설득력을 가진다. 결국 평가를 통하여 수업을 질을 높일 수 있다는 논리가 가능해지는 것이다.

그러나 평가의 조형 기능은 항상 긍정적인 방향으로 작용하는 것은 아니다. 예를 들어, 수행평가에서 높은 점수를 받기 위해서는 학생이 타인에게 의존할 수도 있다. 그리고 높은 평가를 받기 위해서는 어떤 업적을 급조할 수도 있고, 의도하지 않은 조치를 취할 수도 있다. 한 예로, 학교평가의 초기에 '열린교육'에 관한 지표 때문에 어느 학교에서는 벽을 허물었다고 한다.

교육평가가 교육활동에 영향을 미친다는 것은 새로운 발견이 아니다. 학생평가를 어떻게 하는가에 따라서 교사는 가르치는 내용이나 방법을, 학생은 공부하는 방법을 달리한다. 프로그램 평가를 어떻게 하는가에 따라서 평가대상의 삶이 달라진다는 현상에 '조형기능'이라는 이름을 부여하는, 즉 개념화를 시도하는 것은 새로운 시도라고 할 수 있다. 그 기능이 어느 방향으로 작용하든 평가 결과가 실제 삶에 중요하게 인식될수록 그 기능의 힘은 더 클 것임에는 이론(異論)의 여지가 없어 보인다. 이와 같은 가설을 포함하여, 그 기능이 어떤 상황에서 어느 방향으로 더 또는 덜 작용하는지, 어떻게 하면 바라는 방향과 정도로 기능하도록 할 것인지는 앞으로의 연구과제라고 할 수 있다.

6. 교육평가에 대한 일상적 관념

과연 교육평가는 일상에서 어떤 의미로 사용되고 있는가? 그러한 관념들을 통해서 우리가 가진 교육평가에 대한 개념들이 어떤 문제를 지니고 있는지를 반성코자 한다. 그러므로 이 절은 건너뛰어도 좋다. 사람들은 교육에 관한 전문적 식견의 유무와 관계없이 교육에 대한 생각이나 이론을 가지고 있다. 마찬가지로 그들은 교육평가에 관한 생각이나 의견 또는 믿음을 가지고 있다고 가정할 수 있다. 그러한 믿음들의 예로서 강승호 등(2001, pp. 14-19)은 다음과 같은 다섯 가지를 들고 있다.

- 시험은 곧 경쟁이다.
- 시험은 학습동기를 유발한다.
- 숫자는 언제나 정확하다.
- 객관식 검사만이 신뢰할 수 있다.
- 평가의 결과는 모두 학생의 책임이다.

이와 같은 믿음은 흔히 "참인지 거짓인지 확실하지도 않은 어떤 가정을 아무런 사실적 근거나 비판의 여지도 없이 당연한 것으로 받아들인 태도"에 기인한다는 점에서 '신화적 믿음'일 수 있다(Combs, 1979: 강승호 외, 2001, p. 14 재인용).

실지로 대학생들은 어떤 인식을 가지고 있는가? 〈표 1-8〉은 교육평가 강좌를 신청한 사범대학생들이 '교육평가'라는 말을 들었을 때 가장 먼저 떠오르는 생각을 발표하게 하여 정리한 것이다. 그 생각은 수업 첫 시간 강좌를 소개하기 전에 조사한 것이기는 하지만 사범대학생들로부터 조사한 것이라는 점에서 이 책의 독자들과 비슷한 집단이 가지는 일상적 관념들이라고 할 수 있다. 표에 나타난 관념들은 발표된 순서대로 정리된 것이므로 그 순서는 중요도나 빈도와 같은 어떤 질서를 반영하지 않는다.

〈표 1-8〉 교육평가에 대한 일상적 관념

1. 평가는 선생님이 한다.
2. 시험 결과로 확인한다.
3. 등급(서열)이 매겨진다.
4. 평가는 객관적이어야 한다.
5. 평가자는 피평가자보다 높다.
6. (성취)평가는 학생을 평가한다.
7. 점수가 낮거나 높은 것은 학생에 기인한다.
7-1. 점수가 낮거나 높은 것은 학생에게만 기인하지는 않는다.
8. 평가를 함으로써 공부하게 한다.
9. 얼마나 아는가가 중요하다.
10. 표준화 검사가 더 믿을 만하다.
11. 평가 결과는 시험점수로 나타낸다.
12. 피드백이라는 목적이 잊힌다.
13. 특정 시기(중간, 기말, 연말)에 평가한다.
14. 상급학교 진학을 위한 수단이 된다.
15. 교육 외적으로 큰 파급효과를 갖는다.
16. 전문적 권위자가 평가한 결과일수록 더 믿을 만하다.
17. 평가 결과는 곧 개인의 능력을 뜻한다.
18. 평가 자체가 부담스럽고 싫다.

이상의 관념들을 여기에 제시하는 이유는 교육평가에 대한 일상적 관념이 얼마나 다양하며 어떤 한계를 가지고 있는지를 맛보기 위한 것이다. 교육평가에 관련된 일상적 관념들이 교육평가를 온전히 드러낸다면 다행이지만, 부분적이거나 왜곡된 견해라면 바로잡아야 한다. 과연 어떤 점에서 문제시될 수 있을 것인지, 몇 가지 유형의 관념들을 각각을 대표할 수 있는 질문 아래 묶어 보자.

1) 시험, 경쟁, 교육평가는 같은 의미인가

〈표 1-8〉의 관념들은 다분히 시험을 전제로 하는 것들이다. 시험은 학업성취도평가를 위한 대표적인 방법이라고 할 수 있다. 학업성취도평가를 중심으로 볼 때, 가장 일반적으로 경험해 온 상황은 시험 상황임을 부정할 수 없다. 그런 맥락에서 교육평가, 학업성취도 평가, 시험 등은 일상적으로 거의 같은 의미로 사용되어 왔다. 학생이 어느 정도로 학업을 성취했는지 또는 학생이 학습목표를 어느 정도나 달성했는지를 판단하는 활동은 교육의 핵심적인 활동이다. 그러한 판단을 위해서 고안된 시험은 이제까지 매우 효과적으로 임무를 수행해 왔다는 점에서 자연스러운 관념이라고 할 수 있다.

그러나 학업성취도평가 중심으로 본다고 하더라도 교육평가에는 시험만 있는가? 관찰이나 과제물을 평정하는 경우와 같은 수행평가 또한 교육평가라는 범주에 포함되어야 할 것이 아닌가?

(교육 및 심리) 검사

(교육적 성취나 심리적 특성)에 대한 표집된 행동을 체계적으로 관찰하는 활동으로서, 25문항으로 된 시험이라면 그 시험범위의 교육성취를 25개 표집된 행동으로 관찰함을 뜻한다. 검사에는 지적 성취도 검사도 있지만, 홍미검사나 인성검사와 같은 정의적 특성 검사, 신체적 능력 검사도 포함된다.

더구나 시험은 평가는 특정 시기에 실시하고 경쟁을 위한 근거자료를 마련하기 위한 것으로 이해되고 있음을 〈표 1-8〉의 다음 항목으로부터 짐작할 수 있다.

2. 시험 결과로 확인한다.
13. 특정 시기에 평가한다.
14. 상급학교 진학을 위한 수단이 된다.

학업성취도 평가는 중간평가나 기말평가와 같이 특정 시기에 이루어져 왔다. 그리고 그 결과는 진학이나 사회적 경쟁을 위해 중요한 자료로 사용되어 왔고 또 그 필요성이 있다는 점을 부정하기 힘들다. 또한 그러한 실천이 효율적이었음도 부정하기는 힘들다.

그러나 모든 평가가 특정 시기에만 이루어지고 또 그래야만 하는가? 실제 평가가 그러한 공식적인 활동으로만 이루어져야 하는가? 그리고 성취도평가 결과가 사회적 경쟁을 위한 판단자료로만 쓰이는가?

2) 평가를 하면 학습동기가 높아질까

〈표 1-8〉에서 평가를 하면 학습동기가 높아질 것이라는 신화적 믿음과 관련된 관념들은 다음과 같은 것들이다.

8. 평가를 함으로써 공부하게 한다.
14. 상급학교 진학을 위한 수단이 된다.
18. 평가 자체가 부담스럽고 싫다.

시험이 있다면 학생들이 그 시험을 대비하여 공부할 것이라는 것은 자연스러운 기대이다. 그런 점에서 평가는 학습동기를 높인다고 할 수 있다. 이는 상급학교 진학을 위하여 공부를 하는 것과 일맥상통하는 것이다. 그런데 평가는 부담스러운 일이라는 점도 부정하기 어렵다. 이렇게 볼 때, 평가가 학생들로 하여금 공부를 하도록 하기는 하지만 그 동기는 외발적 동기이다. 학생들은 공부하는 것이 좋아서 하는 것이 아니라 시험 때문에 억지로라도 공부한다는 것이다. 입시를 장기적 목표로 하는 시험 준비 역시 외발적 동기화의 예이다. 과연 교육평가가 학습의 내발적 동기를 강화할 수 있을까? 더 나아가서 평가가 교육의 질을 높일 수 있을 것인가?

3) 학업성취도평가 결과는 점수화되어야 하는가

'숫자는 언제나 정확하다.'라는 신화적 믿음과 관련된 인식은 다음과 같은 것들이다.

3. 등급(서열)이 매겨진다.
11. 평가 결과는 시험점수로 나타낸다.

학교교육 상황에서 지필시험을 보아야 하며, 그에 근거하여 석차(백분위)도 제공해야 하고 공정한 평가를 위하여 객관식 시험을 보는 것은 우리나라의 법규상 요구되는 현실적 조건이다. 지필시험이 짧은 시간에 객관적인 평가를 위해서 매우 효과적인 방법으로서 사용되어 왔고 앞으로도 그럴 것임은 부정할 수 없다.

그러나 모든 성취도평가를 객관식 시험에 의해서 석차(백분위)를 제공하여야 할 것인가? 과연 도덕적·예술적 성취도 지필시험이나 객관적 점수화로만 하여야 할 것인가? 점수나 석차가 아닌 질적 판단과 서술에 의한 평가의 여지는 없는가? 그리고 실제로도 이루어지지 않는가?

4) 객관식 표준화 검사가 더 좋다

'객관식 검사만이 신뢰할 수 있다.'는 신화적 믿음과 관련된 관념들은 다음과 같다.

4. 평가는 객관적이어야 한다.
10. 표준화 검사가 더 믿을 만하다.
16. 전문적 권위자가 평가한 결과일수록 더 믿을 만하다.

사회적으로 공정한 경쟁이 요구될 경우, 전문가들이 개발하고 엄격한 절차를 따라서 실시하고 객관적 채점과 해석기준을 가지는 표준화 검사에 의존해 온 것은 우리 인간이 고안해 낸 최선의 방책이었다고 할 수 있다. 지능검사나 적성검사, (엄격한 의미에서 표준화 검사는 아니지만 표준화 검사의 성격을 다분히 가지는) 대학수학능력시험이 그렇다.

그러나 일상적 수업을 하는 교실 상황에서도 표준화 검사가 더 필요하고 더 적합할까? 표준화 검사는 항상 교사제작검사보다 더 믿을 만할까?

5) 교육평가는 선생님이 학생을 대상으로 하는 것이고 평가 결과는 학생만의 책임인가

평가를 누가 하는지와 평가 결과의 해석과 관련된 관념은 다음과 같은 것들이다.

1. 평가는 선생님이 한다.
5. 평가자는 피평가자보다 높다.
6. (성취)평가는 학생을 평가한다.
7. 점수가 낮거나 높은 것은 학생에 기인한다.

교육평가를 누가 하며 그 결과를 누가 책임질 것인가를 묻는 질문은 학교교육 상황에서 교과의 목표달성도 평가의 전형적인 경우를 반영하고 있다. 과연 그러한 관념들은 교육평가를 대변하는 관념이라고 할 수 있는가? 교육평가의 평가자는 항상 선생님이나 권위를 가진 사람이 하고 평가대상은 학생뿐인가? 학생 상호 간에는 평가하지 않는가? 그리고 교사평가, 수업평가, 학교평가, 교육청평가는 누가 누구를 또는 무엇을 평가하는가? 후자의 경우 평가 결과의 책임 소재는 과연 누구에게 있는가? 이상의 질문들은 교육평가에는 학생의 자질을 평가하는 외에도 그 학생의 자질 향상에 영향을 미치는 수업, 교사, 학교, 교육청, 교육과정 등의 조건도 포함되며, 그러한 평가의 경우에는 결과에 대한 책임이 학생에게 영향을 주는 조건에 있음을 말한다.

6) 시험점수가 학생 이해와 후속지도에 어느 정도로 도움이 되는가

교육평가는 궁극적으로 학생들의 성장 · 발달에 도움을 주기 위한 활동이라고 할 수 있다. 그렇게 볼 때, 교육평가는 학생을 이해하고 지도하는 데 실질적인 정보를 제공할 때 그 궁극적인 목적에 부합한다고 할 수 있다. 과연 그런가? 몇 가지 관념을 보자.

2. 시험 결과로 확인한다.
3. 등급(서열)이 매겨진다.

9. 얼마나 아는가가 중요하다.
12. 피드백이라는 목적이 잊힌다.
17. 평가 결과는 곧 개인의 능력을 뜻한다.

시험을 통한 학업성취도평가에 국한한다고 할 때, 시험점수는 개인의 능력 정도 또는 얼마나 아는가를 보여 주는 정보라고 할 수 있다. 그러한 정보가 있음으로서 그만큼 학생에 대한 이해를 돕는 것은 당연하다. 그리고 (등급)점수가 아주 낮거나 높으면 그에 따라서 후속적 조치를 할 수도 있다. 예를 들어, 어떤 과목 점수는 높고 다른 어떤 과목 점수는 낮다고 할 때 전자보다는 후자가 더 취약하며, 그에 따라서 진로를 결정하거나 어느 과목을 더 보완하거나 집중하여야 할 것인지에 대한 방향을 결정할 수도 있다.

그런데 그러한 점수나 석차 또는 등급 정보로 그 학생의 내면적 세계를 이해할 수 있을까? 왜 그러한 점수가 나왔는지, 어떤 문항이 틀렸다면 왜 틀렸는지, 어떤 오개념을 가지고 있는지 알 수 있을까? 그러한 앎에 근거해서 특정 교과목을 후속적으로 더 공부하여야 한다면, 무엇을 어떻게 학습하여야 할 것인지에 대한 안내를 받을 수 있을까?

연구과제

1. 교육평가와 교육평가연구의 관계는 어떻게 규정할 수 있는가?
2. 학생평가와 교육 프로그램 평가의 관계는?
3. 교육평가가 교육활동 조형 기능을 한다고 할 때, 그 과정은 어떻게 설명할 수 있는가?
4. 교육평가에 대한 고정관념은 어떻게 형성되고 변화하는가?

제2부

학생평가의 이해

제2장

학생평가

학생평가는 교사가 교수-학습 활동의 효과 및 효율성을 증진시키기 위해 학생의 학업 성취뿐 아니라 정의적 · 신체적 영역의 성취와 관련된 정보들을 수집하여 학생을 이해하고 교수-학습 과정에 재투입하는 활동을 말한다. 학생평가의 궁극적 목적은 학생들이 학습내용을 어떤 과정을 거쳐 습득하고 있으며 그 과정에서 어떤 변화와 성장을 경험하는가를 파악해 학생 이해를 돕기 위함이다. 그러나 전통적인 학교학습 상황에서의 학생평가는 평가 결과를 학생을 이해하고 교수-학습 과정을 개선하기 위한 정보로 활용하기보다는 시험성적을 산출해 학생들을 서열화하고 그 성적을 상급학교로의 진학과 같은 중요한 의사결정을 위한 자료로 활용해 왔다. 따라서 현실적으로 시험에 출제될 수 있는 내용을 중심으로 교수-학습 과정이 운영되어 왔으며, 무엇이 시험에 출제되는가가 교수-학습 과정의 방향과 성격을 구속해 왔다고 할 수 있다. 이 장에서는 학생평가의 목적과 기능, 결과 활용 및 질 관리 그리고 교사의 학생평가 전문성에 대해 살펴보기로 한다.

1. 전통적 학습 상황에서의 학생평가

학생평가는 말 그대로 학생을 평가하는 활동으로 교수-학습 장면에서 이루어지는 학생의 학습 과정과 결과를 평가의 대상으로 삼아 이를 교육적 가치에 비추어 판단하는 활동이다. 그러나 학교에서의 학생평가가 학생의 학습을 돕고 '교육적 가치의 실현'이라는 실천적 효과를 거두고 있는지는 진지하게 검토해 볼 필요가 있다.

해방 이후 60여 년간 우리 학교현장에서의 학생평가는 학생이 무엇을 알고 무엇을 모르고 있는가를 확인해 학생의 학습을 돕는 '교육'평가라기보다는 분류와 배치를 위한 '선발' 평가의 특성을 지녀 왔으며, 평가의 결과는 언제나 변별에 편리하도록 석차나 등급으로 제시되어 왔다. 학교에서 정기적으로 실시되는 시험은 관행적으로 학생평가와 동일시되어 왔으며, 학생들의 학습활동, 즉 '무엇을' '어떻게' 공부할 것인가를 강하게 지배해 왔다. 학교에서의 시험은 정답과 오답의 이분법적 도식을 나타내는 교과서 내용 중심의 선택형 문항으로 출제되고, 시험에서 얻은 점수는 학생들의 성적으로 누가적으로 기록되어 상급학교로의 진학에 중요한 입시전형 자료로 활용된다. 따라서 학생들은 시험에서 높은 점수를 얻기 위한 '문제풀이' 위주의 학습에 몰두하게 되고, 특기계발을 위한 다양한 교과 외 학습활동에 참여하는 것은 생각할 수도 없을 만큼 여유 없는 학교생활을 해 왔다. 그러나 학교 학습 상황에서 학생들이 교과서적인 지식을 단편적으로 암기해서 그 내용을 재생한다는 것과 그들을 체계로서의 지식으로 구성하여 습득한다는 것은 전혀 다른 것이다. 암기와 반복훈련에 의한 단순한 사실의 기억은 지력의 개발에 별 도움이 못 되는 시험용 지식에 불과하며, 그나마 시험에 출제되지 않으면 전혀 쓸모없게 된다.

학생평가의 궁극적 목적은 학생들이 학습내용을 어떤 과정을 거쳐 습득하고 있으며, 그 과정에서 어떤 성장과 변화가 있었는가를 알아보는 것이다. 그러나 지식의 단편적인 암기를 지식 형성으로 오인하고 있는 암기력 위주의 평가는 학생들로 하여금 그들의 인지 구조와는 상호 연관관계가 없는 지식을 외워야 할 사실로 기억했다가 그대로 재생해 내는 일을 강조하고 있다. 학생들은 자신의 성적과 원하는 상급학교로의 진학 여부가 시험점수로 결정된다는 점을 잘 알기 때문에 높은 점수를 얻기 위해 문제풀이 위주의 학습에 나름대로 열심히 몰두하지만, 학교는 시험점수로 공부 잘하는 아이와 못하는 아이를 구분할 뿐, 그 모자라는 능력을 보완하고 향상시켜 주는 일에는 인색해 왔다. 그로 인해 학생들은 깊이 사고하고 문제해결을 위해 힘쓰는 학습태도보다는 시험에서 높은 점수를 얻기 위해 동료 학생 간 치열한 점수경쟁을 하면서 문제풀이에 도움이 된다고 여겨지는 '시험용' 지식들만을 암기하는 학습습관을 견지하고 있다. 이 같은 점수 경쟁은 학생이 원하는 상급학교로 진학하기 위해서는 어차피 치러야 할 경쟁이므로, 그것 때문에 평가가 학생들의 진정한 학습을 왜곡한다 할지라도 학교에서의 학생평가 활동은 정당화되어 왔다.

그러나 이런 방식의 학생평가를 '제대로 된 평가'라고 할 수 있는지는 곰곰이 따져 볼 필요가 있다. 왜냐하면 교육 상황에서 실시되는 학생평가는 여타의 삶과 구별될 수 있는 방식으로 교육을 범주화시키고 교육의 속성에 맞는 고유의 교육적 가치 기준에 의해 학생을 평가하는 일이 되어야 할 것이기 때문이다. 오늘날 교육평가라는 이름으로 학교에서 이루어지고 있는 학생평가가 학생의 학습을 돕고, 학습의 보람을 느끼게 하고, 학습동기를 유발시키는 요인으로 기능한다기보다는 학습을 혐오하고 평가를 기피하도록 만드는 기능을 발휘하고 있는 것은 아닌지 살펴보아야 할 것이다.

우리의 관행적인 학교수업 상황에서는 국가교육과정에 제시된 동일한 성취목표의 달성을 위해 거의 유사한 방식으로 수업을 진행해 나가고 학습자 상호 간의 정보교류나 학습에 대한 지원과 피드백은 제대로 이루어지지 않고 있다. 학생들은 교사가 정해 준 주제와 성취목표 내에서 교사의 지도에 따라 정해진 진도대로 학습을 해야 하며, 동료 학생들로부터는 학습정보를 얻을 수도 없고 얻으려고 하지도 않는다. 동료 학생들과 함께 학습활동을 할 수 있는 환경이 마련되어 있지도 않으려니와, 학습활동의 적절성에 대한 평가는 교사만이 해 왔기 때문에 동료와의 정보교환은 신뢰성이 결여된 과정으로 간주되고 동료와의 교류는 기피되어 왔다. 이같이 우리의 학교 수업은 입시 위주의 일제식 수업 형식으로 교사 중심의 상호작용이 견지되어 왔다.

교사 중심의 일제식 수업 방식에 대한 비판과 함께 학생 중심 교육과정이 도입되고 이는 수업의 주체를 교사와 교과에서 교사와 학생으로 옮기는 성과를 가져왔지만, 여전히 자기주도적 학습능력과 학생들 간의 지적인 상호작용은 충분히 고려되지 못하고 있다. 최근 들어 학생들의 개별적인 성취 수준을 고려하고 자기주도성과 학생들 간의 지적인 상호작용을 강조하는 수업방법이 교실의 개혁을 위한 방법으로 관심을 끌고 있다(이미숙, 2015). 지식정보화 사회에서 중시되는 중요한 특성은 창의성, 개별성, 특수성 등으로 이는 전체성, 단일성, 보편성 등과는 상반되는 가치이며(하인호, 2009), 학교교육에서 추구하는 수업의 궁극적인 목표는 단편적인 지식의 습득이 아니라 자기주도적 학습역량을 신장하여 자신의 진로와 미래를 스스로 개척해 나갈 수 있는 능력을 갖추도록 하는 것이다. 이에 따라 국가 수준의 교육과정은 단편적인 지식의 함양을 지양하는 창의인재 양성을 위한 핵심 역량에 기반을 둔 교육체제를 지향하고 있으며, 수업방법도 학습자 중심의 배움 중심 교육으로 전환되어 가고 있다(박순경 외, 2014).

어떤 수업이든 학습이 일어나는 곳에는 그 맥락에 적합한 학습 구조가 존재한다. 학습에 참여하는 학생들은 그들의 목표를 달성하기 위해 협동적, 경쟁적 또는 개별적 행동을 하게 되며, 이에 따라 교실의 학습 구조는 협동학습 구조, 경쟁학습 구조 또는 개별학습 구조의 형태를 지니게 된다. 교실의 학습 구조는 학습내용을 가르치고 배우고 평가하는 수업의 전 과정에 작용하는 기본적인 틀로서 기능하게 된다. 예컨대, 협동학습 구조에서는 소규모 집단에 공통의 학습목표가 주어지고 이것을 달성하기 위해 구성원이 서로 도우면서 학습하게 된다. 여기서는 상호 긍정적인 의존성을 지니게 되어 타인이 성공해야 자신도 성공할 수 있음을 인식하게 된다. 따라서 모두에게 이익이 되는 결과를 얻으려고 노력하게 된다. 협동학습 구조에 관한 많은 연구(Johnson, Johnson, 1975; Slavin, 1987)는 협동구조가 지적인 영역은 물론 정의적 영역의 학습에도 효과적임을 보고하고 있다. 반면, 경쟁학습 구조에서는 한 명 또는 소수의 학생만이 달성할 수 있는 목표를 위해서 많은 학생이 서로를 경쟁상대로 하여 치열하게 점수경쟁을 하게 된다. 이 학습 구조에서는 목표성취 사이에 부정적인 상호 의존성이 존재한다. 즉, 타인의 실패가 곧 나의 성공으로 인식된다. 그러므로 학생들은 자신에게는 이익이 되고 타인에게는 해가 되는 결과를 얻으려고 노력하게 된다. 경쟁적 학습 구조는 지적으로나 정의적으로나 많은 문제점을 노출하고 있다. 상대적으로 낮은 성취를 보이는 학생들이 겪게 되는 정서적인 폐해는 말할 것도 없고, 극소수의 승자를 배출하는 대신 대다수의 패자를 양산하는 비능률의 표본이기 때문이다. 또한 경쟁적 학습 구조는 학생 개개인의 잠재력을 개발하기보다는 평가를 통해 승자와 패자를 변별해 내는 데 그 목적을 두고 있으므로 지적 능력의 개발과 그 과정에서의 보람보다는 좋은 성적과 같은 외양적인 업적의 산출에 몰두한다.

개별학습 구조에서는 다른 학생들과는 상관없이 자신에게 주어진 학습목표를 달성하기 위해 자신에게 적합한 속도로 혼자서 학습한다. 따라서 학생은 다른 학생의 학습목표를 생각할 필요가 없으며 자신의 학업성취에만 관심을 가지게 된다. 타인과의 경쟁에는 관심이 없고 자신의 학습목표와 경쟁하게 되며, 자신에게 이익이 되는 결과를 얻으려고 노력한다. 개별학습 구조의 학생들은 이제 비교의 대상이 되는 것에서 벗어나 자율적으로 자신의 수준에 맞는 학습을 할 수 있고 자신의 능력을 더 신장시킬 수 있는 기회도 부여받을 수 있다. 그러나 개별학습 구조는 사회성이 결여된 극단적인 개인주의자와 다른 사람으로부터의 지적 자극이나 교류 없이 편견으로 가득찬 편협한 지식인을 만들어 낸다는 비판을 받기도 한다.

이처럼 어떤 학습 구조를 택하는가에 따라 학생들의 학습활동과 학생들 간의 상호작용 방식은 큰 차이가 나며 이에 따라 학생의 학습을 평가하는 기준도 달라진다. 이런 세 가지 교실 내 학습 구조가 항상 엄격히 구별되는 것은 아니며 함께 작동되는 부분도 있지만, 학습활동에 관한 평가와 평가 결과의 활용을 통제하는 평가 구조가 존재하는 한 경쟁, 개별, 협동 구조 중 어느 한쪽에 더 비중을 두지 않을 수 없게 된다. 우리 교육의 전통적인 학습 구조는 지나치게 경쟁학습 구조에 치우쳐 있어 평가도 점수경쟁을 조장하는 방향으로 이루어져 왔다. 따라서 수업 맥락에 따라 그에 적합한 학습 구조 양식으로 균형을 잡아 갈 필요가 있다.

이론적 관점에서 학생평가를 바라볼 때 가장 중요한 문제는 어떻게 학생의 학습을 돕고 학습에의 동기를 부여할 수 있느냐 하는 것이다. 현재 학교에서 실시되고 있는 학생평가는 이론적으로 그것이 적절한 평가인가의 문제와는 상관없이, 현실적으로 인정되고 있고 필요에 따라 요구되고 있는 중요한 평가활동이다. 그러나 학교에서 실질적으로 이루어지고 있는 학생평가가 학생의 학습을 돕고 학습에 대한 흥미와 동기를 부여하는 데 실패하고 교육과는 아무 관계없는 이질적인 가치들을 무분별하게 수용하고 있다면, 그러한 학생평가는 학교교육의 정상적인 진로를 왜곡하고 방해하는 배반적인 역할을 수행하는 것으로 볼 수밖에 없을 것이다(장상호, 2009). 이런 맥락에서 학생평가의 본래의 의의를 되살려내기 위해서는 전통적인 학교학습 상황에서 이루어지고 있는 학생평가를 반성적으로 검토하고 학생평가의 교육적 기능을 강화해 나가야 할 것이다.

전통적으로 학교학습 상황에서의 학생평가의 목적은 시험을 쳐서 학생들에게 성적을 부여하기 위함이었다고 할 수 있지만, 지필검사로 학생들의 학업성취도를 평가하는 일은 교실 내 평가의 한 기능에 불과하게 되었다. 이제 학생평가란 더 이상 단순하게 시험을 치러 점수 매기고 성적을 기록하는 일에 그치는 것이 아니다. 교실에서 이루어지는 학생평가의 변화 모습을 정리해 보면 〈표 2-1〉과 같다.

〈표 2-1〉 교실 내 평가의 변화

전통적인 학교학습 상황에서의 학생평가	학생평가의 변화된 모습
결과만을 강조	과정도 평가
선발과 배치 강조	충고와 조언을 통한 학습 모니터링 강조
단편적인 기술(skill)에 대한 평가	통합적인 기술(skill)의 평가
단편적인 지식에 대한 평가	지식의 적용에 관한 평가
지필검사 유형의 평가	수행평가의 강조
탈맥락화된 과제	맥락화된 과제
흑백논리의 정답	다양한 유사정답
평가 기준과 준거의 비명시	평가 기준과 준거의 명시
학생 개별평가 중심	집단평가의 강조
수업 후 평가	수업 중 평가

피드백의 부재	즉각적이며 빈번한 피드백
지필검사 위주의 객관식 평가	주관식 평가(수행평가)
공신력 있는 검사도구의 활용 강조	교사가 만든 검사도구의 활용 강조
교실 내 평가주체는 교사	평가주체의 다면화(학생의 자기평가와 학생의 교사평가 강조)
정기적 평가	지속적 평가

2. 학생평가에 적용되는 가치 기준

학교에서 이루어지는 학생평가에 대해 보다 본질적인 접근을 시도할 필요가 있다(장상호, 2009). 앞서 살펴보았듯이 학생들의 학업능력을 측정하여 선발과 배치를 위해 시험성적을 서열화하고, '성적 우수아'의 양성이라는 측면에서 학업능력을 평가하는 것이 학생평가의 중요한 기능이라고 여겨 왔던 것이 사실이다. 즉, 전통적인 학교학습 상황에서의 학생평가는 학생들의 지속적인 성장을 돕기 위해 그들의 성장과 발달에 관한 정보를 얻기 위한 목적보다는 상급학교 진학과 관련된 '학벌'로 총칭되는 사회적 지위를 획득하기 위한 학습활동과 그 효과성을 평가하기 위하여 활용되어 온 경향이 있다. 그동안 학교에서 운영되어 온 학생평가는 '학력 = 학벌'이라는 신화적 믿음과 사회적 가치관을 반영하고 있다. 그러나 학생평가의 본질적인 기능과 목표를 추구하기 위해서는 우리 사회가 학생평가에 대해 지니고 있는 그러한 믿음과 가치를 다음과 같은 차원에서 비판적으로 검토해 볼 필요가 있다(김신영, 김용련, 이현숙, 2014).

1) 선발을 위한 평가와 학생의 성장을 위한 평가

교육이 인재양성을 위한 사회적 기제이며 개인의 사회적 지위를 획득하기 위한 선발적 장치라는 기능론적 접근은 학생의 성장이라는 교육 본질적 측면을 심각하게 훼손하는 결과를 낳고 있다. 우리 사회에서 교육은 사회적 계층이동을 촉진하는 가장 합법적이고 정당한 기제로, 사회적 선발이라는 학교교육의 기능을 부정할 수는 없다. 학교교육을 위한 교육과정은 그 사회의 교육관과 가치관을 기초로 형성되는 것이고, 교육평가는 교육과정의 중요한 부분이기 때문에 사회적 상황을 반영하게 되는 것은 자연스러운 일이다. 따라서 인재양성과 선발이라는 기능적 가치가 현재의 학생평가 방식에 반영되는 것도 자연스러운 현상이라고 볼 수 있다. 그러나 이에 대한 집착은 모든 학생들에게 똑같은 교육과정 내에서 같은 내용을 같은 방법으로 학습하게 하는 획일화된 경쟁적 교육을 강요하고 학생들의 성장과 발전이라는 교육의 본질적인 목표를 흔들고 있다. 또한 선발의 공정성을 위해 학생평가도 정답과 오답을 가려내는 단편적인 지식 위주의 사고능력을 측정하는 객관적인 방식을 채택하게 만들었다.

그러나 교육의 본질적 기능과 목적을 다시 한 번 생각한다면 그 어느 학교도 단순한 지식의 암기를 통해 정답을 가려내는 능력을 함양하고 시험점수로 학생들을 서열화하여 우수한 학생과 열등한 학생으로 낙인 찍기 위해 학생들을 교육하기를 원치 않을 것이다. 또한 학생평가의 본질적 기능이 교육의 본질적 목표와 이반되어서는 안 된다. 학생의 성장과 변화를 위한 교육은 '무엇을, 왜, 어떻게 가르치고 평가해야 할 것인가' 하는 교수–학습 활동에 대한 본질적 접근을 통해서 이루어져야 한다. 그리고 이러한 접근은 교육평가의 역할과 기능을 올바로 세우고 이를 교수–학습 과정과 접목시킬 때 비로소 가능해진다. 즉, '평가를 위한 교육'이나 '선발을 위한 평가'가 아니라 '교육을 위한 평가'나 '학생 성장을 위한 평가'가 이루어져야 할 것이다(최성욱, 2009; 장상호, 2009; 최성욱, 신기현, 1999).

2) 단편적 지식의 평가와 통합적 역량의 평가

현재 우리의 교육현장에서 이루어지고 있는 다양한 교수활동의 공식적인 목표가 단편적인 지식을 습득하는 것에 국한되는 경우는 거의 없다. 어떠한 교과든지 학생들은 배움을 통해 문제를 해결하고 미래를 개척할 수 있는 종합적 능력을 함양하는 것이 교육의 본질적인 목표가 된다. 따라서 교사들은 단편적인 지식의 전달이 아니라 문제해결 능력이라든지 통합적 역량과 창의적 · 비판적 사고능력의 함양을 위하여 다양한 교육적 활동을 전개해야 한다. 이처럼 교수활동이 다양해져야 한다는 점은 그에 수반하는 교육평가도 다양해져야 함을 의미한다. 그러나 단편적인 지식 위주로 상대적인 학력 수준을 확인하고 서열화에 초점을 두고 있는 현재의 획일적인 평가 방식은 교실과 그 외 교육 공간에서 이루어지는 학생들의 다양한 배움을 평가하는 데 한계를 지닐 수밖에 없다. 다시 말해서, 단편적인 지식 위주의 획일화된 평가 방식은 교수–학습 활동의 다양성과 포괄성을 담아낼 수 없을 뿐만 아니라 학생들의 통합적 배움을 측정하는 데 한계가 있는 평가 방식인 것이다.

교과지식 중심의 문제풀이식 교육이 학생들의 학업성적을 높이기 위한 가장 효과적인 공부라는, 일선 교육현장에서 여전히 유지되고 있는 그릇된 믿음이 수업과 평가 방식을 다양화하고 혁신하는 데 걸림돌이 되고 있다. 예컨대, 학부모들은 학교의 창의적 체험활동 등의 다양한 교육과정 운영으로 학생들의 공부가 소홀히 되는 것은 아니냐는 우려를 하고, 교사들도 학생들의 학업성적을 높이기 위해선 문제풀이식 교육을 포기할 수 없다는 이야기를 하곤 한다. 이러한 논리라면 학생들의 통합적인 역량과 창의적 · 비판적 사고능력을 배양하기 위한 교육은 공부가 아닌 것이다. 이같이 학생들이 시험성적을 높이기 위한 문제풀이식 교육을 했을 때 비로소 공부를 했다고 생각하는 사회적 믿음이 우리 사회에 엄연히 존재하고 있다. 무엇이 교육이고 어떠한 공부를 해야 하는지에 대한 우리의 인식과 실천에는 상당한 괴리가 있는 것이다.

타당성을 담보한 제대로 된 학생평가라면 그 평가에서 묻고자 하는 것이 학생들이 경험하는 학교교육의 내용, 방식, 수준 등과 일치하여야 한다. 2015 교육과정의 개정에 따라 학생들의 배움이 역량 기반의 교육활동을 통해 이루어지고 있는 만큼 학생평가를 통해 확인하고자 하는 것도 학생들의 역량이 어느 정도 수준인지에 대한 정보여야 한다. 역량의 특성이 총체성, 수행성, 맥락성, 학습가능성이라면 단편적 지식 위주의 획일화된 평가 방식으로는 학생들의 역량을 평가해 낼 수가 없다. 이것이 학생의 배움에 부합하는 통합적 역량이 강조되는 학생평가 방식의 도입이 절대적으로 필요한 이유이다.

3) 경쟁 중심의 평가와 배움 중심의 평가

우리 사회는 학생들의 학업성취도와 국가의 경쟁력을 등치시키는 경향이 매우 강하다. 즉, 학생들은 우리나라의 경제적 성장의 원동력이자 미래의 역군으로서 그들의 학업성취도가 곧 국가의 경쟁력을 대표하는 요소라는 믿음이 있다. 그러나 21세기 한국의 상황에서 학생들, 특히 중 · 고등학생의 학업성취도 비교 순위가 국가의 경쟁력을 책임지는 하나의 견인차라든지 혹은 핵심 요소라는 기능론적 논리는 재고해 볼 필요가 있다. 한국의 산업 구조와 그 경쟁력은 고도의 기술을 바탕으로 하는 기술집약적 분야에 집중되어 있으며, 이러한 분야에 걸맞는 고급 노동력의 생산에 대한 책임을 중등학교에 전가할 수 없으며, 이는 상대적인 성적 순위에 의해 결정되는 것도 아니기 때문이다. 물론 중등학교에서부터 훌륭한 재원을 키워야 고등교육기관도 고도의 기술집약적인 인적 자원을 생산할 수 있다는 논리가 있을 수 있다. 그러나 우리나라 교육경쟁력의 문제는 초 · 중등교육 보다는 고등교육에서 더 심각하다고 할 수 있다. 최근 PISA나 TIMS의 결과는 우리나라 중등학생들의 학업능력이 다른 참여 국가들에 비하여 상당히 높은 최고 수준임을 보여 주지만, 고등교육기관의 순위를 매기는 다양한 지표는 국내 최고 수준의 대학들마저도 그 순위가 상위권에서 많이 벗어나 있기 때문이다. 우리나라 교육경쟁력이 문제라면 초 · 중등교육의 개선을 위한 노력과 더불어 대학들도 고등교육의 낮은 경쟁력이 중등교육으로부터 우수한 학생들을 받아들이지 못해서가 아니라 스스로 우수한 인재를 양성하지 못해서 발생하는 문제라는 인식을 지니고 대학교육의 개선을 위해 노력해야 할 것이다.

우리나라 교육 현실에서 경쟁 중심의 평가에는 대학입시 경쟁이라는 문제가 도사리고 있다. 그리고 과열 입시경쟁의 문제에는 극히 소수의 상위권 대학 혹은 특정 전공학과에 국한되는 경쟁이라는 우리의 독특한 사회적 현상이 자리하고 있다. 이 소수의 대학에 입학하기 위한 입시경쟁이 우리나라 교육의 많은 문제와 폐단을 만들어 내고 있는 원인이다. 모든 시험과 선발이 공정하고 객관적이어야 함에는 이론의 여지가 없지만, 우리나라에서는 이러한 가치가 응시자의 통합적 역량과 잠재력을 평가해야 하며 학생선발에서 대학의 전문성과 자율성이 존중되어야 한다는 가치들을 압도하거나 배제하고 있다. 또한 표준화된 시험에서의 성적 비교를 통해 상대적인 위치를 자리매김하는 상대평가만이 공정하고 객관적인 평가 방식이라는 경쟁 중심의 왜곡된 학생 평가관도 부추기고 있다.

배움이란 본질적으로 주는 사람과 받는 사람이 단절되어 있지 않고 주변인들과의 상호작용을 통해 습득되는 것이며, 이러한 관계를 확장함으로써 심화되는 것이다(손우정, 2012). 이러한 배움은 문제풀이 연습으로는 이루어질 수 없는 학습이며, 목표가 아닌 동료 학생들과 경쟁하고 서열화하는 경쟁 중심의 상대평가로는 그들의 배움이 어느 정도인지 진단해 낼 수 없다. 더욱 큰 문제는 국가교육과정과 학교교육의 목표는 이미 배움 중심 혹은 역량 기반으로 변하고 있는데도 경쟁 중심의 상대평가를 맹신하는 우리의 잘못된 신념과 믿음이 우리나라 교육계에 여전하며, 이러한 인식으로 인해 중등학교에서 이루어지고 있는 교육이 교사 중심의 지식전달 혹은 문제풀이식 학습으로 진행되고 있다는 점과 일부 상위권 대학 진학을 위한 상위권 학생들만을 위한 교육으로 학교교육과정이 파행적으로 운영되고 있다는 점이다.

4) 표준화된 평가와 교사 전문성에 기초한 평가

교사의 학생평가 결과가 주요 입시전형 자료로 활용되면서 학교는 학생평가의 대상, 내용, 방법 등을 획일화 혹은 표준화시키고 있다. 이는 학생평가의 결과가 객관적이고 공정해야 한다는 인식을 기반으로 하고 있다. 예컨대, 수업시간에 상시로 이루어지는 형성평가, 다양한 방식의 수행평가 혹은 학교 밖에서 이루어지는 다양한 교육적 활동에 대한 평가와 평가 결과의 활용이 제대로 이루어지지 않는 것은 교사의 학생평가가 그 중요도와 사회적 신뢰도를 확보하지 못하고 있기 때문일 것이다. 학생평가가 학생의 학습에 대한 이해와 학생의 성장이 아니라 평가의 표준화된 절차와 운영을 강조하게 되면 그런 기능에 입각해 보편적 내용을 담는 것으로 획일화되어 가는 경향을 지닐 수밖에 없다.

그러나 학교에서 보여 주는 학생들의 행동 특성과 학업성취를 평가하는 데 교사만큼 자세한 정보를 가지고 있는 교육주체는 없다. 따라서 교수–학습 활동을 통해 학생들이 보여 주는 학습과 성장의 정도를 관찰하고 그 결과를 객관적이고 전문적인 방법으로 표현해 내는 것은 교사의 고유한 역할인 것이다. 이러한 교사의 고유한 역할이 침해되는 것은 교권의 하락으로도 이어져 교사의 교수 및 지도 활동 전반에 불신과 부정이 팽배해지는 교육현상을 야기하게 된다. 학생과 학부모가 교사의 평가 전문성을 불신하는 가장 중요한 요인은 그 평가가 내신성적이든 학교생활기록부의 비교과영역의 내용이든 학생의 대학입시에 상당한 영향을 미치는 상대적 서열에 입각한 고부담평가라는 인식에 기인한 것이라고 볼 수 있다. 따라서 표준화 검사인 대학수학능력시험과 더불어 입시전형 자료로 활용되는 교사의 학생평가가 굳이 상대적 서열주의에 입각한 고부담평가로 실시되어야 하는지 심각하게 검토해 볼 필요가 있다.

우리 사회가 가지고 있는 학생평가에 대한 신념에는 '학생들이 시험에 대한 부담감이 높으면 높을수록 더욱 공부를 열심히 하게 되고, 이는 학생들의 학력을 제고하는 중요한 요인이 된다.'라는 인식이 크게 자리 잡고 있다. 다시 말해, 고부담시험이 학생들의 학력 제고의 견인차라는 믿음이 있는 것이다. 그러나 핀란드나 스웨덴과 같은 외국 사례에서도 알 수 있듯이 학생들의 학력이 서열을 바탕으로 한 고부담시험으로 제고될 수 있다는 생각은 신빙성을 갖기 어려운 신화적 믿음에 불과한 것이다. 학생들에게 필요한 사고능력과 역량은 반복적인 문제풀이식 학습과 표준화된 시험이라는 측정 메커니즘으로 신장될 수 있는 것이 아니다. 시험이 곧 선발이라는 가치적 판단에서 보다 유연해지고 고부담의 시험이어야 학생들이 열심히 공부한다는 편견에서 벗어나야 학생평가가 그 내용, 방법, 절차에 있어 다양한 모습을 지니고 교사 전문성에 기초해 실시될 수 있을 것이다.

앞서 살펴본 '선발을 위한 평가' '단편적 지식의 평가' '경쟁 중심의 평가' '표준화된 평가' 등 우리나라의 학생 평가관과 관련된 다양한 문제점은 대부분 선발경쟁, 즉 대학입시를 준비하기 위해 나타나는 변형적 교육현상들이다. 어찌 보면 대학입시라는 사회적 선발을 준비하기 위해 학생들이 공부하고 학교에 다니는 맹목적인 교육과 가치관이 우리 사회에 만연하고 있다. 우리 사회는 학생들에게 '교육이 왜 필요한가?' '공부는 왜 해야 하는가?'와 같은 본질적 물음에 대해 기능적 이유만을 제시하고 있는 것이다. 학생평가가 그 본질적인 기능을 제대로 수행하기 위해서는 전인적 성장을 지향하는 균형 잡힌 올바른 교육의 목표를 설정하고, 이를 교육현장에 실현시키기 위해 학생들의 배움과 성장을 지원하는 학교교육과 그에 적합한 학생평가가 이루어져야 할 것이다. 그러나 학교에서 실시되는 학생평가와 대학입시를 위한 학생평가가 일관된 방향과 방법을 유지하지 못하면서 학교교육 현장에서 많은 혼선과 비교육적 행태가 발생하고 있다. 또한 이에 따른 학생들의 부담이 너무 과중하다는 점이 우리나라 교육의 근본적인 문제점이다. 학습에 대한 학생의 이해와 성장이라는 학생평가의 본질적인 기능과 목표를 추구하기 위해서는 학생평가가 대학입시와 어떠한 관계적 위치를 설정해야 하는지를 분명히 해야 할 것이며, 우리 사회가 학생평가에 대해 지니고 있는 신화적 믿음과 가치에 대해 비판적으로 검토해 학생평가의 개선을 '학생의 성장을 위한 평가' '통합적 역량의 평가' '배움 중심의 평가' 그리고 '교사 전문성에 기초한 평가'의 방향으로 모색해 나가야 할 것이다.

3. 학생평가의 목적과 기능

교육은 배우고자 하는 사람의 주체적인 사고와 자발적인 행동을 통해서 비로소 구현될 수 있는 '자기경험 구조의 계속적인 쇄신 과정'이며, 최고나 완벽한 수준에의 도달보다는 누구나 가지고 있는 오류와 불완전함을 고쳐 나가는 과정에 그 목표와 의의를 둔다(장상호, 2009). 따라서 학생평가에서의 본질적인 문제는 학습자의 성취 결과를 학습자 간 상호 비교하여 우열을 가리는 데 있지 않고, 학습자에게 자신이 무엇을 알고 있고 무엇을 모르고 있는가에 대한 정보를 제공해 자신의 현재 수준을 극복하고 개선하려는 노력을 하도록 하는 데 있다. 이같이 학생평가는 개별 학생이 무엇을 알고 무엇을 모르는가를 확인해 우수학생과 열등학생을 변별해 내는 것보다는 확인된 오류를 수정하고 보완하여 사고영역을 확장하고 성취 수준을 향상시켜 가는 것을 더 강조한다. 학교학습 상황에서의 학생평가의 목적과 그 기능을 살펴보면 다음과 같다.

1) 학생평가의 목적

교수-학습 과정에서의 학생평가는 학습자로 하여금 현재의 수준을 확인하고 차선의 단계를 표적으로 순차적인 성장과 진전(progress)을 경험하면서 학습자 자신의 경험 구조를 계속 쇄신해 갈 수 있도록 학습과 관련된 평가정보를 제공할 수 있어야 하며, 학습자의 교육성취의 향상과 교육적 가치의 실현에 기여할 수 있어야 한다. 학습은 수동적으로 이루어질 수 없으며 학습자의 자발적 활동이 배제된 학습이 실질적인 생산성을 지닐 수는 없다. 생산적인 학습활동의 속성에 대해서는 다양한 논의가 가능하겠지만 최소한 자발적인 참여라는 조건을 충족시킬 수 있어야 할 것이다. 강요에 의한 학습활동과 자발적인 학습활동은 논리적으로 공립될 수 없으며, 교사의 적극적인 교수활동에 대한 학생들의 수동적인 대응으로 특징지어지는 전통적인 수업 방식은 학습자의 교육성취에 적극적인 효과를 발휘할 수 없다. 이에 대한 대안으로 모색된 것이 학생들의 능동적인 수업참여를 강조하는 학생 중심(수요자 중심)의 수업이다.

이질적인 수준의 학생들이 한 학급을 이루고 그 집단 내에서 교수(teaching)와 학습(learning) 활동이 동시에 대응하여 이루어지는 수업의 경우, 그 시작에서 종료에 이르기까지 필요한 모든 활동은 그 각각의 것으로 환원될 수 없는 고유한 하위요소와 규칙을 요구한다. 수업은 학급 단위로 진행되며 그 집단은 구성원들의 단순한 산술적인 합이 아니다. 학급에서 공동목표인 수업목표의 달성을 위해 교수-학습 활동을 전개해 갈 때 그 활동양태를 평가하기 위해서는 각기 상대의 활동에 반응하는 특수한 활동양상의 구조를 파악할 수 있어야 한다. 수업이 요구하는 조건이 무엇이며 그것이 학생들에게 어떤 활동을 요구하는가에 따라 학생평가의 대상과 목적은 다양해질 수 있다.

학생평가는 주로 학습의 결과와 관련된 측면에서 학습활동의 가치를 평가해 왔지만, 학습활동의 가치는 학습자의 활동 과정에 내재하는 특이한 체험적 양태로 그 모습을 드러낸다. 학생평가에서 중시되어야 하는 평가의 목적을 수업의 각 활동 측면에서 정리해 보면 다음과 같다.

첫째, 학습주제와 관련된 지식이나 사고력에 있어서의 학습자 개개인의 성취 수준을 파악하기 위해 평가한다. 이를 위해서는 학습목표에 비추어 학습자 개개인의 학업성취 정도를 파악할 수 있어야 할 것이다. 이는 학생들이 무엇을 알고 무엇을 모르는지에 대한 정보를 직접적으로 제공해 줄 수 있으므로 무엇을 어떻게 가르쳐야 할 것인지에 대한 시사점도 제공해 줄 수 있다.

둘째, 학습자 개개인의 성취 수준이 그가 속한 집단에 비추어 볼 때 어느 정도의 상대적인 위치를 차지하고 있는지를 확인하기 위해 평가한다. 이는 동료 학생들 간의 상대적인 비교를 기초로 개인차를 변별할 수 있는 정보를 제공해 준다. 학습자 간에 학업성취 수준의 상대적 위치나 순위를 결정하기 때문에 과다한 경쟁심리가 조장될 수 있고 이로 인해 인성교육이 방해받을 수 있으나, 자신의 학력 수준에 대한 객관적 정보를 제공하여 학습자의 상대적 수준에 대한 이해를 돕고 학습자 간 경쟁을 통해 동기를 유발할 수 있다는 장점도 지닌다.

셋째, 학습자 각 개인이 수업의 과정을 통해 배울 수 있는 기회를 제공받은 후 수행능력이 얼마나 향상되었는가를 확인하기 위해 평가한다. 이와 같은 평가는 학습의 많은 부분은 학습자의 적극적인 수업참여와 학습자 간 활발한 상호작용에 의해 이루어진다는 가정에 기초한다. 학생 개개인의 능력은 자신이 지니고 있던 지식에 의해서뿐만 아니라 새로운 학습 경험을 통해 각 개인이 배우는 것에 의해서도 표현될 수 있다. 여기에서는 최종 성취 수준에 대한 관심보다는 교수-학습 과정을 통해 얼마만큼 성취 수준의 향상을 보였느냐에 관심을 두게 된다.

넷째, 학습자가 자신이 지니고 있는 능력 수준에 비추어 얼마나 최선을 다했는가를 평가한다. 여기에서는 학습자가 자신이 지니고 있는 능력을 얼마나 발휘하였는가가 중요하며, 우수한 능력을 지녔음에도 최선을 다하지 않은 학생보다 능력이 낮더라도 최선을 다해 노력한 학생이 높게 평가된다.

다섯째, 각 학생들이 다른 학생들과 상호작용하고 협동하여 함께 일할 수 있고 팀의 구성원으로서 효과적으로 기능할 수 있는 능력을 확인하기 위해 평가한다. 효율적으로 팀이 운영되기 위해서는 팀 구성원끼리 협동하고, 상호 소통하며, 문제를 해결하고, 상호 협상할 수 있는 능력이 요구된다. 이러한 대인관계(interpersonal) 능력은 한 개인이 사회에 잘 적응할 수 있는 성인으로 성장하기 위해서 필수적으로 요구되는 능력이다. 대인관계 능력을 평가할 수 있는 한 가지 방법은 그들이 다른 사람들과 협력할 수 있는가를 관찰하고 다른 사람들과 소통하는 능력과 상호 협력하는 상황에서 자신의 행동을 수정할 수 있는 능력을 평가하는 것이다.

여섯째, 학습자 개개인의 학습에의 만족도를 파악하기 위해 평가한다. 학습에의 만족도란 지식을 구성하여 내면화하는 활동 과정에서 경험하게 되는 특유의 보람과 열정으로 파악된다. 학습자가 학습 자체의 즐거움을 체험적으로 고백하지 못한다면 학습의 가치가 충분히 향유되지 못하고 있는 것이다.

이와 같이 교실에서 학생의 학습을 평가하기 위해서는 교수-학습 과정에 내재하는 각 활동 측면에 관한 정보를 수집하고, 학생의 다양한 학습 체험의 이해를 위한 다양한 목적의 평가가 목적에 부합되게 실시되어야 한다. 학습의 개선과 향상은 그것에 대한 올바른 평가와 상관관계를 지닌다. 어떤 것을 어떤 가치 기준에 따라 어떻게 평가하느냐가 학교 교육의 정상화와 발전 방향을 결정한다고도 할 수 있다. 이제까지는 학생평가가 주로 학습 성과, 즉 결과에 대한 평가를 상대적인 상호 비교 수준에서 다루어 왔지만, 학교교육에서 필요한 학생평가는 거기에 그치지 않는다. 결과와 서열은 교육의 입장에서는 하나의 파생적인 성과에 불과할 수도 있으며, 과정과 변화에 대한 평가를 결과와 서열에 대한 평가로 대치하려 한다면 교육이 지니는 내재적 가치를 무시하고 교육을 경쟁과 목표 달성을 위한 하나의 수단으로 전락시키는 오류를 범하게 된다. 이는 학생평가에 있어 각별히 경계해야 할 점이라고 할 수 있다.

앞 절에서 살펴보았듯이 학생평가에 적용되는 가치 기준은 다양하기 때문에 학습활동의 한 결과를 어떤 하나의 기준으로만 평가하고 학습자를 이해한다는 것은 적절하지 않다. 그럼에도 불구하고 현행 학생평가의 관행은 어떤 특정한 결과와 기준만을 평가의 대상과 기준으로 삼음으로써 학습활동을 평면적으로 규정하는 오류를 범하여 왔다. 결과에 기반을 둔 경쟁 중심의 학생평가 관행은 어느 정도 불가피한 측면도 없지는 않으나, 문제가 되는 것은 학교의 수업을 외형적인 '업적'만을 중시하는 파행으로 이끌고 있다는 점이다. 이런 문제를 극복하기 위해서는 학생의 학습을 돕기 위한 '학습을 위한 평가(assessment for learning)'를 학업성취 수준을 자리매김하기 위한 '학습의 평가(assessment of learning)' 못지않게 강조해야 할 것이다.

학생평가를 실시할 때는 우선 평가의 목적과 준거 그리고 절차 등을 명료하게 해야 한다. 학생 개인의 능력(성취도) 수준을 평가할 것인지, 학생의 능력 변화를 평가할 것인지, 비교집단에서의 학생의 상대적인 위치를 평가할 것인지, 학생 개인이 아닌 학습집단의 산출물을 평가할 것인지, 동료들과 상호작용하고 협동할 수 있는 능력을 평가할 것인지, 학생의 능력 수준에서 얼마나 최선을 다했는지를 평가할 것인지 또는 학습에서의 만족도를 평가할 것인지 등을 분명히 해야 한다. 수업에서의 다양한 활동양상과 관련된 다양한 목적의 서로 다른 평가들은 어느 한 평가가 다른 평가를 대신할 수 없으며, 어느 평가가 가장 바람직한 것인지를 일률적으로 말하기도 어렵다. 각각의 평가가 저마다 독특한 배경과 시각에서 교육을 상정하고 있고, 그것이 도입된 의도와 목적도 천차만별일 수 있기 때문이다. 어떤 준거를 평가에 적용할 것인가는 교사의 수업활동 상황에 따른 선택의 문제이며 선택은 필요에 따른다고 할 수 있다. 따라서 학교학습 장면에서 학생평가를 적절하게 실시하기 위해서는 학습활동의 목적과 평가의 목적이 협응할 수 있도록 평가 준거와 평가과제가 개발되고 학생들에게 무엇이 평가될 것이며 어떻게 해야 좋은 평가를 받을 수 있는지를 분명하게 이해시킬 수 있어야 할 것이다.

2) 수업과 연계된 학생평가의 기능

수업과 연계된 학생평가란 교사가 수업의 진행과 관련해 각 진행 단계마다 교육적 의사결정에 요구되는 정보를 수집하고 해석하고 교육적 의사결정을 위해 정보를 활용하는 활동을 통칭한다. 교사의 학생평가 활동은 교수-학습 과정의 전 영역에 작용하는 반성과 규제의 기제이다. 즉, 교사의 학생평가 활동은 교수 전략이나 학급운영 전략과 같이 학생의 학습을 돕고 개선하기 위해 수업활동과 연계되는 방식으로 수행되어야 한다. 학생평가가 단순히 시험 쳐서 성적을 내고 시험성적으로 학생을 분류하고 배치하는 데 그친다면, 이런 평가활동은 교수-학습 과정의 내실화 및 개선에 기여한다기보다는 학생들로 하여금 시험성적에만 관심을 두게 하고 지나친 상호경쟁을 유도하거나 최소한의 노력으로 좋은 점수를 얻을 수 있는 방법을 모색하게 할 것이다. 수업 상황에서의 학생평가 활동의 일차적인 목적은 우수한 학생과 열등한 학생을 구분해 규정짓는 데 있는 것이 아니라 학습자가 지닌 현재의 인지 구조와 그들의 장점과 단점을 파악해 학생의 학습을 돕는 데 있다.

그리고 전통적으로 수업 상황에서 교사에 의한 학생평가만이 강조되어 왔으나, 학생의 자기평가 활동도 강조되어야 한다. 학생의 자기평가 활동은 학습의 주체는 학생이라는 점과 학생 자신이 스스로 학습의 개선을 위해 얼마나 노력했으며 무엇을 알고 무엇을 모르는지를 가장 잘 파악할 수 있다는 점에서 의의를 지닌다. 학생의 자기평가의 초점은 스스로가 학습활동에 얼마나 몰입하고 자신의 교육적 체험을 확충했느냐라는 학습활동의 내재성에 맞춰진다. 따라서 교사는 수업 중 학생들에게 스스로의 학습을 평가해 볼 수 있는 기회를 제공하고, 학습활동에 대한 학생의 자기반성적 성찰을 강조해야 한다.

또한 교사도 수업을 진행해 가면서 자신의 학생지도 능력을 반성적으로 고찰하고 평가해야 한다. 수업의 질은 교사가 자신의 교육적 실천에 문제의식을 갖고 그것을 스스로 반성적으로 평가해 새롭게 시도하고, 그 결과로 얻은 실제적 지식을 교육 실천의 개선을 위한 자료로 이용하는 과정을 계속함으로써 향상되어 간다고 할 수 있다. 교사들은 항상 자신의 수업에 대한 열정과 책임을 확인하고, 자신의 평가활동이 학생의 학습에 긍정적인 영향력을 행사하고 있는지를 지속적으로 점검해야 한다. 그러기 위해서는 우선 교사 자신의 의사소통 방식과 학생통제 방식이 수업에 긍정적인 영향을 미치는지, 평가를 통해 학생 스스로 생각할 수 있는 힘을 길러 주기보다는 암기와 동조를 강조하는 것은 아닌지, 학급 내 상벌규칙이 학습태도 개선에 도움이 되는지, 엄격한 규칙 없이 학생들을 통제할 수는 없는지, 학생들의 수준을 고려해 학생의 학습을 돕기 위한 평가를 제대로 실시하고 있는지, 학생들의 성적을 산출하기 위해 설정된 평가기준이 모든 학생에게 공평하게 적용되고 있는지 등을 스스로에게 솔직히 반문해 보아야 할 것이다.

교사는 지속적으로 수업목표에 비추어 학생의 학습을 평가하고, 그 평가 결과에 따라 자신의 수업 전략을 바꿔 가며 학생의 학습을 도울 수 있어야 한다. 교사가 학생을 평가하는 활동은 학생이 무엇을 알고 무엇을 할 수 있는가에 대한 정보를 제공해 줄 뿐만 아니라 교사의 평가활동 그 자체가 학생들의 학습에 많은 영향력을 행사한다. 교사는 수업 중 발생하는 많은 사건과 복잡한 수업환경에 대해 민감하게 반응하면서 수업활동과 연계해 학생들이 무엇을 어떻게 배우고 있는지를 면밀히 관찰하고 파악해야 한다. 수업의 흐름과 관련해 교사가 스스로에게 질문을 던져 보고 수집해야 할 평가정보들을 정리해 보면 〈표 2-2〉와 같다.

〈표 2-2〉 수업의 흐름과 관련해 교사가 수집해야 하는 평가정보

수업 전	• 학생들이 학습주제와 관련해 얼마나 알고 있는가? • 학생들이 배울 준비가 되어 있는가? • 특별히 신경을 써야 할 학생이 있는가? 그 학생들을 위해 무엇을 해야 하는가? • 어떤 학습지도안을 계획해야 하는가? • 계획하고 있는 수업지도 방법들이 학생들에게 적합한 것이라고 할 수 있는가? • 어떤 학습과제를 어떻게 부여해야 하는가?
수업 중	• 학습활동과 관련해 어떤 피드백을 학생들에게 주어야 하는가? • 학생의 학습을 돕기 위해 어떤 질문을 해야 하는가? • 질문에 대한 학생 답변에 어떤 반응을 보여야 하는가? • 나의 특별한 주의와 지도를 필요로 하는 학생은 없는가? • 학생들이 수업에 집중하지 않을 경우 이에 어떻게 대응해야 하는가? • 수업을 언제 어떻게 끝내야 하는가?

수업 후	• 학생들이 수업내용을 얼마나 잘 학습했는가? • 수업 중 배운 내용이 적절하게 평가에 반영되었는가? • 학생들이 다음 내용을 배울 준비가 되어 있는가? • 학생들에게 어떤 평가 결과를 제공할 수 있는가? • 학부모들에게 어떤 조언을 해야 하는가? • 수업을 어떻게 개선해 가야 하는가?

진학이나 사회적 성공을 위해 학생들을 준비시키는 일도 중요하지만, 수업 중 교사가 해야 하는 일 중에서 가장 중요한 것은 학생들이 잘 배우고 올바르게 성장할 수 있도록 돕는 일, 즉 학생들로 하여금 학습 그 자체에서 보람과 즐거움을 느낄 수 있도록 돕고 개별 학생의 성장과 발달을 촉진시키는 일이다. 이를 위해서 학생평가의 방법이나 절차도 교수-학습 과정의 개선을 도울 수 있도록 수업과 연계되어야 한다. 학생평가가 수업에서의 활동과 과정을 무시한 채 주로 학생들이 단편적인 지식이나 정보를 어느 정도 기억하고 있는지를 파악하여 학생 간의 상대적인 서열을 매기기 위한 방편으로만 사용되어서는 안 된다.

수업의 과정과 결과는 어느 한 가지 기준으로 파악할 수 없을 만큼 다양하기 때문에 그중 어느 한 가지 결과만을 가지고 학생의 학습활동을 평면적으로 규정하고 평가하는 것은 부적절한 일이다. 교사는 학생평가의 대상을 수업의 결과만이 아니라 과정으로까지 확대하고, 수업과 연계하여 '무엇을' '언제' '어떻게' '왜' 평가할 것인가에 대해 결정해야 한다. 수업과 연계해 각 학습 상황에서 실시되는 평가는 그 학습 상황에서의 목표와 교육내용을 고려해 이루어지며, 이를 통해 얻어진 정보는 다른 평가활동에서 얻어진 정보를 대신할 수 없고, 각기 특정 학습 상황에서 요구하는 학습성과(learning outcomes)에 관한 평가정보를 제공한다.

수업과 연계해 각 학습 상황에서 실시되는 학생평가의 예를 협동학습에서의 수업절차를 중심으로 살펴보면 [그림 2-1]과 같다.

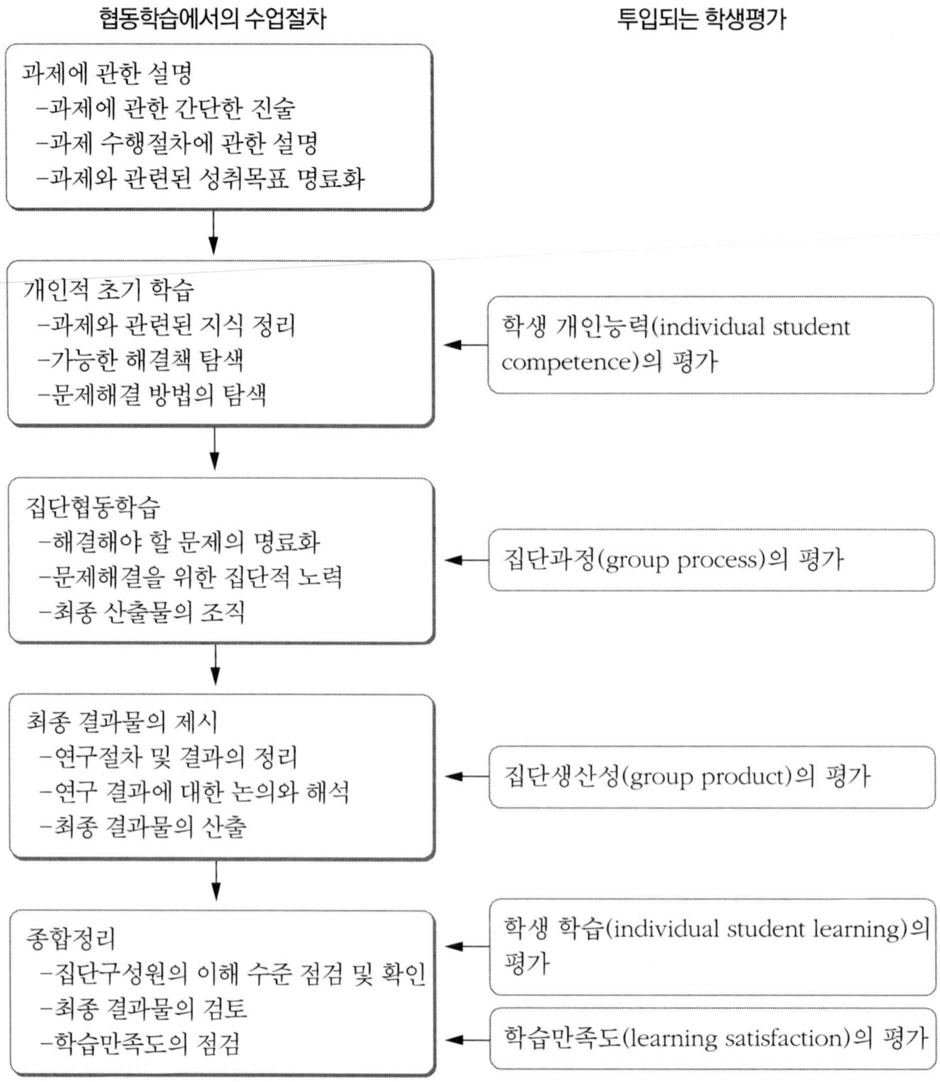

[그림 2-1] 수업과 연계된 평가의 활용 예

수업과 연계해 실시되어야 하는 학생평가의 다면적 기능을 [그림 2-1]의 예를 중심으로 살펴보면 다음과 같다.

(1) 학생 개인능력의 평가

학생 개인의 능력에 관한 정보는 학습자 현재의 수준을 이해하고 평가하기 위해 필수적인 정보이다. 다른 사람으로부터 도움을 받지 않은 상태에서 학생 개인의 능력을 평가하는 것이 목적이라면 집단과정(group process)은 개인의 능력평가에 영향을 미칠 수 있으므로 동료들과의 상호작용이 있기 전에 학생 개인의 능력을 평가해 학습자를 이해할 수 있어야 한다. 이렇게 수집된 학생 개인의 능력에 관한 정보는 학습목표와 교수 전략의 확인 및 수정에 피드백되어 활용된다.

(2) 집단과정의 평가

협동학습의 집단과정에 대한 평가는 다른 사람들과 협동할 수 있는 학생 개인의 능력에 대한 평가와 더불어 집단 내 상호의존 양상에 관한 정보를 수집한다. 각 개인들이 주어진 과제를 상호 협동하여 해결하려고 할 경우, 각 개인들은 집단작업을 통해 전에는 지니지 못했던 새로운 지식과 기술과 이해를 구축하기 위해 자신의 사고영역을 확장시켜 간다. 집단 상황에서 어떻게 학습이 일어나는가에 대한 대표적인 이론적인 설명은 Piaget의 사회인지적 갈등과 학습에 관한 모델이라고 할 수 있다(Cruickshank, Bainer, & Metcalf, 1995). 다른 사람들과의 상호작용은 학생 자신의 관점과 새로운 지식 간의 갈등을 초래하고 이런 갈등이 학생들로 하여금 새로운 개념을 학습할 수 있도록 돕는다. 이런 관점에서 본다면 갈등을 피한다는 것은 학습의 저해요소가 되며, 이론적 관점과 사실에 대해 도전하지 말라는 사회적 압력에 의해 인지적 호기심과 갈등을 억누른다면 이는 특정 관점을 인식하고 탐색하여 문제를 해결하는 데 엄청난 위해요소가 될 수 있다. 집단의 효율성은 상호작용, 갈등해결, 의사결정, 문제해결 및 협상 등과 같은 역동적인 과정에 의해 영향을 받는다. 그리고 이들 역동적인 관계 속에서 자신은 물론 동료 학생들이 다른 구성원과 어떤 관계를 형성하는가를 관찰하는 것은 상호 간의 교육적 관계를 반성해 볼 수 있도록 하고, 집단에 대한 평가는 물론 학생 개인이 남들과 함께 일하고 성장할 수 있는 능력에 대한 평가를 가능하게 한다. 집단과정을 평가함으로써 집단 내 상호 의존성에 대한 관심을 유도하게 되며, 학생들의 상호작용 능력과 집단학습을 통한 학습능력을 평가하고 이에 대한 피드백을 제공한다.

(3) 집단생산성의 평가

평가의 목적이 협동학습의 집단생산성을 평가하는 것이라면 그 목적이 명료하게 학생들에게 전달되어야 하며 평가 장면도 그에 적합하게 구조화되어야 한다. 집단생산성에 초점을 맞춘 평가는 집단에게 완성해야 할 과제를 부여하고 그 과제를 완성하는 데 투입된 학생 각자의 개인적인 공헌도보다는 집단이 산출해 낸 완성된 과제의 탁월성에 관심을 가진다. 집단과정의 평가에서와 같이 집단구성원 개개인이 집단의 과제를 완성하는 데 얼마나 공헌하고 상호 협조하는가가 평가될 경우, 이는 학생들로 하여금 그들 자신의 공헌이 집단생산성에 부정적인 영향을 미치게 되는 경우라 할지라도 적극적으로 집단활동에 참여하도록 동기화시킨다. 반면, 집단의 생산성만이 평가될 경우에는 집단의 모든 구성원이 참여하여 문제를 해결하려고 하는 것보다 그 문제를 잘 알고 있는 가장 우수한 구성원이 방해받지 않고 집중하여 그 문제를 해결하는 것이 더욱 효과적인 경우도 있기 때문에 집단구성원의 적극적인 참여가 저지되거나 억제될 수 있다. 이같이 집단생산성과 집단과정 그리고 개인학습의 평가는 공립하기가 어려울 수 있으므로 이를 고려하여 집단과제를 부여하고 평가를 다면화할 수 있어야 한다. 그리고 집단생산성의 평가를 위해서는 집단구성원의 역량을 최대한 활용하며 집단의 상호 의존성을 높여 갈 수 있도록 평가를 구조화해야 한다.

(4) 학생의 학업성취도평가

평가의 목적이 협동학습에서의 개인적인 학업성취의 정도를 평가하는 것이라면, 평가는 집단생산성에 관심을 두지 말고 학습에 긍정적인 영향을 미칠 수 있는 과정을 중시하면서 설계되어야 한다. 구성원 모두의 활발한 참여는 개인적인 학습(individual learning)을 위해 필수적인 것이지만, 집단생산성의 중시는 개인의 참여와 개인의 책무성(individual accountability)을 약화시킬 수도 있다. 따라서 각 학습자들에 대한 학업성취 수준의 평가를 통해 학습과제에 대한 이해 수준과 자신이 속한 집단이 어떤 절차에 의해 어떤 결론에 도달했는지를 파악하고 있는지도 반드시 평가해야 한다. 학생들은 과제를 해결하기 위해 동료들과 함께 문제해결을 탐색하는 과정에서 그들의 지식과 이해 정도, 문제해결 전략과 오해 등을 자유롭게 드러내게 되며, 이런 과정에서 자신의 학업성취 수준과 이해 정도에 대한 많은 정보를 얻게 된다. 또한 복잡한 문제에 대한 심리적 거부감이나 두려움이 다른 동료 학생들과 함께 문제해결을 시도함으로써 줄어들게 되고 이로 인해 개인적인 성장과 변화를 경험하게 된다.

(5) 학습만족도의 평가

평가의 목적이 학생 개인의 학습만족도를 평가하기 위함이라면 학습활동이 학습자 개개인에게 어떤 의미를 지니는가에 관심을 가져야 한다. 학습에 대한 열의와 만족도는 학습활동이 빚어낸 바람직한 결과의 효용성과는 구별된다. 학습을 통해 얻은 결과는 그것을 몰랐을 때는 대단해 보일 수도 있지만 알고 나면 별것 아닐 수도 있다. 학습의 목표가 '결과'가 아닌 '결과를 낳는 과정'에 있다고 믿는 학습자는 상당 수준 학습의 내적 즐거움을 경험하고 있다고 할 수 있다. 학습만족도의 평가를 통해 학습자가 얼마나 배우는 일에 열성적으로 참여하고 몰입하는지, 학습이 즐거운지, 학습의 즐거움을 더하기 위해 어떤 주체적 노력을 기울이는지에 관한 정보를 수집해 이들을 평가하고 학습을 지원하게 된다.

앞서 협동학습 수업의 예로 살펴보았듯이 수업과 연계된 학생평가란 단순하게 시험문제를 출제할 때 수업에서 배운 내용을 중심으로 평가문항을 작성하는 것만을 의미하지는 않는다. 수업과 연계된 학생평가란 수업의 각 단계에서 진행되는 학생의 학습활동을 돕고 수업을 개선해 가기 위해 투입되는 평가로, 수업과 관련된 다양한 평가정보를 수집하고, 수집된 평가정보를 통합해 학생의 학습을 이해 및 평가하고, 수업을 개선해 가는 교육적 기능을 지닌 평가를 의미한다.

4. 학생평가 결과의 해석

학생평가의 결과로 학생에게 부여된 점수에 의미를 부여하고 그 점수를 해석하기 위해서는 결과 해석을 위한 판단 기준, 즉 참조틀(a frame of reference)이 필요하다. 학생평가의 결과인 검사점수를 해석하기 위한 참조틀은 다양하다. 예컨대, 한 학생이 수학시험에서 81점을 받았을 경우 이 점수는 무엇을 의미하며 어떻게 해석해야 하는가? 이와 관련해 다음과 같은 다양한 질문이 있을 수 있다.

- 그 학생이 해낼 수 있는 것에 비추어 볼 때 81점은 높은 점수인가, 낮은 점수인가?
- 그 학생이 받은 점수 81점은 과거보다 향상된 점수인가?
- 81점은 다른 학생들의 점수와 비교해 볼 때 높은 점수인가, 낮은 점수인가?
- 81점은 그 학생이 무엇을 할 수 있고 무엇을 할 수 없다는 것을 의미하는가?

위의 각 질문은 학생이 획득한 점수에 대해 서로 다른 해석을 요구하며, 각 질문에 답하기 위해서는 각기 다른 참조틀이 요구된다. 그리고 교사가 학생평가 결과에 대해 의미를 부여하고 해당 학생의 학습을 이해하기 위해서는 위의 각 질문에 대한 구체적인 답변을 할 수 있어야 할 것이다.

1) 점수 해석을 위한 참조틀

점수 해석을 위한 참조틀은 능력참조틀(ability-referenced frame), 성장참조틀(growth-referenced frame), 규준참조틀(norm-referenced frame), 준거참조틀(criterion-referenced frame)로 나눠 볼 수 있다.

(1) 능력참조틀

능력참조틀에서는 학생의 수행(performance)이 그 학생의 최대수행능력(maximum performance ability)에 비추어 평가되고 해석된다. 능력참조틀은 '학생이 해낼 수 있는 것에 비추어 볼 때 학생이 얻은 점수는 높은 점수인가, 낮은 점수인가'라는 질문에 대한 답을 얻기 위한 판단 기준으로, 학생의 수행이 그 학생이 해낼 수 있는 것과 비교되어 '이것은 그 학생이 해낼 수 있는 최선이었다.'라든가 '조금 더 시간이 주어졌더라면 그 학생은 그것을 해낼 수 있었을 것이다.' 등과 같은 해석이 이루어진다(Oosterhof, 1994).

학생의 최대수행능력을 판단 기준으로 삼기 위해서는 우선 학생의 능력에 대한 정확한 파악이 요구된다. 그러나 교사들은 각 학생들의 능력 수준에 대해 잠정적이고 일반적인 평가를 내리고 있을 뿐이다. 표준화 검사가 교사들에게 학생의 능력에 대한 정보를 제공해 주기도 하지만 그 정보는 대단히 제한적이다. 대부분의 표준화 검사로부터 얻어진 정보는 특정 학생의 능력 수준과 그들이 어떤 성취를 해낼 수 있느냐에 대한 정보라기보다는 어떤 학생이 상대적으로 우수하며 어떤 학생이 상대적으로 열등한가에 대한 것이며, 그로부터 개별 학생의 능력 수준을 정확하게 파악하고 그 능력 수준에 비추어 개별 학생의 수행을 평가한다는 것은 쉽지 않다. 또한 어떤 능력이 학생의 학습에 필수적인 능력인지를 확인하고 그 능력과 관련된 개별 학생의 수준을 정확하게 파악하는 것도 쉽지 않은 일이다. 따라서 학생의 능력 수준은 학생평가의 결과를 해석할 때 제한적인 참조틀일 수밖에 없다.

이 같은 제한점이 있지만, 교사가 개별 학생의 파악된 능력 수준에 비추어 학생들의 수행을 평가하는 일은 학생 개개인의 수준을 고려해 이루어지는 개별화된 평가로 교수-학습 과정에서 유용하게 활용된다. 능력참조틀에 의한 평가(능력참조평가)는 평가가 학생으로부터 소외되지 않도록 할 수 있으며, 개별 학생의 파악된 능력 수준에서 그들의 최선을 인정해 주고 학습에 기울인 노력 정도에 대한 피드백이 가능하다는 장점도 지닌다.

(2) 성장참조틀

성장참조틀에서는 학생의 현재 수준이 이전 수준과 비교되어 평가된다. 성장참조틀은 '학생이 얻은 점수는 과거보다 향상된 점수인가'라는 질문에 대한 답을 얻기 위한 판단 기준으로 학생의 진보(improvement) 정도를 파악하게 되며, 학생이 성장 또는 진보한 정도는 현재의 성취도와 과거 성취도의 차이로 파악된다. 일반적으로 학생평가에서의 성적은 현재 학생이 도달해 있는 성취 수준과 동일시되므로 진보나 향상의 정도로 성적을 부여하고자 할 경우에는 성적의 의미가 왜곡될 수 있다. 왜냐하면 진보나 향상의 정도로 성적을 부여하고 등급화한다면 학생들은 좋은 성적을 받기 위해 사전검사에서 의도적으로 낮은 점수를 받고 진보나 향상의 정도를 과장할 가능성도 존재하기 때문이다.

진보에 대한 정보를 신뢰할 수 있기 위해서는 우선 이전과 현재의 학생성취 수준에 대한 믿을 만하고 정확한 정보가 있어야 하지만, 진보 또는 향상 정도를 나타내는 차이점수의 신뢰도를 확신하긴 쉽지 않다. 차이점수의 신뢰도를 높이려면 현재 성취도검사와 과거 성취도검사의 신뢰도가 모두 높아야 하고 현재 성적과 과거 성적 사이의 상관이 낮아야 한다(Oosterhof, 1994). 따라서 평가 결과가 중요한 의사결정에 활용되는 고부담평가에서는 성장참조틀에 의한 평가(성장참조평가)의 결과에 대한 공정성이 문제될 수 있다. 그러나 교육적 기능이 강조되는 교수-학습 상황에서 학생의 성장과 진보 정도에 대한 확인은 가장 궁극적인 학생평가의 목적이라고 할 수 있으며, 이는 학생의 학습을 이해하고 지원하기 위해 유용하게 활용될 수 있다. 이전의 성취 수준과 관찰시점에서의 성취 수준 간의 차이에 관심을 두는 성장참조평가는 학생들에게 성취 수준의 향상이 지니는 교육적 의미를 강조하고 개별 학생의 수준에서 학습을 촉진시킬 수 있다는 장점을 지닌다.

(3) 규준참조틀

규준참조틀에서는 한 학생의 수행이 다른 학생들의 수행과 비교되어 평가되고 해석된다. 이 참조틀에서는 '무엇을 얼마나 성취했느냐'에는 관심이 없으며 '그 학생보다 높은 점수를 받은 학생이 얼마나 많은가', 즉 한 학생이 획득한 점수가 다른 학생들의 점수와 비교해 볼 때 높은 점수인가, 낮은 점수인가에 따라 상대적으로 평가된다. 따라서 한 학생이 90점 이상의 높은 점수를 받았다 할지라도 그 점수보다 1점이라도 더 받은 학생들이 많이 있다면 좋은 평가를 받기 힘들며, 또 반대로 50% 정도밖에 문제를 해결하지 못한 50점을 얻은 학생도 다른 대부분의 학생이 그 학생보다 더 낮은 점수를 얻었다면 그 학생은 높은 평가를 받게 된다. 점수에 대한 이 같은 상대적인 해석은 어떤 학생이 무엇을 할 수 있고 무엇을 할 수 없는가에 대한 정보는 제공해 주지 못하며, 단지 집단 안에서의 상대적인 위치와 서열에 대한 정보를 제공해 줄 뿐이다.

규준참조틀에 의한 평가(규준참조평가 또는 상대평가)는 학생 개개인의 집단 내 상대적인 위치에 대한 정보를 제공해 주고 점수경쟁을 통해 학습동기를 유발하기도 하지만, 지나친 점수경쟁으로 학습부담을 증가시키고 과도한 경쟁심을 조장하여 정의적 특성에 부정적인 영향을 미칠 수 있다는 단점이 있다. 또한 '무엇을 얼마나 성취했느냐'에 중점을 두지 않기 때문에 '무엇을 알고 무엇을 모르는가' 혹은 '무엇을 가르치고 배워야 하는가'에 대한 평가 정보를 제공하는 데는 효율적이지 못하며, 한 학생이 우수하다는 평가를 받기 위해서는 반드시 거기에 대비되는 열등자라는 비교집단이 존재해야 한다.

(4) 준거참조틀

준거참조틀에서는 학생의 수행이 잘 정의된 내용영역(well-defined content domain)과 그 성취목표가 판단 기준이 된다. 따라서 잘 정의된 성취목표를 준거로 한 학생이 할 수 있는 것과 할 수 없는 것에 대한 평가정보가 수집되고, 그 정보로 평가 결과가 해석되며, 학생이 얻은 점수의 유의미성은 규준참조틀과 달리 다른 학생들과의 비교에 의존하지 않는다. 예컨대, 준거참조틀에서는 '근의 공식을 사용해 이차방정식을 풀 수 있다.'와 같이 구체적으로 정의된 성취목표와 연관지어서 학생이 무엇을 할 수 있고 무엇을 할 수 없는지를 평가하고 해석한다. 준거참조틀에 의한 평가(준거참조평가 또는 절대평가)에서는 잘 정의된 성취목표가 필수적이며, 그 성취목표와 관련해 학생이 할 수 있는 것과 할 수 없는 것에 대한 정보가 제공된다. 그리고 학생이 어떤 집단에 속해 있든지 동료 학생들과의 비교가 아닌 성취목표에 비추어 무엇을 성취했는가에 대해서만 관심을 두고 평가하므로, 집단에서의 상대적인 서열이나 그 집단의 전형적인 수행(typical performance)에 대한 정보에는 관심이 없다.

현재 우리나라 교육현장에서 이루어지고 있는 대부분의 학생평가에는 앞의 네 가지 참조틀 중에서 학생들을 분류 및 선발하거나 학생의 성취 수준을 파악하기 위한 규준참조틀과 준거참조틀이 주로 사용되고 있다. 앞에서 살펴보았듯이 능력참조틀과 성장참조틀은 학생 개개인의 변화에 초점을 두고 개인의 최대능력 발휘와 성장과 변화를 강조한다는 측면에서 교육적 가치가 중시되는 판단 기준으로, 그것을 기반으로 한 능력참조평가와 성장참조평가는 개별 학습자의 교육적 성취에 대한 이해를 돕고 학습에 대한 동기를 부여하는 그 효용가치가 높은 평가이다. 더욱이 수업 중 학생의 학습을 이해하고 그 개선을 지원하기 위한 형성평가의 상황에서는 의미 있게 사용될 수 있다. 따라서 교수적 기능이 강조되는 능력참조평가와 성장참조평가를 상황에 맞게 적용하여 교육적 가치가 중시되는 학생평가가 학교현장에 정착될 수 있도록 해야 할 것이다. 학습자 개개인이 최대한의 능력을 발휘할 수 있고 지속적으로 향상되어 갈 수 있다는 긍정적인 신념을 지니고 출발하는 학교수업은 학생을 교수–학습 상황에서 소외시키지 않고 수업효과를 높일 수 있을 것이다.

2) 준거참조평가와 규준참조평가

학생평가에서 가장 일반적으로 사용되는 판단 기준인 규준참조틀과 준거참조틀에 의한 준거참조평가(criterion-referenced evaluation, 또는 준거지향평가)와 규준참조평가(norm-referenced evaluation, 또는 규준지향평가)에 대해서는 좀 더 구체적으로 살펴볼 필요가 있다. 준거참조평가는 성취목표를 준거로 학생들이 무엇을 할 수 있고 무엇이 부족한지 학생들의 성취 정도를 확인하는 평가방법이며, 규준참조평가는 규준집단을 설정하고 그 집단 내에서 각 학생이 차지하는 상대적인 위치나 서열에 관한 정보를 수집하는 평가방법이다.

준거참조평가에서 학생의 수행은 성취목표에 비추어 평가되며, 학생의 수행을 평가하기 위해서는 성취목표가 예를 들어, '복소수 집합에서 항등원과 역원을 안다.'와 같이 구체적이어야 한다. 구체적인 성취목표에 근거한 평가는 다른 학생들의 수행에 대한 정보를 참조하지 않고도 충분히 의미 있게 해석될 수 있다. 반면, 규준참조평가에서 학생의 수행은 규준(비교)집단의 점수분포에서의 상대적인 위치나 서열에 비추어 해석된다. 규준집단의 점수분포를 규준(norm)이라고 하며 규준은 한 개인의 점수를 상대적으로 해석할 수 있는 잣대가 된다. 규준은 수학시험에서 '95점을 받은 학생이 1등을 한 학생이다.' '90점 이상을 받은 학생은 전체의 2%에 불과하다.'와 같은 상대적인 비교를 가능하게 한다.

규준참조평가는 학생의 성취의 상대적 위치에 관한 정보를 제공하는 데 주목적이 있으며, 그 학생의 특별한 능력이나 기술(skill)에 대한 정보수집에는 별 관심을 두지 않는다. 즉, 규준참조평가는 그 학생이 무엇을 알고 있고 무엇이 부족한가에 대한 정보는 제공해주지 못하며, 준거참조평가에서와는 달리 성취목표에 대한 구체적인 진술도 강조하지 않는다. 준거참조평가에서는 구체적으로 잘 정의된 성취목표의 진술이 필수적이며 그에 비추어 평가 결과가 해석되지만, 규준참조평가에서는 잘 정의된 규준집단이 필수적이며 성취목표의 달성 수준과 상관없이 규준에 비추어 평가 결과가 상대적으로 해석된다.

수업 상황에서 학생의 학습을 평가할 때 그 학생의 수행에 대해 규준참조틀과 준거참조틀에 의한 해석이 동시에 가능할 수도 있다. 100m 빠르게 달리기 검사에서 한 학생이 100m를 16.9초에 달렸고 이는 해당 학년 수준에서 기대되는 속도로는 만족할 만하지만, 같은 반 학생의 80%가 그 학생보다 빠르게 뛸 수 있다고 평가할 수 있다. 때로는 언어이해력 검사에서 검사가 재고자 하는 바가 무엇인지 또는 그 검사의 점수분포가 어떠한지에 대한 정보 없이 그저 한 학생이 검사에서 얻은 점수가 80점이라는 정보만이 제공되기도 한다. 이런 경우 그 점수는 준거참조틀이나 규준참조틀 그 어떤 것으로도 해석되기 어려우며 점수에 의미를 부여하는 일이 쉽지 않다. 학교에서 종종 학생평가 결과가 이런 방식으로 부여되기도 한다. 준거참조평가를 실시하고자 하지만 검사가 재고자 하는 바를 구체적으로 명료화시키지 못했거나 검사문항들이 정의된 내용영역을 제대로 측정하지 못할 경우에 이런 일이 발생한다. 예컨대, 철수가 100점 만점의 수학 기말시험에서 92점을 받았을 경우 시험이 측정하고자 하는 성취목표의 상세화와 그에 기반을 둔 문항개발이 이뤄지지 않았다면, 철수가 무엇을 할 수 있고 무엇을 할 수 없는지를 확인하기 어렵고 준거참조틀에 의한 검사점수의 해석은 모호해진다. 92점(92%의 성취)은 검사가 어려운 문항들로 구성되어 있다면 높은 수준의 성취일 수 있지만, 검사가 쉬운 문항들로만 구성되어 있는 경우라면 높은 수준의 성취라고 할 수 없다. 단지 시험점수(92점)를 백분율(92%의 성취)로 환산한다고 해서 준거참조틀에 의한 성취목표 달성 정도로 해석이 가능해지는 것은 아니다. 또한 다른 학생들의 성취 정도, 즉 점수분포의 양상(규준)에 대한 정보가 없다면 규준참조틀에 의한 해석도 불가능하다.

학생들이 무엇을 할 수 있고 무엇을 할 수 없는가를 안다는 것은 교수-학습 과정에 중요한 일이다. Nitko(1984)는 준거참조틀에 의한 해석을 하기 위해서는 검사가 재고자 하는 바를 구체화한 잘 정의된 내용영역이 필수적임을 강조한다. 그러나 교사들은 검사가 재려고 하는 바를 잘 정의된 내용영역(well-defined content domain)으로 정리하는 일에는 무심한 채 준거참조평가를 실시하고자 하거나, 규준집단의 점수분포에 대한 정확한 정보 없이 규준참조평가를 실시하고자 하는 경우가 많다. 준거참조평가와 규준참조평가의 검사유용도는 그 검사가 얼마나 잘 정의된 내용영역을 지니고 있는가와 잘 기술된 규준집단의 점수분포의 적절성에 따라 결정된다.

학교학습 상황에서 실시되는 학생평가가 평가 결과의 해석을 위한 명료한 판단 기준 없이 평가 결과를 해석하고 그 결과를 활용하려 한다면 이는 그릇된 판단과 실천을 야기할 수 있다. 가장 좋은 규준참조평가는 학생이 자신이 속한 집단에서 차지하고 있는 상대적인 위치에 대한 변별력 있는 정확한 정보를 제공해 줄 수 있는 평가이며, 가장 좋은 준거참조평가는 특정 영역에서 학생이 무엇을 할 수 있고 무엇이 부족한가에 대한 정확한 정보를 제공해 줄 수 있는 평가이다. 표준화된 규준참조평가에서는 학생들이 획득한 원점수의 상대적 서열의 파악이 가능하도록 변환된 규준점수가 제공되며, 표준화된 준거참조평가에서는 다수의 패널이 참여하여 준거설정 방법에 따라 의견을 수렴해 나가는 과정을 걸쳐 산출된 준거점수가 제공된다.

규준점수로는 백분위와 표준점수, 스테나인 점수 등이 활용되고 있다(자세한 내용은 제12장 참조). 백분위(percentile rank)는 원점수를 기준으로 해당 원점수 아래에 몇 퍼센트의 사례가 포함되어 있는가를 보여 주는 점수로, 원점수 78점에 해당하는 백분위가 68이라면 원점수 78점 미만에 전체 사례의 68%가 있으며 상위 32%안에 드는 점수라는 의미이다. 그리고 표준점수(standard score)는 한 개인의 원점수가 평균으로부터 얼마나 떨어져 있는가를 표준편차 단위로 환산한 점수로, 평균이 0이고 표준편차가 1인 z점수가 표준점수의 기본이 되는 점수이다. 표준점수는 백분위와 달리 원점수의 분포양상이 그대로 유지되는 선형 변환된 점수로, 서로 다른 검사에서 얻은 원점수들 간의 상대적 비교를 가능하게 한다. 예컨대, 국어시험에서 80점, 영어시험에서 88점을 받은 학생의 두 검사점수를 표준점수로 변환하여 국어시험의 표준점수(z점수)가 1.4, 영어시험의 표준점수(z점수)가 0.9로 산출된다면, 원점수로는 영어점수가 높지만 그 학생이 속한 집단의 성적분포를 고려해 볼 때 상대적으로는 국어성적이 더 높은 수준이라고 할 수 있다. 스테나인(stanine) 점수는 표준점수를 변환하여 9개의 구간으로 나눈 점수로, 점수를 순차적으로 배열한 후 4%, 7%, 12%, 17%, 20%, 17%, 12%, 7%, 4%의 비율로 점수를 분할하여 가장 아래 비율부터 1, 2, 3, 4, 5, 6, 7, 8, 9의 구간점수를 부여한다. 대학수학능력시험 점수가 이 방법을 적용하여, 가장 점수가 높은 9구간에 1등급, 가장 점수가 낮은 1구간에 9등급을 부여하고 있다.

준거점수는 성취 수준을 나타내는 구간을 4단계, 5단계, 9단계 등으로 나누어 성취목표

달성 여부의 판단 기준으로 제공된다. 우리나라에서 실시되고 있는 기초학력진단평가와 국가수준 학업성취도평가는 4단계(기초미달, 기초학력, 보통학력, 우수학력) 수준으로 성취 수준을 구분하고 있으며, 중 · 고등학교의 성취평가제에서는 5단계(A, B, C, D, E), 대학수학능력시험의 국사와 영어는 9단계로 구분하여 학생들의 성취목표의 달성 수준을 평가하고 있다.

5. 학생평가의 운영과 질 관리

교사가 학생을 평가하기 위해서는 우선 평가의 목적을 명료하게 해야 하며, 평가 목적의 명료화를 위해서는 '왜 평가를 하는가'라는 질문에 대한 분명한 답을 구할 수 있어야 한다. 학생평가는 전통적으로 학생들이 배운 것에 대해 시험을 치르고 성적을 부여하는 것으로 간주되어 왔다. 그러나 그것은 학생평가의 한 부분에 불과하며 학생평가의 목적은 그것 이외에도 학생의 학습 과정의 이해, 성장 과정의 모니터링, 미래의 성공을 위한 조언, 학습의 폭과 깊이의 진단, 바람직한 학습태도의 신장, 교사의 기대 전달 등 다양하다. 학생평가는 평가의 목적에 적합한 정보를 수집하고 그에 의미를 부여하는 과정으로, 이는 체계적인 운영 절차와 교사의 전문적인 판단을 통해 이루어진다. 교사의 판단이 임의적이지 않기 위해서는 교사가 학생평가 전문성을 지니고 학생평가를 적합하게 운영할 수 있어야 한다. 또한 학생평가가 학생들의 학습에 어떤 영향을 미치는지를 파악해 학생평가의 질 또한 지속적으로 관리되어야 할 것이다.

1) 학생평가의 운영

교사가 수업을 시작할 때 그들에게는 항상 국가교육과정상의 목표가 주어지지만 이는 보다 구체적인 수업목표를 설정하기 위한 시작점일 뿐이다. 교사는 교육과정상의 성취목표를 중심으로 학생들의 특성, 필요와 요구, 교사 자신의 교육관과 교육 맥락 등을 고려하여 보다 구체적인 수업목표를 설정한다. 그리고 교사는 학생들에게 그들이 무엇을 알아야 하며 수업이 끝난 후 무엇을 할 수 있어야 할 것인지를 분명히 전달하기 위해 학생들과 상호작용하고, 학생의 학습활동을 이해하고 그 성취 수준을 가늠하기 위해 평가를 수행한다.

교사가 학생평가를 운영해 가는 일반적인 절차를 살펴보면 [그림 2-2]와 같다. 학생평

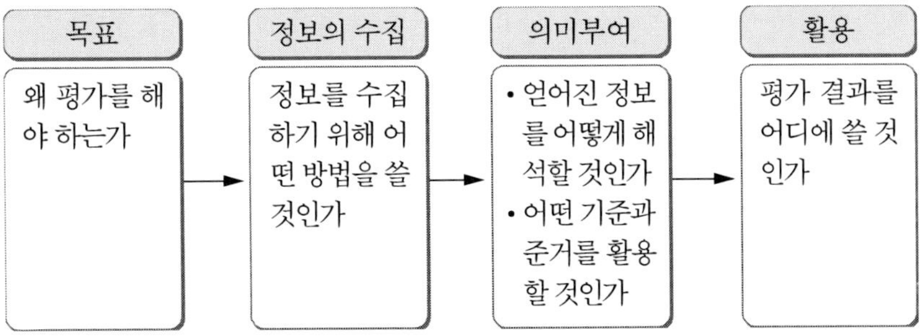

[그림 2-2] 교실 내 평가의 운영절차

가를 수행함에 있어 학습목표를 설정하고 명료화하는 것은 가장 기본적인 단계이다. 학습목표의 달성 정도를 파악하기 위해 무엇을 평가할 것인지를 결정하고 나면 어떻게 평가할 것인지를 선택해야 하며, 평가방법의 결정은 평가 상황을 고려해 신중하게 이루어져야 한다. 그리고 얻어진 정보에 의미를 부여하고 그 결과를 활용해 학생의 성장을 지원하고 교육을 개선해 나간다.

학생평가에서 얻어진 평가정보는 보다 효율적인 수업을 진행하기 위한 다양한 교육적 의사결정 과정에 활용된다. 평가정보의 활용은 언제, 무엇을 위해 결정이 요구되는가에 따라 진단(diagnosis)을 위한 정보, 수업 진행(instruction)을 위한 정보, 등급화(grading)를 위한 정보 등으로 나누어 생각해 볼 수 있다. 진단을 위한 정보의 사용은 개인과 집단의 장점과 단점, 강점과 약점, 요구와 필요 등의 파악에 도움이 되며, 수업 진행을 위한 정보는 구체적인 교수방법의 구안 및 개선에 도움이 된다. 그리고 등급화를 위한 정보는 학습자의 성취 수준과 상대적 위치 파악 및 비교, 학습동기 부여 등에 활용된다. 교사는 이같이 다양한 평가정보를 그 용도에 맞게 적극적으로 활용할 수 있어야 하며, 특히 학생의 단점과 약점 등 부정적인 평가정보는 그를 보완할 수 있는 방법이나 문제해결을 위한 방법과 함께 제공하여 부정적인 평가정보에 대한 거부감을 완화시키고 학습 개선을 지원할 수 있어야 할 것이다.

앞서 '수업과 연계된 학생평가의 기능' 부분에서도 살펴보았듯이, 수업 진행을 위한 평가정보의 사용은 수업이 진행되는 전 과정에 걸쳐 이루어진다. 수업의 가장 중요한 측면은 교사가 학생들과 지속적으로 성취목표에 대해 의사소통하는 것이라고 할 수 있으며, 평가는 학생들이 어느 수준에 도달했으며 보다 향상하기 위해 극복해야 할 오류가 무엇인가를 파악하기 위해 수업활동과 연계되어 지속적으로 이루어진다. 따라서 평가는 학생들의 성취 수준을 가늠해 보기 위한 수단이기도 하지만 유용한 수업 전략이기도 하다. 교사는 자신의 평가방법에 대해 반성적으로 사고하면서 학생평가 정보를 교육적 의사결정에 어떻게 활용할 수 있을지를 체계적으로 탐색해 보아야 한다. 그리고 평가전문성의 함양과 유지를 위해 어떤 도움을 받을 수 있고 어떤 도움이 주어지고 있는지도 파악하고 있어야 한다.

현재 교실에서 이루어지고 있는 학생평가의 문제점들을 살펴보면 학생들의 성취에 관한 평가가 너무 낮은 수준의 사고력만을 재고 있다는 점, 학생들의 학습에 도움이 되는 방식으로 활용되기보다는 평가 자체로 끝나고 만다는 점, 각 교과내용에 관한 경직된 사고를 유도하는 흑백논리의 평가문항이 많다는 점, 시간제한을 가하여 학생들의 심층적인 학습을 방해한다는 점 등을 들 수 있다. 이런 문제점들의 해결을 위해 문제해결 능력 함양을 위한 평가가 강조되고 있으며 이를 위해 수업 및 평가 방법의 혁신이 다각도로 모색되고 있다(김성천, 2013; 류성창, 2012).

학생평가의 운영과 관련해 교사들이 가장 많이 고민해야 하는 부분은 어떻게 하면 낮은 수준의 단편적인 지식의 습득 여부를 확인하기 위한 평가에서 진일보해 높은 수준의 사고능력을 평가할 수 있으며, 그 평가 결과를 활용해 교수-학습 과정을 개선해 갈 수 있는가 하는 문제일 것이다. 따라서 학생평가는 획일적인 표준화 검사로 일회적으로 이루어지기보다는 다양한 상황에서 여러 번의 평가를 통해 수집된 타당하고 믿을 만한 정보로 이루어져야 한다. 그리고 교사는 교실에서 이루어지는 학생평가가 그릇되었을 경우 그것이 미칠 수 있는 폐해에 대해 잘 이해하고, 그를 예방하기 위해 학생평가 전문성을 지속적으로 신장시켜 나가야 할 것이다.

학생평가를 제대로 운영하기 위해서 교사는 우선 교과내용의 학습에 대한 평가를 위해 교과내용과 관련된 개념과 능력이 구체적으로 무엇이며 이를 어떻게 평가할 것인가를 명료화해야 한다. 또한 평가도 학습의 과정에 통합된 학습의 부분임을 분명히 하고 수업과 연계된 평가를 계획하고 실시해야 한다. 이 과정에서 모든 학생에게 자신의 능력을 최대한 발휘해 보일 수 있는 기회를 제공해야 하며, 평가가 학습을 방해하는 일은 없도록 해야 한다. 과거의 평가 준비는 비밀스럽게 진행되었다고 할 수 있다. 그러나 학생평가는 학생들이 잘하는 것과 못하는 것에 관한 정보를 수집해 학습을 돕고 학생들을 이해하기 위한 활동이므로, 교사는 무엇이 어떤 방법으로 어떻게 평가되는지를 학생들이 알 수 있도록 명백히 밝혀 학생들의 학습을 돕고 교수-학습 과정의 개선을 지원할 수 있어야 할 것이다. 또한 학생평가의 결과가 단지 하나의 점수로 환원되어 해석하기 어려운 숫자정보 형태로 방치되지 않도록 하고, 구체적인 평가 기준과 준거를 중심으로 의미를 도출하기 위한 노력을 기울이는 일이 무엇보다 중요하다 할 것이다. 수집된 평가정보를 정리해 학생에게 제공하고자 할 때 유의해야 할 점들을 정리해 보면 〈표 2-3〉과 같다.

〈표 2-3〉 수집된 평가정보를 학생에게 제공할 때 유의해야 할 점

- 등급화는 결과 활용의 목적과 일관되게 이루어져야 한다.
- 점수는 그 의미가 분명하게 해석될 수 있어야 한다. 따라서 한 점수체제 안에 학업성취와 더불어 학습태도, 노력, 학습습관, 의사소통 능력, 책임감 등 다양한 특성에 관한 정보가 혼합되어 표현되는 방식은 가능한 한 피하는 것이 좋다.
- 학교에서 중요시되는 목표는 반드시 평가되어야 한다.
- 등급화를 위한 정보는 가능한 한 객관적이고 타당하고 체계적으로 수집되어야 한다.
- 평가 결과는 학부모와의 상담에 활용될 수 있어야 한다.
- 평가의 하위요소에 주어지는 비중은 그들의 중요성과 일관성을 지녀야 한다.
- 한 학교 내에서는 가능한 한 동일한 기준으로 평가하도록 하여야 한다.
- 점수부여의 기준과 과정은 명료하게 진술되어 관련자가 이해할 수 있어야 한다.

학생평가의 운영을 통해 얻어진 평가정보는 학습자의 자기이해 자료, 교수-학습 과정의 개선자료, 교수 전략 구안자료, 학교교육과정 평가자료 등으로 활용될 수 있다. 교사는 학생평가 결과의 적절한 활용에 항상 관심을 가지고 피드백 체제를 구상하기 위해 노력해야 한다. 그리고 앞에서도 강조했듯이 교사가 학생들을 이해하고 그들을 지도하거나 부모와 학생의 학교생활에 관해 의견을 나누기 위해서는 다양한 판단 기준(참조틀)에 따른 평가정보, 즉 학생이 얼마나 최선을 다하고 있으며 앞서 행했던 노력이나 성취와 비교해 얼마나 향상되고 있는지, 수업과 관련해 설정된 성취목표를 어느 수준에서 달성하고 있는지, 그리고 다른 학생들과 비교해 얼마나 잘하고 있는지 등에 대한 평가정보는 필수적이라고 할 수 있다.

2) 학생평가의 질 관리

교사는 학생의 학습과 성취에 관한 정보를 수집하기 위해 질문을 던지기도 하고, 학생들의 학습활동을 관찰하고, 학생들의 수행(performance)을 사전에 계획된 체계적인 방법으로 평가하기도 한다. 한 번의 평가를 통해 얻어진 부분적이고 단편적인 정보로 학생들의 능력 수준과 학습 과정을 평가하는 것은 적절하지 않다. 교사는 수업 과정을 통해 지속

적이고 반복적으로 학생과 상호작용하고 평가를 실시함으로써 학생의 수행에 대한 다양한 정보를 얻게 된다. 이러한 특성 때문에 교사에 의한 학생평가가 높은 타당도를 지닌 것으로 간주된다. 교사가 실시하는 학생평가는 학생의 수준에 따라 다양하게 지속적으로 이루어질 수 있지만, 표준화 검사에 의한 평가는 사전계획에 따라 특정 내용의 범위와 수준에서 이루어지는 일회성의 일제식 평가이므로 학생의 수준에 따라 평가를 달리할 수 없으며 제공하는 정보가 제한적일 수밖에 없다.

최근까지 평가의 질은 신뢰도, 타당도, 실용도 등과 같은 심리측정학적 특성들이 만족되면 충족될 수 있는 것으로 간주되어 왔으나, 이는 주로 대규모의 표준화 검사와 관련된 양호도 기준들이다. 신뢰도, 타당도, 실용도 등과 같은 심리측정학적 특성들은 표준화된 평가의 질에 영향을 미치는 중요한 기준이지만, 교사가 실시하는 학생평가는 평가의 목적이 표준화 검사와는 다르므로 평가의 질이 심리측정학적 특성에만 의존하는 것은 아니다. 교사가 직접 제작한 검사는 통계적 의미의 신뢰도와 타당도보다는 그 검사가 학생들의 학습에 어떤 영향을 미쳤는지, 학생의 성취 수준을 공평하고 적합하게 자리매김하고 있는지 등에 대해 관심을 가진다. 교사의 학생평가에서도 타당도와 신뢰도의 개념은 중요하지만, 그에 못지않게 평가 결과가 학생들에게 어떤 영향을 미치느냐는 문제도 중시되어야 하며 교수–학습 과정의 개선에 도움이 되는 방향으로 결과타당도(consequential validity)를 지녀야 한다. 즉, 학생평가에서는 주요 관심이 평가도구 자체의 질에만 집중되기보다는 평가의 실시 과정과 그 결과의 활용에도 주어진다. 학생평가는 기술적(technical)으로도 문제가 없어야 하겠지만, 무엇보다도 학생들의 학습 수준을 제대로 파악하고 학습의 개선에 도움이 될 수 있도록 타당하고 효과적으로 실시되어야 할 것이다.

학생평가가 학생들의 학습 수준을 제대로 파악해 타당하고 효과적으로 실시되기 위해서는 무엇을 어떻게 평가하고자 했는지, 평가절차와 평가도구는 신뢰할 수 있고 타당한지. 평가 결과는 공정하고 정확한지, 그리고 평가가 교수와 학습에 긍정적인 영향을 미치고 있는지 등을 면밀하게 검토해 학생평가의 질을 지속적으로 관리해 나가야 할 것이다. 학생평가의 질 관리를 위한 점검사항들을 정리해 보면 〈표 2-4〉와 같다.

〈표 2-4〉 학생평가의 질 관리를 위한 점검사항

점검요소	점검내용
학습목표의 명료화 또는 구체화	분명한 수업목표는 학생이 무엇을 알고 무엇을 할 수 있어야 하는가와 학생의 수행을 평가할 수 있는 기준을 포함하고 있어야 한다. 학생의 수준을 고려할 때 학습동기를 촉진시킬 수 있는 목표인지, 다른 수업목표들과 균형을 이루는지, 전체적인 교육목표와 일관성이 있으며 주요 목표와 잘 연계되는지, 학생의 수행을 평가하기 위한 기준을 명료하게 드러내고 있는지 등이 확인되어야 한다.
적절한 평가 방법의 선정	평가방법의 적절성은 학습목표와 이에 적합한 평가방법들을 결합시켜 봄으로써 확인되며, 학습목표는 크게 추론(reasoning), 지식(knowledge), 기술(skills), 산출물(products), 정서(affect)와 관련된 것으로 구분해 볼 수 있다. 한 목표에 대해 다양한 방법을 적용하여 여러 번 평가할 수 있지만, 어떤 목표에는 어떤 방법이 가장 우선되어야 한다는 정해진 기준은 없다. 따라서 교사는 학생들의 반응과 이해 수준, 진보(progress) 정도 등을 평가하기 위해 적절한 평가방법을 선정하고 형식적 또는 비형식적 방법을 적절하게 적용할 수 있어야 할 것이다.
타당도와 신뢰도	타당도란 평가하려는 것을 제대로 평가하고 있는가를 나타내는 개념으로 결과의 추론과 해석 그리고 정보활용의 적절성을 의미한다. 타당도는 검사도구 자체의 타당도라기보다는 검사 결과 활용의 타당도나 검사 결과 해석의 타당도와 같이 '무엇에 비추어 본' 타당도라는 표현이 적절하다. 반면, 신뢰도는 평가하고자 하는 것을 얼마나 정확하고 오차 없이 평가하고 있는가를 나타내는 개념으로, 평가 결과(검사점수)의 일관성과 안정성을 의미한다. 평가에는 반드시 타당도와 신뢰도를 위협하는 오차가 개입되므로 개입되는 오차를 줄이기 위한 노력을 기울여야 하며, 검사점수에 절대적인 의미를 부여하기보다는 오차를 고려해 해석할 수 있어야 한다.
공정성	공정한 평가를 위해서는 모든 학생에게 자신의 성취를 내보일 수 있는 동등한 기회를 제공할 수 있어야 한다. 공정한 평가란 편파적이지 않고, 차별을 두지 않으며, 평가하려는 특성과 무관한 요소에 의해 영향을 받지 않는 평가를 말한다.
긍정적인 결과	학생평가는 교수와 학습에 긍정적인 영향을 미칠 수 있어야 한다. 학생평가는 학습동기와 수업참여도를 높이고 교수방법과 교수 전략의 개선에 기여할 수 있어야 한다.
실용성과 효율성	학생평가는 주어진 시간 내에 실용적이고 효율적으로 실시되어야 하므로, 교사가 평가방법에 대해 잘 이해하고 있어야 하며 비용과 시간이 적게 들어야 한다.

6. 교사의 학생평가 전문성

현재의 인지이론은 학습을 학습자가 적극적으로 정보를 받아들여 기존에 알고 있고 경험했던 것들과 연결 짓는 개별적이고 주체적인 경험 구조의 쇄신 과정으로 파악한다. 따라서 학생평가는 이 같은 학습의 과정과 일관되게 진행되도록 설계되어야 하며, 학교에서 학생평가 관련 업무는 교사들이 많은 시간을 투자해야 하는 활동 중의 하나이면서 동시에 수준 높은 전문적 능력을 요구하는 활동이다. 학생평가는 교수-학습 과정의 핵심적인 부분이며, 학생평가의 질과 가치는 체계적인 절차에 따른 다양한 평가방법의 개발 및 적용과 평가 결과의 적절한 해석에 요구되는 교사의 전문적인 지식과 능력에 전적으로 의존한다. 교사의 평가전문성 신장을 위해 학생평가에 대한 체계적인 연수가 이루어져야 하며, 예비교사들에게는 학생평가에 대한 심층적인 이해와 체계적인 훈련을 위한 교육과정이 제공되어야 할 것이다.

교사들이 지니고 있어야 할 평가전문성은 다양한 관점에서 파악해 볼 수 있지만 일반적으로 다음과 같은 능력요소를 포함한다(김수동, 김경희, 김수진, 2005: 김신영, 2002).

- 평가의 교실 내 활용능력: 교실 내 교육적 의사결정(학생들의 필요를 확인하고, 특별한 관심을 요하는 학생들을 변별해 내고, 학생들의 학업성취 수준과 정도를 확인하는 것과 관련된 의사결정)의 수단으로 평가를 활용할 수 있어야 한다. 또한 평가를 수업 전략(학생들과 성취목표에 관해 의사소통하고, 학생들에게 연습의 기회를 제공하고, 보다 나은 학습을 위해 스스로를 평가하고 학습을 점검해 볼 수 있도록 하는 것)과 학생들을 통제하고 교실을 운영하기 위한 수단으로 평가를 활용할 수 있어야 한다.
- 평가하고자 하는 특성에 대한 이해능력: 학생이 달성해야 할 목표에 대한 정확한 이해가 필요하며 이를 평가할 수 있는 다양한 방법을 알고 있어야 한다. 교사는 수업을 통해 교과지식에 대한 이해는 물론 높은 수준의 사고능력과 문제해결력을 길러야 하고 정의적 특성의 성장과 변화도 시도해야 하므로, 이런 다양한 특성이 어떻게 평가될 수 있는가를 이해하고 있어야 한다.
- 건전한 평가의 질에 대한 이해능력: 평가의 질은 평가가 수행되는 맥락에 따라 변할 수 있음을 이해하고 평가의 질을 높이기 위해 충족되어야 할 조건들을 파악해 그릇된 평가가 되지 않도록 유의해야 한다.
- 다양한 평가도구에 대한 이해능력: 교사는 같은 특성을 다양한 방법으로 평가해 볼 수 있

어야 한다. 그리고 다양한 평가도구에서 얻어진 결과를 종합하고 평가 결과에 대해 분석 및 토론할 수 있어야 한다.

- 평가의 상호관계적인 측면에 대한 이해능력: 교실에서 이루어지는 학생평가는 상호작용 속에서 이루어지므로 인간 특성의 변화에 따른 심리적인 요소가 대단히 강하게 작용한다. 능력 있는 교사는 평가의 이런 측면을 잘 이해하고 활용할 수 있어야 한다.
- 결과의 활용방법에 대한 이해능력: 교수–학습 과정을 개선해 가기 위해 평가 결과를 활용할 수 있어야 하며 결과에 대해 관련 인사들과 의사소통할 수 있어야 한다. 또한 적절치 못한 평가 결과의 활용이 미치는 폐해에 대해서도 잘 이해할 수 있어야 한다.

학생들의 학업성취도를 측정하기 위한 검사도구의 개발과 관련된 전문적인 지식과 능력에 관한 연구들은 대부분 심리측정학적 기준에 그 바탕을 두어 왔지만, 교실에서 이루어지는 학생평가의 다면성과 복잡성은 교수–학습 활동의 운영과 그 특성에 기초한 평가전문성을 요구한다. 학생평가 활동은 교수 전략이나 학습지도와 같이 교사가 효율적으로 사용할 수 있어야 하는 교육적 실천변인이며, 학습의 결과 못지않게 학습의 과정도 중시되어야 한다. 학생의 학업성취도와 같은 교수–학습 과정의 산출 결과에 관한 객관적인 양적평가도 중요하지만, 바람직한 인간성을 형성하고 그것의 체험을 돕는 교수–학습 과정에서는 시험과 점수가 모든 가치를 대표할 수는 없으며 결과 중심의 객관적인 양적평가는 제한적인 정보를 제공할 뿐이다. 따라서 교사에게는 결과 중심의 객관적인 양적평가를 위한 평가전문성과 더불어 결과 못지않게 과정도 중시하는 질적평가를 위한 전문성도 요구된다.

학생평가의 대상과 기준은 이상적인 인간상이 지시하는 다양한 행동영역을 내포하며, 이들 행동영역은 교육목적에 제시된 행동만큼이나 넓다. 여기에 학생평가의 다면성과 교사에게 수준 높은 학생평가 전문성이 요구되는 이유가 있다. 따라서 교사는 학생을 제대로 평가하기 위해 요구되는 지식과 기술을 습득하고 평가전문성을 높이기 위한 노력을 지속적으로 기울여야 할 것이다.

한국교육과정평가원은 교사가 학생을 제대로 평가하기 위해 요구되는 평가 지식과 기술을 중심으로 '교사의 학생평가 전문성 기준'과 교사 스스로 평가전문성이 부족한 영역을 진단해 볼 수 있는 '교사의 학생평가 전문성 진단도구'를 개발해 교사의 학생평가 전문성 함양과 그 질 관리를 제안하고 있으며(남명호 외, 2006; 김신영, 송미영, 2008), 이는 예비교사들이 습득해야 할 학생평가 전문성의 세부적인 내용을 구체적으로 제시해 주고 있다.

〈표 2-5〉 한국교육과정평가원이 개발한 교사의 학생평가 전문성 기준

내용영역	전문성 기준
평가방법의 선정	• 교사는 학습목표와 평가의 목적을 확인하고 명료화해야 한다. • 교사는 학습목표와 평가목적에 적합한 평가방법을 선정해야 한다.
평가도구의 개발	• 교사는 평가목적과 내용에 적합한 평가도구를 개발하거나 선택하여 사용해야 한다. • 교사는 평가도구의 질을 스스로 점검하고 개선해야 한다.
평가 실시 · 채점 · 성적부여	• 교사는 평가계획에 부합하도록 평가를 실시해야 한다. • 교사는 정확하게 채점하고 평가의 목적에 부합하도록 성적을 부여해야 한다.
평가 결과의 분석 · 해석 · 활용 · 의사소통	• 교사는 평가 결과를 정확하고 타당하게 분석 · 해석해야 한다. • 교사는 평가 결과를 수업과 학생에 대한 교육적 의사결정에 활용해야 한다. • 교사는 학생, 학부모, 교육관련자와 평가 결과에 대해 정확하게 의사소통해야 한다.
평가의 윤리성	• 교사는 학생의 인격을 존중하며 모든 평가활동 시 윤리적 · 법적 책임을 준수해야 한다. • 교사는 학생의 특성, 배경을 고려하여 공정하게 평가를 실시하고 평가의 적절성을 판단해야 한다.

출처: 남명호 외(2006).

연구과제

1. 전통적 학습상황에서 학생평가나 지니는 문제점에 대해 기술해 보시오.
2. 수업의 흐름(수업 전, 수업 중, 수업 후)과 관련해 교사가 수집해야 할 평가정보에 대해 기술해 보시오.
3. 준거참조평가와 규준참조평가의 개념과 특성을 대비해 설명해 보시오.
4. 성장참조평가와 능력참조평가의 개념과 특성을 설명해 보시오.
5. 교사들이 지니고 있어야 할 평가 전문성에 대해 기술해 보시오.

제3장

진단평가

진단평가는 주로 수업 전에 이루어지며 학생의 수준과 특성을 고려한 수업목표의 진술과 그에 적합한 교수행동, 교수-학습 자료의 준비 등을 돕는다. 진단평가는 교육과정의 교육목표를 학생의 수준에 적합한 구체적인 수업목표로 재 진술하기 위해 필요한 정보를 제공한다. 교사는 진단평가를 통해 자신이 가르치는 학생들의 수준에 적합한 성취목표를 설정하고 수업운영을 계획하게 된다. 만약 교사가 수업을 진행하기 전에 학생의 수준과 학습지도를 위해 어떤 특별한 관심과 태도 그리고 어떤 지식과 기술이 필요한지를 파악하지 못한다면 수업을 성공적으로 이끌어 가기 어렵다. 수업을 성공적으로 이끌어 가기 위해서는 학생들이 어떤 출발선상에 있는가를 확인해 학습준비도를 점검하고, 학생들이 달성해야 할 성취목표를 분명히 진술해 학생들과 공유할 수 있어야 한다. 이 장에서는 진단평가의 개념과 특성, 실천 전략과 결과 활용에 대해 살펴보기로 한다.

1. 진단평가의 개념과 기능

한 학급에는 현행학습에 필요한 선행학습을 제대로 성취하지 못했거나 특별한 주의와 관심이 요구되는 특성을 지닌 학생들이 있을 수 있으며, 이들에게는 그들의 수준과 특성이 고려된 교수방법을 적용해야 학습을 성공적으로 이끌 수 있다. 따라서 수업운영에 대한 구체적인 계획은 실제 수업이 시작되기 전에 수립되어야 하며, 교사는 다음 사항에 대한 정보를 사전에 수집해 수업계획을 위해 활용할 수 있어야 한다.

- 학생들은 새로운 학습에 필요한 내용 지식과 지적 기술을 지니고 있는가?
- 학생들은 학습내용에 흥미를 느끼고 있는가?
- 학생들의 학습동기를 자극하기 위해 교수계획을 어떻게 세워야 하는가?
- 학생들 간의 개인차가 제공하는 시사점은 무엇인가?
- 다른 학생들에 비해 많이 뒤처지거나 너무 앞서가는 학생은 없는가? 있다면 그런 학생들은 어떻게 지도할 것인가?

이 같은 정보는 학급단위로는 물론 개별 학생단위로도 수집되어야 한다. 수업은 집단을 대상으로 진행되지만, 개별 학생의 특성을 고려해 개별 학생의 수준에 맞게 이루어져야 성공적일 수 있기 때문이다(Airasian, 2001). 많은 학생을 가르쳐야 하는 교사가 학기가 시작되는 초기 1~2주 안에 이같이 다양한 정보를 수집한다는 것은 쉽지 않은 일이지만, 학생들의 과거의 성취 수준, 강점과 약점, 학습태도와 흥미, 배경변인 등에 대한 정보를 수집하는 것은 학생집단의 이해와 효율적인 수업설계에 기초가 되며 수업의 성공적인 운영을 위해 필수적이다.

학생의 초기 상태, 즉 학습준비도와 특성, 교수 외적 결함요인 등에 대한 진단을 목적으로 실시되는 진단평가는 주로 학생의 지적 출발점행동과 정의적 출발점행동에 초점을 맞춘다. 학생의 출발점행동의 진단은 수업 진행에 앞서 출발점에 있는 학생의 지적 · 정의적 특성을 파악해 수업 과정에 투입함으로써 학생의 학습을 돕기 위해 실시되며, 진단평가의 궁극적인 목적은 학생의 출발점행동과 교수 외적 결함요인을 확인하고 그를 보충하거나 그에 적절한 지도방법을 투입시키기 위해 필요한 정보를 제공하는 데 있다.

1) 출발점행동의 이해와 진단

교사가 효율적으로 학생들을 가르치기 위해서는 출발선상에서 학생의 특성을 파악하고 수업활동을 학생들의 지적 · 정의적 특성들과 잘 관련지을 수 있어야 한다. 이를 위해서는 수업이 전개되기 전에 학생들의 지적 출발점행동과 정의적 출발점행동을 파악하기 위한 진단평가가 필수적이며, 이는 학년이나 학기가 시작되기 전에 실시되거나 학년이나 학기가 시작된 후 초기 1~2주 동안 지속되기도 하고 필요하다면 새로운 교육활동이 투입될 때마다 실시될 수도 있다. 출발점행동의 진단은 수업 진행에 앞서 출발점에 서 있는 학생이 지니고 있는 지적 특성과 정의적 특성을 파악해 수업 과정에 투입함으로써 학생의 학습을 돕고 수업효과를 극대화하는 데 그 목적이 있다.

(1) 지적 출발점행동

지적 출발점행동은 학생의 지능, 적성, 인지 유형(cognitive style), 학습하려는 과제와 관련된 과거의 학업성취 등을 모두 포함하는 지적 성격을 띤 과거 학습의 누적적 총체를 의미한다. 지적 출발점행동은 지능과 언어능력과 같이 거의 모든 교과의 학습에 영향을 미치는 일반 지적 능력, 대부분의 교과학습에 영향을 미치는 독해력과 수리능력, 새롭게 투입될 특정 학습과제와 밀접하게 관련되는 선행학습 수준 등과 같은 다양한 특성을 포함한다(황정규, 2002). 지능이나 언어능력과 같은 일반 지적 능력은 장기간에 걸쳐 형성되며 변화가능성이 낮지만, 특정 과제와 관련된 지적 능력은 단기간에 형성되며 변화가능성도 상대적으로 높다.

진단평가에서 지적 출발점행동을 진단하는 이유는 학습자의 수준에 적합한 학습 경험을 제공하고 지적 출발점행동이 학습에 미치는 부정적인 영향력을 어떻게 극복할 수 있는가를 탐색하는 데 있다. 지적 출발점행동으로 인한 문제를 극복할 수 있는 교수 전략을 구안해 내지 못한다면, 지능, 언어능력, 독해력 혹은 선행학습 수준 등이 낮은 학생들은 계속적으로 실패를 누적해 가고, 선행학습 수준이 높아 배울 것을 이미 다 알고 있는 학생들은 학습동기 및 성취 욕구를 상실하고 학습에 대한 흥미를 잃게 될 것이기 때문이다. 학생의 지적 출발점행동을 진단하는 궁극적 목적은 학생이 지닌 특성을 파악해서 학생들의 수준과 개인차를 고려한 수업목표와 교수 전략을 탐색하기 위함이다.

(2) 정의적 출발점행동

정의적 출발점행동은 새로운 학습과제를 학습하려고 하는 시점 이전에 형성된 학생의 정의적 특성을 의미하며 대표적으로 흥미, 태도, 자아개념 등을 들 수 있다. 정의적 출발점행동도 지적 출발점행동에서와 같이 그것이 학습과제에 얼마나 직접적으로 관여되느냐에 따라 과거 장기간에 걸친 개인 생활사에 의해 형성된 일반적인 특성부터 특정 교과목과 관련된 흥미, 태도, 자아개념 등 세부적인 특성에 이르기까지 다양하다. 정의적 출발점행동의 변화와 개선에 대한 연구 결과(Anderman & Maehr, 1994; Stiggins, 1998)는 교사들에게 학생에 대한 이해도를 높이고 잘 준비해 가르치면 긍정적인 변화를 기대할 수 있다는 낙관적인 시사점을 제공한다.

정의적 출발점행동과 성적과의 상관은 학습이 진행되고 학년이 올라감에 따라 높아지는 경향이 있다(김재철, 2002; 황정규, 2002). 예컨대, 학습동기와 성적과의 상관은 저학년에서보다는 고학년으로 올라갈수록 높아진다. 이는 정의적 출발점행동은 수업이 진행됨에 따라 누적적으로 영향을 받게 되며, 정의적 행동이 고착되기 전에 긍정적인 방향으로의 지속적인 변화를 위한 지도 전략이 수반되어야 함을 시사한다.

2) 학생 이해와 진단을 위한 정보원

학기가 시작되어 수업이 시작되기 전에 교사는 다양한 경로를 통해 자신이 가르치게 될 학생들에 대한 정보를 얻게 된다. 학교생활기록부, 검사 결과, 이전에 지도했던 교사들의 코멘트 그리고 여타의 정보로부터 학생과 관련된 정보가 수집된다. 교사가 앞으로 가르치게 될 학생에 대해 얼마나 많은 것을 알고 있어야 하는가에 대해선 이견이 있을 수 있으나, 학생에 대한 사전정보는 교사의 수업계획, 학생에 대한 교사의 기대, 학생과의 상호작용 방식 등의 결정에 큰 영향을 미친다. 학생 이해와 진단을 위한 정보의 출처에 대해 살펴보면 다음과 같다.

(1) 학교생활기록부

학교생활기록부에는 교과성적과 비교과활동 내역, 담임교사의 종합적 의견, 출결사항 등이 누적적으로 기록되어 있어 학생에 대한 포괄적인 정보를 수집할 수 있다. 교사들은 학기가 시작되기 전에 학생에 대한 정보를 가능한 한 많이 수집하는 것이 학생을 이해하는 데 도움이 된다는 판단하에 학교생활기록부에 기록되어 있는 사항들을 면밀히 살펴보기도 한다. 학생에 대한 누가적 기록을 사전에 살펴보는 것의 장점으로는 학생의 성장 과정에 대한 이해를 돕고 불필요한 평가의 반복을 막으면서 학생에 대한 현실적인 기대 수준을 설정할 수 있도록 한다는 점이다. 그러나 학교생활기록부의 학생특성에 대한 정보들은 과거에 수집된 것이어서 현재의 학생특성과 다소 다를 수 있으며, 최근의 변화에 대한 정보는 제공해 주지 못한다는 단점이 있다. 따라서 학교생활기록부를 통해 얻은 정보와 학생에 대한 초기 인상은 교사 자신의 관찰과 학생에 대한 후속적인 평가를 통해 확인되고 검증되어야 하며, 교사는 선입견을 지니고 학생을 선불리 판단하지 않도록 조심해야 한다.

〈표 3-1〉 학교생활기록부 활용의 장단점

장점	• 학생 이해에 도움이 되는 부가적인 정보를 제공한다. – 교사가 학생을 재빨리 파악할 수 있게 한다. – 현재 파악할 수 없는 이전 성취에 관한 정보를 제공해 준다. – 학생에 대한 오랜 기간 누적된 정보를 제공해 준다. – 동일 특성에 대한 반복적인 평가를 피할 수 있게 해 준다. – 학교나 학년이 변화되어도 일관적인 개인정보를 제공해 준다. – 교사가 부가적으로 더 수집해야 할 정보가 무엇인지를 확인해 준다. – 학생의 능력에 대한 부정확한 교사의 기대를 미연에 방지한다. – 수업계획이 보다 신속하게 구체화될 수 있도록 돕는다.
단점	• 정보가 예전 것이어서 현재와 다를 수 있다. – 학생의 최근 변화에 대한 정보를 제공해 주지 못한다. – 교사의 객관적인 평가에 영향을 미칠 수 있고 초기 인상을 왜곡시킬 수 있다. – 그릇된 기대와 학생에 대한 그릇된 선입견를 이끌어 낼 수 있다.

(2) 표준화 검사

표준화 검사(standardized test)는 전문적이고 체계적인 제작 과정을 거쳐 누가 어디서 사용하더라도 검사 실시와 채점 및 결과 해석이 동일하도록 그 절차와 방법을 일정하게 만들어 놓은 대규모의 검사이다. 표준화 검사에서의 '표준화'란 검사 제작 절차, 검사 내용, 검사 실시 조건, 채점 과정 및 해석의 표준화를 의미한다. 우리나라 학교현장에서 진단검사로 활용될 수 있는 표준화 검사로는 국가 수준에서 이루어지는 학업성취도검사와 기초학력검사, 성격검사, 적성검사 등을 들 수 있다. 이런 검사에서 얻어진 점수는 학생들의 학업성취 수준과 기초학력 수준, 적성과 인성 등 학생의 특성에 관한 정보를 수집하는 데 유용하게 활용될 수 있다. 그러나 교사는 표준화 검사에서 얻어진 점수에 지나치게 절대적인 의미를 부여하고 그 결과를 맹신하기보다는, 측정의 오차를 고려해 검사 결과를 해석하고 학생들의 특성과 수준을 규준(norm) 혹은 기준(standard) 등에 비추어 객관적으로 파악해 이를 학생지도와 수업계획에 반영할 수 있어야 한다.

〈표 3-2〉 진단용 표준화 검사 결과의 활용

• 검사 결과를 학생의 능력 수준과 특성을 확인하기 위해 사용한다.
• 학생들의 상대적인 장점과 약점을 확인한다.
• 학생에 대한 현실적인 기대를 설정하기 위해 사용한다.
• 학습목표를 수정하기 위해 검사 결과를 사용한다.
• 진보를 방해할 수 있는 학생의 특성과 장단점을 확인하기 위해 사용한다.
• 능력 수준과 성취 정도 간의 차이가 심한 것은 아닌가를 확인하기 위해 사용한다.
• 심층적으로 관찰해야 하고 특별한 지도가 요청되는 특성을 확인하기 위해 사용한다.

(3) 정보카드

한 학급을 담당해 가르쳤던 담임교사가 학생들이 한 학년 진급할 때 그 학생들을 맡아 가르치게 될 교사에게 학생들이 무엇을 어디까지 배웠으며 학습과 관련해 어떤 특이한 문제가 있었는지에 대한 평가정보를 기록해 제공해 준다면, 새롭게 학생들을 맡아 지도해야 하는 교사들에겐 큰 도움이 된다. 정보카드(information card)란 교사가 자신이 가르친 학생에 대한 이해를 돕기 위해 학생의 학습과 관련된 특이사항을 기록할 수 있도록 고안된 카드이다. 초등학교는 물론 중등학교에서도 학생 이해에 도움이 될 만한 개별 학생의 학습에 대한 정보를 기록해 다음에 지도하게 될 교사에게 전달해 준다면 상당히 유용할 것이다. 정보카드는 다음에 학생을 지도하게 될 교사에게 제공될 용도로 작성되는 것이지, 학생의 누가적 기록정보로 보관하기 위해 작성되는 것은 아니다. 따라서 교사는 제공받은 정보카드를 계속해 보관할 필요가 없으며 학생을 이해하기 위한 정보로 활용했다면 파기하도록 하고, 자신이 수집한 정보를 중심으로 다음에 그 학생을 담당하게 될 교사를 위해 정보카드를 새롭게 작성하도록 한다.

(4) 사전검사

일단 학기가 시작되면 교사는 자신이 앞으로 가르치게 될 학생들의 특성을 파악하고 이해하기 위해 사전검사(pretest)를 실시하게 된다. 사전검사는 주로 교사가 개발한 진단용 검사나 표준화 검사를 활용해 주로 학기가 시작된 후 1~2주 안에 이루어진다. 교사는 해당 학년 수준에서의 가장 전형적(typical)이고 적합한 행동이 무엇인가를 확인하고 그에 근거해 사전검사의 결과를 해석할 수 있어야 하며, 그 결과는 교사의 수업운영에 직접적인 영향을 미친다. 학년의 수준에 따라 사전검사를 통해 수집되는 정보의 유형과 성격은 차이가 나며, 일반적으로 초등학교 교사는 학생들의 학습동기, 태도 등과 같은 사회적 특성에 그리고 중고등학교 교사는 사회적 특성보다는 학업성취와 관련된 학습준비도와 교과에 대한 흥미 등에 주로 관심을 가진다.

3) 진단평가의 교육적 기능

수업이 시작되기 전에 실시되는 진단평가는 수업목표와 관련해 학생의 출발점행동을 평가하고 그가 어떤 단계에 있는가를 진단하기 위해 실시된다. 이때 출발점행동의 진단은 세 가지 형태로 나누어 볼 수 있다. 첫째는 계획된 수업목표 달성을 위해 선수조건으로 요구되는 선행학습의 수준에 학생들이 도달해 있는가의 여부를 확인하는 것이며, 둘째는 새롭게 투입될 내용을 학생들이 이미 알고 있어 계획된 것보다 높은 수준의 학습 경험을 제공해야 하는 것은 아닌지를 확인하는 것이며, 셋째는 적절한 수업 및 지도계획을 수립하기 위해 학생이 지니고 있는 정의적 특성들, 예컨대 학습흥미, 학습태도, 학습습관, 선행 학습사 등을 확인하는 것이다. 특정 교과목과 관련된 기본 기능 및 능력의 부족도 학습의 실패를 가져오지만 그에 못지않게 학습과제에 접근하는 방법에 결함이 있을 때도 학습장애가 발생하게 된다. 이같이 학생의 출발점행동을 진단하는 것은 선행학습이 요구되는 적절 수준에 도달해 있는 학생은 물론 그 이상과 그 이하에 놓여 있는 학생을 확인하고, 그들에게 학습에 대한 흥미를 상실하지 않도록 적절한 교수방법을 투입하기 위함이다. 또한 학생의 학습습관 및 학습태도에 결함이 없는지를 살펴 이를 보완하고, 학습자의 특성을 고려한 학습지도를 계획하여 수업의 내실을 기하기 위함이다.

수업 진행 중에 투입되는 진단평가는 학생이 학습 과정에서 드러내는 결함의 원인으로 추정되는 지적 · 신체적 · 정서적 특성이나 문화적 환경의 결함을 확인하여 적절한 의사결정을 하기 위해 실시된다. 이는 학습활동에서 학생들이 경험하게 되는 오류와 곤란을 확인하고 이를 교정해 주기 위해 수업 중에 투입되는 형성평가와는 구분된다. 수업 중에 실시되는 진단평가는 학습과 관련된 지적 활동의 오류와 문제를 확인하기 위함이 아니라 학습 장면에서 관찰되는 지속적인 교수 외적 결함의 원인을 진단하기 위함이다. 수업 중의 상호작용은 언어를 통해 이루어지며 학생의 언어능력은 학습의 성공 여부에 결정적인 영향력을 행사한다. 어떤 교과에서든 기본적으로 언어능력이 부족하면 학습은 장애에 부딪히게 되므로 언어능력을 점검하고 그의 향상을 촉진하는 것은 교과학습의 기본이다. 기본적인 언어능력의 향상은 가정환경의 변화나 개선으로부터 출발되지만, 학교에서도 진단평가를 통해 이 같은 결함을 조기에 발견하고 그것의 개선을 위해 노력해야 한다. 언어능력과 더불어 학습에서의 곤란을 야기하는 기본능력 중의 하나는 수리능력이다. 어떤 다른 교과보다 수학은 논리적 구조를 갖추고 있어 기본능력이 갖추어져 있지 않을 경우 수학학습을 진행시켜 나가기가 어렵다. 교사가 수업 중 반드시 확인해야 할 것은 이 같은 기본능력에 대한 진단이라고 할 수 있다.

기본적인 기능과 기본개념이 올바르게 학습되어 있지 못하면 후속되는 학습에서의 성공을 기대할 수 없다. 현재 나타나는 학습의 결함은 즉각적인 교정에 의해 치유될 수 있는 것도 있지만, 이미 과거로부터 환경의 지속적인 영향력이 누적되어 치유가 쉽지 않은 만성적 결함도 있다. 교사는 진단평가를 통해 학생의 신체적 · 정서적 · 환경적 결함을 이해하고 부모와 관련 전문가 등의 도움을 받아 점진적으로 개선해 가기 위한 노력을 기울여야 한다.

진단평가는 주로 학생 개개인의 특성과 수준을 진단하기 위해 실시되지만, 학생들을 특성에 따라 집단으로 분류하고 그에게 적합한 교육 프로그램에 배치(placement)하기 위해 실시하기도 한다. 즉, 진단평가의 결과에 따라 학생들을 부진집단, 정상집단, 우수집단 등의 동질집단으로 분류하고 각 집단에 차별적으로 교육 프로그램을 투입하는 경우가 이에 해당한다. 이는 학생들을 분류해 특정 특성군으로 규정하고 고착시키려는 것이 아니라 학생의 특성에 적합한 교육을 제공해 교육효과를 극대화하기 위함이다. 학업성취에 대한 진단평가는 진단을 통해 얻어진 학습자에 대한 개별 정보를 기초로 수업을 최대한 개별화시켜 수준별 수업을 함으로써 학습효과를 극대화하고자 하는 것이 최우선의 목표이다. 수업을 시작하려는 시점에서 학급의 구성원들 간에는 다양한 개인차가 있기 마련이며, 이 같은 개인차 정보를 진단평가를 통해 정확히 파악해서 교수효과를 높이기 위해 적절히 활용한다면 수업운영에 크게 도움이 될 것이다.

2. 진단평가의 실천 전략

진단평가에는 표준화 검사나 사전검사 등과 같은 구조화된 형식의 검사도구를 활용하는 형식적 평가방법과 관찰과 질문 등과 같은 비구조화된 방법을 적용하는 비형식적 평가방법이 사용된다.

1) 형식적 진단평가

형식적 진단평가는 미리 계획되어 학생들에게 언제 평가를 실시할 것인지를 공지하고 실시되는 평가활동으로 표준화 심리검사, 표준화 학력검사, 교사가 제작한 사전검사 등이 사용된다.

(1) 표준화 심리검사

표준화 심리검사는 지적 출발점행동과 정의적 출발점행동에 대한 정보를 수집하기 위해 전략적으로 사용된다. 지적 출발점행동 중에서 모든 교과에 가장 보편적으로 큰 영향을 미치는 것은 학생의 지능이다. 지능의 측정에는 표준화된 검사가 사용되며 표준화된 지능검사에는 개인용 지능검사와 집단용 지능검사가 있다. 지능검사의 결과는 지능지수(Intelligence Quotient: IQ)로 환산되어 제공된다. 고전적 IQ의 개념은 정신연령과 생활연령의 비를 나타낸 비율 IQ의 개념이었으나, 현재는 비율 IQ의 단점을 보완하기 위한 편차 IQ 개념이 활용되고 있다. 편차 IQ는 규준집단의 점수분포(규준)를 기준으로 평균이 100이고 표준편차가 15(혹은 16이나 17로 한 검사도 있음)인 표준점수(standard score)로 환산된 점수이다. 반면, 정의적 출발점행동 중 학습에 영향을 미치는 주요 변인은 성격, 흥미, 학습 습관과 태도 등으로 성격검사, 학습흥미검사와 학습습관검사 등의 표준화 검사가 학생의 정의적 특성을 이해하고 진단하는 데 필요한 정보를 제공해 준다.

전문적이고 체계적인 절차에 따라 제작된 표준화 검사라 할지라도 검사의 신뢰도가 완벽하지는 않으므로 검사하는 조건에 따라 검사점수가 변동할 수 있고, 검사의 종류에 따라 검사 결과가 조금씩 다를 수도 있다. 따라서 검사점수에 절대적인 의미를 부여한 해석은 적절하지 않으며, 검사점수를 학생의 특성에 대한 하나의 평가정보로 간주하고, 다른 평가정보들과 함께 활용해야 한다. 예컨대 '지능은 유전에 의해 선천적으로 결정된다.'라는 주장은 아직도 논쟁의 여지가 있는 확인되지 않은 추론에 불과하며, 지능이 유전에 의해 결정된다는 사고는 자칫 학생을 선천적으로 머리 좋은 학생과 머리 나쁜 학생으로 규정해 버리는 오류를 낳을 수 있다. 이 같은 편향된 의미부여 방식은 학생의 능력 수준과 발전가능성에 대해 어떤 고정 관념을 지니게 하고, 지능이 낮은 학생들의 잘해 보려는 의욕마저 무시해 버리는 결과를 낳기도 한다. 실제 지능과 학업성적의 상관은 평균 0.5 정도이며 지능이 학업성적의 분산을 설명하는 정도는 약 30% 정도에 불과하다(황정규, 2002; Lavin, 1965). 이는 이 외의 70%는 다른 변인에 의해 결정될 가능성이 넓게 열려 있다는 것을 의미하므로 학교현장에서는 지능검사 결과를 지나치게 믿거나 지능검사 결과로 학생들을 우수집단과 열등집단으로 분류해 규정하는 오류는 범하지 말아야 할 것이다. 또한 IQ 수치로 지능검사 결과가 보고된다고 해서 지능이 어떤 단일한 속성을 지칭하는 것으로 이해해서도 안 된다. 지능은 여러 개의 요인으로 나누어 보아야 할 다면성을 지닌 개념이며, 각 개인의 지능이 어떤 요인에서 우세하며 어떤 요인에서 열등한지를 변별적으로 파악하여 학생들의 특성에 대한 진단과 지도에 활용할 수 있어야 할 것이다(박효정 외, 2006).

(2) 표준화 학력검사

학생의 선행학습 정도 및 일반적인 결함을 진단하기 위해 손쉽게 사용할 수 있는 방법은 표준화 학력검사를 실시하는 것이다. 표준화 학력검사는 규준집단에서의 상대적 위치를 확인하거나 성취기준을 중심으로 그 도달 정도를 파악하는 데 도움이 된다. 표준화 학력검사가 기본능력, 예컨대 읽기, 쓰기, 말하기, 셈하기, 수학문제 해결능력 등으로 세분화되어 있는 경우에는 학생의 지적 출발점행동을 진단하는 데 유용하다. 그러나 표준화된 학력검사는 학생 개개인의 능력을 규준(norm)에 비춘 상대적 위치로 파악하거나 일반적인 성취기준을 중심으로 학생의 성취 수준에 대한 정보를 제공할 뿐, 그 학생이 구체적으로 어떤 학습곤란을 경험하며 그것의 특성과 원인이 무엇인지는 밝혀 주지 못한다. 따라서 정확한 진단을 위해서는 그 목적에 적합한 진단을 교사가 직접 실시해야 한다. 아무리 잘 제작된 표준화 검사라 할지라도 구체적인 수업 장면에서 요구되는 정보수집에 최적인 검사이기는 힘들며, 학생 특성의 진단과 교수 전략의 수립에 필요한 구체적이고 직접적인 정보는 교사가 필요에 의해 직접 선별 및 제작한 검사로 수집해야 한다. 표준화 검사를 통해서는 일반적 결함과 문제 등을 일차적으로 진단하고, 그에 기초해 그 결함과 문제의 원인을 찾아낼 수 있는 검사를 선별하거나 교사가 직접 제작해 학생의 특성을 심층적으로 이해하고 진단할 수 있어야 한다.

(3) 사전검사

사전검사는 학생이 앞으로 배우게 될 내용과 관련해 무엇을 알고 무엇을 모르며 무엇을 할 수 있고 무엇을 할 수 없는가에 대한 정보를 제공해 줄 수 있는 구조화된 검사로, 학기 초에 사전검사를 실시하여 앞으로 배우게 될 내용에 대한 학습준비도와 학생의 수준에 대한 정보를 수집하게 된다. 그러나 사전검사에서 얻어진 검사 결과는 신뢰할 만하지 못할 수 있다. 학생들이 갑자기 보게 되는 시험에서 제 실력을 발휘하지 못할 수 있고, 성적에 반영되지 않는 부담이 없는 시험에서 최선을 다하지 않을 수도 있기 때문이다. 그리고 학생의 특성에 대한 정확한 진단을 위해서는 다양한 문항으로 구성된 구조화된 검사가 실시되어야 하지만, 학기 초에 오랜 시간이 요구되는 진단검사를 실시할 수 있는 시간적 여유를 찾기가 어렵다. 이런 이유에서 학교현장에서 사전검사가 실시되기는 쉽지 않다. 사전검사와 같은 형식적 진단평가를 실시하고자 한다면 얻고자 하는 정보를 중심으로 특정 지식이나 기술에 초점을 맞춰 효율적으로 실시하고, 학생들이 시험에서 최선을 다할 수 있도록 검사의 용도를 잘 설명하고 학생의 동기요인을 조절할 수 있어야 할 것이다.

2) 비형식적 진단평가

수업을 잠시 중단하고 실시되는 형식적 진단평가와는 달리 비형식적 진단평가는 수업을 진행해 가면서 자연스럽게 이루어지는 비형식적인 관찰과 질의응답, 구조화된 과제 수행 등을 통해 자연스럽게 이루어진다. 비형식적 진단평가를 실시할 때, 교사는 수업 중 학생들의 표정, 시선, 몸짓 등을 관찰함은 물론 질문을 던지고 그에 대한 학생의 반응을 파악하면서 개별 학생의 특성부터 교실 분위기까지 면밀하게 관찰해야 한다. 그리고 교사 자신이 문제라고 여기는 사항에 대해서만 집중해 관찰하고 평가하는 것은 아닌지 항상 조심히 살펴야 한다.

비형식적 진단평가에 의해 얻어진 정보는 객관적으로 확인되지 않은 잠정적인 정보이지만, 학생의 학습준비도, 학습습관과 학습태도, 학습실패의 교수 외적 요인 등의 파악에 큰 도움이 된다. 비형식적 진단평가를 실시할 때 교사는 스스로에게 '학생들에 대해 무엇을 알아야 하는가?' '지금 학생에 대해 무엇을 알고 있는가?' '학생에게 어떤 관심과 배려가 필요한가?' 등의 질문을 던지며 진지한 답을 구해 볼 수 있어야 한다. 왜냐하면 비형식적 진단평가는 계획되지 않은 비형식적 관찰에 의해 이루어지는 것이므로, 교사가 어느 순간 포착하게 된 상황을 위주로 학생에 대한 진단이 이루어지기 쉽기 때문이다. 또한 비형식적 진단평가는 실제로 학습활동이 진행되고 있는 상황에서 이루어지므로 주로 학생들이 무엇을 하지 못하느냐보다는 무엇을 할 수 있는가에 주목하게 된다. 따라서 비형식적 진단평가에서는 학생의 특성이 과대평가되는 것을 경계해야 한다. 비형식적 진단평가 활동은 미리 계획해 평가대상을 정해 놓고 진행되는 것이 아니므로 평가된 것을 다시 점검해 보고 그 신뢰성을 확인해 진단정보로 활용해야 할 것이다.

(1) 비형식적 관찰과 구두질문

학기가 시작되고 처음 며칠간 교사는 지속적으로 학생의 특성에 대한 정보들을 수집한다. 교사는 학생들의 자발적인 수업행동을 관찰하거나 질문을 학생들에게 던져 정보를 수집하게 된다. 그리고 수집된 정보를 해석하고 정보들을 종합하여 학생을 이해하고 출발점 행동을 진단한다. 비형식적인 관찰의 단계를 살펴보면, 우선 관찰의 첫 단계에서 교사는 학생들의 모습이나 행동에 주목한다. 어떤 옷을 입었는지, 표준말을 사용하는지, 겉모습은 단정한지, 다른 학생들과 대화는 나누는지, 학생 모습에서 느껴지는 것은 무엇인지, 혼자 소외되어 있지는 않은지, 적절한 어휘를 사용해 공손하게 이야기하는지, 질문에 답변은 잘하는지 등을 그때그때 재빠르게 관찰한다. 숙달된 의사가 환자를 빠르고 정확하게 진단하듯이 경험 있는 교사는 무엇에 집중해 관찰해야 하는지를 안다.

두 번째 단계에서는 관찰한 것을 해석한다. 이 시점에서 교사는 '영희는 지각이 빈번하고 준비물을 가져오지 않는다. 가정에 무슨 문제가 있는 것 같다.' '철수는 나와 대화할 때 나를 쳐다보지 않는다. 이는 철수의 자아존중감이 낮아서일 수도 있다.' 등과 같이 자신이 관찰한 행동이나 모습에 대해 나름대로의 해석을 내린다. 똑같은 행동을 관찰했어도 교사에 따라 해석이 다를 수 있다. 교사는 자신이 보고 싶은 것을 보고, 믿고 싶은 것을 믿게 되므로 교사의 관찰은 편파적일 수 있다. 이런 의미에서 비형식적 관찰은 주관적이다.

세 번째 단계에서는 지속적인 관찰 결과와 그에 대한 해석을 종합해 '영희의 부모는 최근 이혼했으며 이로 인해 심리적으로 불안해하고 있다.' '철수는 자신감이 부족하다.' 등과 같은 학생의 특성에 대한 잠정적인 결론을 도출한다. 결론이 타당하게 도출될 수 있도록 하기 위해서는 해석을 이끄는 다양한 증거와 다른 사람들의 해석도 참조할 수 있어야 한다. 그리고 마지막으로 학생 특성에 대한 명료화와 판단 그리고 그에 따른 조치 도출 등이 이루어진다. 이 단계에서는 학생의 특성에 대한 구체적인 진술이 요구된다.

관찰과 질문은 진단정보의 수집에 있어 상황적합성을 지녀야 한다. 교사는 관찰한 것을 확인하고 의미를 부여하기 위해 질문을 하거나 후속 관찰을 하게 된다. 비형식적인 관찰에서 수집된 평가정보의 신뢰성을 높이기 위해 교사는 수집된 정보를 잠정적인 것으로 간주하고, 학생에 대해 새롭게 알게 된 것을 여러 번 다양한 방법으로 지속적으로 점검하여 비형식적 관찰에 의한 진단평가가 지니는 제한점을 줄이기 위한 노력을 기울여야 한다. 또한 비형식적인 관찰에서는 교사 자신이 관찰도구로 무엇을 관찰하고 어떻게 해석할 것인가에 큰 영향을 미친다는 것을 인식하고 항상 편파적이지 않을 수 있도록 스스로를 점검해 보아야 한다.

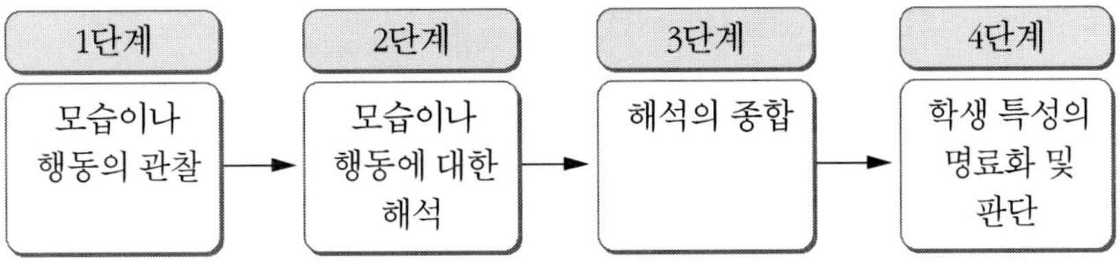

[그림 3-1] 비형식적 관찰의 단계

(2) 구조화된 과제 수행

학생의 현재 지식과 능력을 평가해 볼 수 있는 좋은 방법은 특정한 학습 맥락에서 학생을 관찰할 수 있도록 비형식적이지만 구조화된 과제 수행 상황을 만들어 학생들에게 제공하는 것이다. 이는 형식적인 사전검사와는 다르지만, 비형식적인 관찰 상황보다는 구조화되어 있다. 예컨대, 학생들에게 겨울방학을 어떻게 보냈는지에 대해 간단히 써 보도록 한다든지 혹은 학생들로 하여금 동료 학생들이 겨울방학을 어떻게 보냈는지를 인터뷰해 발표하도록 한다면 이를 통해 교사는 학생을 보다 잘 이해할 수 있는 정보를 수집할 수 있게 된다. 이렇게 얻어진 정보와 이전에 치러진 시험 결과, 학생생활기록부, 정보카드, 이전 교사의 코멘트 등을 통합해 학생의 특성을 파악한다면 교사는 학생의 강점과 약점에 대해 비교적 정확한 이해를 지니고 수업을 운영해 나갈 수 있게 될 것이다. 형식적 검사의 평가 결과는 자연스럽게 문서로 기록되지만, 구조화된 과제 수행에서의 평가 결과는 수업 상황에서 순간순간 비형식적으로 수집되므로 그 결과를 일일이 기록한다는 것은 어렵고 비경제적이다. 교사가 기록이 필요하다고 판단한 관찰 결과들을 기록하여 추후 평가정보로 활용하도록 한다.

3. 진단평가의 활용

교사가 수업을 진행하기 전에 학생의 학습지도를 위해 어떤 특별한 관심과 태도 그리고 어떤 지식과 전략이 필요한지를 파악하지 못한다면 수업을 성공적으로 이끌 수 없다. 수업을 성공적으로 이끌기 위해서는 진단평가를 통해 학생의 준비 정도를 점검해 수업목표를 설정하고, 학생 특성에 적합하게 수업을 계획해야 한다. 수업 전에 이루어지는 진단평가는 수업설계의 기초가 되고 이후에 진행되는 교사와 학생 간의 상호작용과 교사의 학생에 대한 기대형성에도 큰 영향을 미친다. 따라서 진단평가가 제대로 실시되지 못하면 교수-학습 활동이 효율적으로 전개되기 어렵다.

진단평가의 결과가 수업의 설계와 교수-학습 과정에 유용하게 활용될 수 있도록 하기 위해서는 다음 사항에 유의해야 한다.

1) 학습목표의 확인

학생에 대한 정보를 수집하기 전에 학습목표가 분명하게 진술되었는지 확인해 보아야 한다. 학습목표에서 학생의 학습을 평가하기 위한 준거가 도출된다. 학습목표가 적용력과 분석력 중심으로 설정되어 있는데 진단평가 결과 학습능력이 저조한 학생들로 구성된 집단임이 확인되었다면, 학습목표를 이해력 중심으로 조정하고 학습목표를 재진술해야 한다. 명료하게 진술된 학습목표는 진단평가가 무엇에 초점을 두고 이루어져야 하는지를 결정해 준다.

2) 평가방법의 적절성 점검

평가방법은 원하는 정보를 수집하기에 적당한 것이어야 한다. 학생의 지식과 이해 수준에 대한 정보는 이전의 시험성적이나 지식과 관련된 단순한 질문을 통해서도 얻어질 수 있지만, 학생의 사고능력에 관한 정보는 다양한 방법에 의한 다양한 정보의 수집을 요구한다. 따라서 진단평가를 위해 사용되는 평가방법이 적절한 방법인지를 확인해야 한다.

3) 평가 결과의 타당성 점검

학생 특성에 대한 추론이 정확하기 위해서는 우선 평가가 타당하고 신뢰할 수 있게 이루어져야 한다. 진단평가의 결과가 타당한 것인가를 점검하기 위해서는 다양한 평가방법을 적용하여 얻어진 결과들이 일관적인가를 살펴야 한다. 단지 한 가지 정보에 의존해 학생의 특성을 평가하고 판단하는 것은 피해야 한다. 특히 진단평가를 통해 수집된 정보가 교사의 학생에 대한 초기 인상에 미치는 영향이 크고, 학생에 대한 초기 인상은 바뀌기가 쉽지 않으므로 진단평가 정보를 활용할 시 정보의 타당성을 중시해야 한다. 학생에 대한 기대와 초기 인상이 형성되었다 할지라도 초기 인상이 타당한 것인지, 혹시 그것과 어긋나는 행동이 자주 관찰되는 것은 아닌지 재차 점검해 보아야 한다. 다양한 상황에서 초기 인상과 합치되는 평가정보가 수집된다면 그것은 타당한 평가정보라 할 수 있다.

4) 평가 결과의 신뢰도 점검

신뢰도는 평가에 얼마나 많은 오차가 개입되었는가에 관심을 가진다. 여러 번의 반복적인 평가를 통해 확인된 평가 결과는 신뢰할 만하다. 따라서 가능한 한 여러 번 평가하여 평가 결과의 일관성을 확인해 보아야 한다. 초기에 얻어진 평가정보는 잠정적인 것으로 간주하고, 반복적인 평가를 통해 이를 확인할 수 있는 부수적인 정보들을 수집해 활용해야 한다.

5) 평가의 공정성과 효율성 점검

공정한 평가는 모든 학생에게 동일한 기회를 부여하는 것이다. 이는 진단평가를 통해 수집된 평가정보에 대한 해석이 학생의 배경변인에 의해 영향을 받지 않는 것을 의미한다. 가능한 한 학생들의 행동 특성에 초점을 맞추고 학생의 사회경제적 배경의 차이에 따른 효과로 해석하는 것을 최소화해야 한다. 또한 진단평가는 실용적이고 효율적이어야 한다. 따라서 교사는 그 특성과 장단점을 잘 이해하고 있어야 하고 시간이 오래 소요되지 않는 평가방법을 활용해야 한다. 활용 용도가 세부적으로 확인되지 않은 평가정보는 그 효용가치가 떨어지며 전혀 사용되지 않을 수도 있으므로, 평가의 목적을 분명하게 하여 그 효용도를 높일 수 있어야 할 것이다.

6) 결과의 긍정적 활용도 점검

교사가 학생지도에 앞서 수집한 진단평가 정보는 교사가 학생에 대한 기대를 형성하는 데 큰 영향을 미친다. 교사가 학생에 대해 현실적이고 정확한 기대를 지니게 된다는 것은 매우 중요하며, 스스로 확인해 보지 않은 정보에만 의존해 학생에 대한 그릇된 기대를 형성하지 않도록 주의를 기울여야 한다. 교사가 학생에 대해 가지는 초기의 기대는 주로 교사가 학생을 직접 만나기 전에 수집된 학업능력과 인성적 특성, 학생의 사회경제적 배경, 외모와 태도 등에 의해 형성된다. 이런 기대는 후속되는 교사와 학생 간의 상호작용에 영향을 미치게 되며, 교사는 이후의 상호작용을 통해 얻어진 정보로 그 기대를 고착화하기도 하고 수정하기도 한다. 교사가 학생에 대해 가지는 기대는 자성적 예언(self-fulfilling)의 성격을 지닌다. 즉, 교사가 능력 있는 학생으로 믿고 그렇게 대해 주면 실제로 능력 있는 학생이 되고, 교사가 능력이 부족한 학생으로 평가해 그렇게 대하면 실제로 능력이 부족한 학생이 된다(Rosenthal & Jacobson, 1992). 따라서 교사의 학생에 대한 부정적 기대가 교사의 편견에 기초한 것이라면 이는 매우 위험한 것이다. 교사는 진단평가를 통해 수집된 다양한 평가정보로 형성된 자신이 학생에 대해 지니고 있는 기대가 현실적이며 타당한 것인가를 수시로 점검해 보아야 하며, 진단평가는 교사나 학생에게 긍정적인 결과를 가져와야 한다. 진단평가를 통해 교사의 학생에 대한 이해 수준이 높아지고, 학생은 앞으로 전개될 수업에 대해 준비하고 그에 대한 적응력을 높일 수 있어야 할 것이다.

연구과제

1. 진단평가를 실시하는 목적과 그 교육적 기능에 대해 기술해 보시오.
2. 진단평가 결과를 교수-학습 과정에 활용할 때 유의해야 할 점들에 대해 기술해 보시오.
3. 형식적 진단평가와 비형식적 진단평가의 장단점을 기술해 보시오.

제4장

형성평가

학생평가의 목적은 학생들의 성취 수준을 파악해 그 성취 정도를 자리매김하고 교수-학습 과정의 개선을 위한 정보로 활용하기 위함이다. 그러나 학교현장에서 학생평가는 주로 시험을 봐서 성적을 부여하고 그 결과를 서열화와 선발 및 배치에 활용할 뿐, 학생이 무엇을 알고 있고 무엇을 모르며 어떤 실수와 오류를 범하고 있으며 이를 교정하기 위해서는 어떤 노력과 지도가 필요한지에 대해서는 별 관심을 기울이고 있지 않다. 교실에서의 학생평가는 기본적으로 학생들의 학습을 위해 고안되고 실행되어야 한다. 수업내용과 관련해 학생이 무엇을 알고 있고 무엇을 모르며 학생의 장단점과 강약점이 무엇인지를 확인하기 위해 실시하는 학생평가를 형성평가라고 한다. 이 장에서는 형성평가의 개념과 기능, 실천 전략 그리고 결과 활용에 대해 살펴보기로 한다.

1. 형성평가의 개념과 기능

형성평가는 1967년 Scriven이 최초로 소개한 이후 Bloom 등(Bloom, Hasting, & Madaus, 1971)에 의해 형성평가의 다양한 형태와 형성평가를 위한 검사개발의 절차와 방법, 활용 방법 등이 제시되면서 학교현장에 도입·활용되어 왔다. 기존의 문헌을 종합하면 형성평가는 '학생의 학습을 돕고 교수-학습 과정을 개선하기 위해 실행되는 평가'이다(김성숙, 김희경, 서민회, 성태제, 2015; 김진규, 2013). 즉, 형성평가는 교수-학습이 진행되고 있는 상태에서 학생에게 피드백을 주고 학습과 수업 방법을 개선하기 위해서 실시하는 평가다. 형성평가의 목적은 개별 학생의 학습을 수정 및 보강해 주고 교사의 교수방법을 개선하기 위한 평가정보를 수집하는 데 있다.

1) 학습의 개선을 위한 평가

형성평가는 학생이 어떻게 학습하는가를 평가하고 그 평가 결과를 학생에게 제공하여 학습의 개선을 돕기 위해 실시되는 것이므로 '학습을 위한 평가(assessment for learning)'라고 할 수 있다. 이는 일련의 학습 과정이 종료된 후에 학습성과를 확인하고 평가하는 '학습의 평가(assessment of learning)'와는 구분된다. 형성평가의 궁극적 목적은 학생에게 피드백 정보를 제공하여 학생의 장점과 강점은 더욱 강화하고 단점과 약점은 보강하여 학습을 개선해 갈 수 있도록 돕는 데 있다.

형성평가는 시험과 퀴즈, 교사의 관찰, 수업 중의 질문과 토론, 숙제 등과 같은 제반 학습활동에 대한 분석 및 점검을 위한 구조화된 형식과 비구조화된 형식의 다양한 방법을 활용하며, 학생이 학습에서 어떤 진전을 보이고 있는지 그리고 어떤 어려움을 경험하고 있는지를 파악해 피드백을 제공하고 수업 개선(instructional adjustment)에 필요한 정보를 제공해 준다. 형성평가는 교수-학습 과정과 밀접하게 연관되어 형식적(formal) 혹은 비형식적(informal)으로 수행된다. 교수-학습 과정에서 학생의 학습을 개선하기 위해 실시되는 형성평가의 특징과 기능을 정리해 보면 다음과 같다.

- 학습목표를 명료화해 이를 학생들과 공유하고 학습동기를 유발한다.
- 교수-학습 상황에서 시험, 퀴즈, 질문, 토론, 과제, 검사, 관찰 등의 다양한 방법을 통해 형식적 · 비형식적으로 실시된다.
- 학생의 학습 수준과 과정을 파악해 학생들이 제대로 학습하고 있는지를 확인하여 개인별 학습능력에 맞게 학습이 진행될 수 있도록 돕는다.
- 교수 전략(instructional strategies)과 구분되기 어려울 정도로 형성평가는 교수-학습 과정과 밀착되어 있다.
- 학습자의 현재 성취 수준과 성취목표와의 간격을 줄이기 위해 학습활동의 문제점이 무엇인지를 알게 하고 피드백을 지속적으로 제공한다.
- 어떤 오류나 곤란이 발생했을 때 즉시 알려 주고 적절한 교정책(correctives)을 제공해

줌으로써 결손의 누적을 막는다.

- 동료 학습자의 학습활동을 관찰하게 하고 학습자 상호 간 평가를 통해 학생들로 하여금 서로의 학습을 지원하고 경험을 공유할 수 있도록 한다.
- 학습자의 강점과 약점, 장점과 단점 등에 대한 정보를 학습자에게 수시로 제공하여 스스로 자신의 학습을 반성적으로 고찰해 볼 수 있는 기회를 제공하고, 자신이 수립한 학습목표와 경쟁할 수 있도록 유도하여 학습의 진정한 주체가 되도록 한다.

2) 학습결손의 파악을 위한 정보수집 방법

형성평가에서 학생들의 학습을 돕기 위한 정보는 구조화된 형식의 퀴즈와 단원평가, 과제(숙제), 토론, 실험실습 등과 구조화가 덜 된 형식의 관찰과 질의응답, 수업 분위기에 대한 학생들의 반응 파악 등을 통해 수집된다. 형성평가는 학생들이 무엇을 알고 무엇을 모르는가를 확인하여 학습의 결손을 막고 학습 개선을 지원하기 위함이므로 구조화된 형식의 시험이나 과제에 대한 분석뿐 아니라 행동관찰이나 토론 등의 비구조화된 형식의 평가를 통해 학생들의 학습활동에 대해 심층적으로 이해하고 학생들의 반응을 파악하는 것이 중요하다. 학생들의 학습 개선을 지원하기 위한 정보수집 방법에 대해 살펴보면 다음과 같다.

(1) 시험(퀴즈와 단원평가)

퀴즈나 단원평가와 같은 시험은 학생들이 교사가 일정 기간 가르친 내용들을 어느 정도 이해하고 있는지를 즉시적으로 확인하여 오류는 교정해 주고 장점은 보완해 학생들의 학습을 지원하기 위해 사용된다. 교사는 퀴즈와 단원평가를 위해 문항을 따로 작성하거나 기존의 문제은행에서 추출하여 사용할 수 있다. 문제은행을 이용하는 것은 문항출제가 용이하고 학생들이 온라인으로 문제를 풀 수 있어 교실 외에서도 학생들의 접근이 용이하기 때문이다. 최근 ETS에서 연구개발을 하고 있는 CBAL(Cognitively-Based Assessment of, for, and as Learning)은 온라인 평가의 모델을 제공해 주고 있다. CBAL은 'Cognitively-Based Assessment of, for, and as Learning'이란 명칭에서도 알 수 있듯이 학생들의 학업성취를 평가하는 것(assessment of learning)에 그치지 않고, 학생들의 학습 개선을 지원하고(assessment for learning), 교육적 경험으로서도 가치가 있는 평가(assessment as learning)를 추구하는 평가시스템으로 총합평가, 형성평가, 진로진단(professional development)평가, 인지진단(cognitive competency)평가의 요소를 모두 포함하고 있다(김성숙 외, 2015; Educational Testing Service, 2012). CBAL은 매년 수차례 평가를 실시함으로써 교사들이 필요에 따라 선택해 활용할 수 있으며, 학생들의 강약점과 장단점을 파악할 수 있는 수행평가 과제(시나리오 기반의 프로젝트 방식의 과제, 교과 통합형 과제)가 포함되어 있어 형성평가 과제로 활용할 수 있다. 우리나라에서도 맞춤형 교육지원을 위한 형성평가체제의 도입을 위한 연구를 수행하고 있으며, 한국교육과정평가원에서는 온라인 문항관리시스템을 개발하여 교사들의 퀴즈와 단원평가의 문항출제를 지원하고 있다(김희경 외, 2014).

(2) 과제

수업 후 과제(숙제)를 부여하는 것은 배운 지식에 대한 숙지와 기술에 대한 연습을 시키기 위함이다. 과제는 개별 혹은 집단과제로 부여될 수 있으며, 교사는 과제를 통해 학습의 확장과 정교화를 돕고 학생들이 자신의 학습 상태를 스스로 점검해 볼 수 있는 기회를 제공해 준다. 그리고 교사는 과제 수행을 점검하는 과정에서 추후 제공해야 할 과제와 집단활동, 개인지도 등 어떤 학습지원이 필요한지를 파악하게 된다. 과제를 부여할 때는 학생 스스로 해낼 수 있는 크게 부담스럽지 않은 과제를 부여하여 학부모들의 과제가 되지 않도록 주의해야 한다. 답의 도출 과정이 포함되는 서답형의 과제는 학생이 무엇을 알고 무엇을 모르는지를 확인하는 데 도움이 될 것이다. 학생에게 정답을 알려 주고 스스로 채점해 보도록 하는 과제 점검 방식은 바람직하지 못하며, 자신이 이해하지 못하는 것과 해결하지 못하는 문제가 무엇인지를 깨달아 알 수 있도록 여러 단계로 나누어 학생의 과제를 검토하고 학생의 수준에 맞는 피드백을 제공해 주어야 할 것이다. 특히 기초학습이 강조되는 저학년일수록 학생에게 주는 피드백은 상세하고 명확해야 한다.

(3) 인지진단모형을 이용한 맞춤형 평가

학생의 학업능력 수준에 적합한 교육을 제공하고 교육의 효율성을 제고하기 위해서는 학생들의 수준을 세부 영역별로 정확하게 진단한 후 부족한 부분을 보완하고 잘하는 부분을 더욱 강화하기 위한 학습 경험을 제공하고 지속적인 형성평가를 통해 학습의 질을 관리해 나가야 한다. 이를 위해 최근 활발히 연구되고 있는 인지진단이론(Cognitive Diagnosis Theory)을 적용하여 개별 학생의 인지요소(attributes)별 숙달확률과 그 프로파일을 분석하고 그에 따른 피드백을 제공하는 인지진단모형을 이용한 맞춤형 형성평가가 적극적으로 제안되고 있다(김경리, 2013; 김성훈, 2005; 2012; 김성훈, 송미영, 2009; 박윤수 외, 2012; 이영선 외, 2012). 인지요소는 각 교과에서 검사를 통해 측정하려는 능력이나 인지 과정, 지식 혹은 기술 등을 의미한다. 예를 들면, 국어 교과에서는 단어 의미 파악하기, 주제 파악하기, 논리적 관계 이해하기 등의 인지 과정이 인지요소로 규명될 수 있으며, 수학 교과에서는 용어 이해하기, 연산 적용하기, 공식 활용하기 등의 문제풀이 과정이나, 사칙연산, 삼각비 구하기, 제곱근 구하기 등의 계산 기능이 인지요소로 규명될 수 있다(김성숙 외, 2015).

인지진단이론을 기반으로 학생의 지식과 능력 수준을 상세히 파악하고 진단하기 위해 개발된 인지진단모형(Cognitive Diagnosis Model: CDM)을 이용한 맞춤형 평가도구는 검사 총점만을 제공해 주던 기존 검사와는 달리 세부적인 인지요소별 도달 정도를 파악함으로써 그에 따른 맞춤형 보완과 향상을 가능하게 한다. 인지진단모형을 이용한 맞춤형 평가는 학생들의 수준을 세부 영역별로 정확하게 파악하고 부족한 인지요소를 보완하고 결함을 수정하기 위한 피드백을 제공함으로써 형성평가 도구로서의 형성적 기능을 극대화하고, 학습의 개선과 학습 계획의 수립에 유용하게 활용될 수 있다.

(4) 관찰

교사는 수업을 진행하면서 수시로 학생들을 관찰하며, 관찰의 과정은 정보수집 단계, 정보해석 단계, 정보통합 단계 그리고 학생의 특성판단 단계를 거친다. 관찰에는 많은 주의가 필요하며, 다양한 행동을 관찰하고 종합적으로 해석해야 하며 학생을 판단할 때는 학생의 관점도 고려해야 한다. 관찰은 학습활동에 영향을 미치는 일반적인 특성에 초점이 맞춰지며, 초·중등학교에서는 주로 교과목에 대한 학습결손 및 능력, 흥미 등을 주요 관찰대상으로, 고등학교에서는 수업내용을 얼마나 이해하고 있으며 수업에 집중하고 있는지 등을 관찰대상으로 한다. 의도되거나 통제되지 않은 자연적인 상황에서 발생하는 비언어적 행위가 말하는 행위보다 때로는 학생들의 많은 부분을 이해할 수 있게 할 수 있으므로(Mottet & Richmon, 2000), 교사는 비언어적 행위, 예컨대 학생들의 몸짓, 얼굴 표정, 눈맞춤 등도 면밀히 관찰할 수 있어야 한다.

(5) 질의응답

질의응답은 학습내용에 대한 이해 수준의 지속적인 점검과 지도를 가능하게 한다. 질문은 수업의 중요한 내용을 중심으로 이루어져야 하며, 질의응답은 학생의 이해도 점검은 물론 사고의 명료화, 의사소통 능력(의견교환)의 발달, 사고력 증진, 문제해결 능력의 함양에도 도움이 된다. 질문은 학생의 주의를 환기시키며, 질문에 응답하면서 이해력을 높이고, 다른 학생들의 응답을 통해서도 자신을 점검해 볼 수 있는 기회를 갖게 된다.

질문은 학생들이 질문의 의도를 파악할 수 있도록 명료해야 하며, 학생들에게 생각할 시간을 대략 3~5초 정도 주는 것이 좋다. 그러나 학생의 답변을 너무 오래(5초 이상) 기다리는 것은 수업의 흐름에 지장을 줄 수도 있으므로 피하는 것이 좋다.

3) 형성평가의 교육적 기능

교수-학습 과정을 개선시키기 위해 투입되는 형성평가는 과연 학생들의 학습에 어떤 영향을 미칠까? 형성평가는 학습자의 장점과 문제점이 무엇인지에 대한 정보를 제공해 학습결손이 누적되기 전에 보완할 수 있게 하고, 피드백을 통해 학업성취에 긍정적인 영향을 미친다. 특히 각 교과의 세부 영역별 학생의 성취 정도를 확인하고, 어떤 부분에서 오류를 범하고 있으며 그 오류의 원인이 무엇인지를 파악해 구체적인 피드백을 제공한다면 학습의 개선에 미치는 영향력은 더욱 커질 것이다. 최근 활발히 연구되고 있는 인지진단모형은 각 교과에서 측정하고자 하는 세부적인 특성인 인지요소(attributes)별 숙달도와 학생의 강점과 약점에 대한 정보를 제공하므로, 인지진단모형을 적용한 맞춤형 평가를 학습을 수정 및 보완하기 위한 구체적인 피드백 제공을 목적으로 하는 형성평가 도구로 활용한다면 형성평가의 교육적 기능이 배가될 수 있을 것이다(김성훈 외, 2009; 이영선 외, 2012). 형성평가에서는 피드백의 제공이 중요하며, 적절한 피드백이 제공되지 않으면 형성평가의 효율성은 저하되고, 경우에 따라서는 별 의미가 없는 평가가 될 수도 있다(Sadler, 1989).

형성평가에서 제공되는 피드백은 학생들에게 단지 평가 결과만을 알려 주는 미약한 형태의 피드백보다는 학생이 자신의 한계를 극복하기 위해 어떤 부분에 어떤 노력을 기울여야 하는지를 구체적으로 안내한 피드백이 학업성취도에 긍정적인 영향을 미친다. 학생들에게 제공되는 피드백은 단지 평가 결과만을 알려 주는 미약한 피드백에서, 구체적인 오류를 확인해 그 수정방법을 알려 주는 아주 구체적인 피드백에 이르기까지 그 수준이 다양하다. 피드백의 효과에 관한 연구에 의하면 형성평가를 실시하는 것이 형성평가를 실시하지 않는 것보다 학업성취도에 긍정적인 영향을 미치지만, 구체적인 피드백을 제공하는 형성평가일수록 학생들의 성취 수준의 향상에 긍정적인 영향을 미친다(Brown, 2007; Pollock,

2011). 따라서 형성평가가 학생들의 학습에 긍정적인 영향을 미치게 하려면 구체적인 피드백이 주어지는 형성평가를 실시해야 할 것이며, 평가의 목적과 원리에 충실하지 않은 형성평가는 '학습을 위한 평가'로서의 기능을 충분히 발휘하지 못하고 교수-학습 과정의 개선에도 큰 기여를 하지 못할 것이다.

형성평가의 교육적 효과를 분석한 연구는 수업 중 형성평가를 실시한 집단이 형성평가를 실시하지 않은 집단에 비해 학업성취도가 높음과 그 효과는 수학, 과학, 영어 등 다양한 과목과 다양한 학교급에 걸쳐 일관되게 관찰되고 있음을 보고하고 있다(Black & William, 1998). 또한 형성평가가 학급 크기를 줄이는 것이나 교사의 교과지식을 높이는 것보다 학업성취에 미치는 긍정적인 영향이 크다는 것(William, 2007; Heritage, 2010)과 학생의 학습 진행속도와 학습동기에도 긍정적인 영향을 미침(William, 2011; Black & William, 1998)을 보고하고 있다. 따라서 형성평가는 학업성취 수준과 학습의 질, 학습속도, 학습동기 등에 긍정적인 영향을 미치는 강력한 요인이라고 할 수 있다.

〈표 4-1〉 피드백의 유형

유형	특징
아주 미약한 피드백	단지 평가 결과만을 알려 줌
미약한 피드백	평가 결과와 더불어 무엇을 틀렸고 무엇을 맞혔는지에 대한 정보를 제공함
보통 수준의 피드백	미약한 피드백에 일반적인 설명을 첨가함
약간 구체적인 피드백	보통 수준의 피드백에 성취기준과 현재 수준의 차이를 줄이기 위한 방법을 첨가함
아주 구체적인 피드백	보통 수준의 피드백에 성취기준과 현재 수준의 차이를 줄이기 위한 다양한 방법과 그 실천의 예를 첨가함

2. 형성평가의 실천 전략

수업은 성취목표를 달성하기 위한 유목적적인 활동이고, 수업의 상당 부분은 사실상 비형식적이나 형식적인 평가활동이 차지한다. 교사는 수업을 성공적으로 이끌어 가기 위해 매 순간 학생들의 학습을 관찰해야 하고, 학생의 학습 개선을 돕기 위해 학생들이 무엇을 알고 무엇을 모르는지를 파악해 어떤 교수활동을 해야 할 것인지 등에 대한 판단을 수시로 해야 하는데, 이는 모두 수업운영의 필수 불가결한 부분으로 형성평가의 범주에 해당되기 때문이다. 따라서 교사는 성취목표를 분명히 설정하고 이를 학생들과 공유할 수 있어야 하며, 학생의 성취목표 달성 과정에 대한 정보의 수집 및 해석, 피드백 제공, 자기평가의 기회 제공 등 형성평가에 대한 전문적 지식과 실시방법을 필수적으로 습득하고 있어야 한다. 또한 교사는 형성평가가 학생에게 미치는 영향을 깊게 이해하고 있어야 한다.

형성평가는 교사의 관찰, 질의응답, 토론 등과 같은 비형식적 평가활동, 시험과 퀴즈, 과제 등과 같은 형식적 평가활동, 그리고 학생 상호 간의 동료평가와 자기평가 활동 등을 통해 이루어진다. 각 활동영역별로 실천 전략들을 살펴보면 다음과 같다.

1) 교사의 비형식적 평가활동

비형식적 평가는 '언제' '무엇'을 평가할 것인지를 미리 공지하지 않아 학생들의 평가에 대한 준비가 없는 상태에서 수업 중 수시로 이루어지는 평가로, 지식습득 과정의 특성과 더불어 학습태도와 흥미, 성격, 학습습관과 학습 전략, 수업참여도 등의 전형적인 행동 특성에도 관심을 지닌다. 비형식적 평가의 방법으로는 관찰과 질문을 들 수 있다.

(1) 비형식적 관찰

교사의 관찰은 질의응답과 더불어 교실 상황에서 가장 많이 사용되는 형성평가 방법이다. 교사들은 시험과 퀴즈, 과제 등과 같은 형식적 평가에서보다 비형식적인 관찰을 통해 더 많은 형성평가 정보를 수집한다. 수업 과정 중 수시로 이루어지는 비형식적인 관찰은 평가정보의 수집에 있어 효율적이며 상황적합성을 지닌다. 교사는 동시에 많은 것을 관찰할 수 있으며, 앞서 관찰한 것을 재확인하고 해석하기 위해 후속 관찰도 한다. 이는 일회적으로 이루어지는 형식적 평가에서는 할 수 없는 일이다. 그러나 관찰은 자연스럽게 눈에 보이는 학생들의 수행에만 한정되므로, 관찰하고자 했던 행동이 관찰되지 았았을 경우에 학생이 그 관찰하고자 하는 행동을 행할 능력이 부족해 그 행동을 못한 것인지, 아니면 그 상황에서 학생이 단지 그 행동을 하고 있지 않아서 관찰되지 않은 것인지를 확인할 수 있는 방법이 없다. 또한 학생의 행동 중 일부분만 교사들에 의해 관찰된다는 단점도 있다. 이같이 비형식적 관찰은 교사가 관찰하고자 할 때 관찰 가능한 것 혹은 관찰하고 싶은 것만

관찰하게 되고 비형식적 관찰에 의한 평가 결과는 문서화되지 않으므로 시간이 지나면 잊히거나 왜곡될 수 있다는 제한점이 있다.

이런 제한점에도 불구하고 비형식적 관찰은 대단히 중요한 형성평가 방법이다. 그 어떤 평가방법도 비형식적인 관찰과 같이 효율적인 수업운영에 유용한 즉각적인 평가정보를 제공할 수 없기 때문이다. 따라서 교사가 비형식적 관찰의 특성을 이해하는 것은 중요하며 이 방법의 유용성을 극대화할 수 있는 기법에 익숙해져야 한다. 비형식적 관찰의 가장 중요한 특성은 그것이 너무나 일상적인 방법이라는 점이다. 우리는 일상적인 삶 속에서도 항상 무엇인가를 끊임없이 관찰한다. 일상적인 삶 속에서 자연스럽게 이루어지는 관찰의 특성을 교실에서 이루어지는 관찰의 특성과 연결 지어 보면 교실에서의 비형식적 관찰의 특성을 쉽게 이해할 수 있다.

Oosterhof(1994)는 비형식적 관찰의 특성을 운전자의 관찰능력 변화와 비교해 잘 설명하고 있다. 복잡한 도시에서 운전할 때 많은 사건이 동시적으로 그리고 순간적으로 관찰된다. 운전자는 운전을 하면서 몇 초 내에 중앙분리선, 신호등, 지나는 행인과 자전거, 길거리에 세워져 있는 차 등을 재빠르게 관찰한다. 그리고 이런 관찰은 단지 시각적인 것만이 아니다. 경우에 따라서는 뒤에 있는 차들의 경적 소리, 오토바이와 자전거가 지나쳐 가는 소리, 앰뷸런스 소리 등을 들을 수 있으며 차 안의 라디오 소리나 함께 차를 타고 가는 사람들의 대화도 듣게 된다. 이렇듯 많은 것이 관찰되지만 어떤 것은 보다 자세히 관찰되고 어떤 것은 건성으로 관찰된다. 필요에 의해 혹은 주변 상황에 따라 어쩔 수 없이 어떤 한 사건에 관찰이 집중되기도 한다. 어떤 한 사건에 관심이 집중되면 다른 많은 사건은 무심하게 지나쳐 버리기 십상이다. 그러나 안전하게 운전하기 위해서는 운전자의 관찰이 한 사건에 집중된다 하더라도 다른 중요한 사건에 대한 관찰도 동시적으로 이루어져야 한다. 예컨대, 운전 도중에 라디오를 켜기 위해 라디오 채널을 맞추는 데만 집중한다면 차의 방향이 틀어져 사고가 날 수 있다. 따라서 운전자는 어떤 한 사건에 집중하게 되더라도 그것과 더불어 다른 사건들도 놓치지 말고 관찰할 수 있어야 한다.

초보운전자는 한꺼번에 여러 가지 일을 할 수 없다. 운전을 하면서 라디오 채널을 맞추기가 쉽지 않고, 많은 것을 동시에 관찰해야 하는 혼잡하고 생소한 거리에서의 운전은 서툴고 불안하다. 그러나 운전 경험이 늘어 감에 따라 자동적으로 주변을 살피는 일에 익숙해지고, 한 가지 일에 집중하면서도 동시에 다른 중요한 사건들도 관찰해 그에 대처할 수 있는 능력을 지니게 된다. 이렇듯 운전 경험이 늘수록 운전에 대한 자신감도 생기고 운전자 스스로 관찰의 효용성을 높여 간다. 운전에 대한 자신이 부족하다는 것은 관찰의 효용성이 극대화되지 못했음을 의미한다. 관찰의 효율성이란 경험 및 자신감과 높은 상관이 있으며 주변 상황에 대한 익숙함이 관찰의 효율성을 증가시킨다. 아무리 노련한 운전자라도 전혀 낯선 곳에서보다는 익숙한 곳에서 더 안정감 있게 운전할 수 있다. 주변 상황에 익숙할수록 관찰은 자동적으로 발생하며 보다 많은 사건을 동시적으로 관찰할 수 있다. 복잡한 거리에서는 나도 다른 차를 관찰해야 하지만 다른 차의 운전자도 나를 관찰해야 안전운전이 이루어질 수 있다. 따라서 나도 다른 운전자가 나를 관찰할 수 있도록 예상 가능하게 운전해야 하며 경우에 따라서는 다른 운전자가 나에게 집중할 수 있도록 경적을 울리기도 해야 하는 것이다.

운전하는 것과 교실에서 학생을 가르치는 것은 다른 일이지만 두 상황에서의 관찰의 특성은 사뭇 비슷하다. 교실에서도 차 안에서와 같이 동시에 순간적으로 연속해 많은 일이 관찰된다. 수업 중 교사는 자신의 설명에 대한 학생의 반응, 학생이 노트에 쓰는 메모, 짝과 나누는 대화, 복도에서 들리는 소리, 학생들이 책상에 앉아 있는 모습, 과제를 해결하는 방식 등을 보고, 듣고, 관찰하게 된다. 이런 다양한 상황에 대해 교사가 관심을 기울이는 정도는 다르며 어떤 관찰에 집중할 것인가는 교사의 선택에 의존한다. 복도에서 벌어지고 있는 일에 관심을 둔다면 교실 안에서 학생들이 하고 있는 일에 대한 관찰은 소홀해질 것이며, 어떤 학생이 노트에 써 놓은 메모에 관심을 기울인다면 다른 학생들이 무엇을 하고 있는가를 살피는 일엔 소홀해질 수밖에 없다. 무엇에 관심을 지니고 관찰하건 간에 중요한 사건들을 무심히 지나쳐 버리면 안 된다. 예컨대, 한 학생의 행동을 관찰하는 데 집중한다 하더라도 수업시간의 흐름을 감지할 수 있어야 하고, 학생들이 현재 무엇을 하고 있고 교실의 전체적인 수업 분위기는 어떤지에 대한 관찰을 지속해야 한다.

교사의 누적적 경험과 자신감이 비형식적 관찰의 효율성을 증가시킨다. 초보운전자와 같이 초보교사도 관찰에서 효율적이지 못하다. 경험이 많아질수록 교사는 교실 상황에 익숙해져 복잡한 상황을 관리할 수 있게 되고 동시에 많은 것을 관찰할 수 있게 된다. 그러나 초보교사이건 경험이 많은 교사이건 간에 그들에게 기대되는 역할은 동일하며 똑같은 책무성이 부과된다. 이것이 예비교사들이 많은 경험과 전문성에 근거한 자신감을 지니고 교직에 진출해야 하는 이유이다. 가르치는 교과에 대한 자신감은 교사로 하여금 학생을 효율적으로 관찰할 수 있게 하며, 학생지도에 자신감을 지닐 수 있도록 격려하는 학교의 분위기는 교사의 전문성 신장에 도움이 된다. 또한 주변 교육환경과 학생에 대한 익숙함도 관찰에 도움이 된다. 교사가 학생집단의 특성에 대해 아는 바가 없다든가, 수업에 활용되어야 할 교육매체에 익숙하지 못하다면 관찰이 효율적일 수 없다.

관찰은 학생의 수행에 대해 즉각적인 피드백을 제공하는 데는 그 어떤 다른 방법보다 유용하며 학생의 지속적인 성장을 돕는다. 교사는 학생들을 지속적으로 관찰하고 그 관찰 결과를 적절하게 활용할 수 있어야 할 것이다. 교사가 학생들을 관찰할 때 유의해야 할 사항들을 정리해 보면 다음과 같다(McMillan, 2014).

① 무엇을 관찰할 것인지를 안다

무엇을 관찰할 것인지를 안다는 것은 우선 수업목표를 분명히 인식하고 수업목표를 학생들이 성취해야 할 하위능력으로 세분화할 수 있다는 것을 의미한다. 그래야 각 하위능력마다 관찰되어야 할 학생의 수행이 결정될 수 있다. 서로 다른 능력에 대해서는 각기 서로 다른 관찰이 이루어져야 한다. 무엇을 관찰할 것인가를 결정하는 것은 학생들의 목표 달성을 돕기 위해 어떤 도움을 주어야 할 것인가를 구체화하는 일이다.

② 관찰하고자 하는 것에 익숙해진다

똑같이 복잡한 거리를 운전한다 할지라도 익숙한 곳을 운전할 때 주위를 보다 편안하게 잘 관찰하면서 운전할 수 있듯이, 익숙함은 교사의 비형식적 관찰능력에 영향을 미친다. 가르치는 내용을 잘 알고 있는 교사는 그렇지 못한 교사에 비해 훨씬 효율적이고 효과적으로 학생의 학습 과정을 관찰할 수 있다. 가르치는 내용을 잘 알고 있는 교사는 사실적인 정보와 개념을 구분할 수 있으며, 그릇된 개념을 지니고 있는 학생의 미묘한 특징들을 감지해 낼 수 있다. 교사의 관찰대상에 대한 익숙함은 자신의 교과지식에 대한 한계와 오류를 반성적으로 고찰하고, 동료 교사들과의 학생의 학습 과정에 대한 의견교환과 교과교육 관련 전문서적들을 통해 지식을 습득해 감으로써 높아지게 된다. 또한 특정 자료와 전략의 반복적 사용을 통해 경험을 축적해 감으로써 높아지기도 한다.

③ 확장된 추론은 피한다

학생들이 무엇을 알고 있고 무슨 생각을 하는가를 직접적으로 파악할 수 있는 방법은 없기 때문에 관찰된 정보로부터의 추론은 학생들의 능력에 대한 판단을 위해 필수적이다. 그러나 얻어진 정보로 가능한 추론을 해야 하며, 그 외의 정보와 또 다른 가정이 요구되는 확장된 추론은 피해야 한다.

④ 가설을 세우고 가설을 검증해 본다

학생을 관찰할 때는 '그 학생은 무엇을 알고 있다.' '그 학생은 어떤 학생이다.' 등과 같은 학생의 특성에 대한 잠정적인 평가인 가설을 설정하고 그 가설을 확인해 가는 것이 바람직하다. 한 번의 관찰로 결론을 도출해 내면 오류를 범할 수 있으므로 교사는 잠정적인 가설을 검증하기 위해 부가적인 관찰을 계획하고 학생 특성에 대한 신뢰감 있고 타당한 평가정보를 수집하기 위해 노력해야 한다. 부가적인 관찰은 이전에 관찰한 것에 대한 반복 관찰과 동료 교사, 학생, 부모 등으로부터 수집된 정보 등을 포함한다. 예를 들어, 세계사 시간에 영희가 역사적인 사건에 대한 토론 과정 중 졸고 있는 것이 관찰되었을 경우, 이에 대해 '영희는 진행되고 있는 토론을 지루해하고 있다.' '영희는 세계사 과목에 별 흥미를 느끼지 못한다.' '영희의 몸 컨디션이 안 좋다.' '영희는 자신의 의견이 받아들여지지 않는 것에 대해 불만을 표시하고 있다.' 등과 같은 다양한 해석이 가능하다. 이런 다양한 해석이 타당한 해석으로 받아들여지기 위해서는 부가적인 관찰이 필요하다. 교사는 관찰 결과에 대한 나름대로의 가설을 설정하고 이를 확인하기 위한 부가적 관찰을 진행할 수 있어야 한다.

⑤ 관찰은 학생의 성취를 과대평가할 수 있다

대부분의 관찰은 학습 도중이나 학습이 일어난 직후에 이루어진다. 학생들이 수업 중에는 수업내용을 이해하고 알고 있는 듯 보이지만 수업이 끝나고 시간이 좀 지나면 많은 부분을 잊게 되고 수업 중엔 알았던 것을 다시 모르게 되기도 한다. 따라서 수업 중 진행되는 비형식적 관찰은 학생의 성취에 대해 과대평가하는 경향이 있다. 또한 비형식적으로 이루어지는 관찰에서 교사들은 은연중에 수업을 못 따라오는 학생보다는 잘 따라오는 학생들에게 집중하게 되며, 학습 실패의 증거보다는 성공적인 학습의 증거들을 수집하게 된다. 이는 열심히 하는 학생들이 질문도 하고 교사와 눈도 마주치고 교사의 관찰을 유도할 수 있는 행동을 보이면서 교사들의 관심을 끌기 때문이다. 이런 관찰 과정을 통해 학생들의 학업성취를 과대평가하게 될 수 있으므로, 교사는 이를 지각하고 타당한 평가자료 수집을 위해 노력해야 한다.

⑥ 학생들도 관찰에 참여할 수 있도록 돕는다

복잡한 도시에서 운전할 때 나만 다른 사람의 운전을 잘 관찰한다고 사고로부터 안전한 것이 아니라 다른 운전자도 나를 잘 관찰해 주어야 안전하게 운전할 수 있듯이, 교실에서도 교사만 학생을 관찰하는 것이 아니며 학생들도 교사를 관찰하고 교사의 기대에 부응하기 위한 학습활동을 해야 수업효과가 높아진다. 교사는 학생들에게 성취목표를 분명히 전달하고, 자신이 무엇을 강조하고 있으며 무엇을 바라고 있는지를 학생들로 하여금 분명히 알 수 있도록 하여 학생들의 적극적인 수업참여를 유도해야 한다.

⑦ 나중에 사용될 수 있는 관찰 결과는 기록해 둔다

비형식적인 관찰을 통해 수집된 평가 결과는 대부분 즉각적으로 피드백되어 활용되고 대부분의 관찰 결과는 기록되지 않는다. 그러나 나중에 활용될 수 있을 것으로 판단되는 관찰 결과는 반드시 기록해 두어야 한다. 어떤 중요한 사건이 발생했을 당시에는 그 사건의 전말과 세부적인 사항들이 상세하게 파악되지만, 기록해 두지 않으면 나중에는 잊히거나 많은 부분이 왜곡될 수 있기 때문이다. 사건과 행동이 발생한 상황을 하나의 일화로 〈표 4-2〉와 같이 기록해 두면 학생 이해와 지도에 유용하게 활용될 수 있다. 일화를 기록해 보관하고자 할 때는 다음 사항에 유의해야 한다.

〈표 4-2〉 일화기록의 예

성　명: 이지은 (날짜: 2009년 3월 28일)

관찰자: 김수철

관찰내용: 수업 중 학생들에게 노트에 제2차 세계대전의 발발요인을 나열해 보게 한 후, 발표해 볼 사람은 손을 들라고 했다. 많은 학생들이 발표하겠다고 손을 들었다. 지은이도 손을 높이 들었다. 지은이를 지명했더니, 지은이는 수업시간 중 언제 영화를 보여 줄 거냐고 물었다.

해석(선택사항): 지은이는 종종 수업에 집중하지 못할 때가 있다. 2학기가 시작된 후 그 빈도가 조금씩 늘고 있다. 이번이 두 번째다. 지은이가 수업을 방해하거나 관심을 끌기 위해 그런 행동을 하는 것 같지는 않다. 현재로서는 이 같은 행동에 대한 해석을 내리기가 어렵다.

하고 싶은 말(선택사항): 없음

- 일화 기록(anecdotal records)은 관찰된 행동을 객관적으로 기록해야 한다.
- 행동에 대한 관찰기록과 그 행동에 대한 해석은 분리되어 기록되어야 한다.
- 기록에 포함된 정보는 사건 발생 상황을 잘 이해할 수 있도록 충분해야 한다. 관찰된 행동이 발생하게 된 경위를 상세히 진술하여 나중에 일화기록을 읽는 사람도 그 정황을 잘 파악할 수 있도록 해야 한다.
- 일화기록을 해 두어야 할 이유가 분명해야 하며 기록을 읽으면서 독자들도 그 필요성

을 인식할 수 있어야 한다.

- 일화기록은 한 학생에게 해당하는 한 사건으로 기록되어야 한다. 여러 학생의 행동에 대한 기술이 필요한 경우에는 한 학생씩 분리하며 기록해야 한다.

(2) 비형식적 질문

교사가 학생들에게 질문을 던지는 주된 이유는, 첫째, 학생들의 주의를 집중시키고 수업에의 참여를 유도하기 위해, 둘째, 중요한 내용을 강조하기 위해, 셋째, 학생들의 사고와 이해를 돕기 위해, 넷째, 학생들의 수준을 평가하기 위해서 이다. 질문에 대한 답변이 불충분하거나 충분한 관찰이 이루어지지 못했을 경우에는 후속 질문으로 앞선 질문에 대한 학생의 반응을 보다 구체화시키고 심층적으로 관찰한다. 이는 일회적으로 이루어지는 형식적 평가에서는 할 수 없는 일이다. 교사는 학생들에게 질문을 던짐으로써 학생들이 현재 무엇을 알고 있으며 무엇을 배우고 있는가에 대한 정보를 빠르게 수집할 수 있다. 질문 없이 비형식적인 관찰만으로는 주어진 시간 내에 학생의 학습에 관한 다양한 정보를 수집하기가 어렵다. 질문은 비형식적 관찰에 많은 도움을 준다. 또한 질문은 학생의 행동을 통제하고 수업운영을 돕기도 한다. 교사는 수업에 집중하지 않고 딴 짓하는 학생의 부적절한 수업행동을 통제하기 위해 그 학생에게 특정한 질문을 던질 수 있고, 무작위로 질문을 해서 학생들의 수업 집중을 유도할 수도 있다. 교사는 질문을 통해 특정 행동을 칭찬하고 상을 줄 수도 있고, 학생들에게 교실의 규칙과 규범을 상기시켜 줄 수도 있다.

수업 진행 과정에서 학급의 전체 학생을 대상으로 제시되는 질문은 학생들의 수업참여를 유도하는 데 크게 도움이 된다. 모든 학생이 적극적으로 나서서 질문에 답하지는 않지만 교사가 던진 질문에 대해 나름대로의 답을 구해 보려 하고 교사가 그들의 반응을 지켜봐 주고 그들의 반응에 대해 어떤 피드백을 제공해 주길 기대한다. 이 같은 기대가 충족되지 않는다면 질문이 학습에 미치는 효과는 축소된다. 따라서 교사는 적극적으로 질문에 답하려는 학생들에게뿐만 아니라 소극적으로 드러나지 않게 답하는 학생들에게도 적절한 피드백이 제공될 수 있도록 학생들의 다양한 답변을 예상해 반응할 수 있어야 한다.

교사는 질문을 신중하고 적절하게 사용해야 하며, 질문의 효용성을 높이기 위해 유의해야 할 점들을 정리해 보면 다음과 같다(McMillan, 2014).

① 수업목표와 관련된 질문을 구안한다

수업목표는 주로 지식(knowledge)이나 추론(reasoning)과 관련된 것이다. 지식을 묻는 질문은 주로 기억과 이해를 요구하지만, 추론을 요구하는 질문은 분석하고 종합하고 문제를 해결하고 창의적으로 사고하고 평가할 수 있기를 기대한다. 교사는 암기 위주로 학습이 치우치지 않도록 지식과 추론 간의 적절한 균형을 추구해야 한다. 단순히 언어적 정보만을 묻는 질문에 그쳐서는 안 되며, 수업목표와 연계해 고등사고 능력을 자극할 수 있는 질문을 할 수 있어야 한다. 이를 위해서는 수업내용과 관련된 일련의 질문 리스트를 미리 작성해 놓고 이를 수업에 적극 활용해 수업의 질을 제고해야 한다.

② 질문의 의도를 충분히 이해할 수 있도록 명료하고 분명하게 질문한다

질문이 막연하고 그 의도를 파악하기 어려우면 그에 답변하기가 어렵고, 원하는 정보를 얻을 수 없다. 따라서 교사는 학생이 질문의 의도를 분명하게 이해할 수 있도록 명료한 질문들을 준비해야 한다. 형식적인 검사에서의 질문은 사전 검사 계획과 문항개발 절차를 거쳐 검사 실시 전에 정교한 형태로 준비되어야 하지만, 비형식적인 질문은 확인해 보고자 하는 내용에 대한 간단한 정리나 요약만으로도 충분한 준비가 된다. 비형식적 질문은 수업 중 상황에 따라 하게 되는 것이므로 학생에게 질문을 던지면서 질문내용을 명료화할 수 있고 신체언어(body language)를 통해서도 질문의 의도를 명료화시킬 수 있다.

③ '네' 혹은 '아니요'로 답할 수 있는 질문은 가능한 한 피하고 질문에 답할 수 있는 충분한 시간을 준다

'네' 혹은 '아니요'로 답할 수 있는 질문은 학생의 학습에 대해 제공해 주는 정보가 빈약하다. 따라서 이런 유형의 질문은 학생들의 학습을 평가하는 초기 단계에서 긴장을 풀어주기 위해 사용하는 것이 적절하며, 이런 질문을 한 후에는 이유나 근거를 묻는 질문을 해서 학생의 사고를 보다 깊이 있게 파악해 보도록 한다. 학생들이 응답할 때까지 3~5초 정도 기다려 주면 학생들의 답변의 질은 높아진다. 그러나 응답할 수 있는 시간을 무작정 늘리는 것은 적절치 못하며, 단순 지식을 묻는 질문에서는 오랜 침묵이 오히려 해로울 수도 있다. 교사는 질문의 유형을 고려해 학생 응답이 있기까지 기다려 주는 시간을 조정할 수 있어야 한다.

④ 질문을 통해 학생들에게 겁을 주거나 당황하게 하는 일은 피한다

비형식적인 질문은 학급의 모든 학생을 대상으로 공개적으로 한다는 특성을 지닌다. 따라서 학생은 다른 학생들 앞에서 질문에 대한 자신의 답을 공개하게 된다. 이는 질문의 의도와는 달리 학생에게 겁을 줄 수도 있고 당황스럽게 할 수도 있다. 주로 학생의 답변에 대한 교사의 반응이 학생을 당황하게 하기도 하고 불안하게 하기도 하므로, 교사는 학생의 답변에 대해 항상 신중하게 반응해야 한다. 그리고 몇몇 학생만이 질문에 답하게 되는 상황은 피하고, 가능한 한 모든 학생이 질문에 집중하고 참여할 수 있도록 해야 한다.

⑤ 학생의 답변에 적절히 반응한다

교사는 답변에 대한 반응의 중요성을 인식하고 있어야 한다. 학생의 답변에 대한 교사의 반응이 비형식적 평가에서는 가장 중요한 부분이다. 형식적인 검사에서는 학생의 답변에 대해 교사가 즉각적으로 반응하는 것이 불가능하다. 그러나 비형식적 질문에서는 교사가 즉각적으로 만족감을 표시하는 표정으로 답변에 반응할 수 있고, 학생들에게 답변을 보다 명료화해 볼 것을 요구할 수도 있으며, 답변에 만족하지 못하면서 학생을 윽박지를 수도 있다. 학생의 답변에 대한 가장 좋은 교사의 반응은 학생의 답변을 경청해 주는 일이다. 이를 위해 교사는 학생이 말한 내용을 이해할 수 있어야 하고 답변을 한 학생의 감정을 수용해 줄 수 있어야 한다. 교사가 질문에 대한 학생의 답변내용을 적극적으로 이해하려 하고 학생의 감정을 수용해 줄 수 있다면, 학생들은 교사의 질문에 적극적으로 답변해 보려 할 것이다. 따라서 교사는 일단 학생의 답변내용을 수용한 후, 재진술을 통한 답변 내용의 정교화, 답변의 확장을 위한 후속 질문, 여러 답변 간의 비교를 통한 답변내용의 명료화 등의 적절한 반응을 통해 질문의 효용성을 높여 가야 한다.

2) 교사의 형식적 평가활동

형식적 평가는 사전에 계획되어 학생들에게 '언제' '무엇'을 평가할 것인지를 알게 하고 구조화된 검사도구를 사용하여 실시되는 평가이다. 따라서 교사가 수업 중 활용할 수 있는 형식적인 형성평가의 방법으로는 시험(퀴즈와 단원평가), 과제, 평정척과 체크리스트 등을 들 수 있다.

(1) 시험(퀴즈와 단원평가)

교사는 시험을 통해 학생이 학습목표의 성취를 향해 제대로 가고 있는지, 문제해결 과정에서 학생들이 경험하게 되는 어려움은 무엇이며, 학생들의 장점과 단점은 무엇인지 등에 대한 평가정보를 수집한다. 이런 정보는 수업의 수준별 운영과 소집단의 구성 그리고 개별 학생의 특성을 파악해 장점과 강점을 부각시키고 단점과 약점은 보완해 가며 다음 단계의 학습으로 이끄는 데 도움이 된다. 따라서 시험을 형성평가 도구로 활용하고자 한다면 학습내용과 성취목표를 충실히 반영한 시험도구의 문항을 출제하여 학생들이 알아야 할 것을 제대로 알고 있는지를 확인하고 학습결손을 미연에 방지해야 한다.

교사가 시험도구를 제작할 때 가장 먼저 해야 하는 작업은 학습단원 속에 포함되어 있는 내용요소를 확인하고 분석하는 일이다. 학습단원의 내용요소를 분석하는 것은 학습단원에 새롭게 도입된 내용이 무엇인가를 확인하고 학습자가 달성해야 할 성취목표를 구체화하는 일을 포함한다. 성취목표를 달성해 가는 과정에서 문제가 생겼는데 이를 교정하지 않고 계속 학습활동이 진행된다면 학습의 누적적 결손이 발생하고 그것은 학습부진과 학습지체의 원인이 된다. 따라서 형성평가용 시험은 학생이 알아야 할 것을 제대로 알고 있는지를 확인해 결손의 누적을 사전에 방지하는 데 일차적인 목적을 두어야 하며, 이를 위해 기본적인 지식과 개념, 원리와 법칙 등을 중심으로 지식, 이해, 적용 등의 사고능력을 우선적으로 평가하도록 한다(황정규, 2002; Bloom, Hasting, & Madaus, 1981).

학습단원의 내용이 세분화되면 학습목표를 위계적으로 조직해, 한 학습단원에 어떤 성취목표들이 포함되어 있으며 그들이 어떤 내용과 행동으로 분류될 수 있는지를 일목요연하게 요약해 이원분류표를 작성한다(이원분류표 작성법은 제8장 참조). 작성된 이원분류표는 시험도구의 문항 제작을 위한 기본틀로 기능하게 된다. 시험의 결과는 성취목표에 따라 해석되고 피드백되어야 한다. 성취목표가 너무 높게 설정되어 있으면 상당수의 학생에게 실패의 경험을 제공할 위험이 있으며, 반대로 성취목표가 너무 낮게 설정되어 있으면 제대로 학습하지 못한 학생에게 자기가 잘하고 있다는 그릇된 개념을 갖게 할 수도 있다. 따라서 교사는 학생들의 특성을 면밀히 파악하여 학생들에게 긍정적인 강화를 줄 수 있는 적정선을 결정하고, 각 성취목표의 어느 수준까지는 도달해야 한다는 최저성취기준을 학습목표에 제시해 놓고 이를 학생들과 공유할 수 있어야 한다.

그리고 시험의 결과는 학생의 학습을 돕기 위한 형성적(formative) 평가정보로만 활용하고 성적에는 반영하지 않는 것이 바람직하다. 그 결과가 성적에 반영된다면 학생들은 형성평가를 그들의 학습을 돕고 피드백을 주는 평가활동으로 받아들이기보다 자신의 성적을 결정하는 위협적인 대상으로 받아들일 개연성이 크기 때문이다. 따라서 형성평가용 시험은 학생이 학습단원의 어떤 부분에서 어떤 오류와 곤란을 경험하느냐를 확인해 이를 수정·보완해 주기 위한 용도로 사용되어야 할 것이다. 초기 학습에서의 실패는 이어지는 다음 학습의 실패를 예언할 뿐만 아니라 학습에 대한 자아개념에도 부정적 영향을 미칠 수 있으므로, 초기 단계에서는 가능한 부족한 부분에 대한 많은 정보를 수집해 수정과 보완을 강화하고 성공 경험의 누적과 긍정적 강화를 제공해 줄 수 있는 방향으로 실시하는 것이 바람직하다.

학교현장에서 교사들이 형성평가용 지필시험을 제작하고 활용하는 과정은 시험문항 제작 → 시험 실시 → 채점 → 피드백 제공의 네 단계로 구분되며, 이와 관련된 업무는 교사들에게 상당한 시간적·심리적 부담을 주고 있다. 교사가 형성평가의 실시를 위해 필수적으로 수행해야 할 이 네 단계의 업무를 자동화 시스템으로 구축해 제공할 수 있다면, 교사는 수업 준비와 교수-학습의 질 개선을 위해 더 많은 시간과 노력을 투자할 수 있을 것이다. 앞서 언급한 바 있듯이 최근 컴퓨터 기술이 빠르게 발전하면서 컴퓨터를 활용한 검사가 학습 개선을 위한 주요 정보원이 되고 있으며, 미국 등 선진 외국에서는 컴퓨터와 웹을 기반으로 하는 온라인 형성평가 시스템을 개발해 활용하고 있다(Bennett, 2011). 그리고 교육평가 분야에서는 새로운 기법인 인지진단모형(Cognitive Diagnostic Model)에 주목해 학업성취도를 세부적인 학습요소별로 평가하고 맞춤형 학습 개선을 지원하기 위한 맞춤형 형성평가 시스템의 구축과 활용의 활성화를 꾀하고 있다(Von Daviez, 2010). 형성평가에서 인지진단모형을 활용하여 피드백을 제공한다는 것은 개별 학생의 장단점을 정확하게 진단하여 피드백을 제공할 수 있다는 점에서 그 의의가 크며, 이를 잘 활용하면 성취 수준별, 개인별 맞춤형 학습방법의 개발도 가능해질 것이다. 우리나라에서도 온라인 문항관리 시스템을 개발하고 온라인 형성평가 시스템의 구축을 위해 연구를 진행하고 있으나(김희경 외, 2014), 아직은 시작 단계이며 선진화된 형성평가 시스템의 구축을 위해 더 많은 연구와 정책적인 지원이 이루어져야 할 것이다.

(2) 과제

교사가 학생들에게 과제를 주는 이유는 수업 중 배운 내용을 적용해 볼 수 있는 연습 기회를 제공하기 위해서이다. 과제는 학생의 학습을 정교화하거나 확장시키기도 하고, 학생들이 제대로 배웠는지를 확인해 볼 수 있게 한다. 과제가 지니는 제한점은 학생이 얼마나 성실하게 과제를 수행했는지를 확인하기 어렵다는 점이다. 과제가 교육적 효과를 지니기 위해서는 학생들이 스스로 과제를 수행해야 하므로 교사는 부모나 다른 사람의 도움 없이 학생 스스로 해결할 수 있는 과제를 부여하고 학생 스스로 과제를 수행할 수 있도록 해야 한다. 또한 교사는 과제 수행의 평가기준과 그에 기반을 둔 채점기준으로 학생들의 과제 수행 능력을 평가하고 구체적인 피드백을 제공해 학습의 개선을 지원할 수 있어야 한다.

과제의 수행과 관련해 학생들에게 피드백을 제공하고자 할 때, 교사는 평소의 학습 전략이나 태도 등과 관련된 언급보다는 과제의 수행 자체에 집중된 피드백을 제공하는 신중함을 보여야 한다. 과제 수행의 문제점 보완과 해결을 지원하는 구체적인 피드백은 학생들로 하여금 과제에 집중할 수 있게 하고 스스로의 힘으로 문제를 해결해 내려는 학습의 자율성을 키워 줄 수 있기 때문이다. 또한 과제를 수행하면서 학생들은 자신이 무엇을 잘하고 무엇을 잘하지 못하는지 스스로 평가해 볼 수 있는 기회도 갖게 된다.

(3) 체크리스트와 평정척

체크리스트는 특정 행동 특성이 관찰되는지 또는 관찰되지 않는지를 확인하기 위해 사용하며, 평정척은 특정 행동의 유무를 확인하는 것이 아니라 특정 행동을 보이는 정도를 확인하고자 할 때 사용한다. 체크리스트는 관찰하려는 행동 특성을 미리 자세히 분류해 작성된 행동목록에 그것이 관찰되었을 때 체크하거나 관찰 빈도로 표시하고, 평정척은 평정척도(3단계, 4단계, 5단계 혹은 7단계의 척도가 주로 활용됨)에 특정 행동을 보이는 정도를 표시한다(자세한 내용은 제6장의 '정의적 특성 검사도구' 참조). 이들은 복잡한 행동을 세분하여 관찰을 구조화하고자 할 때 사용된다. 보통 체크리스트나 평정척은 한 학생별로 분리되어 실시되지만, 행동목록에 있는 행동 특성의 수가 적을 경우(5개 이하)에는 하나의 체크리스트나 평정척에 한 학급의 학생에 대한 관찰기록을 모두 수록하기도 한다. 이는 개별 학생의 개인 내 혹은 개인 간 관찰을 용이하게 하고, 학급단위로 관찰하고자 할 경우에도 유용하게 활용될 수 있다.

3) 학생의 자기평가

학생의 자기평가의 목적은 학생들로 하여금 자신의 학습을 반성적으로 고찰해 보고 자신의 학습에 대한 평가에 깊이 관여하게 하는 데 있다. 학습자가 스스로를 평가할 수 있기 위해서는 학습목표와 성취기준을 분명히 인식하고 있어야 한다. 학습목표와 성취기준에 근거한 평가를 한다는 것은 형성평가의 기본적인 특징이며, 형성평가는 그 성격상 준거참조평가이다. 따라서 학습목표와 성취기준을 명료화하고 목표에 도달하기 위해서는 구체적으로 무엇을 할 수 있어야 하는지를 알게 하고, 각 학습활동 단계마다 학생들에게 배운 것을 스스로 확인하고 정리할 수 있는 자기평가의 기회를 제공해 주어야 한다.

학습자는 자기반성과 성찰의 기회를 통해 스스로의 학습을 이해할 수 있게 되고, 자신의 학습에서 부족한 것이 무엇이며 더 나아지기 위해 어떤 노력이 요구되는지를 파악해 간다. 이 같은 자기평가 과정을 통해 학생은 스스로 자신의 수준에 적합한 학습목표를 설정할 줄 알게 되며, 자기주도적 학습능력이 향상되게 된다. 자기주도적 학습능력은 학생 스스로 자신의 학습활동을 평가하고 조절해 나가는 능력으로 학생 스스로 자신의 학습과정을 관리할 수 있도록 한다. 학생의 자기평가 활동을 반성적 평가(reflective assessment)라고도 한다(Davies, 2002). 반성적 평가의 목적은 학생들의 메타인지적(meta-cognitive) 사고를 계발하는 데 있으며 반성적 평가를 통해 학생들은 반성적으로 자신의 학습 습관과 능력을 성찰하는 습관을 익혀 가게 된다. '질문에 맞게 답했나?' '왜 그 답이 틀린 답인가?' '옳은 답을 하기 위해선 무엇을 할 수 있어야 하나?' 등과 같은 질문을 스스로에게 던지면서 그에 대한 답을 찾는 자기평가 활동은 학생들이 자기주도적으로 학습할 수 있게 한다. 또한 스스로의 장단점과 강약점을 보완하고 학습에 대한 긍정적인 태도를 지닐 수 있게 한다.

따라서 교사는 학생들에게 스스로 자기를 평가해 볼 수 있는 학습 경험을 가능한 한 많이 제공하고 학생들과 성취목표에 대한 구체적인 평가기준을 공유할 수 있어야 할 것이다. 수업 진행 중이나 혹은 수업을 마치면서 학생이 무엇을 알게 되었고 수업의 어떤 부분에서 곤란을 경험했는지를 스스로 평가해 기록해 볼 수 있도록 학습기록지를 마련해 학생들에게 자기평가의 기회를 제공한다면, 이는 형성평가의 또 다른 실천 전략으로 효율적이고 성공적인 학습에 크게 도움이 될 것이다.

3. 형성평가의 활용

형성평가는 학생에게 학습 개선을 위한 평가정보를 제공해 도움을 주고, 학생의 학습을 수정 · 보완함으로써 학생의 성장과 발전을 지원하는 데 그 목적이 있다. 즉, 형성평가의 결과는 부족한 부분에 대한 피드백 제공, 학습자 개인의 학습속도 조절, 학습동기의 촉진 등을 위해 활용되며, 학생들의 강 · 장점과 약 · 단점, 인지적 특성 등에 대한 정보에 기반을 두어 새로운 교수 전략을 모색하는 데도 활용된다. 따라서 교사는 학생들이 심리적인 부담을 느끼지 않고 자연스럽게 학습곤란과 자신의 강점과 약점, 장점과 단점을 드러낼 수 있도록 해야 하며, 이를 위해 형성평가가 학생에게 심리적인 위협이 되거나 부담스러운 고부담평가가 되지 않도록 주의를 기울여야 한다.

교사는 형성평가의 결과를 주로 피드백에 활용한다. 피드백이란 학생의 수행에 대한 교사의 반응 방식으로, 학습자가 현재 자신의 성취 수준과 성취목표와의 차이를 파악할 수 있도록 돕고 그 차이를 줄여 가기 위한 학습활동을 안내한다. 시험을 본 후에 학생들에게 무엇이 맞았고 무엇이 틀렸는지에 대한 정보를 제공해 준다거나, 질문에 대한 학생들의 답변에 대해 '그렇지.' '바로 그거야.' '음, 거의 비슷해.' 등의 반응을 보이는 것도 피드백에 해당된다. 그러나 피드백이 학생의 학습 개선에 도움이 되기 위해서는 보다 구체적으로 그들의 오류와 문제가 무엇인지, 더 잘하기 위해서는 무엇을 어떻게 노력해야 하는지 등에 대한 정보가 제공되어야 한다. 교사는 피드백을 통해 단순히 잘하고 있다는 칭찬이나 평점 결과만을 알려 주는 데 그치지 말고, 학습자의 장점과 강점, 오류나 문제를 구체적으로 지적하고 이를 강화하거나 극복하기 위한 구체적인 방안을 제시해 주어야 한다.

형성평가를 통해 학생들에게 제공되는 구체적인 피드백은 학습에 대한 자신감과 학습동기를 유발한다. 따라서 학업성취도가 낮은 학생들에게 그들의 학업성취도가 낮은 것은 능력이 없기 때문이 아니라 학습에 투자한 시간이나 배울 기회가 부족했기 때문임을 강조하면서 그들도 열심히 하면 잘할 수 있다는 믿음을 지니고 학습을 포기하지 않도록 단계적인 개선을 지원해 줄 수 있어야 한다. 대부분의 피드백은 교사로부터 주어지지만 때로는 동료 및 학습자 자신으로부터 주어지기도 한다. 학습자가 자신의 장단점과 강약점을 정확히 이해하고 반성적으로 사고할 기회가 많이 주어질수록 높은 성취를 이룰 확률이 커지므로, 학생 상호 간에도 서로 가르쳐 주고 피드백을 주고받을 수 있도록 유도하여 학생 서로가 서로의 학습지원자 역할을 할 수 있도록 수업 분위기를 조성할 수 있어야 할 것이다.

형성평가를 적용할 때 교사는 학생들이 도달하고자 하는 목표가 무엇인지, 학생들의 학습의 현주소는 어디인지, 어떻게 해야 목표에 도달할 수 있는지를 파악할 수 있어야 하며, 이를 위해서 학생들에게 학습내용의 목적과 범위를 파악할 수 있도록 세심하게 안내하고 다양한 활동과 토론, 과제 등을 효과적으로 부여해 학생들의 학습활동에 대한 평가정보를 효과적으로 수집할 수 있어야 할 것이다. 그리고 학습 촉진과 개선을 유도할 수 있는 피드백을 적절히 제공해 학생이 학습의 주체로 자신의 학습을 자기주도적으로 개선해 나갈 수 있도록 지원해야 한다. 이와 같이 형성평가를 효율적으로 활용하기 위해 유의해야 할 점들을 정리해 보면 다음과 같다(McMillian, 2014; William, 2011).

① 평가 결과와 성취기준의 연계성 강화

교사는 피드백을 통해 학생들의 수행이 성취기준에 비추어 어떤 평가를 받았는지를 알게 해야 한다. 이를 위해서 우선 학생들이 성취기준을 명확하게 인식하는 것이 중요하며, 교사는 성취기준을 처음부터 학생들과 공유할 수 있어야 한다. 그리고 그 기준에 근거해 평가 결과에 대한 피드백을 제공해 주고 학생들도 교사가 제공해 준 기준에 비추어 자신의 학습을 점검해 볼 수 있도록 해야 한다.

② 학습요소별 피드백 제공

학습활동을 소단위로 나누어 소단위마다 형성평가를 실시하고 그 결과에 대해 구체적인 피드백을 주도록 하며 각 학생에게 필요한 교정을 개별화하도록 한다.

③ 평가정보와 학습 전략의 연계

피드백이 학생들이 활용한 사고 전략과 문제해결 과정에 대해 주어진다면 학습의 효율성과 학습동기가 향상될 수 있을 것이다. 예를 들어, 교사는 '이러이러한 세 단계를 거쳐 답을 구했구나. 아주 적절한 문제풀이 과정이었다.'와 같은 수집된 평가정보와 문제해결에 적용된 전략을 연결 짓는 피드백의 제공을 통해 학생의 학습을 지원할 수 있다.

④ 학생의 변화와 향상된 정도에 대한 언급

학생의 학습이 향상되어 가는 정도는 학생이 이미 알고 있는 것과 알아야 할 것 간의 차이를 명료화함으로써 보다 잘 드러나게 된다. 교사는 현재 학생이 어떤 향상을 보이고 있으며 앞으로 기대되는 것이 무엇인지에 대한 정확한 정보를 주어 학습을 지원할 수 있어야 한다.

⑤ 평가 결과의 제공

평가 결과를 제공할 때는 학생이 고쳐야 할 행동이 무엇인지를 분명하게 지적해 준다. 피드백은 구체적일수록 학습의 향상에 기여한다. 학습 결과에 대한 정보만 알려 줄 뿐 학습 개선을 위해 구체적으로 무엇을 어떻게 교정해야 하는지에 대한 정보가 제공되지 않을 때 피드백의 효과는 감소한다. '이번 작문에서 동사의 시제 사용이 어디어디에서 틀렸구나. 문법책 3장을 참조해 동사의 시제와 관련된 규칙을 다시 점검해 보렴.'과 같은 피드백은 학생들에게 어떻게 그들이 오류를 수정해 가야 하는지에 대해 알려 준다. 이때 다른 학생들의 성취 수준과 비교하는 것은 적절치 않으며, 구체적인 개선 방법과 방향은 제시하되 해결방법은 제시하지 않고 학생 스스로 찾아 나가도록 한다.

⑥ 즉각적인 피드백 제공

피드백은 가능한 한 자주 그리고 즉각적으로 제공해 주는 것이 학생들로 하여금 수업에 집중할 수 있게 하고, 학습활동이 목표지향적이 되도록 돕는다. 그리고 피드백은 학생에게 어떤 오류나 곤란이 발생하였을 때 즉각 이를 확인시켜 주고 적절한 교정(correctives)을 제공해 줌으로써 학습의 자기수정 체제(self-corrective system)를 구축할 수 있도록 돕는다.

⑦ 구체적이고 기술적인 피드백 제공

일반적이고 모호한 피드백은 학생에게 별로 도움이 되지 않는다. '네가 우리 반에서 제일 잘 읽었다.'라는 피드백보다는 '발음도 정확하고 목소리의 크기도 적절했다. 그리고 감정을 이입시켜 소설을 읽는 방식이 참으로 좋았다.'와 같은 방식의 피드백이 더 유용하다. 피드백은 비교하기보다는 기술하는 방식으로 주어져야 한다.

⑧ 중요한 실수에의 피드백 집중

학생의 학습을 돕기 위해서는 학생의 사소한 실수보다는 중요한 실수에 관심을 집중시켜 지도해야 한다. 교사는 학생이 범하는 심각한 실수가 무엇이며, 왜 그런 실수를 범하게 되는지, 또 그런 실수를 범하지 않기 위해서는 무엇을 지도해야 하는지를 살펴 학생을 지원할 수 있어야 한다.

⑨ 학습에 대한 학생의 노력과 열의에 주목

열심히 했더니 좋은 결과가 나오게 되었다는 믿음은 학생의 학습동기를 높이는 데 많은 도움이 된다. 따라서 교사는 학생들에게 어떤 노력이 어떤 결과를 낳게 했는지를 알게 해 주어야 하며, 운이나 교사의 도움 때문이 아니라 그들 자신의 노력에 의해 성취하게 되었다는 믿음을 지닐 수 있도록 학생을 지도해야 한다. 특히 성취도가 낮은 학생들에게는 이런 믿음이 중요하다.

일반적으로 교사는 형성평가의 결과를 활용할 때 칭찬과 함께 피드백을 제공하기도 하고 칭찬을 피드백의 수단으로 활용하기도 한다. 학생들의 학습이나 특정 행동에 대해 칭찬할 때 '어머나, 세상에! 너무 잘했다.' '정말 놀라워.' 등과 같이 너무 감성적이거나 과장된 언어보다는 단순하고 자연스러운 언어를 사용하는 것이 좋다. 얼마나 열심히 했는지를 잘 알고 있다는 것을 분명하게 표현해 주고, 무엇에 대해 칭찬하고 있는지를 알 수 있도록 구체적으로 명료하게 말한다. 그리고 가능한 한 각 학생마다 표현을 달리해서 개별 학생의 행동 특성과 행동 상황에 적절하게 칭찬해야 한다. 거의 똑같은 칭찬을 많은 학생들에게 반복해 사용한다면 학생들은 칭찬을 그저 상투적인 표현으로 받아들이게 되어 무의미한 칭찬이 되고 만다. 또한 언어적인 표현과 더불어 비언어적 표현(예: 얼굴 표정이나 어투 등)도 함께 한다면 칭찬의 효과가 커진다. 효율적인 칭찬을 위해 해야 할 일과 하지 말아야 할 일들을 정리해 보면 〈표 4-3〉과 같다.

〈표 4-3〉 효율적인 칭찬을 위해 해야 할 것과 하지 말아야 할 것

해야 할 것	하지 말아야 할 것
구체적인 성취에 초점을 맞춤	일반적인 성취에 초점을 맞춤
성공은 운이 아니라 노력과 능력에 의한 것임을 강조	성공을 운이나 다른 사람의 도움 탓으로 돌림
너무 과장되지 않고 자연스럽게 칭찬함	항상 똑같은 칭찬을 해서 칭찬을 예견할 수 있게 함
앞서 이룬 성취에 대해 언급	앞서 이룬 성취는 무시
개별 학생을 상대로 다양한 표현으로 칭찬함	모든 학생에게 같은 칭찬을 함
즉각적으로 칭찬함	칭찬은 나중에 함
성공으로 이루게 한 전략을 칭찬함 학생의 행동에 근거해 정확하게 칭찬하고, 신뢰감을 형성해 감	결과를 낳게 한 전략에 관심을 두지 않음
칭찬은 공공연하게 하기보다 은근하게 해야 함	칭찬을 남발하고, 공공연하게 함
앞으로 어떻게 좋아질 수 있는가에 초점을 맞춤	현재 무엇을 할 수 있는가에만 관심을 둠

연구과제

1. 형성평가를 실시하는 목적과 그 교육적 기능에 대해 기술해 보시오.
2. 형성평가도구를 제작할 때 유의해야 할 점에 대해 기술해 보시오.
3. 형성평가결과를 활용할 때 유의해야 할 점에 대해 기술해 보시오.
4. 형식적 형성평가와 비형식적 형성평가의 장단점을 기술해 보시오.

제5장

총괄평가

총괄평가는 형성평가와 대비되는 것으로 Scriven(1967)이 처음 개념화하였다. Scriven은 학생의 학업성취의 달성 정도를 최종적으로 확인하기 위한 총체적인 검사를 총괄평가라 명명하였는데, 이는 진단평가나 형성평가와는 근본적으로 다른 차이가 있다.

총괄평가의 주요 특징으로 목적, 시기, 문항, 채점, 검사문항 제작 방법과 활용에 관해 보다 구체적으로 살펴본다.

〈표 5-1〉 총괄평가의 개요

총괄평가 요소	주요 특징
명칭	총괄평가는 'summative evaluation'을 번역하여 사용하는 용어이다. 학자에 따라 총합평가나 총합검사라는 용어로 사용하기도 한다.
목적	총괄평가의 목적은 수업이나 한 교과의 학습을 한 학기나 한 학년 동안 최종적으로 마치고 난 후, 교수목표의 성취 여부를 총괄적으로 평가하는 것이다.
활용	총괄평가는 학생의 학습 결과로 나타나는 성적에 대한 점수 판정과 학습과제에서의 성공 여부 예측, 교수목표와 교육내용 재선정 및 교수방법 개선을 위한 피드백 제공, 학생 성과의 확인, 성취집단 간 비교, 그리고 자격 인정 및 의사결정의 기초자료로 활용된다.

1. 총괄평가의 특징

1) 총괄평가의 목적

총괄평가의 목적	주요 예
① 총괄평가는 일정한 기간 정해진 일정 정도의 교과학습을 모두 마치고 난 후, 교과목 전체나 중요 내용과 관련하여 학업성취가 최종적으로 얼마나 달성되었는가를 확인하려는 것이 주요 목적이다.	학교에서 실시하는 중간고사나 기말고사 등, 그리고 전문평가기관이나 연구소 등에서 학생의 최종적인 성취 정도의 확인이나, 자격부여, 개별학생 또는 집단 간 성취도 수준 비교(전국단위의 학업성취도 평가) 등을 위해 실시하는 것이 대표적인 예이다.
② 형성평가가 학생학습의 형성을 위한 교수–학습 환경의 개선과 지원에 목적이 있다면, 총괄평가는 학생성취 수준의 총합적 판단과 행정적 의사결정이 주목적이다.	초등학교 과학 교과의 경우 총괄평가의 주목적은 학생이 기초개념을 이해하고 있는가, 응용문제를 잘 푸는가, 실험과정과 결과를 얼마나 정확하게 알고 있는가 등의 전체 수준을 총합적으로 판단하려는 것이다. 그 결과, 학생 성적을 확인하고 그 결과를 행정적 의사결정에 반영하며, 학생 및 부모에게 공지하려는 것이다.

2) 총괄평가의 시기

총괄평가의 시기	주요 예
① 총괄평가는 학업이 종료되는 시점, 즉 학기 말이나 학년 말에 이루어지기 때문에 학습이 시작되기 전에 부과하는 진단평가나 학습의 진행 중에 수시로 부과하는 형성평가와는 평가의 시기 면에서 다른 특징을 지닌다.	독립된 일련의 학습과제를 전부 학습한 다음 의도한 교수목표를 몇 개의 논문형 문항으로 출제하여 월말고사 형태로 검사하고, 그 결과에 의해 평점을 부여하는 경우 총괄평가에 해당된다. 총괄평가가 포함하는 내용의 범위와 시간은 상대적인 개념이지 그것이 절대적 준거가 아니다(황정규, 2005). 참고로, 형성평가의 개념은 한 개의 학습과제 혹은 기초적인 학습단원을 학습했을 때 그것에 관한 달성과 미달성을 찾아내어 교정해 주려는 것
② 총괄평가는 전체 교과목이나 중요한 학습내용에 대한 학생의 학업성취도와 교수의 최종 효과가 어느 정도인지를 파악하고, 그 결과에 의해 성적을 매기고 평어를 기술하고, 의사결정을 하기 위한 평가이다.	

③ 총괄평가는 전체 교과목이나 일부 중요 부분과 관련하여 수업 완료 시점에서 최종 학업성과가 어느 정도 달성되었는지를 총체적으로 평가하는 것이다.	이다. 기초적 사실, 개념, 용어 등의 분량이나 검사 길이와는 무관하게 수업 중 교수 개선을 위한 피드백과 교정을 위한 것이면 형성평가이다.

3) 총괄평가의 일반화 및 전이 가능성

총괄평가의 일반화 및 전이 가능성	주요 예
① 총괄평가는 일반화 및 전이 가능성이 높은 포괄적인 목표를 준거로 한다. 즉, 수평적 전이나 수직적 전이가 높은 평가문항으로 구성한다.	고등정신기능에 속하는 인지능력, 상위 수준의 학습위계에 속하는 학습목표는 그것을 완전히 습득했을 때, 그 자체의 습득에 그치지 않고, 다른 상황, 다른 내용으로 응용될 수 있는 수평적 전이, 보다 높은 수준의 학습과제를 학습할 때 직접적으로 도움을 주는 수직적 전이효과를 갖는다.
② 형성평가의 문항이 구체적인 단위 학습과제의 학습능력에 초점이 있는 반면, 총괄평가는 보다 총체적인 성취능력과 일반화 및 전이 수준이 높은 목표를 평가하는 것이 특징이다.	총합평가에서 다루는 교수목표 그리고 그 목표를 평가하기 위한 문항의 성질은 이와 같은 전이 가능성 수준이 높은 것을 포함한다(황정규, 2005).

4) 총괄평가의 문항 선정과 제작

총괄평가의 문항 선정과 제작	주요 예
총괄평가의 출제범위 및 문항구성은 전체 교육목표를 모집단으로 하는 문항 중에서 이를 가장 잘 대표할 수 있는 문항표본으로 선정한다.	〈총괄평가의 문항 선정 및 도구 제작의 일반적 절차〉 • 교수목표의 이원분류 • 이원분류에 기초한 검사문항의 제작 • 합리적 방법에 의한 검사문항의 선택 • 검사문항의 체계적 배열과 편집 • 필요한 정보를 제공할 수 있는 객관적 채점방법의 고안 • 피검자를 위한 분명한 지시문의 제공 • 최종 결과의 검토

5) 총괄평가의 채점기준

총괄평가의 채점기준	주요 예
① 학생의 교수목표 성취 수준의 결정, 성적판정과 등급 부여, 자격 인정 및 분류, 그리고 피드백 제공 등	목적달성 여부의 채점기준은 목표지향평가에 의거해야 한다. 어떤 목표 혹은 어떤 목표군에서 어느 정도의 성취를 보였는지를 판단함으로써 목표성취의 가부, 성공과 실패, 혹은 점수나 등급에 의한 유목화 판단(성공, 준성공, 유보, 실패 등)이나 양적 연속적 판단(100점, 90점, 80점 등)을 해 주어야 한다. 이 경우 가능하면 목표의 유목에 따라 세분화된 판단을 하는 것이 이상적이며, 단일 점수나 등급으로 표시하지 않는 것이 바람직하다.
② 성취 결과를 다른 준거와 비교하여 의사결정을 위한 행정적 자료로 활용	한 학급의 학업성적을 다른 학급과 비교하거나, 학교와 학교 간, 국가와 국가 간, 전년도와 금년도의 비교 혹은 학업성적과 다른 여러 가지 변인과의 비교연구를 해야 할 필요가 있다. 이 같은 경우에는 목표지향평가(절대평가)도 필요하지만, 본질적으로는 규준지향평가(상대평가)에 의한 성적 표시방법이 더욱 효과적이다. 즉, 학교 간의 성적비교나 성적과 가정환경의 관계를 연구하는 경우에는 규준지향적인 양적 지표가 보다 이상적이다. 이 경우에도 학생과 학생 사이의 성적의 상대적 서열을 비교하려는 데 목적이 있는 것이 아니라 행정적 목적, 연구와 개발, 정책결정의 정보를 획득하는 데 있다(황정규, 2005).

2. 총괄평가의 문항개발

총괄평가의 문항개발 절차는 다음과 같다.

〈표 5-2〉 총괄평가의 문항개발 절차

단계	요소	단계별 주요 내용과 특징
1	교수목표의 분류	① 평가하고자 하는 학습단원, 학습과제, 교과의 교수목표 진술 ② 일반화 가능성과 전이 가능성을 고려한 포괄적 목표 진술 ③ 내용과 행동별로 양분된 이원분류표 작성
2	평가방법의 선정	〈총괄평가 방법을 무엇으로 할 것인가의 선택〉 ① 객관식평가 ② 서술형평가 ③ 논술형평가 ④ 면담평가 ⑤ 관찰평가 ⑥ 수행평가 ⑦ 기타
3	문항개발	① 문항 유형의 결정 – 총괄평가는 평가의 목적에 따라 유형이 결정 – 서열에 의한 판단을 목적으로 하면 규준지향평가를, 최소기준의 충족 여부를 확인하는 데 목적이 있으면 준거지향평가를 선택 ② 객관식평가의 경우 내용과 행동을 고려하여 타당한 평가문항을 개발 ③ 선택한 평가방법에 타당한 평가문항을 개발
4	문항표본 선택	① 평가목적의 확인 ② 평가목적에 부합하는 문항표본 선택
5	문항 편집	① 문항 배열 ② 채점방법 계획 ③ 지시문 작성
6	채점방법 구체화	① 점수 부과 목적의 경우 단일 점수 표기 ② 자격 부여 목적의 경우 하위기능별 채점 ③ 예측 목적의 경우 단일 점수 표기. 다만, 중다변인 예측의 경우 여러 가지 종류의 점수 별도 채점 ④ 교수방법 개선의 경우 채점 결과의 분류 ⑤ 피드백 제공의 경우 학생의 세부적인 영역과 능력 제시 ⑥ 채점의 객관성 및 공정성 유지
7	지시문 작성	① 지시문의 모호성 제거 ② 논술문의 경우 논술의 내용과 범위, 강조점 제시 및 채점기준 설정
8	최종 검토	① 최종 문항 점검 시 체크리스트 활용 ② 최종 검토 시 유의사항

9	검사 타당화	〈검사도구의 양호도 검증〉 ① 타당도 ② 신뢰도 ③ 객관도

3. 총괄평가의 활용

총괄평가는 학생 성적과 점수의 판정, 후속 학습과제의 성패 예측, 교수방법 개선, 학생에 대한 피드백 제공, 집단 간 성취 결과 비교, 자격 인정 등에 활용된다.

〈표 5-3〉 총괄평가의 활용 내용

총괄평가 활용 요소	내용
점수 판정	① 점수 판정 표기: 수치, 기호, 등급, 기술(description) ② 목표지향평가와 규준지향평가의 관점 확인 ③ 목표지향평가: 분할점수의 설정과 평점 제시 ④ 규준지향평가: 상대적 서열, 문항난이도, 문항변별도 고려 ⑤ 검사의 신뢰도 제고: 문항표본의 문항모집단 대표, 문항 수, 검사 길이
학습과제 성패 예측	① 후속학습 성패의 예측과 교수-학습 개선에의 정보활용: 교수방법, 학습방법, 교과내용과 난이도의 적절성 판단 ② 총점과 하위점수 병기 ③ 변별점수에 의한 다변인 예측
교수방법 개선 활용	① 학생 및 학급집단의 학생 수준 판단 ② 수준별 학생집단 편성 ③ 교수방법 개선
피드백 제공	① 학생의 학습 진전 및 향상에 관한 정보 제공 ② 총점제공 방식의 총괄평가 탈피 ③ 성취 결과 및 보충학습 정보 제공
집단 비교나 개인 성취 수준 및 여부 판정	① 규준지향적 관점에서 집단 간 성적 결과 비교: 국제적, 지역별, 학교별, 학급별 ② 학급 내 학생집단 간 비교 ③ 개인의 준거 도달 여부 확인을 통해 통과와 미통과 판정

자격 인정	① 학생의 기능, 능력, 지식이 자격에 부합하는지 여부의 판단 ② 대학졸업 자격 인정 ③ 전문기능직 자격 인정 ④ 기타 자격 인정

4. 총괄평가와 진단평가, 형성평가의 특징 비교

총괄평가의 특징을 진단평가 · 형성평가와의 비교를 통해 정리하면 다음과 같다.

〈표 5-4〉 총괄평가 · 진단평가 · 형성평가의 특징 비교

구분	진단평가	형성평가	총괄평가
시기	• 수업 시작 전	• 수업 중	• 수업 후
목적	• 맞춤형 교수전략 • 학생요구 분석	• 수업진행 피드백 • 수업 개선	• 교수목표 달성 • 교육 프로그램 선택
평가방법	• 수업 전 평가 • 면담, 지필, 관찰 등 다양한 평가방법 활용 가능	• 수업 중 수시평가 • 면담, 지필, 관찰 등 다양한 평가방법 활용 가능	• 수업 후 목적평가 • 면담, 지필, 관찰 등 다양한 평가방법 활용 가능
평가주체	• 교사	• 교사	• 교사, 평가전문가
평가기준	• 규준, 준거	• 규준, 준거	• 규준, 준거
평가문항	• 사전 역량 진단	• 형성 과정 평가	• 총괄성취 평가

연구과제

1. 총괄평가는 진단평가 및 형성평가와 어떻게 다른가?
2. 총괄평가의 기능과 목적은 무엇인가?
3. 총괄평가의 시기는 어떠한가?
4. 총괄평가 검사도구의 형태는 무엇인가?
5. 총괄평가 검사의 난이도는 어떠한가?
6. 총괄평가의 채점은 어떻게 이루어지는가?
7. 총괄평가 검사도구의 제작은 어떻게 이루어지는가?
8. 총괄평가는 어떻게 활용되는가?

제6장

정의적 특성의 평가

정의적 특성은 Bloom과 동료들이 교육목표분류학에서 인간의 인지적 영역, 심동적 영역과 함께 제시한 인간의 능력요인 중의 한 영역으로, 인간의 정서적이고 감성적인 속성과 관련된 행동 특성을 총칭한 분류체계의 한 범주이다.

1. 정의적 특성의 개념과 교수목표

1) 정의적 특성과 학교교육의 과제

(1) 정의적 특성의 개념과 특징

① 교육목표분류학

정의적 특성은 Bloom 등이 교육목표분류학(taxanomy)에서 인간의 인지적 영역(cognitive domain), 심동적 영역(psychomotor domain)과 함께 제시한 인간의 능력요인 중의 한 영역(affective domain)으로, 인간의 정서적이고 감성적인 속성과 관련된 행동 특성을 총칭한 분류체계의 한 범주이다.

② 정의적 영역의 분류체계

정의적 영역에는 감수, 반응, 가치화, 조직화, 인격화 등과 같이 내면화의 정도가 낮은 수준에서부터 높은 수준에 이르기까지 인간의 정서 및 감성에 해당하는 모든 정의적 행동 특성이 포함된다. Bloom 등은 정의적 영역을 감수, 반응, 가치화, 조직화, 인격화의 다섯 가지 하위영역으로 구분하고 각각에 해당하는 교육목표를 설정하고 있다.

③ 정의적 특성과 심리적 속성

정의적 특성은 인간의 정서와 심리적 경향성을 기초로 개인 속에 내면화된 심리적 특성을 총칭하는 의미이다. 여기에는 흥미, 태도, 가치관, 자아개념, 불안, 동기, 성격 등 다양한 심리적 속성이 포함된다. 인간의 정의적 특성은 명확한 교육목표를 설정하여 가르친 후 객관적으로 평가하기가 매우 어렵기 때문에 학교 실제에서는 비교적 소홀히 취급되고 있다.

(2) 정의적 특성 교육의 중요성과 한계

황정규(2005)는 정의적 특성을 바람직하게 형성하기 위한 교육이 소홀한 이유로 다음의 네 가지를 들고 있다. 이러한 이유로 정의적 특성은 중요하면서도 학교교육에서는 실제로 배제되고 있는 것이 현실이다.

- 정의적 특성의 개념이 모호하고 다양하며 복잡하다.
- 정의적 특성을 교육하기 위한 이론과 방법에 관해 잘 알지 못한다.
- 심층적이고 중요한 정의적 특성은 장기간에 걸쳐 형성되는 경향이 있다.
- 정의적 특성 교육은 교화(indoctrination) 가능성이 있다.

2) 정의적 교수목표의 분류체계: 『교육목표 분류학: 정의적 영역』(Krathwohl, Bloom, & Masia, 1964)

(1) 정의적 교수목표의 특징

① 내면화의 원리

정의적 특성을 체계적으로 분류하기 위한 기준으로 내면화(internalization)의 원리라는 개념을 도입하고 있다.

② 내면화의 의미

Krathwohl의 정의적 교수목표분류학에서는 내면화를 '처음에는 바라는 외현적 표현만을 불완전하게 그리고 잠정적으로 받아들이다가 뒤에 보다 완전한 수용에 이르는 과정'으로 설명한다. 예컨대, '자기 속에 통합한다'에서 '자기 자신의 것으로 받아들인다'로 심화된다고 본다.

③ 다차원적 개념

정의적 특성을 설명하는 내면화의 원리는 단일차원적 개념(uni-dimensional)이 아닌 다차원적 개념(multi-dimensional)이다.

④ 정의적 특성이론의 핵심 개념

정의적 특성이론에서는 '내면화'를 핵심 개념으로 한다.

⑤ 정의적 특성의 하위 수준

Krathwohl 등은 내면화의 원리에 기반을 둔 정의적 특성의 다섯 가지 하위 수준으로 분류한다.

1.0. 감수(receiving)
- 1.1. 감지(awareness)
- 1.2. 자진감수(willingness to receive)
- 1.3. 선택적 관심(controlled or selected attention)

2.0. 반응(responding)
- 2.1. 묵종적 반응(acquiescence in responding)
- 2.2. 자진반응(willingness to respond)
- 2.3. 반응에서의 만족(satisfaction in response)

3.0. 가치화(valuing)
- 3.1. 가치의 수락(acceptance of a value)
- 3.2. 가치의 선호(preference for a value)
- 3.3. 가치의 확신(commitment)

4.0. 조직화(organization)
4.1. 가치의 개념화(conceptualization of a value)
4.2. 가치체계의 조직(organization of a value system)

5.0. 인격화(characterization)
5.1. 일반화된 태세(generalized set)
5.2. 인격화(characterization)

(2) 정의적 교수목표의 진술과 행동동사

Meffessel, Michael 그리고 Kirsner 등은 정의적 교수목표에 대응하는 동사와 직접목적어를 예시한 것을 기초로 정의적 특성을 측정하기 위한 문항을 제작하였다.

3) 정의적 특성 분류체계에 대한 비판과 쟁점

Krathwohl 등의 정의적 특성 분류체계는 Bloom의 인지적 영역의 분류체계처럼 교수목표에 초점을 두고 학교학습의 목표와 결과로서의 정의적 특성을 분류하여 개념화하고 있기 때문에 교육적 활용에 대한 시사점은 매우 크지만, Krathwohl 등의 정의적 목표 분류체계는 다음과 같은 비판에 직면하고 쟁점이 되고 있다.

(1) 정의적 특성 개념 간 배타성의 원칙 위배

정의목표 분류가 세분화되어 있고, 또 그것이 내면화의 수준이라는 원칙에 따라 체계화되어 있기는 하지만, 분류체계상 그 개념이 상호 간에 배타성의 기준을 충족시키느냐의 문제가 제기되고 있다.

(2) 정의적 목표 분류체계의 적용상 난점

Krathwohl 등의 정의적 목표의 분류체계와 보편적으로 사용하는 정의적 특성의 개념 사이의 괴리를 어떻게 조화시키느냐의 문제이다. 정의적 특성으로서의 흥미, 태도, 가치, 감상, 자아개념, 도덕성, 가치관(가치체계) 등이 내면화의 정도에 따른 수준과 어떠한 대응관계를 보이는가가 모호하다.

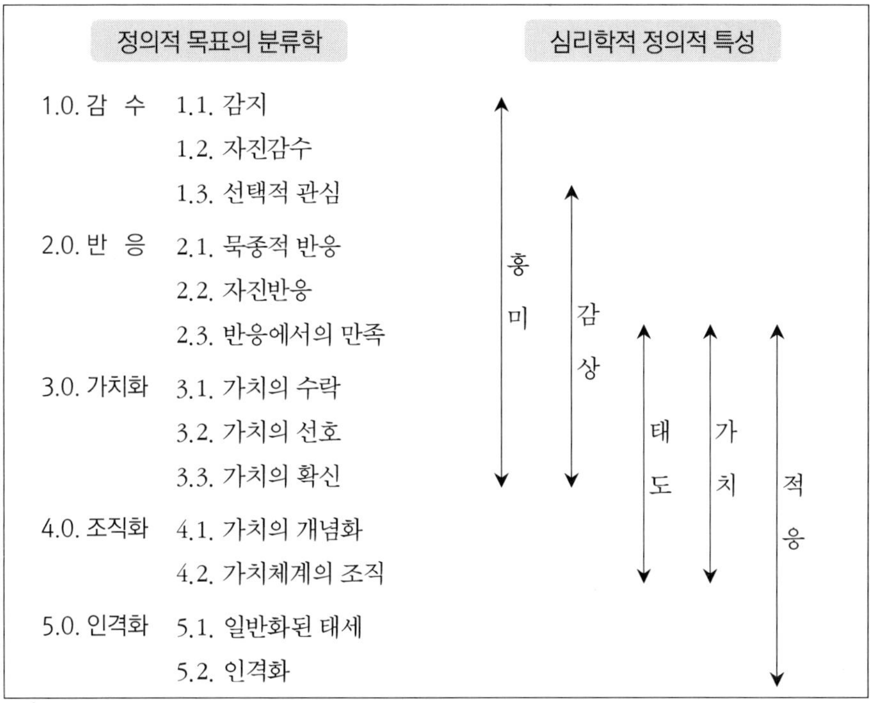

[그림 6-1] Krathwohl의 정의적 목표 분류체계와 정의적 특성과의 관계(황정규, 2002)

2. 정의적 특성 검사도구

정의적 특성을 측정 · 평가하는 방법에는 크게 질문지법, 관찰법, 평정법이 있다.

1) 질문지법

질문지(questionnaire)는 어떤 문제에 관해서 작성된 일련의 질문에 대해 피험자가 대답을 기술하도록 하는 방법이다.

(1) 질문지의 장점

질문지는 표준화된 검사로 다수의 검사대상에 대해 단시간에 실시할 수 있고, 그 결과를 비교적 신속하게 처리할 수 있으며, 세부적인 정의적 특성 측정의 예비검사로서의 장점이 있다.

(2) 질문지의 용도

질문지의 용도는 크게 사실 발견과 심리측정으로 구분할 수 있다. 첫째, 사실 발견(facts finding)에 관한 질문은 주로 학생(응답자)의 생활배경에 관한 사실을 묻는 것이다. 나이, 키, 몸무게, 부모의 직업, 가족 수, 수입, 거주지 등을 묻는 조사이다. 둘째, 의견, 판단, 태도, 감정과 같은 개인의 심리적 경향성을 묻는 질문으로 전문용어로는 심리측정이다.

(3) 질문지의 종류

질문지의 종류는 응답 형식에 따라 구조화된 질문지(폐쇄적 질문지)와 비구조화된 질문지(자유반응 질문지)가 있다. 구조화된 질문지는 미리 정해진 여러 개의 유목 혹은 선택지를 주어 선택하게 하는 방법이며, 후자는 학생이 주어진 문제에 대해 자유롭게 반응하도록 하는 방법이다. 예컨대, 5지 선다형 객관식 검사는 구조화된 질문지이며, 논술검사는 비구조화된 질문지이다.

구조화된 질문지로는 선택형, 체크리스트형, 유목분류형, 등위형, 평정척도형 등이 있고, 비구조화된 질문지로는 자유반응형이 있다.

(4) 구조적 질문지와 비구조적 질문지의 장단점

구조적 질문지는 미리 구체적이고 제한된 선택지를 주기 때문에 결과의 처리가 쉽다는 장점이 있어서 많이 사용되고 있다. 그러나 이 방법은 선택지가 가져야 할 완전성(completeness), 포괄성(comprehensiveness), 상호배타성(exclusiveness)이 보장되어야 하는 필수충족 요건이 있다. 주어진 선택지가 완전한 진술문항이 되지 못하거나 빠진 것이 있거나 서로 중복되는 것이 있으면 구조화의 가치는 감소한다. 또한 자칫 잘못 제작하면 어느 선택지가 '보다 마땅하다'는 암시를 줄 위험도 있고, 피험자의 창의적 반응을 얻을 수 없는 결점이 있다.

비구조적 혹은 자유반응형 질문지는 반응자가 제한 없이 자유롭게 그리고 창의적으로 반응할 수 있으며, 특히 외현적 행동 뒤에 숨은 잠재적 행동으로서의 동기, 흥미, 태도, 가치관, 의견, 판단 등에 관한 정보를 얻을 수 있는 장점이 있다. 따라서 이 형식은 문제를 질적으로 접근하고자 할 때나 또 구조적 질문지를 제작하기 위한 사전조사 혹은 탐색조사로서 큰 의의가 있다.

그러나 이 방법은 반응자에게 많은 시간과 지나친 정신적 노력을 요구하기 때문에 자칫 잘못하면 성의 없는 대답 및 무응답이 나올 위험이 많다. 또한 나온 결과를 질적으로 분석하는 데는 곤란하지 않지만 그것을 양적으로 정리하기에는 노력이 많이 들 뿐 아니라 기술된 내용을 해석하는 데 주관적 편견이 작용할 위험도 많다.

(5) 질문지의 타당성 판단 준거

질문지는 다음과 같은 준거에 기초하여 그 타당성을 판단해 볼 수 있다.

① 자유반응법

자유반응법(open or free response questionnaire)은 반응자의 응답능력과 표현능력을 신뢰할 수 있을 때 가능한 것으로, 어떤 문제에 대해 자유롭게 각자의 생각과 느낀 점 그리고 의견을 기술하도록 하는 형식이다.

〈문항 예 1〉 여러분이 가장 좋아하는 친구는 어떤 사람입니까?

〈문항 예 2〉 우리 학교에서 지금 방과 후 보충수업을 하려고 하는데 찬성하는 이유나 반대하는 이유를 세 가지씩 적어 보십시오.

(찬성하는 경우)

1. ______________________
2. ______________________
3. ______________________

(반대하는 경우)

1. ______________________
2. ______________________
3. ______________________

② 선택법

선택법(choice method)은 두 개 이상의 선택지 중에서 가장 적절한 선택지를 택하게 하는 방법이다. 선택지는 하나 또는 2지 선택 또는 다지 선택 문항으로 개발이 가능하다.

〈문항 예 1〉 인간의 삶에서 가장 중요하다고 생각하는 문제를 두 개만 고르십시오. (없을 경우 기타에 간단히 적어 주세요.)

_____ 돈 _____ 종교 _____ 우정
_____ 행복 _____ 사랑 _____ 희망
_____ 기타 (   )

〈문항 예 2〉 다음 중 가장 좋아하는 교과를 한 개만 골라 ∨로 표시하고 그 이유를 오른쪽 빈칸에 적어 주세요.

_____ 국어 _____ 수학 〔좋아하는 이유〕 ____________________
_____ 과학 _____ 사회 ____________________
_____ 미술 _____ 음악 ____________________
_____ 체육 _____ 영어 ____________________

③ 체크리스트법

체크리스트법(checking method)은 실험절차를 엄밀하게 거쳐 제작되는 질문지 형식으로 다음과 같은 절차를 따른다.

첫째, 어떤 문제에 대해 자유반응 형식으로 반응자의 반응내용을 사전 조사한 후 그것을 기초로 완전한 목록을 제작한다.

둘째, 이렇게 제작된 실험용 목록을 다시 적당한 실험집단에게 실시해서 각 항목이 모두 적당한 자극치가 있는지를 검증하고 없는 것은 제외한다.

셋째, 이렇게 결정된 일군의 같은 유목에 속하는 항목에 대해 긍정 또는 부정으로 응답하는 것이 체크리스트 방법이다. 해당 항목이 있으면 모두 표시해도 되고 하나도 없으면 표시하지 않아도 된다.

〈문항 예〉 학업에 대한 태도

• 평소에 공부하기 싫다.
• 공부만 생각하면 머리가 아프다.
• 시간만 나면 컴퓨터에 매달린다.

- 텔레비전만 보면 머리가 맑아진다.
- 부모님만 보면 공부하는 척해야 한다.
- 공부해야 하는 것을 생각하면 우울해진다.
- 언젠가는 공부를 하고 싶을 때가 있을 것이라고 생각한다.
- 공부를 왜 하는지 모르겠다.
- 공부가 재미있다면 틀림없이 열심히 할 것이다.
- 공부하는 것이 왜 중요한지를 잘 모르겠다.

체크리스트법은 대개 한 영역에 대해 적어도 20~30개의 항목을 제작해서 실시해야 의미가 있다. 결과는 체크한 것의 총체로서 수량화시켜 비교하면 된다.

④ 유목분류법

유목분류법(classification method)은 같은 종류의 여러 가지 문항을 일정한 표준이나 준거에 따라 몇 개의 유목으로 분류하는 방법이다. 분류된 결과에 따라 반응자의 잠재적 혐오, 찬반, 가치성향, 태도 등을 알 수 있는 특징이 있다.

〈문항 예〉 다음에 여러 가지 음식의 종류가 있다. 이 음식 중에서 청소년에게 적합하다고 생각하는 음식에는 〔청〕이라고 표기하고, 성인에게 적합하다고 생각하는 음식에는 〔성〕이라 표기하고, 청소년과 성인 모두에게 적합하다고 판단되는 음식에는 〔모〕라고 표시하시오.

짜장면 〔 〕	냉면 〔 〕	대구탕 〔 〕	햄버거 〔 〕
라면 〔 〕	카레라이스 〔 〕	떡볶이 〔 〕	한정식 〔 〕
스파게티 〔 〕	수제비 〔 〕	초밥 〔 〕	샌드위치 〔 〕

⑤ 등위법

등위법(ranking method)은 순위법 또는 서열법이라고도 한다. 같은 성질을 띤 일군의 항목을 중요성이나 기호, 가치에 따라 최상위에서 최하위까지 순위를 정하는 방법이다. 주의할 것은 순위를 매겨야 할 항목이 너무 많으면 신뢰성이 낮아진다는 점이다. 대개 7~8개가 적당하다.

〈문항 예〉 다음의 여러 나라 중에서 가장 여행을 하고 싶은 나라의 순서대로 1, 2, 3, …… 9의 순위를 적어 보시오.

____ 태국	____ 이탈리아	____ 스위스
____ 러시아	____ 프랑스	____ 중국
____ 독일	____ 스페인	____ 일본

⑥ 평정척도법

평정척도법(rating scale method)은 3, 5, 7, 9단계의 척도에 따라 주어진 항목을 평정하도록 하는 방법으로 대개 실험적 절차를 거친 척도나 표준화 검사에서 많이 사용된다.

〈문항 예〉 다음은 여러분의 평소 취미생활에 관한 것입니다. 이 취미생활을 보고 각자 자기 의견을 다음의 응답방법에 따라 응답하시오.

가장 선호하는 것이면 ································ [가]
그냥 선호하는 것이면 ································ [나]
좋아하지 않는 것이면 ································ [다]

인터넷	영화감상	게임
쇼핑	골프	야구
오페라	성악	낚시
여행	등산	독서

⑦ 조합비교법

조합비교법(method of paired comparison)은 쌍으로 이루어진 두 개 혹은 세 개의 항목을 서로 비교해서 어느 한쪽을 선택하는 방법이다.

〈문항 예〉 다음에 쌍으로 이루어진 활동 중에서 더 선호하는 쪽에 ∨표를 하십시오.

┌ 인터넷하기 ____ └ 등산하기 ____	┌ 게임하기 ____ └ 자전거 타기 ____
┌ 노래하기 ____ └ 연주하기 ____	┌ 커피 마시기 ____ └ 녹차 마시기 ____

2) 관찰법

(1) 관찰법의 특징

관찰(observation)은 인간이 직접 대상을 눈으로 보고 확인하는 것이며, 관찰자의 판단을 신뢰할 수 있음을 전제로 한 것이다. 관찰자의 사실 인식과 판단 능력이 매우 중요하므로 관찰자의 훈련과 기술을 필요로 한다. 관찰법은 사회적 상호작용 과정에 대한 방해 위험 가능성이 있는 경우, 행위자 자신이 직접적인 정보원으로서는 부적당한 경우에 사용한다.

(2) 관찰법의 종류

관찰의 방법은 관찰을 어느 정도 조직적으로 하느냐에 따라 크게 자연적 관찰법과 구조적 관찰법으로 나눈다.

자연적 관찰법은 학생의 행동이나 현상이 자연적으로 발생한 그대로의 모습을 조직적으로 관찰하려는 의도 없이 관찰하는 것이다.

구조적 관찰법에는 다음과 같은 관찰법이 포함된다.

- 전기적 관찰법: 한 개인의 정의적 특성을 장기간에 걸쳐 계속 관찰하는 종단적 방법
- 시간표집법: 관찰 장면을 제한하지 않고 시간단위를 표집해서 계속 관찰하는 방법
- 장면표집법: 어떤 행동 특성이 잘 나타나는 행동 장면을 표집해서 관찰하는 방법
- 실험관찰법: 관찰하려는 장면이나 조건을 인위적으로 조작한 상황에서 관찰하는 방법
- 참여관찰법: 질적 연구방법의 하나로 빈번히 이용되는 방법

(3) 관찰법의 오차

관찰법의 오차는 일차적으로 관찰자에게서 비롯된다. 관찰법은 관찰자의 전문적 능력과 경험에 의존하기 때문에 관찰자 자신의 노력이 중요하다. 특히 관찰을 계획성 있게 하는 것, 상황조건의 고려, 기록을 위한 철저한 준비, 객관적이고 즉시적인 관찰태도 등은 이러한 조건 중 대표적인 것이다.

(4) 관찰의 방법

① 자연관찰법

자연관찰법(naturalistic observation)은 어떤 행동이나 현상이 자연적으로 발생한 그대로를 조직적인 관찰 의도 없이 관찰하는 방법이다.

② 전기관찰법

전기관찰법(bibliographical observation)은 한 개인의 다양한 특성을 장기간에 걸쳐 지속적으로 관찰하는 것으로 흔히 종단적 연구방법(longitudinal study)이라고도 한다.

③ 행동요약법

행동요약법(behavior summaries)은 개인의 행동을 특정 분류체계에 따라 범주화한 후 그것을 준거로 집중 관찰하고 그 대표적 특성을 기록하는 방법이다.

④ 시간표집법

시간표집법(time sample technique)은 시간을 표집해서 관찰하는 방법이다. 특정한 행동이 일정한 시간 사이에 얼마나 빈번히 발생하는가를 양적으로 측정하는 방법으로, 흔히 빈도기록법이라고도 한다.

시간표집법의 한 유형으로 반복표본법(method of repeated samples)이 있는데, 이것은 한 아동을 5분 관찰하고 다음에는 다른 아동을 5분, 그다음에는 또 다른 아동을 5분 관찰하는 방법으로 피관찰자를 바꾸어 가면서 관찰하는 방법이다. 이렇게 하면 한 사람 혹은 몇 사람을 계속해서 관찰하는 것보다 일반적인 행동 경향을 발견하기에는 편리하다.

시간표집법은 모든 표집에서 오차문제가 발생하듯 그 표집방법이 모집단을 얼마나 대표하느냐에 따라 성패가 좌우된다. 따라서 치밀한 표집설계가 매우 중요하다.

⑤ 장면표집법

장면표집법(situation sampling technique)은 상황이나 장면을 표집하여 관찰하는 것으로, 흔히 사건표본법(event sampling method)이라고도 한다. 예컨대, 학생의 심리적 변화를 알아보기 위해서는 스트레스 장면을 관찰하면 되고, 대인관계를 알아보기 보기 위해서는 친구관계나 놀이 장면을 표집하여 관찰하면 된다.

장면표집법은 세 가지의 장점이 있다(황정규, 2005). 첫째, 사건이 자연적인 생활 장면이기 때문에 인위적이 아닌 본질적 타당성을 가지며, 둘째, 각 사건은 하나의 통합된 행동 집합체이기 때문에 조각조각으로 나누었을 때 잃어버리기 쉬운 행동의 전체성을 유지할 수 있으며, 셋째, 흔히 일어나지 않는 희귀한 행동도 관찰할 수 있다는 장점이 있다.

⑥ 참여관찰법

참여관찰법(participant observation)은 문화기술법(ethnography)에서 흔히 사용되는 방법으로 관찰자가 관찰하고자 하는 집단이나 상황 속에 직접 참여하여 피관찰자의 행동을 관찰하는 방법이다.

관찰자는 직접 관찰하면서 자료를 수집하기도 하지만, 필요한 경우 제보자(informant)의 정보 제공을 통해 자료를 수집하기도 한다. 이럴 경우 관찰과 더불어 면담법이 매우 중요한 보완적 방법이 될 수 있다. 참여자는 방문자나 청취자나 학습자 또는 리더 등 다양한 역할을 맡아 참여할 수 있다. 객관적으로 접근해서 가설 연역적으로 검증을 통해 밝히지 못하는 한계가 있는 경우, 귀납적인 사실 발견을 위한 참여관찰법이 특히 유용한 자료수집 방법이다.

⑦ 실험관찰법

실험관찰법(experimental observation)은 흔히 실증과학적인 연구방법으로 지칭되는 것으로, 관찰하려는 장면이나 조건을 인위적으로 통제하거나 조작해서 행동을 보다 정확하고 엄밀한 조건 아래에서 관찰하려는 방법이다. 인위적인 조건, 즉 독립변인을 통제할 수 있기 때문에 그에 의해 나타나는 종속변인으로서의 피험자의 행동을 분석하기 쉽고, 실험 전후의 결과를 비교할 수 있으며, 실험은 반복이 가능하기 때문에 다른 관찰자의 결과와 비교할 수 있는 이점이 있다.

실험적 관찰방법은 X, Y라는 두 개의 변인 사이에 존재하는 인과법칙의 발견이나 새로운 이론구성 그리고 가설검증을 하기 위한 경우에 과학적 방법으로 활용된다(황정규, 2005).

(5) 관찰기록법

관찰을 통해 얻은 자료를 유용하게 활용하기 위해서는 반드시 글로 기록하거나 영상으로 담아 두게 된다. 관찰기록을 하기 위한 방법으로 일화기록법(anecdotal record), 체크리스트(checklist), 멀티미디어 녹화법 등이 이용된다.

(6) 관찰 시의 유의사항

관찰은 관찰자의 고도의 훈련과 역량에 의존하기 때문에 그 성패는 관찰자에게 의존한다. 관찰 시 유의해야 할 점은 다음과 같다. 첫째, 계획성 있는 관찰을 해야 한다. 둘째, 객관적이고 순간적으로 관찰해야 한다. 셋째, 상황조건을 충분히 고려해야 한다. 어떤 사태, 어떤 환경에서 관찰된 행동이 일어났는지를 기록해 두는 일이 중요하다. 넷째, 행동의 변화 추이와 관련해서 관찰해야 한다. 다섯째, 행동표본이 전체를 대표할 만한 것이어야 한다. 여섯째, 적절한 기록의 방법과 정리하는 방법을 미리 계획해야 한다.

3) 평정법

(1) 평정법의 특징

평정법(rating scale)은 '한 개인의 어떤 특성에 관한 의견의 표본을 조직적 · 객관적으로 수집하는 방법'을 말한다. 즉, 평정법이란 '평정자 혹은 관찰자가 평정받는 객체를 유목(類目)이나 숫자의 연속체 위에 분류하는 측정도구'를 뜻한다.

(2) 평정법의 가정

첫째, 평정법은 관찰자 혹은 평정자가 양적 관찰의 훌륭한 '도구' 역할을 할 수 있고 '상당한 정확성'과 '상당한 객관성'을 갖고 측정할 수 있다는 가정에 기초를 두고 있다.

둘째, 특성의 양극성(polarity)에 대한 개념이 분명히 인식되어야 한다. 정직-부정직, 협조적-파괴적, 사교적-독립적, 지배적-복종적이라는 양극화의 개념이 연속된 개념이면서 변별될 수 있고 또 양극점이 서로 대칭적인 개념인지를 명확히 인식할 수 있는 능력이 있어야 한다. 평정법은 이 같은 인간 행동의 양극성, 단계성, 상대성을 고려해서 거기에 수량화나 유목화를 꾀하려는 방법이다.

셋째, 이와 같은 양극성을 갖는 행동 특성을 보다 하위개념인 좁은 특성으로 분석할 수 있는 능력이 필요하다. 예컨대, '인성'이니 '적응'이니 하는 넓은 개념은 무의미하며, '인성'을 '명랑-우울'이나 '개방적-폐쇄적' 등의 양극성이라는 좁은 개념으로 바꾸어 이것을 몇 단계로 유목화시킬 필요가 있다.

(3) 평정법의 종류

평정법의 종류에는 평정척도의 각 단계를 간단한 어구, 문장으로 나타내는 기술평정척, 각 단계를 숫자로 나타내는 숫자평정척, 미리 엄밀한 판단에 따라 결정된 표준적인 작품이나 인물에 비추어 평정하게 하는 표준척도법, 체크리스트법 등이 있다.

(4) 평정법의 한계

첫째, 집중화 경향의 오류(error of central tendency)가 있다. 이것은 정의적 특성을 평정할 때 평정 결과가 중간 부분에 지나치게 모이는 경향을 말한다. 훈련이 부족한 평정자가 잘 저지르는 오류이다. 착오의 원천은 주로 극단적인 판단을 꺼리는 인간심리와 피평정자를 잘 모르는 데서 온다. 이 같은 착오를 피하기 위해서는 중간 평정점의 간격을 넓게 잡는 것이 좋다.

둘째, 후광의 오류(error of halo effect)가 있다. '성적이 좋은 아동' '잘 아는 아동' '말썽꾸러기 아동' 등 자아관여가 되어 있는 아동의 다른 특성의 평정을 보다 좋게 혹은 나쁘게 평정하는 경향을 말한다.

셋째, 논리적 오류(logical error)가 있다. 전혀 다른 두 가지 행동 특성을 비슷한 것으로 판단해서 평정하는 현상이다. '사교성이 있으면 명랑성도 있다.'든가 '정직성이 낮으면 준법성도 신통하지 않다.'라는 논리적으로 모순된 판단이 평정 결과에 그대로 나타나는 경우이다. 이러한 오류는 객관적인 자료나 관찰을 통하거나 특성의 의미론적 변별을 정확히 함으로써 제거할 수 있다.

넷째, 표준의 오류(error of standard)가 있다. 이것은 평정자가 표준을 어디에 두느냐에 따라 생기는 오류이다. 7단계 평정에서 평정자 A는 3을 표준으로 삼을 수 있고 평정자 B는 5를 표준으로 삼을 수 있다. 이렇게 해서 얻는 결과는 상치되는데, 이것은 서로 표준을 달리 주었기 때문이다. 이와 같은 오류는 척도에 관한 개념을 분명히 정립하고 평정항목에 관한 오차를 줄임으로써 제거할 수 있다.

(5) 유목평정척

유목평정척(category rating scale)은 여러 개로 분류된 유목을 정하고, 평정하려는 대상의 행동이나 혹은 특성을 가장 잘 표현하고 있거나 가장 잘 맞는 유목에 표기하는 방법으로 기술평정척과 표준평정척이 포함된다.

① 기술평정척

기술평정척(descriptive rating scale)은 평정척도의 각 유목 혹은 단계를 간단한 단어, 구, 문장으로 기술하는 방법이다.

〈문항 예〉 학업동기의 유발

- 매우 열심히 공부하고 싶어 한다.
- 공부하고 싶어 하는 편이다.
- 그저 그렇다.
- 공부하고 싶어 하지 않는다.
- 공부 소리만 들어도 질색한다.

② 표준평정척

표준평정척(standard rating scale)은 사전에 엄밀한 판단과 통계적 절차에 따라 결정된 표준이 될 만한 작품이나 인물(작품, 그림, 공작품 등)을 결정해 놓고, 평정하려는 작품이 그 표준작품 혹은 인물의 어느 것에 보다 근사한가를 결정하는 방법이다. 작품일 경우에는 작품평정법(product rating scale)이라고 하며, 인물일 경우에는 대인비교법(man to man comparison method)이라고도 한다.

(6) 숫자평정척

숫자평정척(numerical rating scale)은 평정하려는 정의적 특성의 단계를 숫자로 표시하는 방법이다. 이 방법은 제작하기 쉽고 결과를 통계적으로 처리하기 쉽기 때문에 가장 보편적으로 사용되는 방법이다. 여기에는 몇 가지 방법이 포함된다.

① 숫자평정법

가장 많이 사용되는 방법이며, 평정의 단계를 1, 2, 3, ……의 숫자로 표시하는 방법이다. 이 가중치를 정하는 방법은 대개 임의로 하고 있으나 엄밀한 연구에서는 실험적 절차를 거쳐 결정하는 경우도 있다.

숫자의 평정을 0에서 출발하여 1, 2, 3으로 한 것을 단극척도(monopolar scale)라고 하며, −2, −1, 0, 1, 2와 같이 0을 중심으로 양극단으로 뻗어 나가게 하는 것을 양극척도(bipolar scale)라고 한다. 대개의 경우 순전히 숫자로서만 나타내는 경우도 있지만 기술어구가 함께 부가되어 있는 경우가 많다. 평정의 단계는 대개 3, 5, 7, 9 단계를 사용하나 가장 많이 사용되는 것이 5단계, 7단계이다. 몇 단계로 할지는 평정자의 식별능력과 사용목적에 따라 적절히 변화시킬 수 있다.

② 순위법

순위법(rank order method)은 평정하려는 행동 특성에 관해 평정집단의 개인을 최고에서 최저에 이르기까지 서열을 매기는 방법이다. 예컨대 20명을 친절함에 관해 평정하는 경우 1등 …… 20등까지 순위를 매기는 방법이다.

이때 주의할 것으로는, 첫째, 평정할 때는 최고와 최저를 먼저 결정하고, 다음에 최고 바로 아래와 최저 바로 위를 평정하는 식으로 양극단에서 차차 아래위로 평정해 가는 방법을 사용해야 한다. 둘째, 거의 비슷하거나 똑같은 아동이 두 사람 혹은 세 사람 있으면 그 순위를 합해서 사람 수로 나누어 주어야 한다. 예컨대 8번째에 와서 판단하기 어려운 학생이 두 사람 있다면 (8+9)÷2=8.5가 그 순위점수가 되는 것이다.

순위법의 변형으로 유사동간법(equal appearing intervals method)이 있다. 순위법은 평정하려는 대상집단의 수가 많으면 곤란하다. 이 점을 개선해 보고자 하는 것이 유사동간법이다. 이것은 모든 아동에게 일일이 순위를 매기지 않고 평정할 아동 전체를 대략 적당한 수의 소집단으로 분류하는 방법이다.

(7) 도형평정척

도형평정척(graphic rating scle)은 평정을 도형으로 나타내도록 하는 방법이다. 도형은 수평선, 수직선, 그림 등이 사용되나 보다 보편적인 것은 수평선이다. 또 선만 제시되어 있는 경우도 있으나 대개는 서술문이나 숫자가 함께 제시되는 것이 보통이다. 도형평정척도는 장점이 많고 단점이 적은 편이다. 그런 장점에는 단순하고, 실시하기 쉽고 재미있으며 더 이상의 동기를 필요로 하지 않는다는 것, 또 빨리 해치울 수 있다는 것이 있다.

(8) 체크리스트 평정척

체크리스트 평정척(checklist rating scale)은 사전에 어떤 행동 특성의 일람표를 만들어 그러한 각 행동 특성이 일어나는가 그렇지 않은가를 체크하는 방법이다. 체크된 특성은 점수를 주는데, 각 개인의 점수는 총점 혹은 평균으로 표시된다. 결과적으로 인성검사 문항과 비슷하나 인성검사는 피험자의 반응이 기초가 되는 반면 이것은 평정자의 판단에 의존한다는 것이 다르다.

〈문항 예〉 음식에 대한 체크리스트입니다. 해당되는 곳에 ∨표를 하십시오.

____ 맛있다	____ 시큼하다	____ 매콤하다
____ 짭짤하다	____ 얼얼하다	____ 쫄깃하다
____ 얼큰하다	____ 시원하다	____ 구수하다

(9) 강제선택평정척

강제선택평정척(forced choice rating scale)은 몇 개의 짝지어진 좋은 항목 세트 혹은 나쁜 항목 세트에서 어느 것이 피평가자의 행동 특성을 보다 잘 표현하고 있는가를 평정자가 강제적으로 선택해야 하는 방법이다.

강제선택평정척은 비교적 최근에, 그리고 다른 평정척의 결점을 보완하기 위해 발달된 것이다. 평정척의 가장 큰 결점은 '후광의 착오(halo effect)'가 크게 작용한다는 것이다. 평정자가 피평정자를 좋게 평정하려고 하거나 나쁘게 평정하려고 하는 태도에 따라 얼마든지 그러한 방향으로 할 수 있다.

이 방법은 다른 평정척도처럼 선험적으로 결정하는 척도가 아니라 상당한 실험적 절차를 거쳐 제작되는 경험적 척도이다. 이 방법의 아이디어는 P. Horst가 창안했으며 실제화시킨 것은 R. J. Wherry이다. 그리고 이 방법을 인성검사에 적용한 선구적 사례는 Kuder의 홍미검사(Kuder Preference Record)이다.

〈문항 예〉 교원의 자격요건으로 적합한 것은?

____ A. 훌륭한 웅변가이다.
____ B. 학부모와의 관계가 잘 이루어지고 있다.

____ A. 가치판단이 명확하다.
____ B. 가르치는 것은 정확하고 빈틈없다.

____ A. 학생에 대해 계속적인 평가를 한다.
____ B. 학생의 입장에서 배우려고 노력한다.

____ A. 윤리의식이 투철하다.
____ B. 아이를 사랑한다.

제작의 간략한 절차는 다음과 같다(황정규, 2005).

첫째, 평정하려는 평정 특성을 연속체로 보고 여러 가지 특성의 진술문을 수집한다.

둘째, 이렇게 수집된 각 진술문 혹은 문항이 우수한 집단과 열등한 집단을 변별하는 능력이 있는가를 실험적으로 결정한다. 이것을 변별도 지수(discrimination index)라고 하며 각 문항의 타당도 지수가 된다.

셋째, 실험적으로 각 문항의 '사회적 수용도(social acceptability)' '매력성(attractiveness)'이 어느 정도 있는가를 결정한다. 이것을 호의도 지수(preference index)라고 하는데, 평정자가 가치 있다고 보는 정도로 결정한다.

넷째, 문항을 짝지어 묶는 단계이다. 짝짓는 방법으로는 두 개(dyad)로 묶을 수도, 세 개(triad), 네 개(tetrad, quintad)로 묶을 수도 있다. 묶을 때는 서로 호의도 지수가 비슷하나 변별도 지수는 다른 것끼리 묶어서 안면 타당도를 높인다.

다섯째, (가능하면) 척도의 실험형을 외적 준거가 될 만한 표본집단에 실시해서 반응의 타당성을 점검하고, 그 반응 결과에 따라 필요하면 문항가중치를 결정한다.

이상이 간략한 일반적 절차인데, 문항을 묶는 방법은 다음의 여섯 가지 유형에서 선택하여 이용할 수 있다.

- 유형 A: 각 문항에 두 개의 진술문을 짝짓는 방법: 두 개의 진술문은 모두 좋은 것이거나 나쁜 것으로 묶는다. 평정자는 보다 근사한 것 한 개만을 선택한다.

- 유형 B: 각 문항에 세 개의 진술문을 짝짓는 방법: 세 개는 모두 좋은 것이나 나쁜 것으로 묶는다. 평정자는 가장 근사한 것 하나만을 선택한다.
- 유형 C: 각 문항에 네 개의 진술문을 짝짓는 방법: 모두 좋은 것으로만 묶는다. 평정자는 가장 근사한 것 두 개만 선택한다.
- 유형 D: 각 문항에 네 개의 진술문을 짝짓는 방법: 모두 좋은 것만으로 묶는다. 평정자는 가장 근사한 것, 가장 근사하지 않는 것 두 개를 선택한다.
- 유형 E: 각 문항에 네 개의 진술문을 짝짓는 방법: 두 개는 좋은 것, 두 개는 나쁜 것으로 묶는다. 평정자는 가장 근사한 것과 가장 근사하지 않은 것 하나씩을 선택한다.
- 유형 F: 각 문항에 다섯 개의 진술문을 짝짓는 방법: 두 개는 좋은 것, 두 개는 나쁜 것, 한 개는 중간적인 것으로 묶는다. 평정자는 가장 근사한 것, 가장 근사하지 않은 것 하나씩을 선택한다.

연구에 의하면 E, F가 가장 신뢰도가 높고, C, D가 가장 타당도가 높으며, C, B가 가장 평정의 오차가 적게 작용한다. 또 C, A가 가장 많이 이용되고 있으며, B, D가 가장 적게 이용되는 편이다. 이 같은 점에서 C형이 가장 좋은 방법이라고 권장할 수 있다.

강제선택법은 측정이론의 관점에서 보아 개선되어야 할 여지가 많은 방법이다. 다른 척도보다는 신뢰성과 타당성이 높고, 장시간의 시간 경과에도 안정성이 있는 방법이라는 것이 일치된 결론이다. 또한 한 가지 특성에 대해 10~20개 정도면 충분하며 그 이상 더 많은 문항을 첨가해도 별로 신뢰도나 타당도가 올라가지 않는다. 그러나 엄밀한 실험절차를 거쳐 제작해야 한다는 난점이 이 방법의 실용성을 줄이고 있다.

(10) 척도의 한계

황정규(2005)는 우리가 측정할 수 있는 양적 유목을 다음과 같이 구분하여 소개하고 척도의 종류에 따라 활용상의 차이가 있음을 제시하고 있다.

측정(measurement)	1. 비율척도(ratio scale) 2. 동간척도(interval scale)
척도(scale)	1. 명목척도(nominal scale) 2. 서열척도(ordinal scale)

평정법에 사용되는 수는 서열척도에 속한다. 즉, 완전한 측정치의 성질을 띠지 못한 수치들이다. 그러므로 사칙의 연산 조작을 그대로 적용할 수 없다는 한계점이 있다.

평정법의 각 단계는 비록 그것이 1, 2, 3, 4, ……와 같은 수치로 표시는 되어도 그것은 대소의 서열만을 나타내고 있을 뿐이다. 명목척도가 빈도, 최빈치에 관련된 것 이외의 연산을 못하듯이, 서열척도인 평정척도는 중앙치, 사분편차, 등위상관, 기타 특수한 방법에 의한 수학적 조작만을 해야 한다. 만약 이 한계를 넘어 연산을 할 필요가 있을 때는 다른 척도로 환척해야 가능하다.

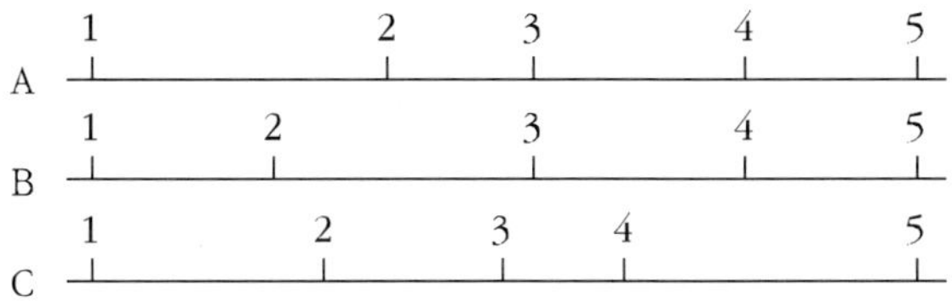

[그림 6-1] 세 평정자의 양적 위치

연구과제

1. 정의적 특성의 개념과 특징은 무엇인가?
2. 정의적 특성이 학교교육에서 중요한 이유는 무엇인가?
3. 정의적 특성의 종류에는 어떠한 것이 있는가?
4. 정의적 특성을 평가하기 위한 검사도구는 어떠한 것이 있는가?
5. 정의적 특성을 평가하기 의한 검사도구의 제작 원리는 무엇인가?
6. 정의적 특성의 평가도구는 어떠한 장단점을 지니고 있는가?
7. 정의적 특성의 평가 결과는 어떻게 활용될 수 있는가?

제3부

교육평가 도구의 제작 및 양호도 분석

제7장

검사이론

이 장에서는 현재 널리 사용되고 있는 고전검사이론과 문항반응이론에 대해 알아본다. 고전검사이론의 가정과 유도된 결론, 고전검사이론의 활용분야, 고전검사이론의 장단점에 대해 논의한다. 문항반응이론의 가정, 이분 문항반응모형, 다분 문항반응모형, 검사특성곡선, 정보함수 등에 대해 기술하고, 문항반응이론의 적용분야, 문항반응이론의 장단점에 대해 제시한다.

교육 및 심리 분야에서 언급되는 여러 종류의 심리적 구인(psychological construct)은 직접적으로 관찰될 수 없는 잠재변수(latent variable)이다. 잠재변수는 검사점수나 문항의 정오답 반응과 같은 관찰 가능한 행동에 영향을 미치게 된다. 잠재변수의 측정은 특정 잠재변수를 측정한다고 추정되는 문항들에 대한 응시생의 반응을 통해 이루어진다. 잠재변수는 일반적으로 직접 측정할 수 없기 때문에 간접적으로 측정한다. 예를 들어, 국어능력이라는 잠재변수는 국어능력을 재는 문항에 대한 응시생의 문항반응을 통해 측정하게 된다. 이렇게 해서 얻은 한 개인의 검사점수는 잠재변수(예: 국어능력)에서의 위치를 나타내는 지수의 역할을 하게 된다.

관찰된 검사점수는 잠재변수인 능력을 추론하는 데 활용된다. 검사이론은 관찰된 행동(예: 검사점수, 정/오답 반응, 찬성/반대 등)과 잠재변수(예: 국어능력)를 연결시키는 이론적 근거를 제시한다. 관찰된 행동과 이 행동에 영향을 미치는 여러 잠재변수 간 관계를 수리적으로 모형화한 이론으로 측정분야에서 널리 활용되는 고전검사이론과 문항반응이론에 대해 알아보기로 한다.

1. 고전검사이론

고전검사이론은 검사점수에 관한 이론으로 관찰점수, 진점수, 오차점수 간 관계를 수리적으로 나타낸다. 고전검사이론은 간단하면서도 매우 유용한 모형으로 측정의 오차가 관찰점수에 어떻게 영향을 주는지를 기술하고 있다. 고전검사이론에서는 몇 가지 주요 가정을 하고 있으며, 이러한 가정을 바탕으로 다양한 결과를 도출하고 있다.

1) 고전검사이론의 가정

고전검사이론은 첫째, 관찰점수는 진점수(true score)와 오차점수(error score)의 합이라고 가정한다. 즉,

$$X_{pf} = T_p + E_{pf}$$

여기에서 X_{pf}는 응시생 p가 검사 f에서 획득한 관찰점수, T_p는 응시생 p의 진점수, E_{pf}는 검사 f에서 응시생 p의 오차점수를 의미한다. 관찰점수는 개인이 시험을 치러 획득한 점수이다. 진점수는 한 개인이 동일한 검사 f를 무한히 치렀다고 가정했을 때 얻어진 점수들의 기대값으로, 상수이다. 오차점수는 진점수와 관찰점수 간 차이($E=X-T$)로 측정에 따른 오차이다. 각 개인의 동기변화, 부주의함, 시험장소의 환경 변화, 채점의 오류 등은 모두 오차요인이며, 오차는 검사점수에 무선적으로 영향을 주게 된다. 어떤 IQ 검사에서 규리의 진점수가 120이지만 실제 관찰점수는 115라고 해 보자. 이 경우, $X=115$, $T=120$, $E=-5$가 된다. 어떤 검사에서든 각 응시생의 진점수는 상수이며, 오차점수는 시험 시행 상황에 따라 변하므로 이에 따라 응시생의 관찰점수도 변하게 된다.

둘째, 검사 f는 평행검사(parallel forms) 중 하나라고 가정하고 있다. 평행검사는 동일한 검사계획표 아래 개발된 검사들로, 동일한 내용을 측정하며, 각 응시생의 진점수가 이들 검사에서 모두 동일하고, 측정오차의 크기도 동일하도록 만들어진 검사이다. 그래서 평행검사들을 전집에서 시행했을 때 평행검사들의 관찰점수 평균, 표준편차, 공분산이 같게 된다. 평행검사들은 또한 평행검사가 아닌 다른 검사(Z)와 공분산들도 동일해야 한다.

셋째, 반복 시행된 평행검사에서 개인의 측정오차 기대값은 0이다. 즉, 개인 p가 매번 다른 평행검사로 무수히 시험을 치렀을 경우 개인의 측정오차 기대값은 0이 된다. 이를 식

으로 표현하면 다음과 같다.

$$\mathbb{E}_f(E_{pf}) = 0$$

여기에서 $\mathbb{E}_f$는 기대값을 의미한다. 개인 p가 어떤 검사에서는 오차가 많고 다른 검사에서는 오차가 작을 수 있다. 그렇지만 무수히 많은 평행검사로 반복해서 치를 경우 개인 p가 각 검사에서 받은 오차들의 기대값은 0이 된다는 의미이다. 물론 반복해서 시험을 치를 때 앞선 시험 시행이 다음 시험 시행에 아무런 영향을 미치지 않는다는 가정이 필요하다.

넷째, 어떤 하나의 검사를 무한히 많은 전집의 응시생에게 시행했을 경우, 측정오차 $(E_{1f}, E_{2f}, \ldots)$의 기대값은 0이 될 것이라는 가정이다. 이를 식으로 표현하면 다음과 같다.

$$\mathbb{E}_p(E_{pf}) = 0$$

동일한 검사를 무수히 많은 전집에 시행하였을 경우, 응시생마다 오차가 다양할 것이지만 오차의 기대값은 0이 된다는 의미이다.

다섯째, 진점수와 오차점수 간 상관은 전집에서 0이라는 가정이다. 저득점자의 오차점수가 체계적으로 크거나 고득점자의 오차점수가 체계적으로 작은 것이 아니라는 것이다. 응시생의 진점수의 크기와 오차점수의 크기와는 무관하며, 식으로 표현하면 다음과 같다.

$$\rho_{ET} = 0$$

여섯째, 평행검사의 오차점수들은 전집에서 서로 상관이 0이라는 가정이다. 만약 평행검사 1에서 응시생 A의 오차점수가 크다고 하더라도 다른 평행검사 2에서 오차점수가 크지는 않을 것이다. 오차점수라는 것은 무선적이기 때문이다. 이를 식으로 표현하면 다음과 같다.

$$\rho_{E_1 E_2} = 0$$

여기에서 E_1은 평행검사 1에서 오차점수, E_2는 평행검사2에서 오차점수를 의미한다.

2) 고전검사이론: 유도된 결론

고전검사이론의 가정을 바탕으로 매우 유용한 결론들이 도출되었다. 이를 제시하면 다음과 같다.

① 개인의 진점수는 관찰점수의 기대값이다. 즉, $T_p = \mathbb{E}_f(X_{pf})$이다.

$$
\begin{aligned}
T_p &= \mathbb{E}_f(X_{pf}) \\
&= \mathbb{E}_f(T_p + E_{pf}) \\
&= \mathbb{E}_f(T_p) + \mathbb{E}_f(E_{pf}) \\
&= T_p + 0 \\
&= T_p
\end{aligned}
$$

동일한 검사 혹은 평행검사를 '동일한 개인'에게 무한히 반복했을 때 얻어진 점수들의 기대값이 개인의 진점수이다. 시험을 반복해서 치를 때 매번 상호 독립성이 가정되어야 한다. 여기에서 기억해야 할 사실은 진점수가 개인의 '진짜 내재된 점수'를 의미하는 것이 아니라 기대값으로 정의된다는 사실이다. 따라서 진점수는 어떤 방식으로 시험을 시행했는가 하는 시행절차에 따라 달라진다. 예를 들면, 길동이가 철이보다 공간지각 능력이 뛰어나더라도 검사가 너무 쉬울 경우 두 사람이 모두 최고점수를 얻을 수 있으며, 이 경우 원래 두 사람 간 존재한 능력 차이가 검사가 쉬워서 진점수에서 차이가 없게 나타날 수 있다.

② 전집에서 진점수의 평균과 관찰점수의 평균은 동일하다. 즉, $\mu_T = \mu_X$이다. 이에 대한 증명은 다음과 같다.

$$
\begin{aligned}
\mu_X &= \mathbb{E}(X) \\
&= \mathbb{E}(T + E) \\
&= \mathbb{E}(T) + \mathbb{E}(E) \\
&= \mu_T + 0 \\
&= \mu_T
\end{aligned}
$$

③ 진점수와 오차점수 간 상관(혹은 공분산)은 영이다. 즉, $\rho_{E_f T} = \sigma_{E_f T} = 0$ 이다. 이는 앞서 가정에서 언급하였는데 이에 대한 증명은 다음과 같다.

$$\rho_{E_f T} = \sigma_{E_f T} = \mathbb{E}[(E_{pf} - \mathbb{E}(E_p))(T_{pf} - \mu_T)] = 0$$

④ 평행검사의 오차점수 간 상관(혹은 공분산)은 영이다. 즉, $\rho_{E_f E_g} = \sigma_{E_f E_g} = 0$ 이다. 각 평행검사에서 오차점수는 무선변인이다. 따라서 두 평행검사에서의 오차점수 간 상관은 영이다.

⑤ 검사 X의 오차점수와 평행검사가 아닌 다른 검사의 관찰점수와 상관(혹은 공분산)은 영이다. 즉, $\rho_{E_X Z} = \sigma_{E_X Z} = 0$ 이다.

⑥ 평행검사가 아닌 두 검사의 오차점수 간 상관(혹은 공분산)은 영이다. 즉, $\rho_{E_X E_Z} = \sigma_{E_X E_Z} = 0$ 이다.

⑦ 관찰점수의 분산은 진점수 분산과 오차점수 분산의 합이다. 즉, $\sigma^2_{X_f} = \sigma^2_T + \sigma^2_{E_f}$ 이다.

$$\begin{aligned}
\sigma^2_{X_f} &= \mathbb{E}_p(X_{pf} - \mathbb{E}X_{pf})^2 \\
&= \mathbb{E}_p(T_p + E_{pf} - \mu_T)^2 \\
&= \mathbb{E}_p(T_p - \mu_T + E_{pf})^2 \\
&= \mathbb{E}_p(T_p - \mu_T)^2 + \mathbb{E}_p(E_{pf})^2 + 2\mathbb{E}_p(T_p - \mu_T)E_{pf} \\
&= \sigma^2_T + \sigma^2_E
\end{aligned}$$

⑧ 오차점수 분산, 진점수 분산, 관찰점수 분산은 각각 모든 평행검사에서 동일하다. 즉,

$$\sigma^2_{E_f} = \sigma^2_{E_g} = \sigma^2_{E_h} = \ldots = \sigma^2_E$$

$$\sigma^2_{T_f} = \sigma^2_{T_g} = \sigma^2_{T_h} = \ldots = \sigma^2_T$$

$$\sigma^2_{X_f} = \sigma^2_{X_g} = \sigma^2_{X_h} = \ldots = \sigma^2_X$$

⑨ 관찰점수와 진점수간 공분산은 진점수 분산과 같다. 즉, $\sigma_{XT} = \sigma_{(T+E)T} = \sigma_T^2$이다.

⑩ 관찰점수와 진점수 간 상관은 관찰점수의 표준편차와 진점수의 표준편차의 비율이다. 즉, $\rho_{XT} = \dfrac{\sigma_{XT}}{\sigma_X \sigma_T} = \dfrac{\sigma_T^2}{\sigma_X \sigma_T} = \dfrac{\sigma_T}{\sigma_X}$ 이다.

참고

관찰점수와 진점수 간 관계의 정도를 나타내는 상관계수 ρ_{XT}는 신뢰도 지수(reliability index)라고 한다. 반면, 평행검사 간 상관 $\rho_{X_f X_g}$은 신뢰도 계수(reliability coefficient)라고 한다. 보통 시험을 실시한 후 관찰점수만 알기 때문에 관찰점수가 얼마나 진점수와 관련이 있는가를 보여 주는가에 관심이 있다. 그런 측면에서 신뢰도 지수는 이에 대한 궁금증에 답할 공식이다. 하지만 각 개인의 진점수를 직접 관찰할 수 없기 때문에 진점수의 표준편차를 구할 수 없다. 따라서 신뢰도 지수는 실제로 유용성이 별로 없다.

⑪ 평행검사 간 공분산은 진점수 분산과 같다. 즉,

$$\sigma_{X_f X_g} = \sigma_{X_f X_h} = \dots = \sigma_T^2$$

$$\sigma_{(T+E_f)(T+E_g)} = \sigma_T^2 + \sigma_{TE_g} + \sigma_{E_f T} + \sigma_{E_f E_g} = \sigma_T^2$$

⑫ 평행검사 간 상관은 신뢰도이며 다음과 같이 표현한다.

$$\rho_{X_f X_g} = \frac{\sigma_T^2}{\sigma_X^2} = 1 - \frac{\sigma_E^2}{\sigma_X^2} = \rho_{XT}^2$$

두 평행검사 간 상관은 관찰점수 분산과 진점수 분산의 비율과 같으며, 1 빼기 관찰점수 분산과 오차점수 분산의 비율과도 같다. 또한 두 평행검사 간 상관은 관찰점수와 진점수 간 상관의 자승과도 같다. 이들 공식은 고전검사이론에서 신뢰도의 정의 공식이다.

⑬ 측정의 표준오차는 오차점수의 표준편차이다. 검사 f를 한 집단에 실시했을 때, 응

시생마다 오차점수를 가지게 되는데, 이들 오차점수의 표준편차가 측정오차(standard error of measurement: SEM)이다. 먼저 오차점수 분산은 다음과 같다.

$$\sigma_E^2 = \sigma_X^2 - \sigma_T^2 = \sigma_X^2 - \rho_{X_fX_g}\sigma_X^2 = \sigma_X^2(1-\rho_{X_fX_g})$$

오차점수 분산에 루트를 씌우면 바로 오차점수의 표준편차인 표준오차가 된다. 즉,

$$\sigma_E = \sigma_X\sqrt{(1-\rho_{X_fX_g})}$$

⑭ 평행검사가 아닌 검사 간에 공분산은 두 검사의 진점수 간 공분산과 동일하다. 즉,

$$\sigma_{XZ} = \sigma_{(T_f+E_f)(T_Z+E_Z)} = \sigma_{T_fT_Z}$$

3) 고전검사이론의 적용

고전검사이론은 검사를 개발 단계에서부터 최종 개인의 성적 산출까지 폭넓게 사용된다. 몇 가지 활용분야에 대해 제시하면, 첫째, 고전검사이론에 의한 문항난이도와 문항변별도 지수는 문항 분석 및 예비검사에서 본검사용 문항을 선정할 때 사용된다. 둘째, 크론바흐 α를 비롯한 수많은 신뢰도 계수를 도출하는 데 활용된다. 단일 검사의 신뢰도뿐만 아니라 차이점수에 대한 신뢰도, 여러 검사를 합산한 점수의 신뢰도, 예측점수의 신뢰도 등의 공식을 개발하는 데 고전검사이론은 이론적 토대가 된다. 셋째, 응시생의 진점수, 조건적 측정오차 등을 추정하는 데 활용된다. 넷째, 동일한 목적으로 개발된 검사의 난이도를 조정하는 이론 개발에 활용된다. 다섯째, 검사개발에 유용한 각종 공식의 유도 및 개발에 활용된다. 예를 들어, 검사의 길이를 변화시켰을 때 신뢰도 변화를 예측하는 스피어만-브라운 공식 유도, 측정오차에 따른 축소된 타당도 계수를 교정하는 공식 등 수많은 공식 유도 등이 그 예이다. 이 외에도 고전검사이론은 검사와 관련된 각종 측정학적인 문제를 해결하는 데 널리 활용된다.

4) 고전검사이론의 장단점

고전검사이론의 장점은, 첫째, 고전검사이론의 기본 전제인 관찰점수가 진점수와 오차점수로 구성되었다는 가정에 대한 직관적 호소력이 높다. 관찰점수에 오차점수가 포함될 수 있다는 것은 흔히 받아들일 수 있기 때문에, 관찰점수에 영향을 주는 오차가 아닌 다른 부분인 진점수를 상정하는 것은 직관적으로 받아들이기 쉽다. 이로 인해 이론에 대해 이해하기가 쉽다는 장점이 있다.

둘째, 고전검사이론의 가정은 강하지 않으며, 이론을 실제 자료에 활용하기 쉽다. 어떤 이론의 가정이 강하면 실제 관찰자료가 이론에 적합하지 않을 수 있으며, 이 경우 이론을 적용하는 데 어려움이 있을 수 있다. 고전검사이론에서는 진점수와 오차점수의 평균, 두 점수 간 상관에 대해 가정하고 있을 뿐 이들 점수의 빈도 분포가 어떠해야 하는지, 관찰점수에 영향을 미치는 잠재요인이 하나여야 한다는 등의 강한 가정을 하고 있지 않다. 따라서 실제 자료에 적용이 용이하다.

셋째, 문항통계치 산출을 위한 사례 수가 크지 않아도 된다. 일반적으로 200~500명 정도면 안정적인 문항통계치 산출이 가능하다.

넷째, 진점수 추정 등이 개념적으로 복잡하지 않다.

다섯째, 문항분석 등을 위해 고전검사이론이 자료에 적합한지에 대한 통계적 검증이 불필요하다.

고전검사이론의 단점은, 첫째, 고전검사이론에서 '한 개인이 동일한 검사 f를 무한히 치른다.'고 했을 때, 반복측정에 따른 다양한 오차요인을 모두 반영하지 못하는 문제가 있다. 반복측정이 어떤 방식으로 이루어지느냐에 따라 관찰점수에 미치는 오차의 종류는 달라진다. 예를 들어, 동일한 시간에 반복측정이 이루어질 수 있다고 상상해 보자. 이는 검사가 시행된 순간 발생할 수 있는 점수 변동만이 오차에 포함된다. 만약 시간과 조건, 물리적 환경, 심리적 환경 등이 다른 상황에서 반복측정이 이루어질 경우, 이러한 변화에 따른 점수 변동은 오차에 반영되지 않는다.

시행조건의 차이에 따른 점수 변동을 반영하기 위한 노력이 이루어졌으며, 이는 일반화가능도이론(generalizability theory)의 개발로 이어졌다. 일반화가능도이론은 검사점수에 영향을 주는 원인 파악 및 이들 원인에 의한 점수 변동의 크기를 추정할 수 있다.

둘째, 응시생의 검사점수(혹은 진점수)는 검사의 난이도에 따라 달라지며, 문항통계치(난이도, 변별도)와 검사통계치는 표집에 따라 달라지는 문제가 있다. 응시생의 점수는 검사의존적(test dependent)이어서 검사가 어려우면 응시생의 점수가 낮게 나오고, 검사가 쉬우면 점수가 높게 나온다. 또한 문항특성인 문항난이도, 변별도는 집단의존적(group dependent)이어서 동일한 검사를 능력이 우수한 집단에 시행하면 정답률이 매우 높아지며, 반대로 능력이 낮은 집단에 시행하면 정답률이 매우 낮아진다. 문항변별도는 또한 능력이 너무 동질적인 집단에 시행하면 변별도가 낮아지게 되며, 이질적인 집단에 시행하면 변별도가 높게 된다. 문항특성이 어느 집단에서 얻느냐에 따라 달라지면 검사를 개발하기가 어려워진다. 예를 들어, 예비검사에서 얻은 문항특성치와 본검사에서 얻는 문항특성치가 달라지면, 본검사에서의 검사난이도는 예비검사로 추정한 결과와 매우 다르게 되는 문제가 발생한다.

셋째, 고전검사이론에서는 각 문항과 응시생의 능력의 관계에 대한 언급이 없다. 고전검사이론에서는 검사총점과 진점수, 오차점수만 포함되어 있다. 특정 능력을 가진 응시생이 각 문항에 정답을 할 확률에 대한 정보가 없다. 특정 목적에 맞는 검사를 개발하고자 할 때, 예컨대 장학금 지급을 위한 선발시험을 위해서는 특정 난이도를 갖는 검사를 구성할 필요가 있다. 이 경우 검사의 특성이 아닌 문항의 특성을 아는 것이 검사구성에 매우 유용한데, 고전검사이론에서는 이에 대한 정보를 제공하지 못한다.

2. 문항반응이론

문항반응이론은 문항에 대한 응시생의 반응은 몇 개의 잠재변수로 설명될 수 있다고 가정한다. 문항에 대한 반응과 잠재변수 간 관계를 기술하는 모형은 매우 많은데, 실제로 널리 활용되는 문항반응모형은 잠재변수가 하나라고 가정하는 일차원 문항반응이론이다. 여기에서는 일차원 문항반응이론에 대해 설명하기로 한다.

1) 문항반응이론의 주요 개념과 가정

문항반응이론의 기본적인 전제는 두 가지이다. 첫째, 응시생의 각 문항에 대한 반응은 능력이라는 잠재변수 혹은 특성(latent trait)에 의해 예측할 수 있고, 둘째, 응시생의 각 문항에 대한 반응과 능력 간의 관계는 문항특성곡선(item character-istic curve)으로 나타낼 수 있다는 것이다.

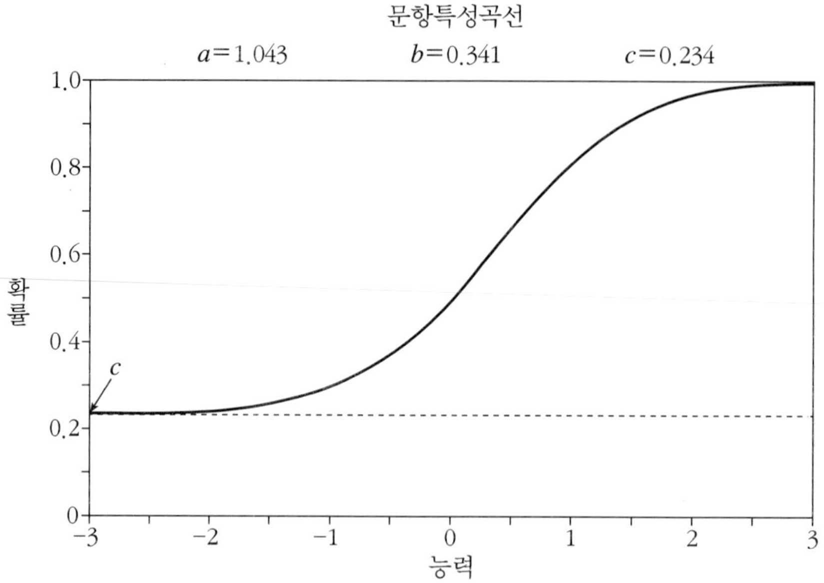

[그림 7-1] 문항특성곡선

문항반응이론에서 가장 핵심적 개념 중 하나가 바로 문항특성곡선이다. 문항특성곡선은 능력과 문항에 대한 정답반응확률 간의 관계를 비선형함수(nonlinear function)로 나타낸 것이다. [그림 7-1]은 문항특성곡선을 예시로 나타낸 것이다.

문항특성곡선에서 X축은 응시생의 능력, Y축은 각 문항에서의 정답 확률(0~1까지)을 나타낸다. 응시생의 능력이 올라갈수록 문항에 대한 정답 확률은 높아짐을 알 수 있다. Y축은 정답 확률이므로 능력이 올라가도 정답 확률은 1에 접근할 뿐 1이 되지는 못한다. 모든 문항은 이와 같은 고유한 형태의 문항특성곡선을 가지고 있다. 문항특성곡선은 수리적 모형인데, 이 곡선의 모양을 결정하는 몇 가지 모수(parameter)가 있으며, 문항반응모형에 따라 모수의 개수가 달라진다. 이에 대해서는 문항반응모형에서 다루기로 한다.

일차원 문항반응모형은 일차원성 가정과 지역독립성 가정을 하고 있다. 이들 가정은 문항반응모형을 수리적으로 유도하는 데 반드시 필요한 가정들이다.

(1) 일차원성 가정

일차원성(unidimensionality) 가정이란 여러 문항으로 구성된 검사가 하나의 특성을 측정하여야 한다는 가정을 말한다. 일차원 문항반응모형은 하나의 차원이 응시생의 문항반응에 주요하게 영향을 미친다고 가정하는 모형이다.

그런데 응시생의 문항반응에 영향을 미치는 잠재특성은 여러 가지가 있을 수 있다. 예를 들어, 과학시험을 개발하는 개발자는 응시생의 '과학능력'을 측정하기 위한 문항을 만들어서 시험점수를 '과학능력'으로 해석하고 싶어 한다. 그런데 과학시험에서 과학능력 이외에 수학능력, 국어능력, 성격, 검사불안, 동기 등이 문항반응에 영향을 미칠 수 있다. 만약 이들 요인이 응시생의 정답반응에 영향을 많이 준다면 일차원성 가정은 충족되기 어렵다.

그렇지만 정답반응에 영향을 주는 주요한 요인(dominant factor)이 하나 있다면 일차원성 가정이 충족되었다고 본다. 검사가 일차원성 가정을 충족하는지를 알아보는 방법으로 차원성 검증(Stout, 1987)이나 요인분석과 같은 통계적 검증 방법이 있다. 그래서 하나의 요인이 전체 검사점수 분산의 대부분을 설명한다면 일차원성이 지켜졌다고 볼 수 있다.

(2) 지역독립성 가정

지역독립성(local independence) 가정이란 어떤 능력을 가진 응시생들(혹은 동일한 능력을 가진 응시생)의 문항에 대한 반응은 그 응시생의 능력요인을 배제한다면, 검사 내 한 문항에 대한 정답반응 여부와 다른 문항의 정답반응 여부는 전혀 관계가 없다는 것을 의미한다. 통계적 의미로 말하면, 능력요인을 통제할 경우 검사 내 문항에 대한 정답반응들이 서로 독립적임을 의미한다. 예를 들어, 특정 능력을 가진 개인이 문항 1에 정답할 확률이 .8이고, 문항 2에 정답할 확률이 .3이라고 해 보자. 지역독립성 가정이 지켜질 경우 문항 1과 문항 2에 동시에 정답을 할 확률은 .24(=.8×.3)가 된다. 만약 지역독립성 가정이 지켜지지 않을 경우, 문항 1과 문항 2에 동시에 정답을 할 확률은 두 문항에 정답을 할 확률의 단순한 곱으로 표현할 수 없게 된다.

문항이 3개 있고 지역독립성 가정이 지켜진다고 했을 때, 능력이 .5인 사람이 각 문항에 정답을 할 확률이 각각 $P_1(.5) = .8$, $P_2(.5) = .5$, $P_3(.5) = .4$라고 해 보자. 세 문항에서 가능한 문항반응 패턴은 모두 $2^3 = 8$가지이다. 이 응시생의 각 문항반응 패턴에 대한 확률은 〈표 7-1〉과 같다.

〈표 7-1〉 지역독립성 가정이 지켜졌을 때 문항반응별 확률

문항반응	문항반응별 확률
000	$Q_1Q_2Q_3 = .2 \times .5 \times .6 = .06$
100	$P_1Q_2Q_3 = .8 \times .5 \times .6 = .24$
010	$Q_1P_2Q_3 = .2 \times .5 \times .6 = .06$
001	$Q_1Q_2P_3 = .2 \times .5 \times .4 = .04$
110	$P_1P_2Q_3 = .8 \times .5 \times .6 = .24$
101	$P_1Q_2P_3 = .8 \times .5 \times .4 = .16$
011	$Q_1P_2P_3 = .2 \times .5 \times .4 = .04$
111	$P_1P_2P_3 = .8 \times .5 \times .4 = .16$

이 표에 따르면, 능력이 .5인 사람이 세 개 문항에서 010과 같은 문항반응 패턴을 보일 확률은 .06이며, 110과 같은 문항반응 패턴을 보일 확률은 .24이다. 만약에 지역독립성 가정이 지켜지지 않을 경우 각 문항 패턴에 대한 확률은 위처럼 구할 수 없게 된다.

특정 문항이 다른 문항에 정답을 하는 데 단서를 제공하거나, 국어시험에서 한 지문에서 여러 문항이 출제되는 경우에는 응시생의 능력요인을 배제하고도 문항 간 상관이 있을 수 있으며, 이 경우 지역독립성 가정이 위배된다 하겠다. 그럴 경우, 한 응시생이 여러 문항에서의 문항반응 패턴(예: 0 1 1) 확률은 각 문항에서의 문항반응확률의 곱, 즉 $\prod_{i=1}^{n} P_i(\theta)^{u_i} Q(\theta)^{1-u_i}$으로 표현할 수 없게 된다. 여기에서 문항 i에 정답하면 $u_i = 1$, 오답하면 $u_i = 0$이다.

일차원성의 가정이 충족되면 지역독립성 가정도 충족된다. 왜냐하면 일차원성 가정이 충족되면 특정 능력을 가진 응시생들의 문항쌍 간 상관이 없어지기 때문이다. 만약 어떤 검사가 다차원적이고 다차원이 모두 모형에 포함될 경우, 응시생의 각 문항에서의 정답반응은 독립적이어서 지역독립성 가정이 충족된다. 반대로 지역독립성 가정이 지켜졌다고 해서 일차원성 가정이 충족되는 것은 아니다. 지역독립성 가정이 지켜졌다는 것은 정답반응에 영향을 주는 주요 요인이 모두 문항반응모형에 포함되었다는 것을 의미한다. 즉, 지역독립성 가정이 지켜지면 일차원 혹은 그 이상의 차원이 확인되었음을 의미한다.

2) 일차원 문항반응모형(unidimensional IRT models)

(1) 2모수 로지스틱 문항반응모형

Lord(1952)는 2모수 모형을 처음 개발하였는데, 문항특성곡선을 나타내기 위해 정규 오자이브 모형을 이용하였다. 정규 오자이브 모형에 의한 문항특성곡선은 수리적 계산이 복잡하다. 문항특성곡선을 보다 쉽게 추정하는 방식으로 Birnbaum(1968)은 로지스틱함수(logistic function)를 이용하는 방법을 개발하였다. 로지스틱 모형은 수리적 계산이 보다 간명하다는 장점이 있어서 현재는 로지스틱 모형을 많이 쓰고 있다. 2모수라 불리는 이유는 문항특성곡선의 형태를 결정하는 문항모수가 문항난이도와 문항변별도 두 가지이기 때문이다.

Birnbaum이 제안한 2모수 로지스틱 문항반응모형의 수리적 공식은 다음과 같다.

$$P_i(\theta_j) = \frac{e^{Da_i(\theta_j - b_i)}}{1 + e^{Da_i(\theta_j - b_i)}} = \frac{1}{1 + e^{-Da_i(\theta_j - b_i)}}$$

이 공식에서 θ_j는 응시생 j의 능력이고 a_i는 문항 i의 변별도, b_i는 난이도를 나타낸다. $D = 1.7$로 로지스틱 함수를 정규 오자이브 함수와 가능한 한 비슷하게 해 주는 상수값이다.

2모수 로지스틱 문항반응모형에서 문항난이도는 정답 확률이 .5인 능력척도상에서의 위치를 나타낸다. b_i의 값이 클수록 문항 i에 정답을 할 확률이 50%가 되기 위한 응시생의 능력도 높아야 한다. 집단의 능력분포 평균이 0, 표준편차가 1이 되도록 하였을 때, b_i의 값은 일반적으로 $-3 \sim +3$의 값을 갖게 된다. b_i 값이 작을수록 쉬운 문항이고, 값이 클수록 어려운 문항을 의미한다.

문항변별도는 문항난이도를 나타내는 지점에서 문항특성곡선의 기울기와 비례한다. 기울기가 가파른 문항일수록 해당 능력지점에서 응시생을 변별하는 데 더 유용하다. 문항변별도는 이론적으로 $-\infty$에서 $+\infty$까지이나, 일반적인 범위는 $0 \sim 2$까지이다. 2모수 로지스틱 문항반응모형에서는 각 문항마다 고유의 난이도와 변별도를 갖는다. 그렇지만 문항의 추측도는 0으로 가정한다. 문항난이도와 문항변별도에 대한 언어적 표현은 〈표 7-2〉와 같다.

〈표 7-2〉 문항난이도와 문항변별도에 대한 언어적 표현

문항난이도	언어적 표현	문항변별도(로지스틱)	언어적 표현
−2.0 이하	매우 쉽다	.0 이하	없다
−2.0∼−.5 미만	쉽다	.1∼.34	거의 없다
−.5∼+.5 미만	중간이다	.35∼.64	낮다
+.5∼+2.0	어렵다	.65∼1.34	적절하다
+2.0 이상	매우 어렵다	1.35∼1.69	높다
		1.7 이상	매우 높다

만약 어떤 문항 i의 문항변별도와 문항난이도 모수가 각각 $a = 1.043$, $b = .341$이라고 해 보자. 응시생 j의 능력이 $\theta_j = 1$이라고 했을 때, 이 응시생이 이 문항에 정답을 할 확률은 .763과 같다. 즉,

$$P_i(\theta_j) = \frac{1}{1+e^{-Da_i(\theta_j - b_i)}} = \frac{1}{1+e^{-1.7(1.043)(1-0.341)}} = .763$$

이와 같은 확률값은 다른 응시생의 능력값에서도 동일한 방식으로 계산할 수 있다.

(2) 3모수 로지스틱 문항반응모형

3모수 로지스틱 문항반응모형은 2모수 로지스틱 문항반응모형에 문항추측도가 추가된 것이다. 즉, 3모수 로지스틱 문항반응모형의 문항특성곡선은 문항난이도, 문항변별도, 문항추측도에 의해 결정된다. 3모수 로지스틱 문항반응모형의 수리적 공식은 다음과 같다.

$$P_i(\theta_j) = c_i + (1 - c_i)\frac{1}{1+e^{-1.7a_i(\theta_j - b_i)}}$$

3모수 로지스틱 문항반응모형에서 a_i는 문항 i의 변별도, b_i는 난이도, c_i는 추측도를 나타낸다. 문항추측도는 능력이 낮은 응시생일지라도 추측에 의해 문항에 정답할 확률을 의미한다. 문항추측도의 범위는 0∼1까지이지만 응시생이 문항에 무선으로 응답했을 때의 확률보다 낮을 것으로 기대된다. 문항추측도를 모형에 포함시킴으로 인해 문항난이도에 대한

정의가 약간 달라진다. 3모수 로지스틱 문항반응모형의 문항난이도는 $P(\theta_j) = \frac{1+c_i}{2}$ 에 대응하는 능력 수준을 말한다.

만약 어떤 문항 i의 모수가 각각 $a = 1.043$, $b = .341$, $c = .15$이라고 해 보자. 응시생 j의 능력이 $\theta_j = 1$이라고 했을 때, 이 응시생이 이 문항에 정답을 할 확률은 .798과 같다. 즉,

$$P_i(\theta_j) = c_i + (1-c_i)\frac{1}{1+e^{-1.7a_i(\theta_j - b_i)}} = .15 + \frac{(1-.15)}{1+e^{-1.7(1.043)(1-0.341)}} = .798$$

(3) 1모수 로지스틱 문항반응모형

1모수 로지스틱 문항반응모형은 2모수 로지스틱 문항반응모형의 특별한 경우로 간주될 수 있다. 1모수 로지스틱 문항반응모형에서는 모든 문항의 변별도가 동일하다고 가정하며, 문항추측도는 0이라고 가정한다. 1모수 로지스틱 문항반응모형의 문항특성곡선의 형태는 문항난이도에 의해서만 결정된다.

1모수 로지스틱 문항반응모형의 수리적 공식은 다음과 같다.

$$P_i(\theta_j) = \frac{e^{Da(\theta_j - b_i)}}{1+e^{Da(\theta_j - b_i)}} = \frac{1}{1+e^{-Da(\theta_j - b_i)}}$$

이 공식에서 유의할 점은 a_i 대신 첨자 i가 빠진 a를 사용한다는 점이다. 이는 곧 모든 문항의 변별도가 같다는 것을 의미한다.

이 공식에서 $\theta_j^* = Da\theta_j$, $b_j^* = Dab_i$로 치환하면, 다음과 같이 나타낼 수가 있다.

$$P_i(\theta_j) = \frac{e^{(\theta_j^* - b_i^*)}}{1+e^{(\theta_j^* - b_i^*)}} = \frac{1}{1+e^{-(\theta_j^* - b_i^*)}}$$

1모수 로지스틱 문항반응모형을 위처럼 표현하면 Rasch가 개발한 모형과 동등하게 된다. 따라서 1모수 로지스틱 문항반응모형을 흔히 Rasch 모형이라고도 한다.

(4) 다분 문항반응모형

앞서 논의한 문항반응모형은 문항반응이 정답/오답과 같이 이분(dichotomously)적으로 채점되었을 때 적절한 모형이다. 논술이나 수행평가에서 0, 1, 2, 3처럼 각 문항에 부분점수를 부여하는 경우가 많다. 이 경우에는 다분 문항반응모형(polytomous IRT)이 적절하다. 다분 문항반응모형은 각 문항에 대한 반응이 여러 유목으로 구성되었을 때 각 유목에 대한 특성곡선을 추정하는 모형으로, 이분 문항반응모형을 확장한 것이다. [그림 7-2]는 Muraki(1992)의 일반화 부분점수모형(generalized partial credit model)을 이용한 것으로, 이 문항에 대한 점수 유목을 1, 2, 3, 4라고 했을 때 유목반응 함수(즉, 유목별 특성곡선)를 나타낸 것이다.

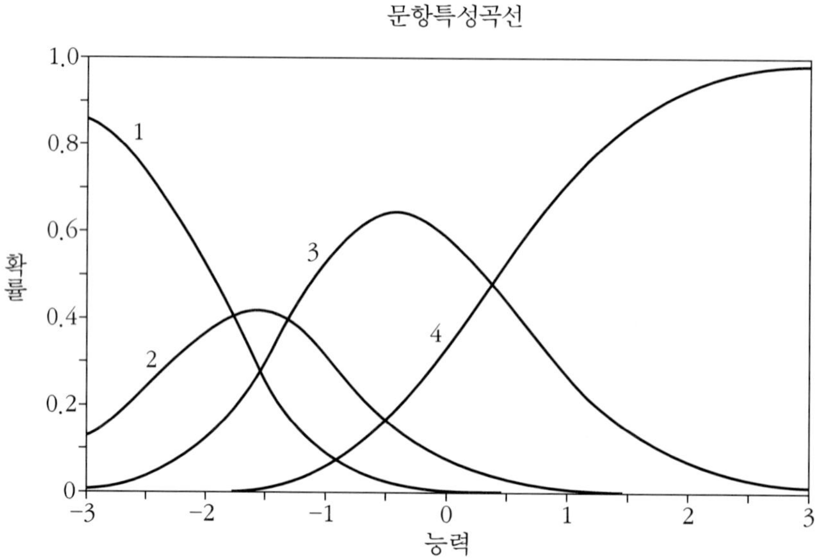

[그림 7-2] Muraki의 일반화 부분점수모형

이 모형에 따르면 유목 1을 획득할 확률은 능력이 낮을수록 높아지고 능력이 높을수록 낮아진다. 반면, 유목 4를 획득할 확률은 능력이 낮을수록 낮아지고 능력이 높을수록 높아진다. 각 능력지점에서 각 점수 유목을 획득할 확률이 제시되어 있으며, 능력지점에 따라 가장 획득 확률이 높은 점수 유목이 있음을 알 수 있다. 예를 들어, 능력이 −.5 지점인 사람은 점수 유목 3을 획득할 확률이 가장 높다.

다분 문항반응모형의 종류는 매우 다양하다. 다분 문항반응모형은 수행형 문항이 포함된 검사의 문항모수를 추정할 때 많이 사용되고 있다. 보다 상세한 내용은 전문서적을 참고하기 바란다.

(5) 문항모수와 능력모수의 추정

응시생이 시험을 치러서 얻어진 문항반응을 채점한 자료는 문항모수(문항난이도, 문항변별도, 문항추측도)와 개인의 능력모수를 추정하는 데 사용된다. 문항모수와 능력모수의 추정은 매우 복잡하므로 전문 소프트웨어(BILOG-MG, PARSCALE, IRTPRO 등)를 이용한다.

전문 소프트웨어를 사용하여 문항모수를 추정할 때 어떤 문항반응모형을 선택할지의 문제가 있다. 동일한 자료에 다른 모형을 적용했을 때 문항모수가 달라짐은 당연하다. 문항반응모형을 선택할 때 관찰자료를 가장 잘 나타내는 모형을 선택해야 한다.

3) 검사특성곡선과 정보함수

(1) 검사특성곡선

검사특성곡선(test characteristic curve)은 특정 능력을 가진 사람이 검사에서 획득할 점수의 기대값을 함수로 표현한 것이다. 이분 문항반응이론의 검사특성곡선 $\tau(\theta)$은 다음과 같다.

$$\tau(\theta) = \sum_{i=1}^{n} P_i(\theta) \quad i = 1, 2, \cdots, n$$

이 공식에서 알 수 있듯이, 검사특성곡선은 각 능력지점에서 문항특성곡선을 합한 것을 함수로 표현한 것이다. 이는 곧 각 개인의 진점수로 활용될 수 있다.

만약 30문항으로 구성된 검사가 있고, 각 문항의 문항특성곡선을 안다고 해 보자. 검사특성곡선을 이용하여 각 능력지점에서 응시생이 몇 점을 획득할 것인지를 예측할 수 있다. 이 값은 문항반응이론에서 특정 능력을 갖는 개인의 진점수가 된다.

만약 응시생의 능력분포를 안다면, 이 검사의 전체 진점수 평균은 어느 정도가 될 것인지 미리 예측할 수 있다. 그래서 검사가 너무 어렵거나 쉬울 것으로 예측된다면, 일부 문항을 첨가 혹은 삭제해서 적정 난이도를 가진 검사를 구성할 수 있다.

(2) 문항정보함수와 검사정보함수

문항마다 응시생의 능력을 추정하는 데 가장 적합한 능력지점이 다르다. 어떤 문항은 우수한 학생들의 능력을 추정하는 데 매우 도움이 되며, 어떤 문항은 능력이 낮은 학생들의 능력을 추정하는 데 도움이 된다. 예를 들어, 상위능력 학생들을 변별하기에 적합한 문항의 경우, 상위능력 학생들의 능력추정에 도움이 된다. 그렇지만 이 문항은 중하위권 학생들의 능력을 추정하는 데에는 별로 도움이 되지 않는다. 아주 쉽고 변별력이 떨어진 문항은 어떤 능력지점에서든 응시생의 능력을 정확히 추정하는 데 별 도움이 되지 않는다.

문항정보함수 $I_i(\theta)$는 응시생의 능력을 추정하는 데 각 문항이 어느 정도 기여하는가를 능력 수준에 따른 함수로 나타낸다. 이분 문항반응모형의 문항정보함수는 다음과 같다.

$$I_i(\theta) = \frac{\left[P_i'(\theta)\right]^2}{P_i(\theta)Q_i(\theta)} \qquad i = 1, 2, \cdots, n$$

여기에서 $I_i(\theta)$는 문항 i의 정보함수, $P_i'(\theta)$은 $P_i(\theta)$의 1차 미분함수이다. [그림 7-3]은 어떤 문항의 문항정보함수를 예시로 나타낸 것이다. 이 문항의 경우, 능력지점이 약 -1.15인 지점에서 가장 많은 정보를 제공한다.

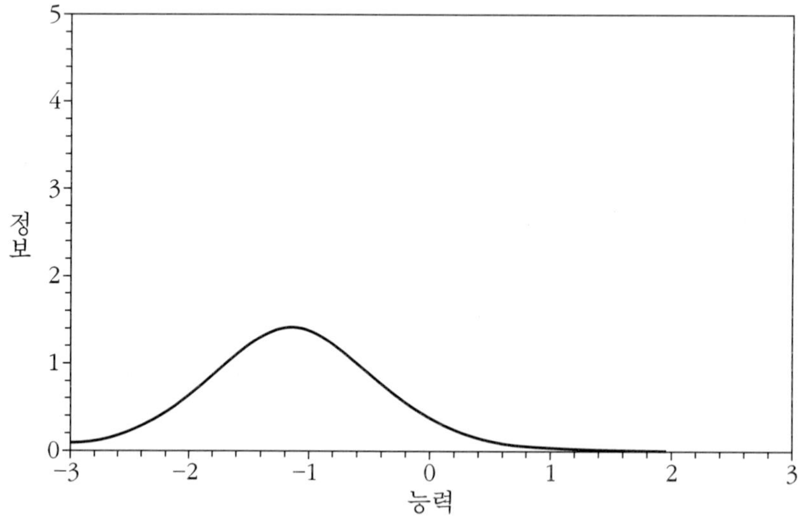

[그림 7-3] 문항정보함수

검사정보함수 $I(\theta)$는 검사가 각 능력지점에서 제공하는 정보를 함수로 나타낸 것으로, 문항정보함수의 합과 같다. 즉, $I(\theta)=\sum_{i=1}^{n} I_i(\theta)$이다.

각 문항은 다른 문항과 상관없이 전체 검사정보함수에 독립적으로 기여한다. 따라서 어떤 문항을 검사에서 빼거나 포함시킬 때 검사정보함수가 어떻게 변화하는지를 알 수 있으며, 이를 통해 특정 능력지점(예: 컷스코어 지점)에서 가장 기여를 많이 하는 문항들로 검사를 구성할 수 있다. 검사개발자의 입장에서 볼 때 이러한 특성은 검사구성에 매우 유용하다. 검사목적에 적합한 일정한 형태의 검사정보함수를 목표로 설정하고, 이를 달성하기에 가장 적합한 문항들을 문제은행에서 뽑을 수 있기 때문이다.

[그림 7-4]는 검사정보함수와 능력추정의 표준오차를 그래프로 나타낸 것이다. 그림에서 검사정보함수를 보면, 낮은 능력지점에서 검사정보함수가 매우 높음을 알 수 있다. 이는 이 검사가 능력이 낮은 응시생의 능력을 추정하는 데 적합함을 보여 주고 있다. 검사정보함수는 능력의 표준오차와 $SE(\theta)=\dfrac{1}{\sqrt{I(\theta)}}$의 관계를 가지고 있다. 따라서 검사정보함수가 높은 지점에서 표준오차는 작고, 반대로 검사정보함수가 낮은 지점에서 표준오차는 크게 된다.

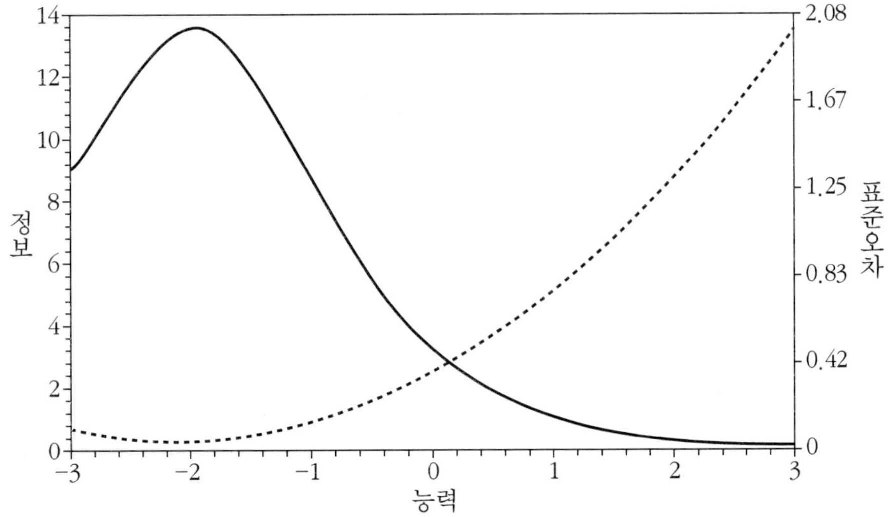

[그림 7-4] 검사정보함수와 표준오차

4) 문항반응이론의 적용

문항반응이론은 고전검사이론과 마찬가지로 검사개발 단계에서부터 개인의 성적 산출 단계까지 다양하게 사용된다. 몇 가지 적용분야에 대해 간단히 제시하면, 첫째, 문항반응이론은 검사개발 과정에서 문항분석, 문항 선정 등에 사용된다. 문항반응이론은 특히 특정 능력을 가진 응시생이 각 문항에 정답을 할 확률을 제공하기 때문에, 검사개발자의 목적에 가장 적합한 문항들을 선별하는 데 사용하기도 한다. 예를 들어, 가장 우수한 학생들을 선발하고자 할 때, 특정 능력지점에서 가장 변별력이 높은 문항들로 검사를 구성하는 데 문항반응이론을 활용할 수 있다. 둘째, 각 학년에 적합하게 만들어진 검사를 수직적으로 연결하기 위한 수직척도 개발, 토익처럼 여러 번 시행되는 시험의 난이도를 조정하여 난이도에 따른 유불리 문제를 해결하는 검사 동등화, 능력이 동일함에도 소속 집단에 따라 문항 정답 확률이 달라지는 문항을 찾아내는 차별 기능 문항 추출, 검사에서 합격/불합격을 결정하는 기준 설정, 문항의 정오답 반응을 이용한 점수 산출 등에 문항반응이론은 폭넓게 활용된다. 셋째, 문항반응이론은 문제은행을 이용한 컴퓨터 적응검사의 개발에 활용된다. 컴퓨터 적응검사는 컴퓨터를 통해 문제은행에서 문항을 뽑아서 응시생에게 제시하고, 정답을 하면 더 어려운 문항, 오답을 하면 더 쉬운 문항을 일정한 기준(예: 특정 문항 수)에 도달할 때까지 계속 제시하는 방식이다. 이와 같은 컴퓨터 적응검사를 실시하기 위해서는 문항반응이론이 필수적으로 필요하다. 이 외에도 문항반응이론은 검사 개발 및 유지에 관련한 각종 측정학적 이슈를 해결하는 데 활용된다.

5) 문항반응이론의 장단점

문항반응이론의 장점은 첫째, 검사목적에 적합한 검사를 구성하는 데 매우 유용하다. 문항특성곡선, 검사특성곡선 그리고 정보함수를 이용해서 검사목적에 적합한 문항들을 선택해서 구성할 수 있다. 검사개발자는 검사정보함수가 특정 형태를 갖도록 목표로 한 후, 이 목표에 적합한 문항들을 문제은행에서 선택할 수 있다.

둘째, 문항반응이론의 문항모수치와 능력모수치는 집단 불변성의 특성을 가지고 있다. 즉, 문항모수인 문항난이도, 문항변별도, 문항추측도는 집단에 따라 달라지지 않으며(examinee free), 응시생의 능력치는 검사의 난이도(examinee free)에 따라 달라지지 않는다. 이러한 특성은 고전검사이론에서 응시생 집단에 따라 문항통계치가 달라지는 것과 대비되는 문항반응이론의 매우 중요한 장점이다. 문항반응이론의 문항 및 능력모수의 불변성 특성으로 인해 앞서 언급한 검사 동등화, 문제은행 구축, 차별 기능 문항 탐구, 컴퓨터 적응검사의 개발이 가능하다. 모수 불변성의 특성으로 인해 난이도가 다른 검사를 치러도 응시생의 능력은 또한 동일하게 추정된다. 이는 고전검사이론과 매우 차별이 되는 문항반응이론의 장점이다. 문항반응이론을 이용할 경우, 서로 다른 응시생들이 서로 다른 검사지로 시험을 치렀다 하더라도 이들을 모두 하나의 척도에서 비교 가능하게 할 수 있다.

셋째, 문항반응이론에서는 응시생이 각 문항에 어떻게 반응할지를 모형화한다. 고전검사이론은 개발 문항이 아닌 전체점수에 대한 모형이다. 문항반응이론의 이러한 특성으로 문항을 개발할 때에 문항개발자들이 융통성을 가질 수 있다.

문항반응이론의 단점은, 첫째, 수리적 복잡성으로 인해 모형에 대한 이해를 하기가 쉽지 않다. 문항 및 능력 모수 추정절차, 모수의 의미 등에 대해 일반인들이 이해하기가 어려워 문항반응이론을 활용하기가 쉽지 않다.

둘째, 문항모수 추정에 어려움이 발생하기도 한다. 예를 들어, 능력이 높은 응시생은 많이 틀리고 능력이 낮은 응시생은 정답을 많이 맞히는 문항이 있을 때, 혹은 다분 문항에서 특정 점수 유목에 대한 빈도가 전혀 없을 때의 경우 문항모수를 추정하지 못할 수도 있다. 이러한 경우 문항반응이론의 실제 적용에 어려움이 발생한다.

셋째, 문항반응이론을 적용하기 위해서는 문항반응모형이 관찰자료에 반드시 적합(fit)해야 하며, 만약 적합도가 매우 낮으면 문항반응이론을 적용할 수 없게 된다. 문항모수의 불변성은 문항반응모형이 관찰자료에 적합해야만 성립되기 때문이다.

넷째, 모형의 가정이 강하여 가정 충족이 쉽지 않다. 특히 일차원성 가정은 매우 강한 가정으로 실제 검사가 이러한 가정을 엄밀히 충족하기는 쉽지 않다. 왜냐하면 일반적으로 수많은 요인이 응시생의 문항반응에 영향을 미치기 때문이다. 예컨대, 과학 관련 지문이 포함된 국어시험에서 국어능력 이외에, 성격, 과학지식, 검사불안, 동기 등이 문항반응에 영향을 미칠 수 있다. 만약 이런 요인들이 문항반응에 큰 영향을 미친다면, 일차원성 가정이 지켜지기 어렵다.

그런데 문항반응에 큰 영향을 주는 중요한 요인(a dominant factor)이 하나 있다면 일차원성 가정이 충족되었다고 본다. 검사가 일차원성 가정을 충족하는지를 알아보는 방법 중의 하나는 요인분석을 해 보는 것이다. 하나의 요인이 분산의 대부분을 설명한다면 일차원성이 지켜졌다고 볼 수 있다.

다섯째, 사례 수가 많이 필요하다. 문항반응이론에서 문항모수의 수가 증가할수록 모수 추정을 위한 사례 수가 많이 필요하다. 모형에 따라 다르지만, 이분 문항반응모형의 경우 일반적으로 500명 이상의 사례 수가 있어야만 모수의 안정된 추정이 가능하다.

〈표 7-3〉은 고전검사이론과 문항반응이론의 특징을 요약하여 제시한 것이다.

〈표 7-3〉 고전검사이론과 문항반응이론의 비교표

구분	고전검사이론	문항반응이론
모형	선형	비선형
수준	검사	문항
가정	약함	강함
문항과 능력 간 관계	모형에 명세화되지 않음	문항특성곡선으로 모형화됨
능력추정	검사점수 혹은 추정된 진점수	능력모수 혹은 이것의 변형
문항과 능력모수치의 불변성	불변적 특성 없음. 문항과 능력모수치가 표집에 따라 달라짐	문항모수와 능력모수 모두 불변적 특성이 있음
문항통계치	문항정답률, 문항변별도, 문항추측도	문항난이도, 문항변별도, 문항추측도
표집의 크기	200~500 정도	모형에 따라 다르지만 일반적으로 500 이상 필요

연구과제

1. 고전검사이론에서 진점수와 문항반응이론에서 진점수의 개념적 차이에 대해 설명하시오.
2. 고전검사이론과 문항반응이론의 특징에 대해 비교하여 설명하시오.
3. 문항반응이론에서 일차원성 가정과 지역독립성 간의 관계를 설명하시오.
4. 세 가지 일차원 문항반응이론 모형 간 차이를 문항특성곡선을 그리면서 설명하시오.

제8장

평가 문항의 제작

문항의 유형은 피험자의 반응 방식에 따라서 선택형(selection type)과 서답형(supply type)으로 구분할 수 있다. 선택형은 대답에 필요한 정보를 제공하고 그중에서 정답이라고 판단되는 것을 선택하도록 하는 방법이며, 서답형은 피험자가 정답이라고 판단되는 내용을 직접 쓰도록 하는 방법이다. 선택형은 진위형, 배합형, 선다형으로, 서답형은 단답형, 서술형, 논술형으로 세분화할 수 있다. 이 장에서는 선택형과 서답형 평가문항의 제작 원리를 다루도록 한다.

1. 검사도구의 개발 절차

대학수학능력시험, 임용시험, 국가수준 학업성취도 평가 등 대규모의 고부담시험(high stake evaluation)의 경우, 엄밀한 출제와 검토 과정을 거친다. 이 장에서는 이를 가정한 검사도구 개발 절차를 소개하고자 한다.

1) 검사목적에 대한 이해

검사 개발에 앞서서 가장 먼저 해야 할 일은 교육과정을 분석하여 내용영역과 행동영역을 명세화(specification)하는 것이다. 어떠한 내용영역을 어떠한 행동영역에 초점을 맞추어 가르쳤는지 분석하고 이를 반영하여 검사도구가 개발되도록 하여야 내용타당도를 제고할 수 있다.

둘째, 검사의 목적이 무엇인지를 확인할 필요가 있다. 속도검사(speed test)인지 역량검사(power test)인지에 따라서, 성취도검사(achievement test)인지 적성검사(aptitude test)인지에 따라서, 진단평가(diagnostic evaluation)인지 형성평가(formative evaluation)인지 총괄평가(summative evaluation)인지에 따라서, 준거참조평가(criterion-referenced evaluation)인지 규준참조평가(norm-referenced evaluation)인지에 따라서 문항의 형식, 난이도 수준이 달라질 수 있다.

셋째, 피험자 집단의 수준과 특성을 파악해야 한다. 이를 위해서 이전 검사에 대한 체계적이고 엄밀한 분석이 필요하다. 피험자의 수준과 특성은 해마다 달라질 수 있지만 기출문항에 대한 양적 · 질적 분석 결과는 새로운 검사를 개발하는 데 중요한 지침이 된다.

넷째, 새롭게 개발할 검사의 내용영역과 행동영역별 문항 수를 결정해야 한다. 이를 위해서 〈표 8-1〉과 같은 출제계획표를 작성하기도 한다. 출제계획표 작성은 내용타당도 제고에 도움을 준다.

〈표 8-1〉 출제계획표의 실례

일련 번호	내용영역		행동 영역	문항 수	배점	예상 소요시간	정답률			출제위원
	대영역	소영역					낮음	보통	높음	
1										
2										
3										
(이하 생략)										

2) 문항 초안 작성과 문항 검토

문항 초안을 작성할 때에는 흥미로운 평가 장면과 다양한 자료를 활용함으로써 창의적인 아이디어를 최대한 발휘할 수 있도록 해야 한다. 문항 초안에서는 문항의 형식, 편집 지침 등을 지나치게 의식하지 않아도 된다. 문항 초안은 대개 2~3배수를 제작하게 되며, 공동 검토를 거쳐 문항의 발전 가능성을 기준으로 1배수를 선정하게 된다.

이후 계속적인 문항 검토와 수정이 이루어지게 된다. 문항 검토 내용의 핵심은 문항의 오류 가능성을 확인하는 것이다. 그리고 피험자 수준을 고려했을 때 난이도가 적절한지, 교육과정을 벗어나지는 않았는지, 내용영역과 행동영역을 골고루 활용하였는지 등도 엄밀하게 확인하게 된다.

문항 검토는 논리적 검토와 경험적 검토로 나눌 수 있다. 논리적 검토는 질적 평가(또는 정성적 평가)를 통한 문항 검토이고, 경험적 검토는 양적평가(또는 정량적 평가)를 통한 문항 검토이다. 내용 전문가가 논리적 근거를 제시하면서 문항의 오류 가능성을 주장하거나, 피험자의 입장에서 난이도 정도를 판단하고 안면타당도를 평가하는 경우, 또는 학교 교육과정 지침서를 근거로 교육과정을 벗어난 문항이라고 주장하는 것 등은 논리적 검토에 해당한다. 이에 비해 예비검사를 실시하여 문항난이도와 변별도, 문항반응분포를 분석하고, 그 결과를 통해 난이도 수준이나 문항 오류 가능성을 주장하는 것은 경험적 검토에 해당한다.

문항 검토 시 유의해야 할 사항 및 그에 해당하는 실례를 제시하고자 한다. 첫째, 오탈자를 확인해야 한다. 쉼표와 띄어쓰기 유무에 따라서 완전히 다른 문장이 될 수도 있다. 다음 문제는 'B가 방문한 나라는?'이 되었어야 한다. 오탈자의 확인을 위해 점독을 추천한다.

> A: 너 어디 다녀왔니?
> B: 파리.
>
> 문제 A가 방문한 나라는?

둘째, 다의적 해석이 가능한 게 아닌지 확인해야 한다. 다음 문제는 아버지 토끼, 어머니 토끼 모두 Bb이기 때문에 'II－2가 나타날 확률은 25%이다.'가 원하는 정답이다. 그러나 II－2가 암토끼로 되어 있어서 'II－2가 나타날 확률은 12.5%이다.'라는 주장이 있을 수 있다.

문제 토끼의 검은 털 대립유전자 B는 흰 털 대립유전자 b에 대하여 완전우성이며 상염색체상에 존재한다. 그림은 이 토끼 교배의 한 예이다. Ⅱ−2가 나타날 확률은?

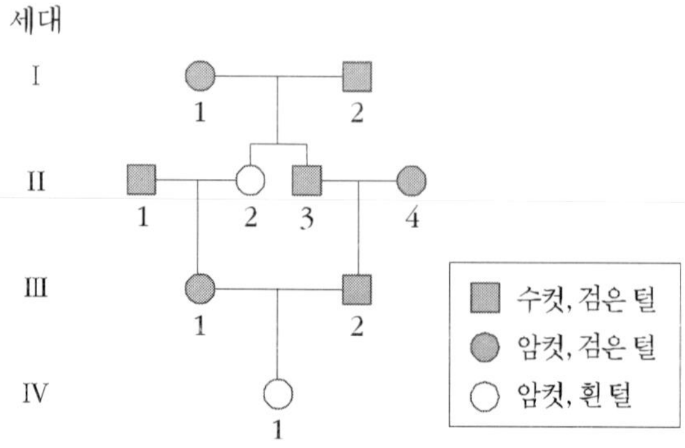

출처: 2005학년도 의 · 치의학교육입문검사

셋째, 조건이 부족한 것은 아닌지 확인해야 한다. 조건이 부족하면 해당하는 정답의 범위는 더 넓어지게 된다. 다음 문제의 경우, x_n은 n의 양의 약수 중 짝수인 약수의 개수에서 홀수인 약수의 개수를 뺀 값이다. 따라서 이 문항에서 문자 m에 대한 구체적 설명이 없더라도 m을 자연수로 간주하는 것이 자연스럽고, 그 경우 〈보기〉의 ㄷ은 참인 명제가 되어 이 문항의 정답은 ④가 된다. 그러나 문자 m에 제한을 두지 않았으므로 m의 값으로 모든 실수가 될 수 있다고 해석하여, $m = \log 2$가 〈보기〉의 ㄷ의 반례가 된다고 생각할 수도 있다. 이 경우 $n = 10^{\log 2} = 2$이므로 문두의 조건에 의한다면 $x_2 = 0$이지만, 〈보기〉의 ㄷ에서는 $x_2 = (\log 2)^2 - 1$이 되기 때문에 〈보기〉의 ㄷ은 거짓이 된다. 결국 출제 의도와 달리 ①이 정답이 된다.

문제 자연수 n의 모든 양의 약수를 $a_1,\ a_2,\ \cdots,\ a_k$라 할 때,

$$x_8 = (-1)^{a_1} + (-1)^{a_2} + \cdots + (-1)^{a_k}$$

이라 하자. 옳은 것만을 〈보기〉에서 있는 대로 고른 것은? [4점]

〈보기〉

ㄱ. $x_8 = 2$

ㄴ. $n = 3^m$이면 $x_n = -m + 1$이다.

ㄷ. $n = 10^m$이면 $x_n = m^2 - 1$이다.

① ㄱ ② ㄷ ③ ㄱ, ㄴ
④ ㄱ, ㄷ ⑤ ㄱ, ㄴ, ㄷ

출처: 2008년 수능모의평가

넷째, 극단적 반례 가능성은 없는지 확인해야 한다. 반례가 있으면 그 명제는 거짓이 된다. '두 변수 X와 Y 간의 피어슨 적률상관계수가 양수이면, X가 증가할 때 Y도 증가하는 경향성이 있다.'는 명제는 어느 통계 서적에도 등장할 수 있는, 누가 봐도 '참'으로 판단되는 명제이다.

문제 '두 변수 X와 Y 간의 피어슨 적률상관계수가 양수이면, X가 증가할 때 Y도 증가하는 경향성이 있다.'의 참, 거짓을 판단하시오.

그러나 다음과 같은 극단적인 반례 가능성이 있기 때문에 '거짓'으로 보는 것이 바람직하다. 즉, 다음의 예는 극단적인 사례 1명으로 인해 두 변수 간의 피어슨 적률상관계수는 양수이지만 이 경우 X가 증가할 때 Y는 감소하는 경향성이 있다고 보는 것이 타당하다. 만약 앞의 문제에서 '극단한 값(outlier)은 없는 것으로 가정한다.'라는 조건이 포함되어 있다면 이 명제는 참으로 판단할 수 있다.

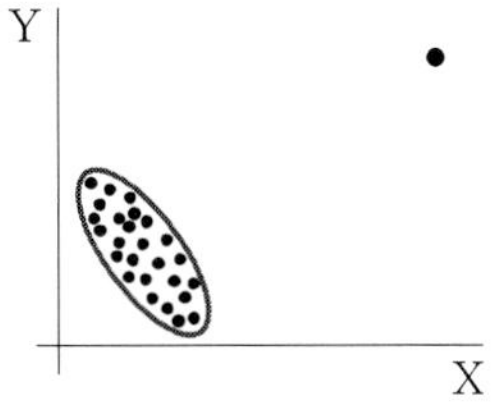

다섯째, 논리적 오류가 있는 것은 아닌지 확인해야 한다. 다음 문제에 대한 정답은 '엘리베이터가 아무리 큰 가속력으로 위로 올라가더라도 물체가 미끄러지는 일은 일어날 수 없다.'는 것이다. 그러나 문두에 '……올라가면 정지해 있던 물체가 경사면을 따라 미끄러지기 시작한다.'라고 제시되어 있기 때문에, 논리적으로 오류가 있다는 주장이 있을 수 있다.

문제 정지된 승강기 안에 고정된 경사면이 있다. 경사면 위에 질량 m인 물체가 정지된 상태로 놓여 있다. 그림과 같이 승강기가 가속도 $\vec{A}$로 올라가면 정지해 있던 물체가 경사면을 따라 미끄러지기 시작한다. 이 물체와 경사면 사이의 최대 정지 마찰계수는 μ이고, 경사각은 θ이다. 다음 물음에 답하시오. [총 4점]

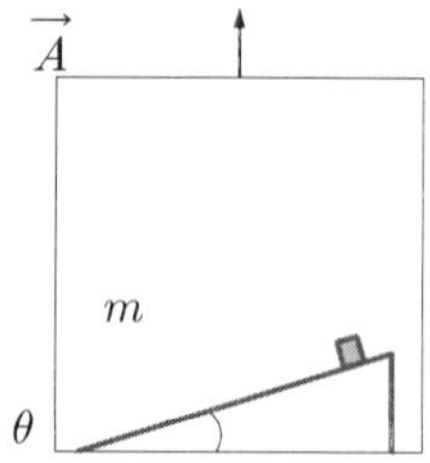

물체가 미끄러지기 위한 승강기의 최소 가속도 $\vec{A}$의 크기를 구하시오. 풀이 과정을 쓰시오.

출처: 2004학년도 중등임용시험

3) 검사지 편집

문항 제작이 완료되면 검사지 편집을 하게 된다. 특히 그림이나 표의 해상도와 크기 등을 최적화함으로써 피험자의 주의집중에 도움이 될 수 있도록 해야 한다.

문항 배열이 난이도에 영향을 미칠 수 있음에도 유의해야 한다. 문항 배열은 '쉬운 문항에서 어려운 문항 순으로 배열'할 수도 있고, '동일한 교수목표끼리 묶어 교육과정 순으로 배열'할 수도 있다. 전자는 시험불안이 높은 학생의 불이익을 최소화할 수 있고, 후자는 안면타당도를 높일 수 있다는 장점이 있다.

일반적으로는 전체 검사문항 중에서 30% 내외의 쉬운 문항을 선정하여 이를 먼저 교과서 순서로 우선 배치하고, 나머지 문항을 교과서 순서로 배치하는 것이 바람직하다.

4) 정답지 분포

정답지 분포가 너무 편중되게 하는 것은 바람직하지 않다. 그렇다고 각 정답지의 개수를 동일하게 하는 것도 학생들에게 단서를 줄 수 있기 때문에 바람직하지 않다.

5) 이원분류표와 문항카드 작성

이원분류표 작성을 통해 내용타당도를 점검해야 한다. 즉, 최종적으로 선정된 문항을 기준으로 이원분류표를 작성해 봄으로써 내용영역과 행동영역이 편중되지 않았는지 확인할 필요가 있다. 〈표 8-2〉는 중학교에서 사용되고 있는 이원분류표이다.

〈표 8-2〉 중학교 이원분류표의 실례

( )고사

이원분류표

과주임	계	교무	교감	교장

( )학년 ( )과 20 년 월 일 교시 실시									작성자 : 인		
문항	출제내용	영역				난이도			정 답	배점	주관식 부분점수 및 유사정답
		지식	이해	적용	분석	상	중	하			
1											
2											
3											
4											
[중략]											
계	주관식: 문항 객관식: 문항								예 상 점 수 :		

문항 제작이 완료되면, 각 문항에 대한 구체적인 설명을 위해 〈표 8-3〉과 같은 문항카드를 제작한다. 문항카드에는 주로 '출제영역(내용영역과 행동영역)' '출제의도(평가목표)' '출제근거(출처)' '문항내용' '정답해설(각 답지의 참 · 거짓의 근거 제시)' '정답' '예상정답률' 등이 포함된다.

〈표 8-3〉 문항카드의 실례

문항카드

<table>
<tr><td rowspan="2">문항 번호</td><td rowspan="2">(　)번</td><td rowspan="2">출제영역</td><td>교과목</td><td>내용영역</td><td>행동영역</td></tr>
<tr><td></td><td></td><td></td></tr>
<tr><td>출제 의도</td><td colspan="5"></td></tr>
<tr><td>출제 근거</td><td colspan="5"></td></tr>
<tr><td>문항 내용</td><td colspan="5"></td></tr>
<tr><td>정답 해설</td><td colspan="5"></td></tr>
<tr><td rowspan="3">정답</td><td rowspan="3" colspan="2">(　　　　)번</td><td colspan="3">예상정답률</td></tr>
<tr><td>낮음</td><td>보통</td><td>높음</td></tr>
<tr><td></td><td></td><td></td></tr>
</table>

6) 문항 오류 발생에 대한 대처

문항 오류가 발생했을 때에는 가장 합리적인 대처 방안을 선택하도록 한다. 예컨대 ①번이 정답이었는데 ②번도 정답으로 간주해야 하는 경우에는 ①번과 ②번만을 모두 정답 처리하는 것이 바람직하다. 또 ①번이 정답이었는데 다의적 해석이 가능하여 답이 없다고 볼 수도 있는 경우에는 모두 정답 처리하는 것이 바람직하다.

2. 문항의 형식

선택형은 진위형, 배합형, 선다형으로, 서답형은 단답형, 서술형, 논술형으로 구분할 수 있다.

1) 진위형

진위형(true-false type)은 피험자들에게 진술문을 제시하고 그것이 참인지 거짓인지 판단하게 하는 방법이다. 다음은 진위형 문항의 예이다. 진위형을 3개 이상 병렬하고 참인 것과 거짓인 것을 찾게 한다면 선다형 문항이 된다.

※ 다음의 진술문 중에서 참이면 ○를, 거짓이면 ×를 [ ] 안에 표시하시오.

1.1 높은 신뢰도는 높은 타당도가 되기 위한 필요조건이다. ………… [ ]
1.2 두 변수 간에 상관관계가 있으면 인과관계가 있다. ………… [ ]
1.3 이원분류표의 작성은 내용타당도를 제고하기 위한 것이다. ………… [ ]
1.4 산술평균은 중앙값에 비해 극단 점수(outlier)의 영향을 크게 받는다. ………… [ ]

2) 배합형

배합형(matching type)은 피험자가 관련 있는 것끼리 짝짓기하도록 하는 방법이다. 배합형은 일련의 '전제'와 '답지', 그리고 이들을 배합시키는 방법을 제시한 '지시문'의 3가지로 구성된다. 다음은 배합형 문항의 예이다. 이때 '※'는 지시문, '〈보기〉'는 답지, '2.1~2.4'는 전제에 해당한다.

※ 다음의 각 개념이 의미하는 바를 〈보기〉에서 골라 [ ] 안에 그 번호를 쓰시오.

〈보기〉

① 측정의 일관성의 정도
② 문항 표집의 적절성
③ 실험연구 과정에서 독립변수 외의 다른 가외변수가 적절히 통제되었는지의 정도
④ 실험 결과를 연구에서 사용된 장면과 피험자 이외에 다른 장면 또는 다른 피험자에 일반화시킬 수 있는 정도

2.1 외적타당도 ………… [ ]
2.2 내용타당도 ………… [ ]
2.3 내적타당도 ………… [ ]
2.4 신뢰도 ………… [ ]

3) 선다형

선다형(multiple–choice type)은 문두(item stem)와 두 개 이상의 답지로 구성된다. 선다형은 가장 발전된 형식의 유형이면서 동시에 가장 많이 활용되는 유형으로 볼 수 있다. 문항 제작이 어렵다는 단점이 있지만, 제대로 제작하기만 한다면 고차원적 사고력을 측정할 수 있을 뿐만 아니라 채점이 용이하고 객관성이 높다는 장점이 있다. 그럼에도 불구하고 선다형이 단순 암기식 공부의 원인이라고 주장하는 사람들이 있다. 그러나 이는 선다형 문항 제작 훈련을 제대로 받지 않은 사람이 깊은 고민 없이 선다형 문항의 형식만 빌려 문항을 제작했기 때문에 발생한 것으로 보아야 한다.

선다형은 최선답형, 정답형, 합답형, 부정형, 불완전 문장형, 다답형 등으로 나눌 수 있다.

(1) 최선답형

최선답형(best-answer variety)은 선다형의 모체로서, 여러 가지 답지 중에서 '가장 적절한 것' '가장 바람직한 것'을 선택하게 하는 방법이다. 문두는 주로 '~로 가장 적절한 것은?' '~로 가장 바람직한 것은?' '~로 가장 적합한 것은?' 등으로 끝나게 된다.

다음은 최선답형의 한 예이다.

> **문제** 수행평가가 지향하고 있는 목표로 가장 적절한 것은?
>
> ① 높은 신뢰도 ② 높은 타당도
>
> ③ 높은 객관도 ④ 높은 실용도

사회과학에서는 항상 참인 명제, 즉 절대적 진리에 해당하는 명제가 그렇게 많지 않다. 그렇다면 답지 중에서 가장 적절한 것을 찾아야 하는 경우가 빈번히 발생하게 된다. 최선답형에서는 각 답지의 참, 거짓이 명확하지 않으면서 정답지가 오답지에 비해 더 적절하도록 해야 하기 때문에 가장 제작이 어려운 선다형 문항 형식이라 볼 수 있다.

(2) 정답형

정답형(correct–answer variety)은 참, 거짓이 명확한 답지를 중에서 주고 그중에서 옳은 것을 찾도록 하는 방법이다. 문두는 주로 '~로 옳은 것은?' '~인 것은?' '~로 알맞은 것은?' '~순서대로 배열한 것은?' '~바르게 짝지은 것은?' 등으로 끝나게 된다.

다음은 정답형의 한 예이다.

문제 김 교사는 헤르바르트(J. Herbart)의 '교수 단계론'을 현대적 관점에서 해석하여 자신의 국어 수업에 적용해 보았다. 〈보기〉에 기술된 김 교사의 교수행위를 헤르바르트의 '교수 단계론'에 따라 순서대로 배열한 것은?

〈보기〉

ㄱ. '시(詩)의 구조'를 학생들이 이미 배운 시에 관한 지식과 관련지어 설명하였다.
ㄴ. 이번 시간에 배운 '시의 구조' 개념을 새로운 시에 적용하여 해석할 수 있도록 설명하였다.
ㄷ. '시의 구조' 개념과 관련된 내용 요소를 세분하여 학생들에게 명료하게 설명하였다.
ㄹ. '시의 구조'를 구성하고 있는 지식들 사이에 체계적인 질서가 있음을 설명하였다.

① ㄱ－ㄴ－ㄷ－ㄹ ② ㄱ－ㄷ－ㄹ－ㄴ
③ ㄴ－ㄱ－ㄷ－ㄹ ④ ㄷ－ㄱ－ㄹ－ㄴ
⑤ ㄷ－ㄴ－ㄱ－ㄹ

출처 : 2010학년도 중등임용시험

문제 학교에서의 공부 습관으로 옳은 것은?

① 친구가 발표할 때 잘 듣는다. ② 아침 시간에 잠을 잔다.
③ 수업 시간에 친구와 장난친다. ④ 모르는 것이 있으면 그냥 넘어간다.

정답형은 모든 답지의 참, 거짓이 명확해야 하기 때문에 오류 가능성에 주의를 기울여야 한다. 극단적인 반례 가능성도 있어서는 안 된다. 각 답지가 참, 거짓이 명확하지 않다고 판단되면 '~가장 적절한 것은?'과 같이 최선답형으로 진술하는 것도 문항 오류를 피할 수 있는 좋은 방법이다.

(3) 합답형

합답형(combined-response variety)은 여러 개의 답지 중에서 하나 혹은 하나 이상을 합해서 정답지와 오답지를 구성하는 형식이다.

문두는 크게 두 가지로 구성된다. 첫째, 〈보기〉에서 같은 개수를 선택하여 답지를 구성한 경우이다. 이 경우에는 '〈보기〉에서 ~한 것들로만 묶인 것은?' '~로 옳은 것을 〈보기〉에서 고른 것은?' 등으로 끝난다.

둘째, 〈보기〉에서 다른 개수를 선택하여 답지를 구성한 경우이다. 이 경우에는 '~로 옳은 것만을 〈보기〉에서 있는 대로 고른 것은?' 등으로 끝난다.

특히 두 번째의 형식인 경우, 문두에서 '있는 대로'가 없다면, ㄱ,ㄴ,ㄷ이 참일 때 'ㄱ,ㄴ,ㄷ'뿐만 아니라, 'ㄱ' 'ㄴ' 'ㄷ' 'ㄱ,ㄴ' 'ㄴ,ㄷ' 'ㄱ,ㄷ'도 답이 될 수 있음에 유의해야 한다.

다음은 합답형의 예이다.

❑ 〈보기〉에서 같은 개수를 선택하여 답지를 구성한 경우의 예

문제 〈보기〉에서 올바른 로그 계산 결과로만 묶인 것은? (또는 로그 계산 결과로 옳은 것을 〈보기〉에서 고른 것은?)

〈보기〉

ㄱ. $2^{\log_2 5} = 5$ ㄴ. $\log_{10}\cos 45° = 0$

ㄷ. $3^{\log_2 5} = 5^{\log_2 3}$ ㄹ. $\log_3 \cos\frac{\pi}{2} = 0$

① ㄱ, ㄷ ② ㄱ, ㄹ ③ ㄴ, ㄷ ④ ㄴ, ㄹ

❑ 〈보기〉에서 다른 개수를 선택하여 답지를 구성한 경우의 예

문제 로그의 계산 결과로 옳은 것만을 〈보기〉에서 있는 대로 고른 것은?

〈보기〉

ㄱ. $2^{\log_2 5} = 5$ ㄴ. $\log_{10}\cos 45° = 0$

ㄷ. $3^{\log_2 5} = 5^{\log_2 3}$

① ㄱ ② ㄴ ③ ㄱ, ㄷ

④ ㄴ, ㄷ ⑤ ㄱ, ㄴ, ㄷ

합답형의 장점은 다음과 같다. 첫째, 답지의 개수를 늘릴 수 있다. 〈보기〉가 ㄱ, ㄴ, ㄷ 3개만 있어도 이론적으로는 'ㄱ' 'ㄴ' 'ㄷ' 'ㄱ, ㄴ' 'ㄴ, ㄷ' 'ㄱ, ㄷ' 'ㄱ, ㄴ, ㄷ' '모두 틀림'의 8개의 답지를 구성할 수 있다.

둘째, 〈보기〉에서 다른 개수를 선택하여 답지를 구성한다면, 다답형의 기능을 살릴 수 있다. 예컨대, 'log10 = 1이 참'이라는 아주 쉬운 답지가 포함된 선다형 문항을 제작할 때

아래와 같이 정답형으로 제작한 경우와 합답형으로 제작한 경우를 비교한다면, 정답형은 나머지 답지의 참, 거짓을 판단하지 못하더라도 답을 쉽게 맞힐 수 있는 반면, 합답형은 더 적은 수의 답지를 이용했음에도 불구하고 '$\log 10 = 1$이 참'이라는 것 이외에도 나머지 답지의 참, 거짓도 판단할 수 있어야 비로소 답을 찾을 수 있다. 요컨대, 합답형은 적은 수의 질문 항목을 이용하더라도 '옳은 것만을 〈보기〉에서 있는 대로 고른 것은?'이라는 형식을 활용한다면 다답형의 기능을 살릴 수 있기에 더 까다로운 문항이 되게 할 수도 있다.

정답형 문제 로그의 계산 결과로 옳은 것은?

① $2^{\log_4 2} = 4$ ② $\log 10 = 1$

③ $\log_3 \cos\frac{\pi}{2} = 0$ ④ $\log_{10} \sec 45° = 0$

⑤ $\log_8 2 = -3$

합답형 문제 로그의 계산 결과로 옳은 것만을 〈보기〉에서 있는 대로 고른 것은?

〈보기〉

ㄱ. $2^{\log_4 2} = 4$ ㄴ. $\log 10 = 1$

ㄷ. $\log_3 \cos\frac{\pi}{2} = 0$

① ㄱ ② ㄴ ③ ㄱ, ㄷ

④ ㄴ, ㄷ ⑤ ㄱ, ㄴ, ㄷ

이에 비해 합답형은 다음과 같은 단점이 있다. 첫째, 합답형에서 〈보기〉 중에 참, 거짓이 자명한 것이 포함되어 있으면 정답의 단서를 준다. 〈보기〉의 항목 개수가 많다고 반드시 더 어려운 것은 아니다. 그러므로 참, 거짓이 너무도 자명한, 매우 쉬운 항목이라면 〈보기〉에서 삭제하는 것이 더 바람직하다. 예컨대, 아래의 2가지 문항 중에서 첫 번째가 두 번째보다 〈보기〉의 항목 개수가 더 적음에도 불구하고 더 어려운 문항이다. 왜냐하면 두 번째 문항에서 '$\log 10 = 10$이 거짓'이라는 것은 너무나 쉽게 알 수 있기 때문에 학생들은 ㄹ이 포함되지 않은 답지인 ①, ② 중에 답이 있음을 찾을 것이기 때문이다.

보기를 어려운 항목으로만 구성한 문제 로그의 계산 결과로서 옳은 것만을 〈보기〉에서 있는 대로 고른 것은?

〈보기〉

ㄱ. $2^{\log_2 5} = 5$　　ㄴ. $\log_{10}\sec 45° = 0$

ㄷ. $3^{\log_2 5} = 5^{\log_2 3}$

① ㄱ　② ㄴ　③ ㄱ, ㄷ

④ ㄴ, ㄷ　⑤ ㄱ, ㄴ, ㄷ

보기에 쉬운 항목을 하나 더 추가한 문제 로그의 계산 결과로 옳은 것만을 〈보기〉에서 있는 대로 고른 것은?

〈보기〉

ㄱ. $2^{\log_2 5} = 5$　　ㄴ. $\log_{10}\sec 45° = 0$

ㄷ. $3^{\log_2 5} = 5^{\log_2 3}$　　ㄹ. $\log 10 = 10$

① ㄱ, ㄴ　② ㄱ, ㄷ　③ ㄴ, ㄹ

④ ㄱ, ㄷ, ㄹ　⑤ ㄴ, ㄷ, ㄹ

둘째, 합답형에서 〈보기〉는 참, 거짓이 명확한 것으로 구성되어 있어야 한다. 즉, '~로 가장 적절한 것을 〈보기〉에서 있는 대로 고른 것은?'과 같은 질문 방법은 절대로 피해야 한다. 다음 문항에서 '〈설명〉과 〈상황〉으로부터 추론한 것으로 가장 적절한 것은?'이라는 문두는 '〈보기〉에서 하나의 항목만을 선택하라.'는 의도를 포함하기 때문에 '가장'을 포함한 문두는 합답형의 문두로는 적합하지 않다.

문제 〈설명〉과 〈상황〉으로부터 추론한 것으로 가장 적절한 것은?

〈보기〉

ㄱ. (가), (나) 모두에서 감정A가 나타날 것이다.
ㄴ. (가), (다)에서 나타난 두 감정은 같을 것이다.
ㄷ. (나), (다) 모두에서 감정B가 나타날 것이다.

① ㄱ　② ㄴ　③ ㄷ

④ ㄱ, ㄴ　⑤ ㄱ, ㄷ

출처 : 2012학년도 법학적성시험

셋째, 합답형에서는 의식하지 않고 문항을 제작하게 되면 ①번 답지가 답이 되는 경우가 상대적으로 낮을 수 있다.

합답형은 〈보기〉를 어떻게 조합하여 답지를 만드는지가 매우 중요하다. 가능한 한 답지에 포함된 〈보기〉의 각 항목의 수는 동일하게 하는 것이 단서 제공의 가능성을 줄일 수 있다. 〈표 8-4〉는 선다형에서 답지에 포함된 〈보기〉의 각 항목을 동일한 횟수로 활용할 수 있는 답지의 예이다.

〈표 8-4〉 〈보기〉의 각 항목을 동일한 횟수로 활용할 수 있는 답지의 예

구분	〈보기〉	ㄱ, ㄴ, ㄷ, (ㄹ)이 포함된 횟수	답지의 예
4지 선다형	ㄱ, ㄴ, ㄷ	2번	• ① ㄱ ② ㄴ ③ ㄴ, ㄷ ④ ㄱ, ㄷ; ① ㄱ ② ㄷ ③ ㄱ, ㄴ ④ ㄴ, ㄷ • ① ㄱ ② ㄴ ③ ㄷ ④ ㄱ, ㄴ, ㄷ
		3번	• ① ㄱ, ㄴ ② ㄱ, ㄷ ③ ㄴ, ㄷ ④ ㄱ, ㄴ, ㄷ
	ㄱ, ㄴ, ㄷ, ㄹ	2번	• ① ㄱ, ㄴ ② ㄱ, ㄷ ③ ㄴ, ㄹ ④ ㄷ, ㄹ; ① ㄱ, ㄷ ② ㄱ, ㄹ ③ ㄴ, ㄷ ④ ㄴ, ㄹ; ① ㄱ, ㄴ ② ㄱ, ㄹ ③ ㄴ, ㄷ ④ ㄷ, ㄹ • ① ㄱ ② ㄴ ③ ㄷ, ㄹ ④ ㄱ, ㄴ, ㄷ, ㄹ; ① ㄴ ② ㄷ ③ ㄱ, ㄹ ④ ㄱ, ㄴ, ㄷ, ㄹ; ① ㄷ ② ㄹ ③ ㄱ, ㄴ ④ ㄱ, ㄴ, ㄷ, ㄹ • ① ㄱ ② ㄴ ③ ㄱ, ㄷ, ㄹ ④ ㄴ, ㄷ, ㄹ
		3번	• ① ㄱ, ㄴ, ㄷ ② ㄱ, ㄴ, ㄹ ③ ㄱ, ㄷ, ㄹ ④ ㄴ, ㄷ, ㄹ (이러한 답지 조합이라면 부정형으로 변경할 것) • ① ㄱ, ㄷ ② ㄱ, ㄴ, ㄹ ③ ㄴ, ㄷ, ㄹ ④ ㄱ, ㄴ, ㄷ, ㄹ
5지 선다형	ㄱ, ㄴ, ㄷ	3번	• ① ㄱ ② ㄷ ③ ㄱ, ㄴ ④ ㄴ, ㄷ ⑤ ㄱ, ㄴ, ㄷ
	ㄱ, ㄴ, ㄷ, ㄹ	2번	• ① ㄱ ② ㄷ ③ ㄴ, ㄹ ④ ㄱ, ㄴ ⑤ ㄷ, ㄹ • ① ㄱ ② ㄴ ③ ㄷ ④ ㄷ, ㄹ ⑤ ㄱ, ㄴ, ㄹ • ① ㄱ ② ㄷ ③ ㄷ ④ ㄹ ⑤ ㄱ, ㄴ, ㄷ, ㄹ
		3번	• ① ㄱ, ㄴ ② ㄱ, ㄷ ③ ㄴ, ㄹ ④ ㄱ, ㄷ, ㄹ ⑤ ㄴ, ㄷ, ㄹ • ① ㄱ, ㄴ ② ㄱ, ㄷ ③ ㄴ, ㄹ ④ ㄷ, ㄹ ⑤ ㄱ, ㄴ, ㄷ, ㄹ • ① ㄱ ② ㄴ, ㄷ ③ ㄱ, ㄴ, ㄹ ④ ㄱ, ㄷ, ㄹ ⑤ ㄴ, ㄷ, ㄹ • ① ㄹ ② ㄱ, ㄴ ③ ㄷ, ㄹ ④ ㄱ, ㄴ, ㄷ ⑤ ㄱ, ㄴ, ㄷ, ㄹ

(4) 부정형

부정형(negative variety)은 답지 중에서 틀린 것을 찾게 하는 방법이다. 부정형은 정답형 부정형과 최선답형 부정형으로 나눌 수 있다. 정답형 부정형의 문두는 주로 '~로 옳지 않은 것은?' '~로 거리가 먼 것은?' '~로 적절하지 않은 것은?' '~로 보기 어려운 것은?' 등이 활용되고, 최선답형 부정형은 '~로 가장 거리가 먼 것은?' '~와 가장 관련성이 적은 것은?' 등으로 끝나게 된다.

다음은 부정형의 한 예이다.

> **문제** 수행평가의 특징과 가장 관련성이 적은 것은?
>
> ① 높은 신뢰도 ② 높은 타당도
>
> ③ 과정(process)에 대한 평가 ④ 실제적인 상황에서의 평가

부정형의 경우, 학생들이 속지 않도록 하기 위해 부정을 나타내는 부사 또는 형용사(예: 적은, 않은, 먼, 어려운 등)에 밑줄을 그어 주의를 환기시킬 필요가 있다. 부정형의 문항 형식이 틀린 것을 찾는 것이기 때문에 교육적이지 않다고 주장하는 사람도 있지만, 정답을 찾기 위해 더 많은 횟수의 오답지를 판단해야 하는 게 정답형이라고 본다면 크게 설득력은 없어 보인다. 다만, 문항 제작자가 특별한 의식을 하지 않는다면, 부정형이 지나치게 많이 제작되는 경향이 있으므로, 전체 검사 문항의 1/3 이하가 되도록 조절할 필요가 있다.

(5) 불완전 문장형

불완전 문장형(incomplete-statement variety)은 문항의 일부분이 비어 있고 이 비어 있는 곳에 들어갈 말을 답지에서 찾는 방법이다. 문두는 '[　　　]에 공통적으로 들어갈 말은?' '(가)와 (나)에 들어갈 명칭을 바르게 짝지은 것은?' 등으로 끝난다. 수학 교과에서 불완전 문장형은 증명 과정을 선다형으로 묻고 싶을 때 적절하다.

다음은 불완전 문장형의 한 예이다.

문제 다음은 듀이(J. Dewey)의 『민주주의와 교육』의 내용을 서술한 것이다. [　　　]에 들어갈 말은?

> [　　　]은/는 어원적으로 볼 때 '사이에 있는 것(what is between)', 즉 거리가 있는 두 사물을 관련짓는 것을 뜻한다.

① 경험　　② 흥미　　③ 지력
④ 도야　　⑤ 구성

출처: 2010학년도 중등임용시험

문제 다음은 물의 어는점에 대한 과학적 현상이다. (가)와 (나)에 들어갈 명칭을 바르게 짝지은 것은?

> 물의 어는 점은 기압이 [　(가)　], 그리고 물의 순수성이 [　(나)　] 낮아진다.

	(가)	(나)
①	높아질수록	높아질수록
②	높아질수록	낮아질수록
③	낮아질수록	높아질수록
④	낮아질수록	낮아질수록

(6) 다답형

다답형(multi-response variety)은 답지 중에서 여러 개의 정답지가 포함되어 있고, 이들을 모두 찾게 하는 방법이다. 문두는 '~옳은 것을 모두 고르면?' '~옳은 것을 2개만 고르면?' 등으로 끝난다. '~옳은 것을 모두 고르면?'은 정답이 제한되지 않은 방법이기 때문에 가장 어려운 문항 형식이라 볼 수 있다. 이때 '~옳은 것을 모두 고르면?'으로 물을 때 정답지가 1개만 있는 경우에는 '정답은 1개뿐일 수도 있음'을 제시해 주어야 한다. 다답형의 채점은 모두 골랐을 때에만 정답으로 처리하는 것이 바람직하다.

다음은 다답형의 한 예이다.

문제 로그의 계산 결과로서 옳은 것을 모두 고르면? (단, 정답은 1개뿐일 수도 있음)

① $2^{\log_4 2} = 4$　　② $\log 10 = 1$

③ $\log_3 \cos\frac{\pi}{2}=0$ ④ $\log_{10}\tan 45° = 0$

⑤ $\log_8 2 = \frac{1}{3}$

4) 단답형

단답형은 서답형에 포함되는 한 유형으로서, 간단한 단어, 구, 문장, 숫자 그림 등의 제한된 형태로 응답을 요구하는 문항형태이다(한국교육평가학회 편, 2004).

다음은 단답형의 한 예이다.

문제 조선의 4대 임금은 누구인가?

5) 서술형과 논술형

서술형과 논술형은 서답형에 포함되는 유형으로서, 단답형에 비해 긴 답을 요구한다는 점에서 공통된 부분이 있다. 그러나 서술형은 닫힌 문항인 반면, 논술형은 열린 문항이라는 점에서 구분된다. 닫힌 문항은 요구하는 정답이 정형화되어 있는 것으로서 채점기준에서 요구하는 내용이 답지에 포함되어 있을 때에만 긍정적인 평가를 받을 수 있다. 반면, 열린 문항에서는 특별히 정해진 정답이 없으며, 내용의 독창성 · 명료성 · 타당성, 주장의 일관성, 구성 및 논리적 체계 등을 통해 종합적으로 평가가 이루어진다.

서술형 문제 임진왜란이 주는 교훈을 쓰시오.

논술형 문제 체벌금지에 대한 자신의 의견을 밝히시오.

3. 문항 제작 시 유의사항

1) 선택형

다음은 선택형 문항 제작 시 유의해야 할 사항들이다.

① 정답지는 분명하고 오답지는 그럴듯하도록 만든다

선다형 문항에서 가장 중요한 것은 참, 거짓이 명확한 정답지를 만드는 것이다. 그리고 이에 못지않게 중요한 것은 매력적인 오답지를 만드는 것이다. 다음은 매력적인 오답지의 한 예이다.

문제 동상에 걸렸을 때 행할 수 있는 올바른 응급 처치 방법으로 가장 바람직한 것은?

수정 전		수정 후
① 술을 많이 먹인다.		① 깨끗하게 씻는다.
② 높은 온도로 가열한다.		② 난로나 히터에 쬔다.
③ 동상에 도움이 된다고 하는 모든 약을 먹인다.	➡	③ 따뜻한 홍차를 먹인다.
④ 얼음 찜질을 한다.		④ 동상 부위를 마사지한다.
<u>⑤</u> 미지근한 물에 담근다.		<u>⑤</u> 미지근한 물에 담근다.

수정 전의 답지는 오답으로서의 매력이 거의 없다. '술을 많이 먹인다.'는 '소량의 술을 먹인다.' 또는 '깨끗하게 씻는다.' 정도로 수정함으로써 오답의 매력도를 높일 수 있다. '높은 온도로 가열한다.'는 '난로나 히터로 쬔다.'로, '동상에 도움이 된다고 하는 모든 약을 먹인다.'는 '따뜻한 홍차를 먹인다.'로, '얼음 찜질을 한다.'는 '동상 부위를 마사지한다.' 정도로 바꾸는 것이 오답으로서의 기능을 극대화할 수 있을 것이다.

② 답지에 반복되는 말은 문두에 포함되도록 한다

답지에 반복되는 말이 있으면 문두를 수정함으로써 답지의 반복되는 부분이 없도록 하는 것이 바람직하다. 가능한 한 문두는 자세히 표현하고 답지는 간결하게 나타낼 수 있는 방법을 취하는 것이 좋다. 다음의 예에서 각 답지에서 반복되고 있는 '~를 높이기 위해서이다'라는 부분은 문두를 '이원분류표의 작성을 통해 제고하고자 하는 것은?'으로 수정한다면 모두 없앨 수 있다.

수정 전 문제 이원분류표를 작성하는 목적으로 볼 수 있는 것은?

① 객관도를 높이기 위해서이다.
② 실용도를 높이기 위해서이다.
③ 준거타당도를 높이기 위해서이다.
④ 내용타당도를 높이기 위해서이다.
⑤ 재검사 신뢰도를 높이기 위해서이다.

⬇

수정 후 문제 이원분류표의 작성을 통해 제고하고자 하는 것은?

① 객관도 ② 실용도
③ 준거타당도 ④ 내용타당도
⑤ 재검사 신뢰도

다음의 예에서는 각 답지에서 반복되고 있는 '내용타당도, 교차타당도, 예언타당도, 공인타당도'를 〈보기〉로 처리한다면 반복을 없앨 수 있다.

수정 전 문제 준거타당도에 해당하는 것으로만 묶인 것은?

① 내용타당도, 교차타당도 ② 내용타당도, 예언타당도
③ 교차타당도, 예언타당도 ④ 공인타당도, 교차타당도
⑤ 공인타당도, 예언타당도

⬇

수정 후 문제 준거타당도에 해당하는 것으로 옳은 것을 〈보기〉에서 고른 것은?

〈보기〉

ㄱ. 내용타당도 ㄴ. 교차타당도
ㄷ. 예언타당도 ㄹ. 공인타당도

① ㄱ, ㄴ ② ㄱ, ㄷ ③ ㄴ, ㄷ
④ ㄴ, ㄹ ⑤ ㄷ, ㄹ

③ 정답의 단서가 될 수 있는 요소들은 가능한 한 제거해야 한다

정답의 단서가 될 수 있는 요소는 다음과 같다.

첫째, 정답지는 오답지보다 긴 경우가 많다. 정답지의 경우 이견을 없애기 위해 오답지보다 자세하게 진술하려는 경향이 생기고 결국 정답지는 오답지보다 길어질 가능성이 커진다. 그러므로 가능한 한 답지 길이는 유사하게 할 필요가 있다. 그렇다고 오답지보다 더 긴 정답지를 가진 문항이 절대로 있어서는 안 된다는 것은 아니다. 다만, 전체 검사에서 답지 길이가 가장 긴 것이 정답인 문항 수가 지나치게 많은 것은 아닌지는 확인할 필요가 있다.

둘째, 〈보기〉에서 다른 개수의 항목을 선택하여 답지를 구성한 합답형의 경우, ‘①번 답지’가 정답이 될 가능성이 상대적으로 낮다. 정답의 위치가 편향되거나 정답에 일정한 패턴이 있는 경우는 바람직하지 않다.

셋째, ‘모두’ ‘확실히’ ‘결코’ ‘절대로’ ‘반드시’ ‘언제나’ ‘항상’ ‘전혀’ ‘아무것도’ ‘~만’ 등의 절대적 의미의 어구가 포함된 답지는 거짓일 가능성이 높다. 반대로 ‘일반적으로’ ‘대체로’ ‘~인 경향이 있다’ ‘가끔’ 등의 일반적 의미의 어구가 포함된 답지는 참일 가능성이 높기 때문에 가능한 한 사용하지 말아야 한다. 그렇다고 이러한 어구가 포함된 답지를 절대로 사용해서 안 된다는 것은 아니다. 경우에 따라서 사용해야 하는 경우도 있을 수 있다.

넷째, 불완전 문장형에서 ‘조사’가 단서를 줄 수도 있다. ‘□이 거북선을 만들었다.’라는 불완전 문장형의 답지로서 ‘이이’와 ‘이순신’이 있었다면, ‘이이’는 절대로 정답이 될 수 없을 것이다. 이러한 경우에는 ‘□이/가 거북선을 만들었다.’로 제시해야 할 것이다.

④ 답지 배열은 논리적 순서로 배열하도록 한다

답지 배열은 논리적 순서로 배열하되, 논리적 순서가 없는 경우에는 짧은 것부터 긴 것 순으로 배열하도록 한다. 다음의 두 가지 예는 모두 논리적 순서가 있는 답지이다. 그러므로 이 경우에는 답지 배열을 논리적 순서로 배열하는 것이 바람직하다. 답지 배열을 논리적 순서로 배열하지 않으면 주의력이 약한 학생에게 불리하게 작용할 수 있다. 주의력이 평가의 목적이 아니기 때문에 답지는 논리적 순서로 배열함으로써 학생에게 혼동을 방지하고 불필요한 시간을 낭비하지 않도록 해야 한다.

수정 전 답지

① 압력은 증가하지만 분자 수는 감소한다.
② 압력과 분자 수는 모두 증가한다.
③ 압력은 감소하지만 분자 수는 증가한다.
④ 압력과 분자 수는 모두 감소한다.

⬇

수정 후 답지

① 압력과 분자 수는 모두 감소한다.
② 압력과 분자 수는 모두 증가한다.
③ 압력은 감소하지만 분자 수는 증가한다.
④ 압력은 증가하지만 분자 수는 감소한다.

수정 전 답지

① 가을 ② 봄 ③ 겨울 ④ 여름

⬇

수정 후 답지

① 봄 ② 여름 ③ 가을 ④ 겨울

답지들이 논리적 순서가 없는 경우라면, 짧은 답지부터 긴 답지 순으로 배열하는 것이 심리적으로 안정감을 주고 가독성도 더 높일 수 있다. 다음은 이에 대한 한 예이다.

수정 전 문제 더 높은 신뢰도 추정을 위한 방안으로 볼 수 있는 것은?

① 피험자 수준을 동질적으로 구성한다.
② 동형검사 신뢰도 추정방법을 이용한다.
③ 문항 수를 늘린다.
④ 문항 내용을 이질적으로 구성한다.

⬇

수정 후 문제 더 높은 신뢰도 추정을 위한 방안으로 볼 수 있는 것은?

① 문항 수를 늘린다.
② 문항 내용을 이질적으로 구성한다.
③ 피험자 수준을 동질적으로 구성한다.
④ 동형검사 신뢰도 추정방법을 이용한다.

⑤ 답지는 동질성, 상호배타성, 포괄성의 원칙이 지켜져야 한다

답지는 다음과 같은 분류의 세 가지 원칙이 지켜져야 한다. 첫째, 동질성의 원칙이다. 동질성이란 하위수준으로 나누어 놓은 각 유목 간에 상호 논리적인 일관성이 있어야 함을 의미한다. 예컨대, 지역을 '① 대도시, ② 중·소도시, ③ 읍·면지역, ④ 온대지역'으로 분류했다면 ④번 답지는 동질성이 없기에 바람직하지 않다.

둘째, 상호 배타성의 원칙이다. 상호 배타성이란 어느 한 변수를 나누어 놓은 유목들끼리 서로 중복되지 않도록 하는 것이다. 예컨대, 월수입을 '① 200만 원 미만, ② 150만 원 이상 300만 원 미만, ③ 300만 원 이상 400만 원 미만, ④ 500만 원 이상'으로 분류했다면 ①번 답지와 ②번 답지는 상호 배타성의 원칙이 지켜지지 않았다.

셋째, 포괄성의 원칙이다. 포괄성이란 어느 한 변수의 하위수준으로 구분하여 놓은 유목들 속에 모든 사례가 포함되도록 하는 것이다. 예컨대, 종교를 '① 기독교, ② 천주교, ③ 불교, ④ 천도교'로 분류했다면, 이슬람교, 무교 등의 종교가 존재하므로 포괄성의 원칙이 지켜지지 않았다고 볼 수 있다. 선다형의 답지 구성에서 포괄성의 원칙은 반드시 지켜지지 않아도 무방하다. 예컨대, '손병희를 교주로 하는 종교는?'이라는 문구에는 '① 기독교, ② 천주교, ③ 불교, ④ 천도교'를 답지로 구성해도 상관없다.

특히 답지들 간에 포함관계가 있으면 오답 시비가 생길 수 있다. 예컨대, 평행사변형의 정의를 알고 있는지 평가하기 위해 다음과 같은 문항을 제작하였다면, 이 문항은 '② 평행사변형'뿐만 아니라 평행사변형에 포함되는 사각형인 '③ 마름모, ④ 직사각형, ⑤ 정사각형'도 모두 정답으로 간주해야 한다.

포함 관계를 가진 답지들로 구성된 문제 두 쌍의 대변이 서로 평행인 사각형은?

① 사다리꼴 ② 평행사변형 ③ 마름모
④ 직사각형 ⑤ 정사각형

⑥ 지나치게 특수한 정보는 피하도록 한다

지나치게 특수한 정보는 묻는 문항은 피하고 다양한 특수 장면에 적용할 수 있는 일반적 지식을 평가할 수 있는 문항을 제작하도록 해야 한다. 다음 문항과 같이 갑오개혁이 발생한 연도를 직접 묻는 것은 지나치게 특수한 정보에 관한 질문이다. 이에 비해서 시기적으로 세 번째 발생한 사건을 묻는다면, 사건 간의 인과적인 관계를 이해하고 있어야 답할 수 있기 때문에 좀 더 일반적인 지식을 평가할 수 있을 것이다.

수정 전 문제 갑오개혁이 발생한 연도는?

① 1892년 ② 1893년 ③ 1894년 ④ 1895년

⬇

수정 후 문제 다음 중에서 시기적으로 세 번째에 발생한 사건은?

① 청일전쟁 ② 을미사변 ③ 갑오개혁 ④ 동학혁명

⑦ 가능한 한 교과서 용어를 그대로 이용하지 않도록 한다. 특히 가능한 한 전문적인 용어는 사용하지 않도록 한다

학생들이 암기식으로 공부하지 않도록 하기 위해 가능한 한 교과서 용어를 그대로 이용하지 말고 그 의미를 풀어서 제시하는 것이 바람직하다. 예컨대, '내용타당도가 높을수록 신뢰도는 높아진다.'라고 교과서에 기술되어 있다면, 내용타당도의 개념을 활용하여 '내용영역과 행동영역을 골고루 측정하는 문항으로 구성된 검사일수록 신뢰도는 높아진다.'라고 변환해서 제시하는 것이 바람직하다.

또한 그림, 도표 등을 적극 활용함으로써 이론적인 지식을 실제 자료에 응용할 수 있는지도 평가할 필요가 있다. 예컨대, 다음과 같이 '모든 학생이 정답하거나 오답한 문항의 변별도는 0이다.'라는 식의 이론적인 답지를 제시하는 것보다는 문항별 평균과 표준편차를 주고 '문항3과 문항4의 변별도는 0이다.'라는 식으로 답지를 제시하는 것이 더 바람직하다.

수정 전 답지

① 모든 학생이 정답을 하거나 오답을 한 문항의 변별도는 0이다.

⬇

수정 후 답지

문항	평균(만점: 4.0)	표준편차
문항1	0.8	1.6
문항2	3.4	1.4
문항3	0	0
문항4	4.0	0

① 문항3과 문항4의 변별도는 0이다.

⑧ 문두에 대한 답지의 호응이 적절하고 답지의 문법적 구조는 동일하도록 해야 한다

다음은 문두에 대한 답지의 호응이 적절하도록 수정한 것의 한 예이다.

수정 전 문제 세포는 일정한 크기가 되면 분열이 일어난다. 그 이유를 가장 잘 설명한 것은?

① 세포가 많을수록 몸이 커진다.
② 세포의 크기가 커지면 물질의 흡수에 비효율적이다.
③ 세포가 클수록 부피에 대한 표면적의 비율이 증가한다.
④ 세포의 종류에 따라 크기가 다양한 것이 생명유지에 유리하다.
⑤ 세포가 크면 너무 많은 물질을 포함하게 되어 생물이 비대해진다.

⬇

수정 후 문제 세포는 일정한 크기가 되면 분열이 일어난다. 그 이유를 가장 잘 설명한 것은?

① 세포가 많아져야 몸도 커질 수 있기 때문에
② 세포의 크기가 커지면 물질 흡수의 효율성이 떨어지기 때문에
③ 세포의 크기가 커지면 부피에 대한 표면적의 비율이 증가하기 때문에
④ 세포 분열로 조직에 따른 세포의 크기가 다양해지면 생명 유지가 더 유리하기 때문에
⑤ 세포의 크기가 커지면 많은 물질을 포함하게 되어 생물이 비대해지기 때문에

다음은 답지의 문법적 구조를 동일하도록 한 것의 한 예이다.

수정 전 문제 더 높은 신뢰도 추정을 위한 방안으로 볼 수 있는 것은?

① 문항 수　　② 이질적인 문항 내용
③ 동질적인 피험자 수준　　④ 동형검사 추정방법을 사용한다.

⬇

수정 후 문제 더 높은 신뢰도 추정을 위한 방안으로 볼 수 있는 것은?

① 문항 수를 늘린다.
② 문항 내용을 이질적으로 구성한다.
③ 피험자 수준을 동질적으로 구성한다.
④ 동형검사 신뢰도 추정방법을 이용한다.

⑨ 문두에 용어를, 답지에 정의나 개념을 나열하도록 한다

용어의 정의나 개념을 다루는 문항에서는 가능한 한 문두에 '용어'를, 답지에 '정의'나 '개념'을 나열하는 것이 고등정신능력을 측정하는 데 더 바람직하다.

수정 전 문제 두 쌍의 대변의 길이가 같은 사각형은?

① 정사각형　　② 직사각형
③ 평행사변형　　④ 마름모

⬇

수정 후 문제 평행사변형의 성질로 보기 어려운 것은?

① 두 쌍의 대변이 서로 평행함
② 두 쌍의 대각의 크기가 같음
③ 이웃하는 두 내각의 합은 180도임
④ 두 쌍의 대각의 합은 180도임

⑩ 문항은 가능한 한 단순하게 제시하되, 조건이 부족하지 않도록 해야 한다

문두 중에서 질문에 관련되지 않는 내용은 가능한 한 제외하는 것이 바람직하다. 그러나 너무 많이 생략함으로써 조건이 부족하게 되면 여러 가지 답지가 정답이 될 수 있음에 유의해야 한다. 다음의 예는 문두 중에서 '대학수학능력시험을 응시하였다.' 등과 같이 질

문에 직접적으로 관련되지 않는 내용은 제외하는 것이 바람직함을 보여 준다.

수정 전 문제 지난 번 대학수학능력시험에서 수험생들은 제2외국어 중에서 한 과목을 선택하여 응시하였다고 한다. 과목별로 100점 만점 환산점수로 채점한 결과, 독일어 점수는 정적편포, 일본어 점수는 부적편포를 이루고 있었다. $T = 10[\frac{X-\mu}{\sigma}] + 50$ (X: 원점수, μ: X의 평균, σ: X의 표준편차)를 활용하여 과목별 점수를 T점수로 변환하였다고 할 때, 〈보기〉에서 옳은 것만을 있는 대로 고른 것은?

⬇

수정 후 문제 독일어의 원점수 분포는 정적편포를 이루고 일본어의 원점수 분포는 부적편포를 이루고 있었다. 다음 식을 활용하여 이 두 과목의 과목별 점수를 T점수로 변환하였다. T점수로 변환한 결과에 대한 예측으로 옳은 것만을 〈보기〉에서 있는 대로 고른 것은?

$T = 10[\frac{X-\mu}{\sigma}] + 50$ (X: 원점수, μ: X의 평균, σ: X의 표준편차)

출처: 2010학년도 중등임용시험

다음의 예는 '우리나라 교육과정'과 같이 조건이 지나치게 열려 있는 경우, 오류의 가능성이 생길 수 있기 때문에 '우리나라 제7차 교육과정'과 같이 그 범위를 좁혀 주어야 함을 보여 준다. 사회과학에서는 절대적인 진리가 많지 않기 때문에 선다형 문항에서는 '프로이트(S. Freud)의 정신분석이론에 의하면' 등과 같이 조건을 반드시 주어야 하는 경우가 종종 발생한다.

수정 전 문제 우리나라 교육과정 운영의 기본 방향으로 옳은 것은?

⬇

수정 후 문제 우리나라 제7차 교육과정 운영의 기본 방향으로 옳은 것은?

⑪ 질적인 표현보다는 정확한 수량적 표현을 하는 것이 바람직하다

'조금' '약간' '거의' '많다' '적다' '대부분' 등의 질적인 표현의 부사 또는 형용사는 사람마다 그 의미 정도가 차이가 있기 때문에 오해를 가져올 수 있으므로 삼가는 것이 좋다.

⑫ 대학수학능력시험에서는 '모두 정답' 또는 '정답 없음'이라는 답지를 사용하지 않는다

그러나 황정규(2005)는 '정답 없음'에 대해서는 사용을 장려하고 있다.

⑬ 간단하고 명료하게 진술해야 한다

종속절이 많이 포함된 문장이나 수식어가 지나치게 많이 포함된 문장은 출제 의도와 상관없는 '피험자의 독해능력'을 측정하게 될 가능성이 높기 때문에 바람직하지 않다.

2) 서답형

다음은 서답형 문항 제작 시 유의해야 할 사항들이다.

① 질문에서 어떠한 답을 원하는지 알 수 있도록 묻는 용어를 정확히 사용해야 한다

다음 예에서 '세계에서 가장 높은 건물은 어디에 있는가?'라는 문제는 요구하는 답이 무엇인지를 정확히 알 수 없다. 이 경우 '세계에서 가장 높은 건물은 어느 나라에 있는가?' 등으로 수정할 필요가 있다.

수정 전 문제 세계에서 가장 높은 건물은 어디에 있는가?

⬇

수정 후 문제 세계에서 가장 높은 건물은 어느 나라에 있는가?

② 정답의 수는 될 수 있는 대로 제한하는 것이 바람직하다

정답으로 여러 가지가 예측되는 경우에는 그 수를 제한하는 것이 바람직하다. 다음의 예에서 '소비자 물가를 오르게 하는 주된 원인을 쓰시오.'라는 문제는 '우리나라의 소비자 물가를 오르게 하는 주된 원인 3가지를 쓰시오.'라고 수정하는 것이 요구된다. '3가지를 쓰시오.'와 같이 정답을 제한하게 되면 앞에서부터 3가지까지만 채점을 하게 되며, 이후의 내용은 채점에서 제외하는 것이 일반적이다.

수정 전 문제 소비자 물가를 오르게 하는 주된 원인을 쓰시오.

⬇

수정 후 문제 우리나라의 소비자 물가를 오르게 하는 주된 원인 3가지를 쓰시오.

③ 논술형 문항의 경우, 최대한 자유로운 반응을 허용하되 문항이 요구하는 영역을 규정하고 제한함으로써 지나치게 자유로운 반응을 하지 않도록 할 필요가 있다

다음의 예에서 '임진왜란을 설명하시오.' '신뢰도에 대해서 서술하시오.' 등의 문제는 지나치게 자유롭게 반응하도록 함으로써 채점에 어려움이 있을 수 있다. 이 경우 '임진왜란이 우리에게 주는 시사점을 논하시오.' '신뢰도의 정의를 100자 내외로 기술하고, 신뢰도를 높이기 위한 방안 3가지를 서술하시오.'와 같이 답안 작성방법을 가능한 한 구체적으로 제시하는 것이 바람직하다. 특히 논술형인 경우 '1,000자 내외로 논술할 것'과 같이 응답의 길이도 제한할 필요가 있다.

수정 전 문제 임진왜란을 설명하시오.

⬇

수정 후 문제 임진왜란이 우리에게 주는 시사점을 논하시오.

수정 전 문제 신뢰도에 대해서 서술하시오.

⬇

수정 후 문제 신뢰도의 정의를 100자 내외로 기술하고, 신뢰도를 높이기 위한 방안 3가지를 서술하시오.

④ 계산 문제의 경우 정답이 되기 위한 조건(계산의 정확성 정도나 계산절차의 수준)을 명시할 필요가 있다

정답이 1/3일 때, 0.3, 약 0.3, 2/6, $0.\dot{3}$, 0.333…, 0.333 등의 다양한 유사 정답이 나타날 수 있으며, 채점 과정에서 이를 어떻게 처리해야 할지 고민스러운 경우가 있다. 이러한 문

제점을 최소화하기 위해서는 '…의 값을 소수 두 번째 자리에서 반올림하시오.' 등으로 답안 제시방법을 제한할 필요가 있다.

> **문제** …… 의 값을 소수 두 번째 자리에서 반올림하시오.
>
> **문제** …… 를 유리수 계수 범위에서 인수분해하시오.

⑤ 정답에 단위가 있는 경우 답란에 단위를 표기해 주는 것이 바람직하다

다음의 예는 '유진이 창원까지 가는 데 걸린 시간'을 묻고 있다. 이에 대해 150분, 2.5시간, 2시간 30분 등의 다양한 답을 기대할 수 있다. 이때 단위를 쓰지 않고 숫자만 쓴 피험자의 답을 어떻게 처리해야 할 것인지는 그 결정이 쉽지 않다. 이러한 문제점을 방지하기 위해서는 답란에 '__시간 __분'과 같이 단위를 써 주는 것이 도움이 된다.

> **문제** 유진은 오늘 아침 6시 30분에 출발하여 창원에 오전 9시에 도착했다. 걸린 시간은?
>
> 답: ________시간 ________분

⑥ 앞의 문항이 뒤에 오는 문항의 풀이에 대한 단서와 방향을 제시할 수 있는 세트형 문항 형식을 적극 활용할 필요가 있다

앞의 문항이 뒤에 오는 문항의 풀이에 대한 단서와 방향을 제시할 수 있는 세트형 문항 형식을 활용하면 평가의 교육적 기능을 극대화할 수 있다는 점에서 적극 추천할 만하다. 예컨대, 2×2×2×2의 값을 구하게 한 다음 $2^3 \times 2^5$의 값을 구하게 하면 앞 문항의 풀이가 교육적 기능을 하게 하여 뒤 문항 풀이에 도움을 주게 된다. 그러나 앞 문항에서 오답한 것이 뒤 문항에 영향을 주는 형식은 피해야 한다. 예컨대, 2+3의 값을 구하라는 것과 이에 대한 이진수 값을 구하라는 것은 앞 문항이 뒤 문항에 교육적 기능을 하지 못한다. 오히려 앞 문항에서 오답을 하면 자동적으로 뒤 문항도 오답을 하게 되는 구조이기에 검사 문항 수가 줄어드는 요인으로 작용하여 결국 신뢰도에도 부정적인 영향을 주게 된다.

앞 문항이 뒤 문항의 풀이에 단서와 방향을 제시해 주는 세트형 문제

1. 다음 물음에 답하시오. (총 2점)

(1) 2×2×2×2의 값은? (2) $2^3 \times 2^5$의 값은?

앞 문항에서 오답한 것이 뒤 문항에 영향을 주는 세트형 문제

1. 다음 물음에 답하시오. (총 2점)

(1) 2+3의 값은? (2) 이를 이진수로 나타내면?

⑦ 채점기준은 문항 제작 과정에서 엄격하게 구성한 후, 채점 과정에서 수정 · 보완하는 것이 원칙이다

서답형은 문항 제작보다 채점기준(rubric) 작성이 더 어렵다. 다른 교사가 채점하더라도 비슷한 점수가 나올 수 있도록 채점기준은 가능한 한 분석적이고 구체적이어야 한다. 채점기준은 〈표 8-5〉와 같이 평가요소, 배점, 평가기준(또는 성취 수준) 등으로 구성되며, 시험 전에 미리 작성하고 채점 과정에 부분적으로 수정하는 것이 원칙이다.

채점은 통합적 접근과 분석적 접근 중 상황에 따라서 선택하여 사용할 수 있다. 통합적(holistic) 접근은 평가영역을 나누지 않고 통합적으로 평가하는 접근방법이고, 분석적(analytic) 접근은 평가영역을 2개 이상 나누어 평가하는 접근방법이다.

〈표 8-5〉 채점기준의 실례

구분	평가요소	배점	평가기준(또는 성취 수준)		기타
개인 평가	공책 정리	5점	A: 수업내용, 과제를 성실히 정리한 경우	5점	*제출 날짜를 지나 제출한 경우 1점 감점함
			B: 수업내용, 과제 중 한 가지만 수행한 경우	4점	
			C: 전체 내용을 성의 없이 기록한 경우	3점	
			D: 제출하지 않은 경우	0점	

모둠 평가	우리 지역의 발전 방안 찾기	10점	A: 발전 방안 5가지와 그 이유를 논리적으로 발표한 경우	10점	*모둠활동에 적극 참여하지 않은 학생은 1점 감점
			B: 논리성이 부족하나 발전 방안 5가지를 발표한 경우	9점	
			C: 논리성도 부족하고 발전 방안 5가지도 준비하지 못한 경우	8점	
			D: 발표하지 않은 경우	0점	
	중부 지방의 내용으로 노래 가사 바꿔 부르기	10점	A: 가사내용 전달, 협동성, 독창성 모두 양호한 경우	10점	
			B: 2가지 면에서 양호한 경우	9점	
			C: 1가지 면에서 양호한 경우	8점	
			D: 모든 면이 미흡한 경우	7점	
			E: 발표하지 않은 경우	0점	

⑧ 여러 명이 채점을 할 경우, 학생단위보다는 문항단위로 채점하는 것이 바람직하다

⑨ 채점 결과는 가능한 빨리 공개한 후, 질의 응답을 함으로써 학생들의 불만을 최소화해야 한다

⑩ 여러 개 중에서 피험자가 하나를 선택하여 답안을 작성하도록 하는 것은 바람직하지 않다

다음의 예와 같이 여러 개 중에서 피험자가 하나를 선택하여 답안을 작성하도록 하는 유형은 가급적 사용하지 않는 것이 바람직하다. 이러한 유형에서 얻은 채점점수는 피험자의 서로 다른 능력을 나타내기 때문에 신뢰성과 타당성 문제를 야기하게 되기 때문이다.

여러 개 중에서 하나를 선택하여 답안을 작성하도록 하는 문제

1. 다음 중 한 문항을 골라 1,000자를 최대한 활용하여 서술하시오.

○ 현실적으로 성장과 분배가 동시에 이루어지기 어려운 원인에 대하여 논술하시오.
○ 친일파 후손의 땅 찾기 소송과 관련하여 자신의 견해를 논술하시오.
○ 이중 국적 허용 여부에 대한 자신의 생각을 밝히시오.

4. 문항 편집 지침

문항의 형식으로 가장 많이 활용되는 선다형을 기준으로 문항 편집 지침을 제시하면 다음과 같다.

① 문항 번호는 1, 2, 3 등으로, 답지는 ①, ②, ③ 등으로 나타낸다

② 문두는 초등학교의 경우 완전 문장으로, 중학교 이상의 경우 불완전 문장 형식으로 나타낸다

완전 문장의 문두 ~로 알맞은 것은 어느 것입니까?

불완전 문장의 문두 ~로 알맞은 것은?

③ 부정형일 때에는 부정하는 형용사/부사 부분에만 밑줄을 친다. 그러나 '가장' '모두' 등에는 밑줄을 긋지 않도록 한다

부정형 문항의 문두 예시

ㅇ ~와 거리가 <u>먼</u> 것은?
ㅇ ~로 <u>부적절한</u> 것은?
ㅇ ~로 옳지 <u>않은</u> 것은?
ㅇ ~로 <u>잘못</u> 기술한 것은?

④ 문두에 표가 포함되어 있는 경우, 다음의 두 가지 원칙을 따른다

첫째, 표 속에 있는 항목이 단순히 나열되어 있는 것이면 'ㅇ'를 활용하여 항목을 제시한다. 둘째, 합답형과 같이 표 속에 있는 항목 중에서 옳은 것을 선택하는 경우에는 ㄱ, ㄴ, ㄷ 등으로 항목을 제시한다.

문제 다음의 내용이 공통적으로 지칭하는 것은?

○ 이원분류표의 작성
○ 체계적 오차의 제거
○ 높은 신뢰도가 되기 위한 충분조건
○ 측정하고자 하는 것을 제대로 측정하고 있는지의 정도

① 신뢰도 ② 타당도 ③ 객관도 ④ 실용도

문제 준거타당도에 해당하는 것을 〈보기〉에서 고른 것은?

〈보기〉

ㄱ. 예언타당도 ㄴ. 교차타당도
ㄷ. 내용타당도 ㄹ. 공인타당도

① ㄱ, ㄷ ② ㄱ, ㄹ ③ ㄴ, ㄷ ④ ㄴ, ㄹ

⑤ 답지에 두 개 이상의 요소가 포함된 경우에는 각각의 요소에 (가), (나) 등의 기호를 붙이고 각 기호에는 밑줄을 긋는다

문제 (가)와 (나)에 해당하는 ~을 바르게 짝지은 것은?

(가) …………
(나) …………

	(가)	(나)
①	…………	…………
②	…………	…………
③	…………	…………
④	…………	…………

5. 문항 검토의 실례

다음은 수정 전 문제와 그에 대한 검토의견 및 수정 후 문제의 실제 예이다.

수정 전 문제 신뢰도를 제고하기 위한 방안으로 옳은 것을 〈보기〉에서 고른 것은?

〈보기〉

ㄱ. 문항 수를 늘린다.
ㄴ. 문항 내용을 동질적으로 구성한다.
ㄷ. 피험자 수준을 이질적으로 구성한다.
ㄹ. 동형검사 신뢰도 추정방법을 이용한다.

① ㄱ, ㄴ, ㄷ
② ㄱ, ㄴ, ㄹ
③ ㄱ, ㄷ, ㄹ
④ ㄴ, ㄷ, ㄹ

〈검토의견〉
o 굳이 합답형 형식을 취할 필요가 없다.

⬇

수정 후 문제 신뢰도를 제고하기 위한 방안이 아닌 것은?

① 문항 수를 늘린다.
② 문항 내용을 동질적으로 구성한다.
③ 피험자 수준을 이질적으로 구성한다.
④ 동형검사 신뢰도 추정방법을 이용한다.

수정 전 문제 신뢰도를 제고하기 위한 방안만을 〈보기〉에서 있는 대로 고른 것은?

〈보기〉

ㄱ. 문항 수를 늘린다.
ㄴ. 문항 내용을 동질적으로 구성한다.
ㄷ. 피험자 수준을 이질적으로 구성한다.
ㄹ. 동형검사 신뢰도 추정방법을 이용한다.

① ㄱ
② ㄱ, ㄴ
③ ㄱ, ㄴ, ㄷ
④ ㄱ, ㄴ, ㄷ, ㄹ

〈검토의견〉
답지에 ㄱ이 모두 포함되어 있기 때문에 〈보기〉에서 ㄱ이 있을 필요가 없다.

⬇

수정 후 문제 신뢰도를 제고하기 위한 방안으로 옳은 것을 〈보기〉에서 고른 것은?

〈보기〉

ㄱ. 문항 수를 늘린다.
ㄴ. 문항 내용을 동질적으로 구성한다.
ㄷ. 피험자 수준을 동질적으로 구성한다.
ㄹ. 동형검사 신뢰도 추정방법을 이용한다.

① ㄱ, ㄴ
② ㄱ, ㄹ
③ ㄴ, ㄷ
④ ㄷ, ㄹ

수정 전 문제 홍길동전에 등장하는 인물에 대한 묘사로 옳은 것만을 〈보기〉에서 있는 대로 고른 것은?

〈보기〉
ㄱ. 홍길동과 허이녹은 모두 긍정적 사고를 한다.
ㄴ. 홍길동은 민주주의자이다.
ㄷ. 허이녹은 염세주의자이다.

① ㄱ, ㄴ ② ㄱ, ㄷ ③ ㄴ, ㄷ ④ ㄱ, ㄴ, ㄷ

〈검토의견〉
ㄱ과 ㄷ은 상반된 것이기에 ㄱ, ㄷ이 동시에 참이 될 수 없다. 즉, 답지 중에서 ②와 ④는 정답지가 될 수 없다. 답지 구성이 정답에 대한 단서를 주는 것은 바람직하지 않다.

⬇

수정 후 문제 홍길동전에 등장하는 인물에 대한 묘사로 옳은 것만을 〈보기〉에서 있는 대로 고른 것은?

〈보기〉
ㄱ. 홍길동은 긍정적 사고를 한다.
ㄴ. 홍길동은 민주주의자이다.
ㄷ. 허이녹은 염세주의자이다.

① ㄱ, ㄴ ② ㄱ, ㄷ ③ ㄴ, ㄷ ④ ㄱ, ㄴ, ㄷ

수정 전 문제 다음 글에서 영태가 대립되는 두 가치에서 선택한 가치는 무엇인가?

영태는 의사가 되라는 부모님의 권유에도 불구하고, 천문학자가 되겠다는 자신의 꿈을 실현하기로 결심했다.

① 충성 ② 효도 ③ 정의
④ 자유 의지 ⑤ 양심

〈검토의견〉
- 문두를 수정할 필요가 있다.
- 충성, 정의, 양심 등은 오답의 매력도가 없다.
- 개념을 문두에 두고 정의 또는 예시를 답지에 두는 것이 고등사고능력을 평가하는 데 더 유리하다.

⬇

(수정 후 문제 1) 다음 글은 자신의 장래에 관한 영태의 결심을 기술한 것이다. 영태의 결심이 추구하고 있는 가치는?

> 영태는 의사가 되라는 부모님의 권유에도 불구하고, 천문학자가 되겠다는 자신의 꿈을 실현하기로 결심했다.

① 행복 추구 ② 효도 ③ 직업적 소명의식
④ 자유의지 ⑤ 청빈

⬇

(수정 후 문제 2) 자유의지를 추구하고 있다고 볼 수 있는 것은?

① 의사가 되라는 부모님의 권유에도 불구하고, 천문학자가 되겠다는 자신의 꿈을 실현하기로 결심했다.
② ………
③ ………
④ ………

(수정 전 문제) 등변사다리꼴 ABCD의 각 변의 중점을 E, F, G, H라 하고 □EFGH의 각 변의 중점을 P, Q, R, S라 할 때, □PQRS는 어떤 사각형인가?

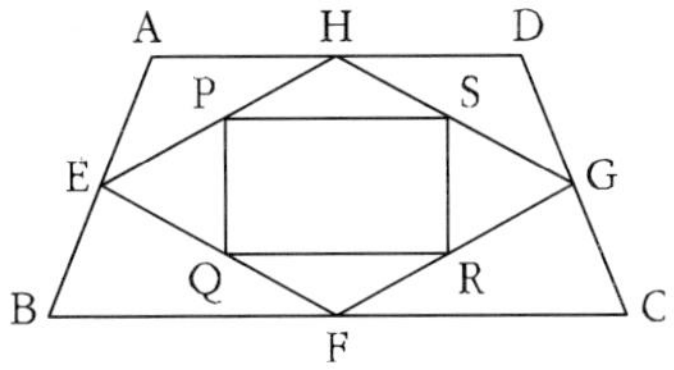

① 사다리꼴 ② 평행사변형 ③ 마름모
④ 직사각형 ⑤ 정사각형

〈검토의견〉
- 답지가 포함관계로 구성되는 것은 바람직하지 않다. 위 문제에서는 ①, ②도 정답이 될 수 있다.
- 그림이 정보가 될 수 있다.

⬇

수정 후 문제 등변사다리꼴 ABCD의 각 변의 중점을 연결하여 □EFGH를 얻었다. 마찬가지 방법으로 □EFGH의 각 변의 중점을 연결하여 □PQRS를 얻었다. □PQRS에 대한 설명으로 옳은 것만을 〈보기〉에서 있는 대로 고른 것은?

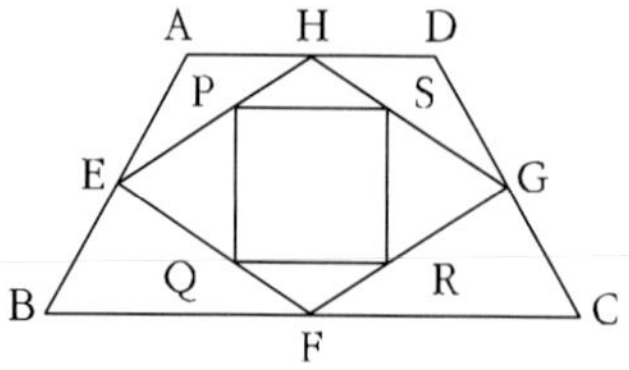

〈보기〉

ㄱ. 네 각의 크기는 같다.
ㄴ. 이웃하는 두 변의 길이는 같다.
ㄷ. 두 대각선은 서로 직교한다.

① ㄱ ② ㄷ ③ ㄱ, ㄴ
④ ㄴ, ㄷ ⑤ ㄱ, ㄴ, ㄷ

수정 전 문제 △DEF는 △ABC를 2배로 확대한 것이다. 다음 중 옳지 않은 것은?

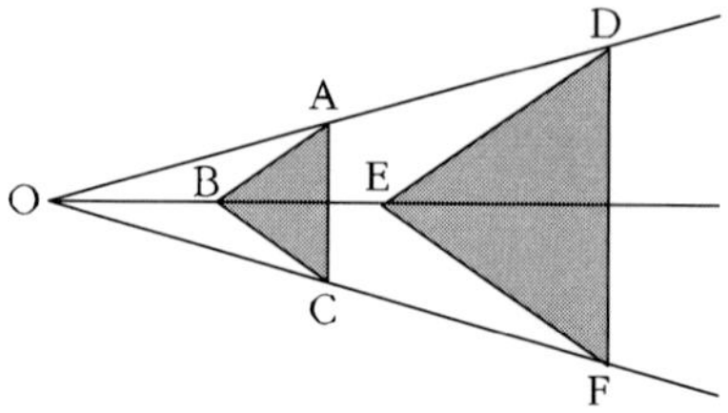

① 점 O는 두 삼각형의 닮음의 중심이다.
② $\overline{OA}:\overline{OD}=1:2$ ③ $\overline{AC}//\overline{DF}$
④ $\overline{BC}:\overline{EF}=1:2$ ⑤ $\angle ABC:\angle DEF=1:2$

〈검토의견〉
○ 2배로 확대한 것이 '넓이'일 수 있다. 그렇다면 닮음비는 $1:\sqrt{2}$ 라고 볼 수 있다.
○ '넓이를 2배로 확대한 것'이라면 닮은도형이 아닐 수도 있다.

⬇

수정 후 문제 1 △ABC와 △DEF는 닮음비가 1:2인 닮은도형이라 할 때, 다음 중 옳지 않은 것은?

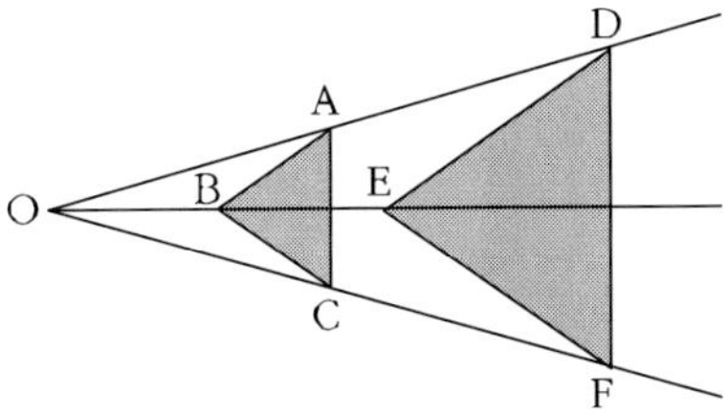

① 점 O는 두 삼각형의 닮음의 중심이다.

② $\overline{OA}:\overline{OD}=1:2$

③ $\overline{AC}//\overline{DF}$

④ $\overline{BC}:\overline{EF}=1:2$

⑤ $\angle ABC:\angle DEF=1:2$

⬇

수정 후 문제 2 그림에서 △ABC와 △DEF는 다음 표와 같은 조건을 만족한다고 할 때, 옳은 것만을 〈보기〉에서 있는 대로 고른 것은?

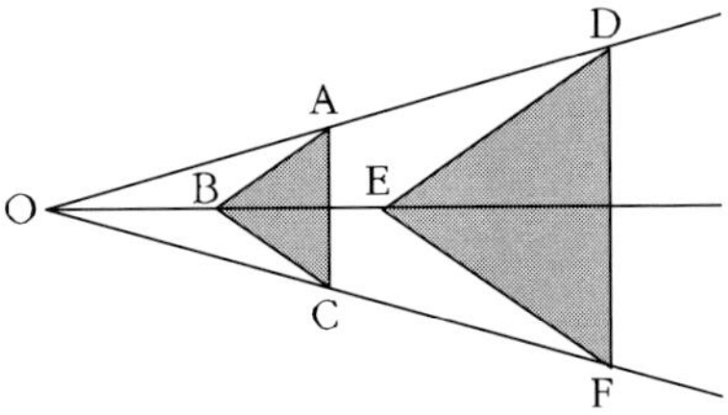

○ △ABC와 △DEF를 포함하는 평면을 각각 α, β라 할 때, $\alpha//\beta$이다.
○ 점 O가 광원이라 할 때, △DEF는 △ABC에 대한 그림자이다.
○ 점 O에서 △ABC와 △DEF가 포함된 평면까지의 거리의 비는 1:2이다.

〈보기〉

ㄱ. $\overline{OA}:\overline{OD}=1:2$
ㄴ. $\angle ABC:\angle DEF=1:2$
ㄷ. △ABC가 α 상에서 이동하더라도 △DEF의 넓이는 변하지 않는다.

① ㄴ
② ㄷ
③ ㄱ, ㄴ
④ ㄱ, ㄷ
⑤ ㄱ, ㄴ, ㄷ

연구과제

1. 검사도구 개발절차를 약술하시오.
2. 논리적 검토와 경험적 검토의 예 2가지를 기술하시오.
3. 최선답형, 정답형, 합답형, 불완전 문장형의 문항을 각각 하나씩 제작하시오.
4. 합답형의 장점과 단점을 각각 2가지씩 기술하시오.
5. 선다형과 서답형 문항 제작에 있어서 유의해야 할 점을 각각 5가지씩 약술하시오.

제9장

수행평가

1. 수행평가 정책의 변화와 학교교육의 현실

학교교육에서 학생평가의 방식은 평가의 논리와 철학에 따라 달라질 수 있으며, 어떤 특정한 이론이나 논리에 입각한 하나의 유일한 평가 방식이 마치 만병통치약처럼 존재할 수는 없다. 어떠한 평가 방식이든지 장단점을 동시에 가지고 있기 때문에 그에 대한 명확한 이해를 토대로 교육현실에 적용하는 것이 무엇보다도 중요하다.

우리나라의 학교교육에서 지난 수십 년간 적용해 온 객관식 선택형 평가 방식은 학생평가의 객관성과 공정성, 그리고 신뢰성과 투명성을 보장함으로써 교육발전과 사회정의를 실현하는 데 나름대로 중요한 역할을 해 온 것이 사실이다. 객관식 선택형 평가 방식 자체가 객관성과 공정성 그리고 신뢰성과 투명성을 보장할 수 있는 비교적 적합한 평가방법이기 때문에 시대적 요구에 따라 유지되어 온 것이라 할 수 있다.

하지만 객관주의 인식론에 입각한 교육과 평가 방식은 산업화시대에 더 적합한 교육 논리와 실제라고 할 수 있다. 21세기의 지식정보화 시대에는 지식 · 능력 · 학습 · 교육 등의 개념이 이전 시대와는 달라, 새로운 지식정보화 시대에 적합한 교육과 평가 방식의 모색이 불가피하다.

실제로 농업사회와 산업사회 그리고 정보화 사회에서 요구하는 인간의 능력은 제각기 다른 것이며, 그러한 능력을 기르기 위한 교육목적, 교육내용, 교육방법, 교육평가와 같은 학교교육의 모습도 각기 다를 수밖에 없다.

이와 더불어 21세기에 진입하면서 세계무역기구인 WTO의 등장과 함께 세계화와 글로벌화라는 자유무역 기반의 무한경쟁시대로 국제경제질서의 재편이 이루어짐에 따라, 한 국가의 생존과 경쟁력을 좌우하는 것은 바로 인재 양성과 관련 있는 교육이라는 인식이 강조되면서, 국가마다 학교교육의 개혁에 박차를 가하는 시대적 상황에 놓이게 되었다. 엘리트 양성이 곧 국가경쟁력 강화라는 인식이 팽배해지면서, 지식정보화와 무한경쟁시대, 4차 산업혁명 시대라고 하는 시대사회적 변화에 대응하기 위한 교육개혁이 전 세계적으로 추진되기에 이르렀다.

우리나라에서 수행평가의 도입과 추진이 이루어진 배경도 이와 같은 지식정보화의 시대 상황의 변화, 인간능력에 대한 인식의 변화, 교육방법에 대한 새로운 요구의 맥락에서 학교교육의 개혁을 모색하기 위한 하나의 혁신적 노력으로 이해해야 할 것이다. 우리나라에서 수행평가를 학교교육에서 정책적으로 도입하게 된 연유로 5 · 31 교육개혁안을 드는 것도 이러한 맥락일 것이다.

다만, 우리나라가 현재 학교교육의 난맥상에 직면해 있는 것은 입시 위주의 소모적 경쟁에 의한 교육시스템이 워낙 강하게 지배하고 있는데다가, 새로운 정부가 들어설 때마다 정부가 요구하는 교육혁신정책을 기존의 교육시스템 위에 하나씩 더 얹는 꼴이 되다 보니, 학생학습 부담과 학교행정 업무만 더욱 가중되기에 이르렀다고 할 수 있다. 예컨대, 현행 학교교육 현장에서 사용되고 있는 평가 관련 용어만 해도 객관식평가, 수행평가, 서술형평가, 논술형평가, 성취평가제, 과정중심평가, 수시평가, 상시평가 등 너무나도 다양하게 혼재되어 혼란스럽기조차 한 상황이다.

우리나라의 학교교육 체제가 창의력과 문제해결력 같은 통합적 사고보다는 주로 많은 양의 교과와 지식을 학생으로 하여금 습득하게 하고, 아직도 단편지식 위주의 파편화된 지식체계로 교육과 학습을 유도하는 소모적 경쟁체제라는 것은 현행의 학교교육 방식, 학생 학습과 평가 방식 그리고 대학선발정책을 살펴보면 알 수 있다.

그러므로 수행평가가 올바로 정착되려면 그에 적합한 교육목적, 교육내용, 교육방법 그리고 학교경영 풍토의 변화가 선행되어야 하며, 이들 교육체제가 함께 개선될 때 수행평가의 형식적 운영에서 벗어나 바람직하게 운용될 수 있을 것이다. 즉, 수행평가의 문제는 평가 자체만의 문제가 아니라 곧 교수-학습의 문제인 동시에 교육목적, 교육과정과 교육방법의 문제이기도 하다. 따라서 수행평가 체제의 전면적 도입은 곧 교육체제의 혁신적 변화를 의미하는 것이라고도 할 수 있다.

수행평가는 미국의 경우, 1980년대 들어 본격적으로 국가 교육개혁의 일환으로 재조명

되었으며, 우리나라는 1990년대 중반 무렵 수행평가가 처음 소개되어(남명호, 1996; 백순근, 1996), 1999년부터 우리나라 초·중등학교 현장에 정책적으로 도입·시행되기에 이르렀다. 물론, 미국과 한국의 상황을 단순 비교하는 것은 수행평가를 적용하는 풍토가 다르므로 무리이다.

우리나라 학교교육 현장에서 그동안 수행평가는 학생의 역량을 발견하고 자질을 향상시켜 주는 데 기여하기보다는 정해진 점수 비율에 따라 누가 누구보다 잘하고 못하는지 상대적 비교를 위한 점수화 비율에 초점을 두어, 수행평가 원래의 취지와는 근본적으로 다르게 변질되어 운영되고 있다는 비판에 직면하고 있다(서민원, 1999).

더욱이 학교잡무의 과중, 학생 수의 과다, 진도 나가기식 교육과정 운영, 시간단위의 분절적 교과내용과 수업 등으로 인해 수행평가의 올바른 운영이 어려운데다가 기존의 평가방식과 병행하다 보니, 수행평가의 본질과는 다르게 오해와 편파적 인식 등 부정적 반응이 교사와 학부모는 물론 일반 국민과 언론에서조차도 일부 팽배해 있는 것이 사실이다(성태제, 1999).

이들 수행평가에 대한 문제요인을 종합해 보면, 수행평가는 마지못해 형식적으로 이루어지고 있다거나, 교사가 학생들에게 과제물로 부과함으로써 학습부담을 과중시키고, 그 과제물의 수행 과정과 교육적 의미는 무시한 채 일정 비율로 점수화하여 채점하는 데 불과하다고 비판한다. 그리고 교사당 학생 수가 많은 과밀학급에서 교사가 직접 학생을 관찰하여 수행평가를 하기란 사실상 어려우며, 심지어는 학교에서의 각종 행정잡무와 진도 나가기 식의 과도한 수업부담으로 인해 진정한 의미에서의 수행평가는 사실상 불가능하다는 주장에 이르기까지 긍정적 인식 못지않게 부정적 인식과 불만 또한 적지 않은 것도 부인할 수 없는 사실이다.

특히 입시 위주의 교육현실을 감안해 볼 때, 수행평가는 내신관리를 위한 스펙 쌓기에 이용되는 형식적 평가에 그친다거나, 개인의 적성과 자질을 발견하는 데 초점을 두기보다는 누가 누구보다 더 잘하고 못하는지를 가려내는 상대평가를 위한 점수화에 주력하고 있다는 비판에 이르기까지 다양하다.

근래 들어 자유학기제와 국가직무능력표준(NCS)를 도입·운영하면서 수행평가의 당위성은 더욱 불가피해졌으며, 이러한 문제를 해결하고자 교육부는 2016년 4월 5일 자유학기제 및 국가직무능력표준(NCS)을 이수할 경우 그 결과를 작성할 수 있는 학생부 기재란을 신설하고, 학교급 및 과목별 특성을 고려하여 점진적·단계적으로 수행평가를 적용하는 등 「학교생활기록 작성 및 관리지침 일부개정안」(교육부 훈령 제169호)을 시행한다고 공표하기도 한 상황이다.

이 같은 훈령 개정은 '초 · 중등교육법 시행규칙 개정(2015. 9.)'과 '2015 개정 교육과정 고시(2015. 9.)' 등에 따른 후속조치의 일환으로 추진되는 것이다. 주요 내용으로는 우리나라의 초 · 중등교육을 학생들의 꿈과 끼를 키우는 행복교육으로 변화시키기 위해 2016년부터 모든 중학교에서 시행하는 자유학기제의 자유학기 활동 이수 상황을 학교생활기록부에 기록할 수 있도록 관련 기재란을 신설한 것이다. 또한 국가직무능력표준(NCS) 이수 상황을 학교생활기록부에 기록할 수 있도록 하여, 산업현장에서 요구되는 직무능력을 특성화고 · 마이스터고 학생들에게 체계적으로 가르치고 평가할 수 있도록 하였다. 아울러 교수–학습 방법을 개선하고 창의융합형 인재를 육성할 수 있도록 수행평가를 포함한 과정 중심의 평가를 강화하되, 학교급 및 과목별 특성을 고려하여 점진적 · 단계적으로 적용한다는 것이 정부의 방침이다.

구체적으로는 초등학교와 중학교는 과목 특성 및 수업활동과 연계하여 필요한 경우에 수행평가만으로 평가할 수 있도록 한 것이다. 다만, 고등학교는 행정예고 의견 수렴 결과를 반영하여 현행 제도를 유지하되, 전문교과 실기과목과 보통교과의 체육 및 예술 교과(군) 중 실기 위주로 평가하는 경우에 수행평가만으로 실시할 수 있도록 하고 있다.

수행평가는 이처럼 정책적 도입 이후 학교교육 현실에서 다양한 변화가 이루어지고 있는 상황이므로 수행평가 그 자체에 대한 올바른 이해와 관점 정립이 무엇보다도 필요한 상황이다.

2. 수행평가의 이론적 기저

1) 인간관과 교육평가: 세 가지 시각

교육평가는 인간을 어떻게 가정하느냐에 따라 그 논리와 방법이 달라질 수 있다. 수행평가를 올바로 이해하려면, 먼저 인간에 대해 어떠한 기본가정을 전제로 하고 있고 그에 기반을 둔 평가는 어떻게 이루어져야 하는지를 알아야 한다. 그러므로 무엇보다도 먼저 인간관과 평가의 관계를 논하는 것은 수행평가에서 가정하는 인간과 능력에 대한 관점을 명확히 이해할 때 비로소 학교교육에서 수행평가를 올바로 적용하는 눈을 갖게 되며, 적용상의 장점과 단점 등을 정확하게 파악하는 기반이 되기 때문이다.

인간을 어떻게 볼 것이냐에 대한 분류 방식은 너무나도 다양하다. 예컨대, 성악설과 성선설, 의식과 무의식, 유전과 환경 등 학문분야에 따라 분류의 기준이 전혀 다르다. 여기서는 인간관을 크게 세 가지 시각으로 파악하여 그에 따라 교육평가가 어떻게 달라질 수 있는지를 논의하고, 그에 비추어 수행평가의 개념과 차별화된 특징을 규명하고자 한다.

(1) 자연주의적 인간관과 교육평가

인간을 이해하는 첫 번째 관점은 인간 자체가 자연의 일부라고 주장하는 자연주의적 인간관이다. 인간은 태어날 때부터 제각기 자신만의 본성(nature)을 가지고 태어나며, 이러한 본성을 발현하도록 도와주는 것이 교육이라고 본다. 사실 인간도 우주론적으로 보면 자연의 일부이므로 그러한 질서체제에 순응하는 것이 보편적 진리임에는 틀림이 없다. Rousseau가 일찍이 "자연으로 돌아가라(Let nature take her course)."라고 주장한 사회계약설의 기저철학이 바로 자연주의적 인간관이다.

따라서 개인을 둘러싼 환경과 외적 요인, 이를테면 기성세대의 문화, 규범, 제도 등과 같은 모든 인위적인 요소는 인간이 태어날 때부터 부여받은 자연적 본성을 왜곡하는 요인으로 간주된다. 이러한 자연주의적 패러다임에서 교육은 개인의 본성을 얼마나 잘 발현하도록 해 주느냐의 문제이고, 교육평가는 그 본성을 얼마나 잘 드러내느냐를 들여다보는 것이다. 따라서 평가는 개개인의 자연적 본성을 확인하고 그러한 본성을 드러내도록 자극하고 발견하는 데 초점이 있기 때문에 모든 인간이 다름을 인정해야 한다. 또한 아이들의 본성을 존중해 주고 아이들 중심의 교육과 평가가 이루어지도록 해 주어야 하는 것이 중요하다.

교사는 학생의 자연적 본성을 드러내도록 해 주는 촉진자의 역할을 할 뿐, 임의적으로 학습을 요구하거나 지식을 주입시키는 것은 바람직하지 않다. 이러한 맥락에서 볼 때, 인간관에 따라 교사와 학생의 역할, 교육목적, 교육내용, 교육방법, 교육평가의 방식이 달라질 수 있음을 시사받을 수 있다.

(2) 환경결정론적 인간관과 교육평가

인간에 대한 자연주의적 관점과는 정반대로 인간은 태어날 때부터 본성을 가지고 태어나는 것이 아니라, 백지와 같이 텅 빈 유기체로 태어난다는 관점이다. 이러한 인간에 대한 관점은 Locke의 인간백지설(Tabula rasa)로 대표되며, 인간을 둘러싼 환경적 요인이 인간의 모든 것을 결정짓는다는 시각이다.

이러한 환경결정론적 인간관의 경우, 심리학적으로는 행동주의 심리학으로 대표된다.

고전적 조건화이론과 도구적 조건화이론에 의하면, 인간은 환경적 요인에 의해 학습되는 것이며, 인간의 인지적 사고 과정은 무시된다. 오로지 나타난 행동만이 심리현상이며, 이러한 행동적 변화만이 곧 교육이라고 가정한다.

이러한 인간에 대한 패러다임에서 교육은 좋은 환경을 조성해 주는 것이 무엇보다도 중요하며, 철저한 사전계획과 의도에 의해 인간이 만들어질 수 있다는 신념이다. 그러므로 단순 반복과 연습을 통해 조건화를 결속시켜 연합(association)의 고리를 탄탄하게 유지해 주거나 보상에 의해 행동을 강화시켜 주는 것이 교육이라고 가정한다.

이러한 관점에서는 효율적으로 표준화된 교과서에 담긴 교육내용을 강제로 주입시키거나 단순 반복하여 학습시킴으로써 누가 더 많은 지식을 담고 있는가가 평가에서 주된 관심사가 된다.

또한 이와 같은 인간관의 패러다임에서 교육평가는 얼마나 많은 것을 더 많이 알고 있는가 그리고 누가 누구보다 학습량이 더 많은가 하는 상대적인 비교에 주로 초점이 맞추어져 있다.

(3) 인지발달론적 인간관과 교육평가

자연주의적 인간관이 인간의 본성만 강조하고, 환경결정론적 인간관이 인간을 둘러싼 환경만을 강조하는 데 반해, 인간과 환경이 상호작용함으로써 자기주도적으로 구성해 나간다고 가정하는 인지발달론적 인간관은 심리학 이론으로는 Piaget에 의해 대표된다.

Piaget는 동화와 조절이라는 소화작용의 메커니즘과 같이 유기체와 환경이 상호작용함으로써 인지 구조(schema)가 '평형 → 불평형 → 평형 → 불평형 → ……'의 변증법적 발달 과정을 거치면서 확장되는 것을 인지발달(cognitive development)이라 명명한다. 이러한 인지발달은 일정한 연령이 증가하면서 단순한 양적 변화가 아니라 질적 수준 및 특성이 다르게 나타나는 것으로, 감각운동기 → 전조작기 → 구체적 조작기 → 형식적 조작기와 같은 단계적인 수준 차이를 보이게 된다. 따라서 인지발달의 단계적 과정(step by step)은 절대로 퇴행이 있을 수 없다고 주장한다. 이러한 Piaget의 인지발달이론을 일컬어 합리적 구성주의라 한다.

한편 이와는 달리 옛 러시아의 심리학자인 Vygotsky의 이론에서는 개인의 인지적 특성은 개인을 둘러싸고 있는 환경의 영향권을 벗어날 수 없음을 역설한다. 개인이 어떠한 환경과 공간 및 지역적 여건에서 성장하느냐에 따라 발달 특성과 수준이 달라질 수 있음을 강조한다. 따라서 그는 한 개인의 발달 특성에 영향을 미치는 요인은 개인의 지적 수준과 그에 영향을 미치는 교사와 동료들이라고 주장한다.

이러한 그의 이론은 특히 학생의 수준에 따라 학습 전략이 적용될 수 있는 전문가와 동료의 역할이 매우 중요하며, 교사의 적극적 지도에 따라 학생은 능동적으로 교육에 참여하게 된다는 것이다. 즉, 인간은 사회적 · 역사적 경험을 축적하기 때문에 능동적 학습으로 지적인 발달을 이룰 수 있다고 주장한다. 이를 일컬어 사회적 구성주의라 한다.

구성주의 교육 패러다임에 의하면, 교육은 한 개인이 얼마나 실제적인 상황 속에서 자신의 지적 체험을 통해 자기주도적으로 구성해 나가는가 그리고 훌륭한 교사가 얼마나 적극적으로 지원해 주며 동료와 협력하여 학습해 가는가 하는 것으로, 요컨대 학생의 적극적 참여와 교사 또는 동료들과의 상호작용 문제라 할 수 있다. 그리고 단지 무엇을 아는 것보다는 무엇을 할 수 있느냐 하는 수행력과 개인이 자신의 지적 발달을 어떻게 독창적으로 이루어 내느냐 하는 개개인의 창의적이며 인지적인 구성능력을 중시한다. 이러한 시각에서 학생 개개인에 대한 면밀한 관찰을 통해 전문가 판단에 의한 직접평가를 강조하는 관점이 수행평가(performance assessment)이다.

2) 수행평가의 개념과 방법적 원리

수행평가의 개념과 특징은 한마디로 규정하기가 어려울 정도로 학자들마다 다양한 견해를 보이고 있다. Linn과 Gronlund(1995)는 수행평가란 과정의 효과성과 진행 과정, 그리고 과제 수행으로부터 얻어진 결과를 판단하는 것이라고 정의하고 있다. Stiggins(1994)는 수행평가란 관찰과 판단에 근거하여 평가하는 것으로서 학생들의 수행과제, 학생들이 산출한 결과물 등의 질을 판단하는 것이라고 정의한다. 남명호(1996)는 수행평가란 관련 있는 과제에 대한 학생들의 실제적인 수행을 검사하고 판단하는 평가로서 오래전부터 실시되었던 예체능계의 실기평가와 과학실험평가 그리고 의과대학의 실습 등이 대표적인 수행평가의 예라고 함으로써 선택형과 병행하여 학교교육에서 사용하던 기존의 평가 방식을 수행평가의 주요 특징으로 강조하고 있다. 백순근(1998)은 수행평가를 학생 스스로가 자신의 지식이나 기능을 나타낼 수 있도록 답을 구성하거나, 발표하거나, 산출물을 만들거나, 나타내도록 요구하는 평가 방식이라고 정의하고, 선택형 검사나 단답형 검사에 대비되는 개념으로 파악하고 있다. 허경철(1999)은 학습자가 직접 구성적으로 창출하는 학습과제의 수행과정이나 결과에 대한 지속적인 관찰을 통해 평가자가 전문적인 판단을 하는 평가 방식이라 정의하고, 평가자의 관찰을 통한 전문적 판단을 특히 강조하여 개념화하고 있다. 교육부(1998)는 수행평가를 평가자가 학습자들의 학습과제 수행 과정 및 결과를 직접 관찰하고, 그 관찰 결과를 전문적으로 판단하는 평가 방식으로서 선택형 지필평가 이외의 다른 모든 방법으로 평가하는 방식으로 정의하고 있다. 성태제(1999)는 수행평가란 선택형 이외의, 아니면 단답형 이외의 평가형태라기보다는 알고 있는 지식이나 기능을 어떻게 행하는지 혹은 어떻게 행할 것인지를 평가하는 방법이라고 그 특징을 부각시켜 제시하고 있다.

이와 같이 수행평가에 대한 개념 정의는 무엇을 강조하느냐에 따라 다소 차이가 있다. 이러한 견해를 종합하여 수행평가의 개념과 주요 특징을 정리하면 질적인 자문형 평가, 직접 학생수행력 평가, 인지적 구성능력 평가, 실제적 자연상황 평가, 수행 과정과 결과 모두 중시, 전문가의 주관적 판단, 장기적이고 지속적인 평가, 전인적이며 총체적인 평가로 요약할 수 있다.

수행평가의 기저이론과 기본개념에 기반을 두고 도출한 주요 특징을 정리하면 다음과 같다.

(1) 타당도를 중시하는 평가

흔히 평가에 대한 지배적인 고정관념으로 '평가는 수량화하는 것이고 기술적이며 방법적 수단에 불과한 것이라든가, 평가는 점수화하여 서열화하는 행위'라는 잘못된 인식과 오해가 일반적이다. 그러다 보니 상식 수준에서 평가를 객관화된 수치로 점수를 산출하여 서열화하는 것이 곧 평가라고 인식하는 경향이 있다. 평가에 대한 이러한 편파성은 평가를 왜곡시키는 주요 원인 중의 하나이다.

평가에 대한 탐구는 인간 존재와 능력을 무엇으로 보느냐, 어떻게 인식하느냐, 인간을 어떻게 이해하며 가정할 것이냐와 관련된 철학적 사유의 문제로부터 출발한다. 예컨대, 플라톤의 이데아(idea)론에 의하면 이데아란 어떤 개별적인 사물이 변화하며 소멸하더라도 변함없이 존재하는 그 사물의 원형이며, 감각적 세계에서 관찰하고 경험하는 사물의 전형이다. 그렇다면 평가자는 평가대상의 원형인 이와 같은 이데아로서의 형상(form)을 보아야 하는가, 아니면 끊임없이 변화하는 경험적 실체인 현상으로서의 질료(matter)를 보아야 하는가 하는 문제 등이 평가론을 정립함에 있어 숙고해야 할 과제이다. 아울러 평가의 대상이 측정 가능한 객관적 실재인가, 아니면 특정 맥락 속에 존재하는 현상에 대한 해석의 문제인가에 따라 평가의 접근 관점이 전혀 달라질 수 있다.

이와 같이 존재 자체를 무엇으로 볼 것이냐의 문제로부터 출발하여 정말 볼 것을 보는 것인가라는 관점에서 검사의 목적에 비추어 보아 평가자의 올바른 인식과 판단을 중시하는 문제를 평가학적으로는 타당도라 한다. 수행평가는 특히 타당도를 중시하는 평가 접근으로 특히 타당도를 중시한다는 점에서 수행평가를 참평가(authentic assessment)로 분류하기도 한다.

수행평가를 제대로 학교 현실에서 구현하려면 수행평가가 가정하는 기본 전제, 예컨대 구성주의(constructivism)가 무엇이며, 수행평가가 전제로 하는 인간과 능력에 대한 전제가 어떠한 논리와 철학을 기반으로 하느냐에 대한 명확한 이해가 선행되어야 한다.

(2) 상대적 진리관에 기반을 둔 평가

인간의 능력은 발휘되는 맥락과 상황에 따라, 보는 관점에 따라 그리고 판단하는 평가자의 눈에 따라 다를 수 있다. 따라서 인간의 능력은 고정불변한 것이 아니라 상대적이라고 주장하는 접근이 수행평가의 기저논리이다. 수행평가는 관념적으로만 존재하는 객관적 지식관이나 절대적 진리관과는 달리 간주관적 지식관과 상대적 진리관에 기반을 두고 있다. 따라서 학생 개개인의 학습 과정과 결과에 대하여 평가자 자신이 어떻게 인식하고 판단하느냐가 대단히 중요하다. 특히 평가자인 교사의 전문적 판단에 대한 신뢰가 수행평가의 기본 전제가 되어야 한다.

개인마다 사고하고 판단하는 맥락이 다를 수 있기 때문에 하나의 표준화된 잣대로 우열을 가리거나 객관화된 검사도구로 측정하여 점수화하여 서열화하기보다는 학생 개인이 처한 맥락을 고려하여 현상학적이며 해석학적으로 학생의 역량을 판단하고 평가하는 것이 중요하다는 관점이다. 그러므로 학습자에 대한 교사의 평가방법은 관찰을 통해 기술·분석·해석·평가하는 일련의 과정을 거쳐 이루어질 수 있다.

아울러 이러한 시각에서는 기존의 객관적 지식이나 표준화된 교과내용이 학습해야 할 불변의 진리라는 생각이 오류이며 인간마다, 학생마다, 개인마다 달리 창의적으로 구성해 낼 수 있음도 인정해야 한다는 것이다.

(3) 평가자의 전문성을 중시하는 평가

객관식 평가나 표준화 검사 방식이 검사도구의 신뢰도에 의존하는 평가라면, 수행평가는 평가자의 전문성에 의존하여 정말로 볼 것을 제대로 보느냐 하는 타당도를 중시하는 평가이다. 따라서 수행평가에서는 평가자 자신이 오차의 원인이 될 수 있다. 수행평가에서는 평가자의 전문성 신장과 교육적 안목의 지평을 넓히는 것이 무엇보다도 중요하다. 수행평가가 바람직하게 정착되려면 이러한 평가자의 전문성을 신장시키기 위한 다양한 노력이 함께 이루어져야 한다.

특히 수행평가를 위해서는 교육과 평가에 대한 전문적 안목이 요구되며, 이러한 전문성을 보장하기 위한 노력으로 동료 간 협동연구, 채점기준표(rubric)의 상세화, 교과내용과 수행 수준, 관찰방법, 면담방법, 교육과 평가의 기초이론과 실제에 대한 지속적인 연구와 노력이 이루어져야 한다.

(4) 교육의 과정 중에 이루어지는 평가

수행평가는 교육의 결과만이 아니라 교육의 과정, 특히 수업 중에 평가가 이루어지기 때문에 수업, 토론, 발표 등 자체가 평가의 실제적인 장면이다. 수행평가에서는 교육과 평가 그리고 과정과 결과가 분리되어 있지 않으며, 학생의 실제적인 수행 과정을 직접 관찰하며 평가하게 된다.

수행평가는 문제해결 과정과 산출물 등 모두에 대한 평가를 포함한다. 수행평가에서는 학생들이 악기를 연주하거나, 실험을 수행하거나, 토론에 참여하거나, 또는 시나 실험, 수행 보고서와 같은 의미 있는 산출물을 생산하는 것과 같이 복합적이고 광범위한 수행 과정을 관찰하고 평가한다.

(5) 직접 관찰에 의한 전문가 판단 평가

수행평가는 평가자가 직접 수행 과정과 결과를 관찰하고 평가하는 것이다. 수행평가는 평가 과정에서 나타난 수행과 교육의 결과로 나타난 실제에서 보여 주는 수행이 일치한다는 데 장점이 있다.

따라서 교사는 평가기법만 알아서도 안 되고 교육내용만 알아서도 안 되며, 교육내용과 평가원리 모두를 융합할 수 있는 전문성을 동시에 갖추고 있어야 한다. 예컨대, 올림픽 경기에서 체조선수들에 대한 심판들의 전문적 평가는 대표적인 수행평가의 한 사례라고 할 수 있다. 이러한 전문적 평가를 위해서 교육내용으로서의 체조기술와 엄밀한 평가를 위한 채점기준표(rubric)에 대한 이해가 동시에 있어야 한다.

수행평가는 전통적인 선다형 검사와는 달리 좀 더 직접적으로 학생의 수행 과정과 성취도를 평가한다. 그러나 잠재적 기능과 지식은 직접적으로 측정되는 것이 아니라 수행과 산출물로부터 추론된다는 점에서 주의를 기울일 필요가 있다. 그러므로 수행평가에서는 학생의 잠재적 기능과 지식의 역량을 직접 관찰할 수 없기 때문에 이를 평가하기 위해 인지과정과 인지적 구성능력을 보고자 하는 것이다. 즉, 수행평가에서는 수행 과정과 산출물 그리고 인지적 구성 과정과 수행역량을 평가의 대상으로 하여 직접 관찰하는 것이다.

(6) 인지적 구성능력과 사고 과정의 평가

객관식 평가가 인간의 고등정신 기능을 평가할 수 있음에도 불구하고 수행평가로 분류되지 않는 이유는 응답자가 선택한 답만 객관적으로 남아 있고, 그 사람의 인지적 사고 과정과 구성능력에 대해서는 전혀 알 수 없기 때문이다.

이러한 인지적 구성능력과 사고 과정을 평가하기 위한 지필검사가 바로 에세이식 평가(논술식과 서술식) 방식이다. 논술식과 서술식 평가를 수행평가라는 측면에서 올바로 접근하기 위해서는 학생의 사고 과정을 면밀히 파악할 수 있도록 충분한 시간을 할애하고, 학생 자신만의 자기주도적인 사고 과정을 그려 낼 수 있도록 하여야 한다.

따라서 논술식이나 서술식이라 하더라도 인지적 사고 과정을 판단할 수 있는 종합적 사고력과 같은 기획력(design), 인지 전략(cognitive strategy), 논리개발(logic)과 같은 역량을 평가하는 문항일 경우, 이러한 문항의 개발과 학생 응답에 소요되는 시간이라는 변수가 매우 중요한 수행평가 성공 여부의 함수가 된다.

이처럼 수행평가를 실시함에 있어서 인지적 구성능력을 파악하기 위해 걸리는 시간이라고 하는 함수는 매우 중요한 변수이다. 시간에 쫓기거나 시간 제한이 있는 상황에서 이루어지는 수행평가는 인지적 구성능력과 사고 과정을 학생이 충분히 표현해 낼 수 없기 때문에 기계적인 답안 작성에 그쳐 신뢰도에 심각한 문제가 있을 수 있음을 유념할 필요가 있다. 평가를 하는 평가자의 입장에서도 학생의 인지 과정을 파악하기 위해 필요로 하는 시간이라는 함수는 매우 중요하다.

3. 수행평가 정책의 도입 배경과 경과

수행평가는 미국의 경우, 표준화 검사의 폐해와 교육성과에 대한 상대적 비교 등에 대한 회의 그리고 학교교육의 내실화를 위해 1980년대 초반 교육개혁을 위한 하나의 대안으로 강조되었다.

우리나라에서는 1990년대 중반 본격적으로 소개된 이후 연구가 활발하게 진행되었으며, 1999년부터 초등학교와 중학교, 고등학교에 정책적으로 도입되어 창의력과 실제 문제 해결 능력의 배양을 목표로 평가가 이루어졌다. 수업, 토론, 보고서 작성, 발표, 포트폴리오 구성, 듣기(영어), 말하기(영어, 국어, 일본어) 등 다양한 형태로 수행평가가 이루어졌다.

우리나라에서 수행평가는 제7차 교육과정이 시행된 1999년부터 전국적으로 실시되었는데, 수행평가가 도입된 과정을 약술하면 〈표 9-1〉과 같다.

〈표 9-1〉 수행평가의 도입과정

연도	문헌 및 활동	특징
1996. 3.	국립교육평가원 편집 · 발간 '수행평가의 이론과 실제'	수행평가라는 용어가 학교현장에 부분적으로 알려짐. '열린 교육'의 열기 속에서 초등학교에서는 수행평가를 하나의 평가로 받아들이기 시작
1997. 2.	한국교육평가학회의 수행평가 관련 학술 세미나	수행평가의 이론 소개
1997. 3.	서울시 교육청의 '초등학교 새물결 운동'	수행평가 제도 도입
1998.10.	'2002학년도 대학입시제도 개선안': '주관식, 수행평가 위주의 절대평가 문항과 채점기준'을 개발하고 이를 교사들이 자율적으로 채택하여 활용하게 함(11쪽)	교육부가 수행평가라는 용어를 공식적으로 사용한 최초의 문서
	'교육비전 2002: 새 학교문화 창조': 수행평가의 실시와 관련된 보다 구체적이고 상세한 내용 제시(11~12쪽)	수행평가가 집중적인 관심사가 됨
1998. 12.	수행평가 전국 실시를 위한 예비 모임: 16개 시 · 도 교육평가 장학관 회의 소집, 수행평가 실시에 관한 지침 하달	회의에 참석한 각 시 · 도교육청 평가 담당 장학관들이 자기 지역에서 시 · 도교육청별로 관내의 학교장 및 연구부장 회의를 소집하여 수행평가 실시 관련 지침 하달
1999. 3.	수행평가의 전국적 실시	
2002	'교육비전 2002: 새 학교문화 창조'	

'교육비전 2002: 새 학교문화 창조' 중 수행평가 관련 부분의 내용은 다음과 같다.

'교육비전 2002: 새 학교문화 창조' 중 수행평가 관련 부분

- □ 전교과 총점제에 의한 상대 평가를 억제하고 교과별, 단계별 평가를 권장
- □ 교과 이외에 인성, 봉사활동 등 다양한 시상제 실시
  - – 관찰 체크리스트, 평정척도, 일화기록 등 다양한 평가기법 도입 · 적용
- □ 중간 · 기말 고사 비율 점진 축소 및 학습 과정 · 결과의 누가기록 일상화
  - – 수행평가 기준 작성, 방법 등에 대한 교원 연수 실시
  - – 과목별, 단원별 평가 목표, 내용, 수준, 방법의 사전 예고
  - – 수행평가 시 학생 상호 평가 결과 반영 권장
  - – 집단활동 시 개인이 속하여 활동한 집단의 수행 결과도 반영
- □ 주관식 서술형 평가와 객관식 평가 비율의 적정 균형 유지
  - – 교과협의회를 통한 채점기준 마련, 교차 채점 권장 및 결과의 공개

그 이후 최근까지 이루어진 수행평가의 정책적 변화는 〈표 9-2〉와 같다.

〈표 9-2〉 수행평가의 정책 변화

수행평가 정책의 변화			수행평가 개념에 대한 이해
정책 시행 초기 (1998년 10월)	교육비전 2002: 새 학교 문화 창조		불분명, 이상적 개념으로 이해
정책 시행 후 홍보 노력과 정책 (1999년)	『수행평가의 이해』 (1998년 12월 중순 인쇄)	평가원, 1만 5,000부 배포, 『수행평가의 이해』란 책자	정책 시행 후 교육부의 홍보 노력 속에서 수행평가 개념 다소 변화: 신축성, 융통성 있는 개념으로 변화
	'수행평가 이렇게 한다'(1999년)	학부모용 홍보 자료, 1만 5,000여부 배포	
	'수행평가의 문제점과 개선점'(1999년)	교육전문직 연수 자료, 4,000여 부 배포, 16개 시 · 도교육청에 배포	
	훈령 제587호 (1999년 4월 29일)	교육부 훈령 제587호로 공포한 '학교생활기록부 전산처리 및 관리 지침'에서 위 책자 내용 반영	
	훈령 제616호 (2001)	수행평가의 개념, 용어 설명, 평가방법의 예, 학업 성적 결과 처리방법 등을 상세하게 제시	

2008년	훈령 제719호	수행평가 방법의 예 및 학업 성적 결과 처리방법 등을 삭제	수행평가를 객관식 선다형 지필 평가를 제외한 기타 평가방법으로 인식
2016년 4월 5일	훈령 제169호	- 자유학기제 및 국가직무능력표준(NCS)을 이수할 경우 그 결과를 작성할 수 있는 학생부 기재란 신설 - 초 · 중학교의 수행평가 전면 실시 가능 근거 마련	과정중심평가 강조

수행평가 시행을 위한 정부의 홍보 노력 또한 지속적으로 이루어졌다.

- '수행평가의 이해'(교육과정평가원 공동, 1998년 12월 인쇄하여 이후 1만 5,000부 배포)
- '수행평가 이렇게 한다'(교육과정평가원 공동, 1999년, 학부모용 홍보 자료, 1만 5,000여 부 배포)
- '수행평가의 문제점과 개선점'(교육과정평가원평가원 공동, 1999년, 교육전문직 연수 자료, 4000여 부 배포, 16개 시 · 도교육청에 배포)
- 기타 시 · 도교육청 교육연수원 연수 실시

특히 학교교육에서 정책적으로 도입되어 수행평가가 시행된 법적 근거는 1999년 4월 29일 공포 훈령 제587호(학교생활기록부 전산처리 및 관리 지침)에 의한 것으로 그 지침내용은 다음과 같다.

훈령 제587호 중 '수행평가 관련 지침'

5. 수행평가

가. 수행평가는 평가자가, 학습자들의 학습과제 수행 과정 및 결과를 직접 관찰하고, 그 관찰 결과를 전문적으로 판단하는 평가방법, 즉 선택형 지필평가 이외의 다른 모든 평가방법이라고 할 수 있다.

- 학습과제: 학습자들에게서 성취되기를 기대하는 교육과정상 각 교과 교육목표와 관련되는 것으로, 가능한 한 실제 생활에서 보다 의미 있고 중요하고 유용한 과제를 의미함
- 수행: 학생이 단순히 답을 선택하는 것이 아니라, 학생 스스로 답을 구성하는 것, 산출물이나 작품을 만들어 내는 것, 태도나 가치관을 행동으로 드러내는 것 등을 모두 포함하는 의미임
- 관찰: 학습자가 수행하는 과정이나 그 결과를 평가자가 읽거나, 듣거나, 보거나, 느끼거나 하는 활동을 모두 포함하는 의미임
- 판단: 평가자가 관찰한 것을 객관성 · 합리성 · 타당성 · 신뢰성 등이 있는 기준을 준거로 하여 점수화하거나 문장화하는 것을 의미함

4. 수행평가 방법

수행평가의 다양한 방법을 강조 내용에 따라 정리하면 다음과 같다.

수행평가			
구성적 반응	산출물	활동	과정
• 논술형 문항 • 완성형 문항 • 단답형 문항 • 과제물 제시	• 수필 • 연구보고서 • 과제일지 • 실험보고서 • 이야기 · 극본 • 시(poem) • 포트폴리오 • 미술작품 전시 • 과학 프로젝트 • 모형(model)구성 • 비디오 · 오디오 구성	• 구두발표 • 무용 · 동작발표 • 과학실험 시연 • 체육경기 • 연극 • 토론 • 음악발표	• 구두질문 • 관찰 • 면담 • 회의 • 과정(process)에 대한 기술 • 생각하는 과정을 말로 표현(think aloud) • 학습일지

5. 외국의 사례를 통해 본 수행평가 적용상의 실제

1) 미국의 수행평가 적용 사례와 이의제기 해소 방안 및 법적 판례

(1) 미국 수행평가 성적에 대한 이의제기와 법정 소송 사례

① 린제이 헤이 – 2007년 5월 20일 Lowering The Bar 기사

2007년 2월 미국에서는 한 여고생의 제소가 큰 화제가 되었다. 버지니아주 시슨빌 고등학교에 재학 중인 한 학생(린제이 헤이)이 수행평가에 낙제점을 받은 것에 불만을 갖고 담당 교사와 교육위원회를 제소한 것이다. 그녀는 교사가 임의로 성적을 낮춰 최우수졸업의 영예를 놓치게 되었다고 주장했다. 해당 수행평가 과목(심화 생물학)에서 최종적으로 B를 받게 된 것을 제외하면 그녀의 평점은 4.5(4.5 만점)이었다. 그녀는 학생회 활동으로 학교의 동의를 얻어 현장체험학습에 참가했고 이로 인해 생물학 수행평가를 하루 늦게 제출할 수밖에 없었다고 말했다. 그녀는 성적 정정과 더불어 정신적 고통과 장학금 기회를 잃게 된 것에 대한 금전적 보상을 요구했다.

카나와 지역 순회지방법원 듀크 불름 재판관은 이 사건은 재량권을 갖고 있는 전문 교육인의 결정을 법관이 재고하도록 한다며 재판을 기각했다. 법관은 학생이 수행평가를 현장체험학습일 이전에 제출할 수도 있었다고 지적했으며 학생은 이 가능성을 인정했다. 법관은 버지니아주 법에 따르면 성적이 이미 주어진 이후에는 성적 계산 오류가 아닌 다른 이유로 정정될 수 없다고 밝혔다.

② 2012년 일리노이주 학생 수행평가 성적에 대한 소송 판례

2012년 미국 일리노이주에 거주하는 학생 M. 자카리는 자신이 제출한 수행평가 과제가 정당하지 않은 점수를 받았다며 에번스턴 교육구를 제소했다. 학생은 시카고 연방심리법원에 성적 재평가 명령을 요청했다. 낮은 성적으로 인해 대학 진학에 악영향이 생겼다고도 주장했다.

이 재판에서 법원은 에번스턴 교육구의 손을 들어 주었다. 성적을 결정하는 것은 순전히 학문적인 일이기 때문에 전문성을 갖고 있는 교사가 결정하는 것이 옳다는 판결이다. 법원은 성적 재평가 명령을 내릴 권한이 없다고 설명했다. 이 판례는 연방법원의 사법권을 학교 성적에 적용할 수 없다고 선을 그은 것으로 해석된다.

이 사건은 재판에서 에번스턴 교육구의 변호를 맡은 변호사 브라이언 크로우리가 Education Law Insights에 기고한 글을 통해 알려졌다.

③ 교육청에 대한 이의제기와 성적 변경 사례

2012년 캘리포니아주에 거주하는 고등학생 보웬 베터스는 소속 교육구에 불만을 제기했다. 2012년 7월 27일 ABC 뉴스 기사에 따르면 베터스는 화학 실험 수행평가에 참여하지 않아 낙제점을 받았다. 그는 동생을 입양하기 위해 부모님과 함께 법원에 출석했고, 수업에 빠져도 좋다는 담당교사의 구두허락을 받았다고 주장했다. 그러나 이후 수행평가를 보충할 기회가 주어지지 않아 그의 학기말 성적은 수행평가를 합산하기 전 A+에서 합산한 이후 C+로 크게 하향 조정되었다.

베터스는 자신에게 악의를 품고 있는 교사가 성적을 의도적으로 낮췄다며 알바니 통합 교육구에 개입을 요청했다. 교육구청장 말라 스테판슨은 교사와 학생 사이를 중재하며 합의를 이끌어 냈다. 교사는 학생의 부모로부터 수업에 빠져야만 했던 예외적 상황에 대한 사유서를 제출할 것을 요구했다. 결국 학생의 성적은 C+에서 B로 조정되었다.

– 2012년 Bowen Bethards, 허핑턴 포스트, ABC 기사

④ 교사의 교육권 인정 판례

교사의 교육권 보장을 법으로 확실히 보장해 주는 판결이 버지니아주 교사협의회에서 공개되어 소개한다.

〈교사의 교육권과 수행평가〉

버지니아 교사협의회(VEA)는 홈페이지(http://www.veanea.org)에 교사의 교육권에 대해 다음과 같이 서술하고 있다.

"누가 성적에 대한 최종 권한을 가지는가? 성적에 대한 최종 권한은 교사에게 있지만 그렇지 않은 경우도 있다. 학교 관료가 성적을 정정하거나 정정을 요구하는 경우이다. 학생이 성적에 대해 불만을 제기하는 경우 학교교육위원회에 알리는 것이 좋다. 학생들의 사소한 불만으로 교사가 힘들 경우 학교교육위원회를 소집하여 평가정책을 심의하고 교육권을 보장받는 것이 필요하다."

교사와 학생 사이에 의견 차가 커서 학생의 불만이 해결되기 어려운 경우에는 학교장 또는 교육위원회가 나선다. 이 말은 곧 성적에 대한 최종 권한이 학교장과 행정부서에 있는 것처럼 들리기도 한다. 그러나 예외적인 경우(교사가 인종이나 성별로 학생을 차별대우하는 경우가 예외적 경우에 해당한다)를 제외하면, 학교는 교사의 동

의가 있어야만 성적을 변경할 수 있다. 학교와 교육구는 갈등을 해결하기 위해 상급 기관으로서 최선을 다하는 것이다. 미국의 교육법과 법원 판례는 교사의 주관적 판단을 존중하고 있다.

(2) 수행평가(Perfomance Assessment)에 대한 이의제기와 해결 사례

① 워싱턴주 시애틀에 위치한 가필드 고등학교 사례

■ 이의제기 절차

고등학교에서는 학생이 공식적으로 성적에 대해 학교에 이의를 제기할 수 있는 절차와 서식을 마련해 놓고 있다.

■ 성적 변경 규정

1. 성적 변경은 통지표를 받은 후 30일 이내에만 가능하다. 학생은 그 이후 성적을 변경할 수 없다.
2. 성적을 부여한 교사만이 변경할 수 있다.
3. 산술적인 오류가 있거나, 교사의 편견이 개입되었거나, 증빙자료가 있을 시에만 학교장이 변경할 수 있다.

■ 이의제기 및 성적 변경 서식

가필드 고등학교 23번가 400 워싱턴주 시애틀 98122	가필드 고등학교 성적 재검토 서식 교사 오류 / 학생 요청
□ 학생 성명: ____________________ □ 주소: ____________________ □ 학번: __________ □ 날짜: ______________	

〈1단계〉

저는 ____________(과목명)에서 받은 __________(성적)으로 인해

___________________(학과) ____________________(선생님)을 만나 뵈었습니다.

교사 서명 :___________________________ 날짜 :________________________

그 결과 저의 불만은 해결되지 않았기 때문에 성적 재검토 절차를

진행할 것을 요청합니다.

※ 첨부: 재검토를 위한 증빙자료 목록(예시: 상세 성적 기록, 출석, 개인 사정 사유서)

____

〈2단계〉

(이 서식은 불만에 대한 진술서, 담당 교사의 정정 거절 사유서와 함께 통지표 발송 이후 30일 이내 학과장에게 제출되어야 한다. 학과장은 제출 이후 15일 이내에 결정을 내려야 함)

이 서식은 학과장에게 (날짜)__________________________에 제출됨.

성적 변경 거절 _________________ / 교사 동의 후 성적이 _____________ 로 변경

사유:____

※ 재검토를 위한 증빙자료 목록(예시: 상세 성적 기록, 출석, 개인 사정 사유서)

(학과장 성명) (서명) (날짜)

____

〈3단계〉

(만약 학생이 3단계를 진행하고자 한다면 2단계가 완료된 후 5일 이내에 모든 자료를 학과장이 교장에게 보내도록 요청하면 된다. 최종 결과는 15일 이후에 발표됨)

이 서식은 교장 ___________________에게 (날짜) ______________에 제출됨

성적 변경 거절 _________________ / 성적이 __________________로 변경됨

사유 :____________________________________(날짜)_________________________

____ ____________________

② 노턴 반스 고등학교 등의 성적 이의제기 처리 사례(브루클린 기술고등학교 사례, 버지니아 주 페어팩스 공립 고등학교 연합 사례)

> 캘리포니아 교육법 제49066항은 교사의 사무처리 또는 계산 실수, 사기, 부정, 능력 부족이 아닌 경우, 교사가 정한 학생의 성적은 바뀔 수 없다고 정하고 있음. 교육구청장과 학교 교육위원회가 성적을 정정하고자 할 경우에는 교사로부터 학생의 성적에 관한 설명을 듣고 이에 대한 논의를 거쳐야만 정정이 가능함

6. 외국의 수행평가 학교현장 적용 사례: 채점기준표의 상세화 사례

1) 맥그로힐 제시 중학교 영어 연설문 채점기준표

〈초점/구성〉 • 말하기에 적합한 언어로 주제를 설명한다. • 예상된 청자를 분명히 염두에 두고 있다. • 분명한 시작, 중간, 끝이 있다. • 효과적인 순서로 배열되어 있다.	논평 점수 ___ /35
〈부연설명/뒷받침 내용/방식〉 • 첫 문장이 청자의 관심을 끈다. • 주제 발표가 알아듣기 쉬우며 흥미로운 묘사를 포함한다. • 신중히 선택한 시각자료를 사용해 연설을 뒷받침하고 효과를 높인다. • 결론이 연설의 주요 개념을 다시 이야기하며 자연스럽고 강력한 끝마침을 맺는다.	논평 점수 ___ /35

〈문법, 어법, 기술적인 부분〉 • 글에 철자 오류가 없으며 대문자를 올바르게 사용했다. • 문장부호가 올바르며 중간에 끊기거나 접속사가 없는 문장이 없다. • 표준 영어 어법을 사용했다. • 연설문이 깔끔하며 알아볼 수 있고 올바른 형식을 사용하고 있다.	논평 점수 ___ /30
〈글쓰기 과정 평가 중 학생 참여〉 학생이 • 글을 고쳐쓸 계획을 세웠다. • 초고를 파트너 또는 조원과 논의했다. • 다른 학생에게 질문이나 제안을 했다. • 초고를 고쳐썼다. • 최종 원고를 교정했다.	최종 점수 ___ /100

2) 맥그로힐 제시 발표 채점기준표

〈목소리〉 학생이 • 모든 청자가 자신에게 집중할 때까지 기다렸다. • 교실 맨 마지막에 있는 사람이 들을 수 있을 정도로 충분히 크게 말했다. • 각 단어를 분명하게 발음했다. • 올바른 속도로 말했다—너무 빠르거나 느리지 않게 말했다. • 목소리 톤이 글의 이야기와 어울렸다. • 말하는 투로 긴장하지 않고 이야기했다.	논평 점수 ___ /34
〈얼굴〉 학생이 • 앞을 바라보고 이야기했다. • 청자를 바라보고 여러 사람의 눈을 마주쳤다. • 연설에 담긴 감정을 전달하기 위해 표정을 사용했다.	논평 점수 ___ /33

〈몸〉 학생이 • 모든 청자가 자신과 시각자료를 분명히 볼 수 있게 한다. • 바르게 섰다. • 연설을 표현하기 위해 손과 팔을 사용해 제스처를 취한다. • 필요한 부분에서 연기를 해 청자의 주의를 끈다.	논평 점수 ___ /33

3) 맥그로힐 제시 듣기 채점기준표

〈듣기 전〉 학생이 • 다른 생각을 없애고 마음을 비웠다.	논평 점수 ___ /10
〈연설 중〉 학생이 • 연설자를 바라보았다. • 연설자의 단어에 집중했다. • 주제가 무엇인지 안다. • 나중에 사용하기 위해 필요한 정보를 필기했다. • 중간에 방해하지 않았다. • 질문하거나 논평하기 위해 연설이 끝날 때까지 기다렸다.	논평 점수 ___ /45
〈연설 이후〉 학생이 • 토론에 참여했다. • 질문하거나 논평하기 위해 손을 들었다. • 논평을 할 때 친절하고 상대방을 존중했다. • 자신이 이해했는지 확인하기 위해 다른 학생과 메모를 비교했다. • 연설자에게 들은 말을 다음과 같은 말을 사용해 말했다. "그래서 내가 생각하기에 너의 말은……" "너의 말은 ~라는 뜻이니?" • 토론에서 주제에 알맞은 말을 했다.	논평 점수 ___ /45

4) 맥그로힐 제시 중학교 사회 조사보고서 채점기준표

〈초점/구성〉 • 보고서의 주제가 너무 넓거나 좁지 않다. • 보고서에 서론, 본론, 결론이 있다. • 서론에 보고서의 핵심내용을 나타내는 주제문이 있다. • 보고서에 나타난 모든 정보는 주제문과 관련이 있다. • 모든 내용은 효과적이며 논리적인 순서로 구성되어 있다.	논평 점수 ___ /35
〈세부사항/뒷받침/양식〉 • 대체적으로 모든 내용이 다양한 출처에서 인용한 사실, 예시, 의견, 인용구로 뒷받침되어 있다. • 각주가 올바르게 표기되어 있으며 참고문헌이 있다. • 글쓴이 자신이 직접 쓴 말이 아닌 것은 따옴표와 함께 인용되었으며 다른 말로 바꿔 썼을 경우에는 출처를 표시했다.	논평 점수 ___ /35
〈문법과 기술적인 부분〉 • 글에 철자 오류가 없으며 대문자를 올바르게 사용했다. • 문장 부호가 올바르며 동사나 접속사가 없는 문장이 없다. • 표준 영어 어법을 사용했다. • 보고서가 깔끔하며 알아볼 수 있고, 올바른 MLA 방식을 사용했다.	논평 점수 ___ /30
〈보고서 작성 과정〉 학생은 • 보고서 작성 계획을 세웠다. • 초안을 파트너 또는 조원과 논의했다. • 질문 또는 의견을 다른 학생에게 제시했다. • 초안을 수정했다. • 최종원고를 교정했다.	논평 최종 점수__________ /100

연구과제

1. 수행평가의 개념은?
2. 수행평가의 이론적 기저는?
3. 수행평가의 학교현장 적용상의 쟁점은?
4. 객관식평가와 수행평가의 차이점은?
5. 수행평가의 방법은?
6. 수행평가의 채점기준표는?

제10장

문항의 양호도 분석

1. 문항분석의 개념

문항은 검사의 구성요소이다. 검사의 질은 문항의 질에 의해 결정된다. 검사의 양호도를 평가하기 위해 검사에 포함되어 있는 문항의 특성을 도출하는 것을 '문항분석(item analysis)'이라고 한다.

문항분석은 질적분석과 양적분석으로 구분할 수 있다. 질적분석은 내용 전문가의 전문성에 의존하여 내용타당도, 체감난이도, 교육과정 위배 가능성 등을 평가하는 것이다. 이에 비해서 양적분석은 실제 피험자의 반응 결과를 토대로 난이도와 변별도, 예언타당도, 공인타당도, 구인타당도 등을 분석하여 평가하는 것이다.

양적분석은 고전검사이론(classical test theory)에 근거한 접근과 문항반응이론(item response theory)에 근거한 접근으로 나눌 수 있다. 이 장에서는 이 중에서 양적분석, 그중에서도 고전검사이론에 근거한 문항분석 방법을 다루고자 한다. 고전검사이론은 측정에서 한 개인이 실제로 얻은 관찰점수(X, observed score)는 진점수(T, true score)와 측정오차점수(E, 이하 오차점수, error score)의 합으로 구성되어 있다는 가정을 바탕으로 한 검사이론이다. 진점수는 측정오차에 영향을 받지 않는 부분을 일컫는다. 진점수는 무한 번 반복 측정해서 얻은 관찰점수의 평균과 동일하다. 이에 비해 측정오차(measurement error)는 진점수를 중심으로 측정시점에 따라서 무선적으로 발생하는 오차로서 '무선적 오차(random error)'라고도 한다. 측정오차들의 분포는 진점수를 기준으로 +쪽과 −쪽이 모두 존재하며 평균은 0이고, 전체적으로 정규분포를 따른다고 가정한다. 측정오차는 무선적으로 발생하기 때문에 측정오차와 진점수 간의 상관은 0이다. 측정오차들의 표준편차를 '측정의 표준오차(standard error of measurement)'라 한다. 이것은 한 대상으로 무한 번 측정했을 때 관찰점수들의 표준편차와 동일하다.

고전검사이론에 근거한 문항분석도 규준참조평가인지 준거참조평가인지에 따라, 진단평가인지 형성평가인지 총괄평가인지에 따라 그 관점이 달라진다. 이 장에서는 편의상 규준참조평가, 총괄평가의 측면에 초점을 두고 문항분석 방법을 제시하고자 한다. 고전검사이론에 근거한 문항분석에는 일반적으로 문항난이도, 문항변별도, 문항반응분포, 교수민감도 등이 있다.

2. 문항난이도

문항난이도(item difficulty)란 문항의 어렵고 쉬운 정도를 의미한다. 문항난이도 지수로 가장 많이 활용되는 것은 정답률이다. 이것은 전체 피험자 중에서 그 문항에 대해 정답을 한 피험자의 비율로서 흔히 백분율(%)로 표현하게 된다. '백분율로 나타낸 문항난이도 지수'는 그 문항만을 이용하여 100점 만점 환산점수로 채점했을 때 피험자 점수의 평균과 동일하다. 예컨대, 5명 중에서 4명이 맞힌 문항의 문항난이도 지수는 $\frac{4}{5} \times 100 = 80(\%)$이지만 이를 $\frac{100+100+100+100+0}{5} = 80(\%)$으로도 동일하게 구할 수 있다.

문항난이도 지수는 0~100%까지의 숫자로 나타나며, 그 값이 클수록 쉬운 문항이고 작을수록 어려운 문항이다. 문항난이도 지수는 대개 30% 미만이면 '매우 어려운 문항', 30% 이상 80% 미만이면 '적절한 수준의 문항', 80% 이상이면 '매우 쉬운 문항'으로 평가할 수도 있지만, 이러한 기준은 피험자의 능력 수준이나 평가의 목표에 따라서 다르기 때문에 이를 절대적인 기준으로 활용하는 것은 바람직하지 않다. 예컨대, 중학교에서는 문항난이도 지수 60%는 '적절한 수준의 문항'일 수 있지만 초등학교에서는 '매우 어려운 문항'으로 볼 수도 있다.

한 가지 주의할 것은 '난이도'라는 용어는 어렵고 쉬운 정도로서 그 방향이 나타나지 않는다는 점이다. 그러므로 '난이도가 높다.' '난이도가 낮다.'는 표현은 적절하지 않으며 어려운 문항이라면 '난이도가 어렵다.' 쉬운 문항이라면 '난이도가 쉽다.'는 식으로 표현하는 것이 바람직하다. 다만, '난이도가 중간이다.' '전체 문항들의 난이도 수준이 적절하다.' 등은 그 방향을 표현하는 것이 아니기 때문에 충분히 사용할 수 있다.

문항난이도 지수의 산출방법은 미달항(non-reached item)이나 추측요인을 고려하느냐의 여부에 따라서 다소 변형이 가능하다.

1) 부분점수가 없는 문항의 문항난이도 산출방법

정답과 오답의 이분적인(dichotomous) 채점만 이루어지는 경우, 즉 부분점수가 없는 문항의 일반적인 문항난이도 지수 산출방법은 다음과 같다.

$$P = 100 \times \frac{R}{N}$$

단, P = 문항난이도 지수
N = 전체 피험자 수
R = 정답자 수

예컨대, 200명 중에서 160명이 맞힌 문항의 경우 문항난이도 지수는 80%이다.

$$P = 100 \times \frac{160}{200} = 80$$

선다형 문항과 같이 추측요인으로 정답을 한 피험자가 있다면 앞의 문항난이도 지수는 과대추정의 우려가 있다. 이러한 경우에는 분자 중에서 추측에 의해 정답을 한 피험자 수를 추정하여 그 수를 빼 줄 필요가 있다. 정답자 중에서 추측에 의해 정답한 피험자 수는 '오답자 수/(답지 수−1)'이라고 보는 것이 합리적이다. 예컨대, 5지 선다형 문항의 경우 순수하게 추측에 의해 정답지를 선택한 피험자 수는 '오답자 수/(5−1)'이라 볼 수 있다. 그러므로 추측요인을 교정한 문항난이도 지수는 다음과 같이 구할 수 있다.

$$P = 100 \times \frac{R - \frac{W}{K-1}}{N}$$

단, P = 문항난이도 지수
N = 전체 피험자 수
R = 정답자 수
W = 오답자 수
K = 답지 수

예컨대, 특정 문항의 문항반응분포가 다음과 같을 때 문항난이도 지수는 75%이다.

답지	①	②(정답지)	③	④	⑤	전체
피험자 수	10	160	10	5	15	200

$$P = 100 \times \frac{160 - \dfrac{40}{5-1}}{200} = 75$$

이와는 반대로 특정 문항이 검사의 후반부에 위치하고 있어 시간이 모자라서 답을 하지 못한 피험자가 많다면 위의 난이도 산출 공식은 문항난이도를 과소 추정할 우려가 있다. 이러한 경우에는 분모 중에서 미달한 피험자 수를 빼 줄 필요가 있다. 시간이 모자라서 답을 하지 못한 문항을 '미달항'이라고 한다. 특히 속도검사의 경우 미달항이 많이 발생하기 때문에 미달항 요인에 의한 난이도는 반드시 교정해 줄 필요가 있다. 추측요인뿐만 아니라 미달항 요인까지 교정한 문항난이도 지수는 다음과 같다.

$$P = 100 \times \frac{R - \dfrac{W}{K-1}}{N - NR}$$

단, P = 문항난이도 지수
N = 전체 피험자 수
NR = 미달 피험자 수
R = 정답자 수
W = 오답자 수
K = 답지 수

예컨대, 특정 문항의 문항반응분포가 다음과 같을 때 문항난이도 지수는 약 83.3%이다.

답지	①	② (정답지)	③	④	⑤	미달 피험자 수	전체
피험자 수	10	160	10	5	15	20	200

$$P = 100 \times \frac{160 - \frac{40}{5-1}}{200-20} \fallingdotseq 83.3$$

2) 부분점수가 있는 문항의 문항난이도 산출방법

지금까지 정답과 오답만이 있는 이분형 문항에서의 문항난이도 지수 산출방법을 알아보았다. 그렇다면 부분점수가 있는 문항의 문항난이도는 어떻게 산출할 것인가? 부분점수가 있는 문항은 특히 서답형에서 흔히 등장한다. 부분점수가 있는 문항, 즉 다분적인(polytomous) 채점이 이루어지는 문항의 문항난이도 지수는 흔히 다음과 같이 산출할 수 있다.

$$P = 100 \times \frac{R}{N \times A}$$

단, P = 문항난이도 지수
N = 전체 피험자 수
A = 문항에 주어진 배점
R = 전체 피험자가 그 문항에서 실제로 획득한 점수의 합

예컨대, 200명의 피험자가 5점의 배점이 주어진 문항에 대해 총 600점을 획득했다면 문항난이도 지수는 60%이다.

$$P = 100 \times \frac{600}{200 \times 5} = 60$$

3. 문항변별도

문항변별도(item discrimination)란 문항타당도의 개념 중의 하나로서 피험자의 능력 수준을 얼마나 예리하게 변별해 주느냐의 정도를 의미한다. 변별도가 높은 문항은 검사점수에서 높은 점수를 받은 피험자가 그렇지 않은 피험자에 비해 정답할 가능성이 더 높은 문항이다. 능력이 더 높은 피험자가 그렇지 않은 피험자에 비해 오답할 가능성이 더 높은 문항은 변별도가 음수이다.

특정 문항이 피험자의 능력 수준을 변별해 주는 정도를 수량화한 값을 '문항변별도 지수'라고 한다. 문항변별도 지수는 이론적으로는 −1 이상 +1 이하의 범위를 가진다. 문항변별도 지수를 산출하는 방법은 상위집단과 하위집단의 정답률 차이를 이용한 방법과 상관계수를 이용한 방법이 있다.

1) 상위 · 하위집단 정답률 차이에 의한 문항변별도 지수

상위 · 하위집단 정답률 차이에 의한 문항변별도 지수는 'DI(item discrimination index)'라고도 한다. 이 방법에서는 해당 검사점수를 기준으로 상위집단과 하위집단을 구분하여 상위집단의 정답률에서 하위집단의 정답률을 뺀 값을 문항변별도 지수로 정의한다.

$$DI = \frac{R_U - R_L}{f}$$

단, DI = 문항변별도 지수

R_U, R_L = 각각 상위집단과 하위집단의 정답자 수

f = 상위집단의 피험자 수 또는 하위집단의 피험자 수

상위집단과 하위집단을 나눌 때 전체 학생을 반으로 나눌 수도 있지만, 집단의 구분을 확실하게 해 주기 위해 중간층을 제외할 수도 있다. 보편적으로 사용하는 것은 상위집단 27%, 하위집단 27%이며, 경우에 따라서 상위 · 하위집단 25%만을 이용하기도 한다. 예컨대, 특정 문항에 대해 상위집단과 하위집단의 정답자 수와 오답자 수가 〈표 10-1〉과 같다고 하자.

〈표 10-1〉 특정 문항에 대한 상위 · 하위집단별 피험자 수

구분	정답자 수	오답자 수	전체
상위집단	140	60	200
하위집단	80	120	200
전체	220	180	400

이 문항의 변별도 지수는 .30이다.

$$DI = \frac{140 - 80}{200} = .30$$

상위집단과 하위집단의 문항별 평균을 비교하는 것도 문항변별도에 대한 정보를 제공해 준다. 예컨대, 〈표 10-2〉에서 1번 문항은 상위집단의 평균이 하위집단의 평균보다 크므로 문항변별도가 양수이지만, 2번 문항은 하위집단의 평균이 더 크기 때문에 문항변별도가 음수가 된다. 여기서 문항별 평균이 상위집단과 하위집단별로 제공되어 있지 않다면 문항변별도에 대한 정보를 전혀 예측할 수 없음에 유의할 필요가 있다. 즉, 2번 문항의 표준편차 1.96이 1번 문항의 표준편차 1.83보다 크다고 해서 2번 문항의 문항변별도가 1번 문항의 것보다 더 높은 것은 아니다. 일반적으로 변별도가 높은 문항은 그렇지 않은 문항에 비해서 문항별 표준편차가 더 클 가능성이 있지만, 이들 간의 관계가 필요충분조건 관계는 아님에 유의해야 한다.

〈표 10-2〉 상위집단과 하위집단별 문항별 평균 및 표준편차

문항번호	집단 구분	평균	표준편차
1번	상위집단	3.20	1.60
	하위집단	2.40	1.96
	전 체	2.80	1.83
2번	상위집단	.80	1.60
	하위집단	2.40	1.96
	전 체	1.60	1.96

〈표 10-3〉의 4개 문항은 상위집단 50%와 하위집단 50%의 정답률 차이가 동일하기 때문에 문항변별도가 동일하다고 볼 수 있으나, '검사점수에서 더 높은 피험자가 더 잘 맞히는 문항일수록 문항변별도가 더 높다.'라는 문항변별도의 정의에 의한다면, 문항 i4보다는 문항 i3이, 문항 i3보다는 문항 i2가, 문항 i2보다는 문항 i1의 문항변별도가 더 높다. 이러한 점을 고려하여 문항변별도를 구하기 위해 일부 중간층을 제외하고 상위집단과 하위집단 간의 정답률 차이를 구하기도 한다.

〈표 10-3〉 문항반응과 문항변별도 간의 관계

문항 \ 피험자	p1	p2	p3	p4	p5	p6	p7	p8	p9	p10
i1	1	1	1	1	1	1	1	0	0	0
i2	1	1	1	1	1	0	1	1	0	0
i3	1	1	1	1	1	0	0	1	1	0
i4	1	1	1	1	1	0	0	0	1	1
(이하 생략)										
검사점수	20	18	17	16	15	13	11	10	9	7

2) 상관계수를 이용한 문항변별도 지수

상관계수를 이용한 문항변별도 지수는 특정 문항에서의 각 피험자가 획득한 점수와 전체 검사에서 각 피험자가 획득한 검사점수 간의 양분상관계수(biserial correlation, r_b)로 정의한다. 양분상관계수는 한 변수가 양적변수이고 다른 한 변수는 '성공-실패' 또는 '합격-불합격' 등의 두 개의 범주로 이루어진 범주형 변수인 경우, 그 두 변수 간의 상관관계를 나타내는 지수이다. 양분상관계수를 활용한 특정 문항에 대한 문항변별도 공식은 다음과 같다.

$$r_b = \frac{M_R - M_w}{\sigma_T} \times \frac{p(1-p)}{y}$$

단, M_R = 특정 문항에서 정답한 피험자의 전체 검사점수 평균

M_W = 특정 문항에서 오답한 피험자의 전체 검사점수 평균

σ_T = 전체 피험자의 검사점수의 표준편차

p = 특정 문항에서 전체 피험자 수에 대한 정답한 피험자 수의 비율

y = 표준정규분포 함수에서 p와 1 − p를 나누는 z값에서의 함수 값

양분상관계수는 피어슨 적률상관계수와 그 값이 동일하다. 이런 이유에서 상관계수를 활용하여 문항변별도 지수를 추정할 때에는 양분상관계수보다는 피어슨 적률상관계수를 이용하는 것이 더 일반적이다. 피어슨 적률상관계수를 활용한 문항변별도 지수 계산 공식은 다음과 같다.

$$\sum_{i=1}^{N} \frac{\sum_{i=1}^{N} x \sum_{i=1}^{N}}{N\sigma_x\sigma_t} \frac{\sum_{i=1}^{N} z_{x_i} z_{t_i}}{N}$$

단, N = 피험자 수

σ_x, z_x = 각각 특정 문항 점수의 표준편차와 z점수

σ_t, z_t = 각각 검사점수의 표준편차와 z점수

x = 특정 문항의 편차점수

t = 검사점수의 편차점수

실제로는 변별도 지수를 계산함에 있어 상위집단과 하위집단의 정답률 차이를 활용하는 방법보다 상관계수를 활용한 방법, 그중에서도 피어슨 적률상관계수를 활용한 방법을 더 많이 사용한다.

3) 문항변별도에 영향을 미치는 요인

능력 수준에 대한 기준은 대개 검사점수를 이용하게 되며, 그 기준을 무엇으로 하는지에 따라서 문항변별도 지수는 달라진다. 예컨대, 대학수학능력시험의 물리 문항의 문항변별도 지수를 구할 때 '물리과목 점수'를 기준으로 할 수도 있지만 '과학탐구영역 점수'를 기준으로 할 수도 있다. 일반적으로 기준의 범위가 넓어질수록 문항변별도는 낮아지게 된다. 즉, 물리과목 점수를 기준으로 할 때보다 과학탐구영역 점수를 기준으로 할 때 문항변별도는 낮아지는 것이 일반적이다. 선다형과 서답형이 섞여 있는 혼합형(mixed format)의 경우, 그중에서도 서답형 문항들에 부분점수가 있는 경우에는 서답형 문항의 문항변별도

가 지나치게 높아질 수 있기 때문에 선다형 문항의 검사점수와 서답형 문항의 검사점수를 따로 계산하여 문항변별도를 분리하여 구하는 것이 바람직하다.

문항 수도 문항변별도에 영향을 미칠 수 있다. 즉, 문항 수가 적다면 문항과 검사점수 간의 상관이 높아지기 때문에 문항변별도가 과대 추정될 우려가 있다. 이러한 문제점을 최소화하기 위해서는 검사점수를 계산함에 있어서 문항변별도를 구하고자 하는 특정 문항은 제외하는 것이 바람직하다. 예컨대, a_1, a_2, …… , a_{10}의 10문항으로 구성된 검사도구에서 a_1 문항의 문항변별도는 a_1 문항을 제외한 검사점수와 a_1 간의 상관을 이용하여 구하는 것이 문항변별도의 과대추정의 우려를 최소화할 수 있다.

문항변별도는 문항들 간의 동질성의 정도에게 크게 영향을 받는다. 일반적으로 문항들 간의 동질성이 높을수록 문항변별도 지수는 높아진다. 예컨대, 시험범위가 정해져 있는 중등학교의 중간고사와 기말고사는 문항변별도가 .6을 상회하는 문항이 빈번히 발견된다. 그러나 대학수학능력시험의 경우 문항들 간의 동질성이 낮기 때문에 문항변별도가 .3을 넘는 문항을 발견하는 것이 쉽지 않다. 그러므로 문항변별도가 높을수록 좋은 문항이라는 식으로 단언하는 것은 무리가 있다. 다만, 문항변별도가 음수인 경우는 문항은 오류가 있을 가능성이 매우 높기 때문에 반드시 재검토가 필요한 문항으로 판단하는 것이 바람직하다.

문항난이도 수준도 문항변별도에 영향을 미칠 수 있다. 모든 피험자가 정답을 한 문항과 모든 피험자가 오답을 한 문항은 문항변별도 지수가 0이 된다. 이에 비해 〈표 10-4〉의 문항 i1과 문항 i2에서 보는 바와 같이, 문항변별도 지수로 DI를 활용한다면 문항난이도 지수가 50%인 경우에는 문항변별도는 −1에서 +1까지의 값이 나타날 수 있다. 그러나

〈표 10-4〉 문항난이도 지수 50%, 40%인 문항에 대한 극단적인 문항변별도의 예

문항 \ 피험자	p1	p2	p3	p4	p5	p6	p7	p8	p9	p10
i1	1	1	1	1	1	0	0	0	0	0
i2	0	0	0	0	0	1	1	1	1	1
i3	1	1	1	1	0	0	0	0	0	0
i4	0	0	0	0	0	0	1	1	1	1
(이하 생략)										
검사점수	20	18	17	16	15	13	11	10	9	7

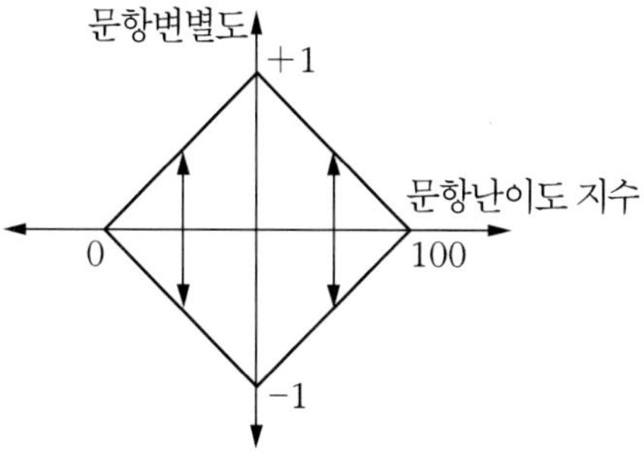

[그림 10-1] 문항난이도 지수와 문항변별도

문항 i3과 문항 i4에서처럼 문항난이도 지수가 40%인 경우에는 문항변별도 지수는 최소 −.8, 최대 +.8의 값을 가진다. [그림 10−1]에서 보는 바와 같이, 일반적으로 문항난이도 지수가 50%일 때 문항변별도는 가장 높을 수 있다. 그러나 '문항난이도 지수가 50%일 때 문항변별도가 가장 높다.' '문항난이도 지수가 50%면 문항변별도는 항상 양수이다.' 등의 진술은 모두 거짓이다.

규준참조평가에서는 문항변별도 지수가 높은 문항들로 구성해야 피험자의 서열을 매기는 데 유리하다. 변별을 목적으로 하는 규준참조평가에서는 문항난이도 지수가 20%에서 80%인 문항들을 안배해서 전체적으로 문항난이도 지수의 평균이 50% 정도가 되도록 하는 것이 가장 바람직하다. 그러나 준거참조평가에서는 모든 피험자가 교육목표에 도달할 수도 있기 때문에 문항변별도가 0인 문항도 불필요하다고 할 수 없음에 유의해야 한다. 그럼에도 불구하고 문항변별도가 음수인 문항은 준거참조평가에서도 재고가 필요한 문항으로 해석해야 한다.

4. 문항추측도

선다형 문항과 같이 문항에 따라서 해당 능력이 전혀 없는 피험자들도 추측에 의해서 정답을 하는 경우도 있다. 문항추측도(item guessing)란 전체 피험자의 수 중에서 문항의 답을 전혀 알지 못하고 추측으로 정답을 한 피험자 수의 비율로 정의된다.

문항추측도를 계산하는 공식은 다음과 같다.

$$p_{guessing} = \frac{\frac{W}{K-1}}{N}$$

단, N = 피험자 수
K = 답지 수
W = 오답자 수

예컨대, 특정 5지 선다형 문항에 대해 200명 중에서 160명이 답을 하지 못했을 경우, 특정 문항의 문항추측도는 .20이다.

$$p_{guessing} = \frac{\frac{160}{5-1}}{200} = .20$$

5. 문항반응분포

문항반응분포(item response distribution)는 피험자들이 문항의 각 답지에 반응한 빈도를 분석한 것이다. 문항반응분포의 목적은 다음과 같다. 첫째, 정답지에 대한 비율을 통해 문항의 난이도를 확인할 수 있다. 둘째, 오답지에 대한 비율을 통해서 각 오답지의 매력도를 확인할 수 있다. 셋째, 상위집단과 하위집단별 문항반응분포를 통해 문항의 변별도에 대한 정보를 도출할 수 있다.

문항반응분포의 해석방법을 제시하기 위해 〈표 10-5〉와 〈표 10-6〉의 실례를 들도록 한다.

〈표 10-5〉에 의하면, 문항 1은 문항난이도 지수가 50%로서 난이도가 적절하며, 4가지 오답지에 대한 매력도도 적정 수준임을 알 수 있다. 그뿐만 아니라 상위집단의 문항난이도 지수(90%)와 하위집단의 문항난이도 지수(10%) 간의 차이가 커서 문항변별도도 매우 높음을 알 수 있다. 여기서 상위집단과 하위집단별 문항반응분포가 없다면 문항변별도에 대한 정보를 전혀 예측할 수 없음에 유의할 필요가 있다. 즉, 전체 집단에 대한 문항반응분포로부터 난이도 수준과 오답지의 매력도가 적절하다 하더라도 이것이 문항변별도에 대한 정보와는 아무런 관련이 없음에 주의해야 한다.

〈표 10-5〉 문항1의 문항반응분포의 실례

구분 \ 답지	①	② (정답지)	③	④	⑤	D/M*	전체
상위집단	2	90	2	2	3	1	100
하위집단	21	10	23	23	20	3	100
전체	23	100	25	25	23	4	200

* 중복 표기(Double) 또는 무반응(Missing)

〈표 10-6〉에 의하면 문항 2는 문항난이도 지수가 30%로서 난이도가 다소 어려움을 알 수 있다. 그리고 네 가지 오답지 중에서 ①번 답지는 전혀 오답지로서의 역할을 하지 못하고 있고, 반대로 ③번 오답지는 너무 매력이 높기 때문에 그 이유를 재검토할 필요가 있음을 알 수 있다. 그 뿐만 아니라 상위집단의 문항난이도 지수(50%)와 하위집단의 문항난이도 지수(10%) 간의 차이가 커서 변별도는 적절하다는 점도 확인할 수 있다. 여기서 ③번 답지에 대한 반응 비율이 높다는 것은 이 답지가 오답으로서의 매력을 가지고 있음을 의미한다. 그러나 이것으로부터 문항 2가 오류를 가지고 있다고 과대 해석할 필요는 없다. 즉, 전체 집단에 대해 오답지의 분포가 편파적으로 나타났다 하더라도 그것이 문항변별도가 음수라고 판단할 수 있는 증거는 되지 않음에도 유의해야 한다. 특히 ④번 답지의 경우 하위집단보다 상위집단에서 선택한 학생 수가 더 많았다. 특정 오답지에 대해 하위집단보다 상위집단이 더 많은 선택을 했다는 것은 그 오답지는 변별력이 음수이기 때문에 오류 가능성이 매우 높은 오답지이므로 수정이 요구되는 답지라는 점을 추론할 수 있다.

〈표 10-6〉 문항2의 문항반응분포의 실례

구분 \ 답지	①	② (정답지)	③	④	⑤	D/M*	전체
상위집단	1	50	30	10	8	1	100
하위집단	0	10	70	5	12	3	100
전체	1	60	100	15	20	4	200

* 중복 표기(Double) 또는 무반응(Missing)

6. 교수민감도

준거참조평가에서는 평가 결과를 통해 수업 과정에서 학생과 교사에게 교수-학습에 관한 유의미한 정보를 제공하는 것이 필요하다. 그러므로 문항을 평가함에 있어서 그 문항이 교사의 교수효과를 제대로 측정해 줄 수 있는지의 정도도 분석해 주어야 한다. 특정 문항이 수업을 한 후의 교수효과를 민감하게 반영하는 정도를 '교수민감도(Instructional sensitivity)'라고 한다. 즉, 교수민감도 지수(Pre-to-Post Difference Index: PPDI)는 교사의 교수효과에 따라서 문항의 난이도가 달라지는 정도로 다음과 같이 구하게 된다.

PPDI = 교수 투입 후의 문항난이도-교수 투입 전의 문항난이도

그러나 이러한 방법은 교수 투입 전과 후에 두 번의 검사를 실시해야 한다는 단점이 있다. 이를 보완하기 위해 전후검사 비교 대신에 교수-학습을 실시한 집단과 그렇지 않은 통제집단의 난이도 차이(Experimental-Control group Difference Index: ECDI)를 교수민감도 지수로 활용하기도 한다.

ECDI = 교수 투입 집단의 문항난이도-교수 투입을 하지 않은 통제집단의 문항난이도

연구과제

1. 부분점수가 없는 문항과 부분점수가 있는 문항의 난이도 지수 산출방법을 비교하여 기술하시오.
2. 문항변별도의 산출방법을 기술하시오.
3. 문항변별도에 영향을 주는 요인 3가지를 제시하시오.
4. 문항변별도에 대한 규준참조평가와 준거참조평가의 관점을 비교하여 서술하시오.
5. 문항난이도와 문항변별도 간의 관계를 약술하시오.

제11장

신뢰도와 타당도

이 장에서는 검사의 신뢰도와 타당도에 대해 다룬다. 신뢰도의 개념, 추정방법, 신뢰도에 영향을 주는 요인에 대해 다루고, 준거지향검사의 신뢰도에 대해서 제시한다. 객관도의 개념과 객관도 지수에 대해 제시한다. 다음으로 타당도의 개념, 추정방법에 대해 설명한다.

1. 신뢰도

1) 신뢰도 계수의 의미와 해석

신뢰도란 응시생에게 동일한 검사를 반복 실시했을 때 얻어진 측정치의 일관성(consistency)을 의미한다. '일관성'의 의미는 신뢰도의 의미 규정을 위한 기본 개념이지만, 점수를 어떻게 해석하느냐에 따라 일관성의 의미는 달라진다. 규준지향검사에서는 신뢰도가 높다고 할 때 다른 시기에 실시된 검사점수의 '동일 서열(same rank ordering)'이 유지됨을 의미한다. 반면, 준거지향검사에서 검사점수가 합격/불합격으로만 사용(혹은 해석)될 때, '동일 서열'보다는 '판정의 일관성'이 보다 주 관심이 된다.

신뢰도 계수(reliability coefficient)란 독립적으로 시행된 동형검사(equivalent tests or parallel tests)에서의 점수 간 상관으로 다음과 같이 나타낸다.

$$\rho_{XX'} = \frac{\sigma_T^2}{\sigma_X^2} = 1 - \frac{\sigma_E^2}{\sigma_X^2} = \rho_{XT}^2 = 1 - \rho_{XE}^2$$

이 공식에 비추어 보면 신뢰도 계수는 다양한 방식으로 해석이 가능하다. 첫째, 신뢰도 계수는 두 평행검사 간 상관계수이다. 둘째, 신뢰도 계수는 진점수 분산과 오차분산 간 비율이다. 셋째, 신뢰도 계수는 1−오차점수 분산과 관찰점수 분산 간 비율이다. 넷째, 신뢰도 계수는 관찰점수와 진점수 간 상관의 제곱이다. 다섯째, 1−관찰점수와 오차점수 간 상관의 제곱이다.

신뢰도 계수의 범위는 0∼1 사이이다. 만약 신뢰도 계수가 1이면 이는 모든 응시생의 관찰점수가 곧 진점수가 된다. 반면, 만약 신뢰도 계수가 0이면 모든 응시생의 관찰점수와 오차점수가 같게 된다. 일반적으로 신뢰도 계수는 0보다 크고 1보다 작다.

신뢰도 계수가 .81이라고 해 보자. 이는 관찰점수 분산 중 81%는 응시생 간 진점수 분산에 의한 것임을 의미한다. 만약 관찰점수의 표준편차가 4라고 해 보자. 이 경우 진점수의 표준편차는 $\sigma_T = \sqrt{(0.81)(16)} = 3.6$이 되어, 신뢰도 계수가 작을수록 진점수의 표준편차는 줄어듦을 알 수 있다. 이 경우 표준오차는 $\sigma_E = \sigma_X\sqrt{1-\rho_{XX'}} = 4\sqrt{1-0.81} = 1.74$가 된다. 또한 관찰점수와 진점수 간 상관은 $\rho_{XT} = \sqrt{\rho_{XX'}} = \sqrt{0.81} = 0.9$가 된다.

2) 신뢰도 추정방법

고전검사이론에 따르면 신뢰도 계수는 평행검사 간 상관에 의해 구해진다. 그런데 실제로 평행검사를 제작할 수 없을 뿐만 아니라 개인의 진점수도 직접 관찰할 수 없다. 이는 곧 신뢰도 계수는 정확히 구해질 수 없다는 것을 의미한다. 따라서 신뢰도 계수는 추정될 수밖에 없으며, 전통적으로 여러 가지 방법으로 신뢰도 계수를 추정하여 왔다.

(1) 검사−재검사 신뢰도 추정법

검사−재검사 신뢰도 추정법(test−retest reliability)은 동일한 검사를 동일한 집단에 일정한 간격을 두고 2회 시행한 후 두 점수 간 상관계수로써 신뢰도를 추정한다. 이 방법은 두 시점 간에 응시생이 검사에 얼마나 일관적으로 반응하는가에 관심이 있을 때 사용한다. 따라서 이를 안정성 계수(coefficient of stability)라고도 한다. 이 방법은 일반적으로 검사가

단 한 종류만 개발되어 있고, 하나의 검사를 두 개의 평행검사로 나누기 어려운 경우에 많이 사용한다. 그러나 동일한 집단에 동일한 검사를 두 번 시행하기 때문에 첫 번째 검사 시행이 두 번째 검사 시행 결과에 영향을 미칠 수 있다.

검사-재검사 신뢰도를 추정할 때 검사 시행 시 일정한 간격을 두는 방법과 시간 간격 없이 거의 동시에 시행하는 방법이 있다. 검사 시행 시 일정한 간격을 둔 다 하더라고 어느 정도의 간격을 두어야 할지는 매우 중요하다. 두 검사 시행 간 시간이 짧으면 기억 및 연습 효과 그리고 동기 감소 등의 문제가 있다. 반대로 검사 시행 간 시간이 길게 되면 성숙, 학습 등의 영향으로 인해 신뢰도 추정치가 영향을 받을 수 있다. 검사-재검사 신뢰도 추정법은 또한 검사를 두 번 시행하는 데 따른 문제가 있다. 검사를 두 번 시행하려면 검사 시행 환경, 응시생의 동기 등이 같아야 하는데 흔히 시행 환경이나 동기가 달라진다. 이처럼 검사를 두 번 시행하면 기억, 피로, 학습, 성숙 등이 검사점수에 영향을 미쳐서 신뢰도 계수에 영향을 주게 되므로 여러 상황을 살펴 시험 간격을 적절히 조절해야 한다.

검사-재검사를 거의 같은 시간에 시행하는 경우에는 몇 가지 가정이 있어야 한다. 즉, 기억의 효과가 없고, 능력 자체의 의미 있는 변화가 없어야 하며, 피로의 영향이 문제가 되지 않아야 한다. 예를 들어, 영아를 대상으로 몇 가지 신체적 기능을 검사할 때에는 매우 짧은 시간에 검사-재검사가 이루어져도 될 것이다. 영아가 짧은 시간 내에 시험이 시행된다고 해도 기억이나 학습효과가 일어나기 어려울 뿐만 아니라, 이 신체적 기능 검사점수를 영아의 먼 미래 신체 기능을 예언하는 데 사용하는 것도 아니기 때문이다.

검사의 두 번 시행에 따른 문제가 여러 가지 있으므로 일반적으로 성취도 검사에서는 잘 사용하지 않는다. 대신 태도나 흥미를 측정하는 검사에서 검사-재검사 신뢰도 추정방법을 많이 활용한다.

(2) 동형검사 신뢰도

동형검사 신뢰도(alternate form reliability)는 검사-재검사 신뢰도 추정법과 마찬가지로 동일한 집단에게 두 번 검사를 시행한다. 그러나 동형검사 신뢰도 추정법에서는 동일한 검사가 아닌 동형검사(alternate form)를 두 개 만들어서 시행한다. 신뢰도 계수는 이렇게 해서 얻어진 검사점수 간 상관계수로 추정한다.

동형검사 신뢰도를 추정하기 위해 시험 시행 간격이 없이 거의 동시에 검사를 시행할 수 있다. 이렇게 해서 얻은 신뢰도 추정치는 '동형성 계수(coefficient of equivalence)'라고 부른다. 동형성 계수는 문항의 표집에 따른 오차(content sampling error)에 영향을 받는다. 즉, 검사를 2종 개발하는데 문항의 내용이 다를 수 있으며, 이 경우 동형성 계수인 상관계수가 낮아지게 된다.

검사 시행 시 일정한 간격을 두고 시행할 수 있다. 이렇게 해서 얻은 신뢰도 추정치는 '안정성 및 동형성 계수(coefficient of stability and equivalence)'라고 부른다. 이 계수에는 문항의 표집오차뿐만 아니라 시간 간격에 따른 오차들이 모두 포함된다. 따라서 이 신뢰도 계수는 동형성 계수나 안정성 계수보다 일반적으로 낮게 나온다.

동형검사 신뢰도 추정법의 주요 장점은 동일한 검사를 사용하지 않으므로 기억의 효과가 없으며, 시행 간격을 짧게 해서 응시생 변화에 따른 문제에 대처할 수 있다는 점이다. 단점은, 첫째, 동형검사를 제작하기 어렵다는 점이다. 두 검사의 검사내용, 형식, 통계적 특성 등을 가능한 한 유사하게 한다 하더라도 동형검사를 만드는 것은 실제로 매우 어렵다. 둘째, 동형검사 신뢰도 추정법은 또한 여전히 검사를 두 번 시행에 따른 문제점을 가지고 있다. 예를 들어, 동기의 감소, 피로, 검사환경의 변화 등의 문제가 여전히 검사점수에 영향을 미쳐서 신뢰도 계수를 낮출 수 있다.

(3) 내적일관성 계수

학교에서 검사를 개발하여 시행하는 경우 보통 하나의 검사를 개발해서 한 번만 시행하게 된다. 실제로 많은 경우 검사의 개수는 하나이고 검사 시행도 1회에 한할 뿐이다. 이와 같은 경우에 앞서 제시한 안정성 계수나 동형검사에 의한 신뢰도 추정은 적절하지 않다.

내적일관성 계수(coefficient of internal consistency)는 단일 검사를 1회 시행한 후 신뢰도를 추정한다. 내적일관성 계수에 속하는 방법으로 반분신뢰도(split-half reliability), KR20(Kuder-Richardson 20), KR21(Kuder−Richardson 21), 크론바흐 α(Cronbach' α) 등 여러 가지 방법이 있다. 이들 내적일관성 신뢰도 계수 추정방법은 모두 한 번 시행된 검사를 하위 문항 세트로 나누고, 하위 문항 세트를 하나의 검사로 간주하여 하위 문항 세트 간 상관계수를 산출한다. 혹은 극단적으로는 단일 문항을 하나의 검사로 간주하여 문항 간 공분산을 활용하여 신뢰도를 구하기도 한다. 이들 방법들이 공통적으로 상관계수의 함수 값임에 주목할 필요가 있다. 하위 문항 세트(혹은 각 문항)에 응시생이 일관적으로 반응을 할 때 상관계수 혹은 공분산값은 커지게 된다. 문항들이 동질적(homogeneous)일수록 응시생이 하위 문항 세트나 개별 문항에 대한 반응이 일관적일 것이며, 반대로 하위 문항 세트나 개별 문항들이 이질적인 내용으로 구성될수록 이들에 대한 응시생의 반응은 비일관적일 것이다. 이런 이유로 이들 문항을 내적일관성 계수라고 하며 또한 문항의 동질성을 반영하므로 동질성 계수(coefficient of homogeneity)라고도 한다.

① 반분신뢰도

반분신뢰도 계수는 단일의 검사를 한 집단에 시행한 후 반분(split-half)된 두 문항 세트의 총점 간 상관계수로 추정한다. 검사를 반분하는 방법은 여러 가지가 있다. 전반부와 후반부로 나누는 방법, 홀수 문항과 짝수 문항으로 나누는 기우법, 난수표를 이용하여 반분하는 법, 문항의 내용을 고려하여 반분하는 법이 그 예이다. 가장 좋은 방법은 반분된 검사가 가능한 한 평행검사가 되도록 하는 것인데, 그러한 통계적 분석이 어려울 경우 이들 방법을 간단히 적용해서 사용할 수 있다.

반분신뢰도 계수는 하나의 검사를 둘로 나누어 마치 두 개의 검사인 것처럼 간주하여 신뢰도를 추정한 것이다. 원래 전체 검사 길이가 절반인 검사의 신뢰도를 추정한 것과 같다. 따라서 반분신뢰도 계수를 구한 후 원래 검사 길이로 시행되었을 경우의 신뢰도가 추정되어야 한다. 스피어만-브라운(Spearman-Brown: SB)의 예언공식은 반분신뢰도를 교정하는 데 활용된다. 즉, 원래의 검사 길이로 시행되었을 경우 추정된 신뢰도 계수이다.

$$\text{스피어만-브라운 예언공식: } \rho_{XX'} = \frac{2\rho_{YY'}}{1+\rho_{YY'}}$$

단, $\rho_{XX'}$ = 교정된 신뢰도 계수

$\rho_{YY'}$ = 반분된 검사점수의 상관계수

예를 들어, 반분된 검사점수의 상관계수가 0.34라고 했을 때, 전체 검사의 신뢰도 계수는 $\frac{2(.34)}{1+(.34)} = .51$ 이다.

하나의 검사를 양분해서 전체 검사의 신뢰도를 추정하는 방법으로 반분검사 간 차이점수를 이용한 Rulon(1939)의 방법이 있다. 이 방법의 장점은 스피어만-브라운 예언 공식에 의한 교정이 불필요하다는 점이다.

반분신뢰도 계수 추정법의 장점은 하나의 검사를 한 번 시행한 후 신뢰도를 추정하므로 일선 학교에서 성취도검사의 신뢰도 추정에 쉽게 활용 가능하다는 점이다. 또한 검사를 한 번 시행하므로 2회 시행에 따른 기억 및 연습 효과를 배제할 수 있다는 장점도 있다. 이 방법의 단점은 검사를 단순히 반분하는 방법에 따라 신뢰도 추정치가 달라져서 단일의 신뢰도 추정치가 없다는 점이다. 또한 반분된 검사가 평행검사가 되어야 하는데, 반분된 검사 간 분산 차이가 커지게 되면 스피어만-브라운에 의한 전체 검사의 신뢰도 추정치는 실제 신뢰도보다 커지게 된다.

② 쿠더-리차드슨 신뢰도

Kuder와 Richardson은 기존 반분검사가 단일의 신뢰도 추정치를 산출하지 못한 문제를 해결하기 위해 단일의 신뢰도 추정을 위한 방안들을 제안하고자 하였다. 이들은 1937년에 KR20라는 신뢰도 추정공식을 발표하였는데, 이 공식은 각 문항을 하나의 검사로 간주하여 신뢰도를 추정한다. KR20은 0/1로 채점되었을 때만 적용 가능하며, 학업성취도 등 성취도검사의 신뢰도 추정에 지금도 널리 사용되고 있다. KR20의 공식을 제시하면 다음과 같다.

$$KR20 = \frac{n}{n-1}\left(1 - \frac{\sum_{i=1}^{n} p_i q_i}{\sigma_X^2}\right)$$

여기서 n은 문항 수, p_i는 문항 i의 정답률, q_i는 $1-p_i$, σ_X^2는 총점의 분산을 나타낸다. 이 공식에서 $\sum_{i=1}^{n} p_i q_i$는 각 이분 문항의 분산 $p_i q_i$을 합한 것이다.

만약 각 문항의 정답률이 매우 유사하다면, 전체 점수의 평균과 문항 수로 $p_i q_i$의 근사치를 구할 수 있다. 바로 이 점을 이용한 것이 KR21이다. 따라서 문항 간 정답률이 매우 유사할 때 KR21을 사용한다. 만약 모든 문항의 정답률이 같다면 KR20와 KR21은 같게 된다. 문항 간 정답률이 다르면 KR20이 KR21보다 커지게 된다. 따라서 일반적으로 KR20 ≥ KR21의 관계가 있다. KR21의 공식을 제시하면 다음과 같다.

$$KR21 = \frac{n}{n-1}\left[1 - \frac{\mu_X(n-\mu_X)}{n\sigma_X^2}\right]$$

여기서 μ_X는 총점의 평균이다.

KR20과 KR21은 반분신뢰도와 달리 검사마다 하나의 신뢰도 추정치만 있게 된다. 따라서 반분신뢰도 추정법의 문제를 극복할 뿐만 아니라 반분신뢰도 추정법이 갖는 장점들을 또한 이 방법들은 가지고 있다. 그러나 이들 신뢰도 추정방법은 속도검사에서는 신뢰도를 과대 추정할 위험이 있다.

③ 크론바흐 α

Cronbach가 1951년에 제안한 신뢰도 추정법으로 내적일관성 신뢰도 추정법 중 가장 많이 사용된다. 크론바흐 α는 이분 문항뿐만 아니라 논술형에서 1, 2, 3으로 채점된 문항에 대해서도 신뢰도 추정이 가능하다. 모든 문항이 0/1로 채점된 이분 문항일 경우에는 크론바흐 α는 KR20과 동일하다. 즉, KR20은 크론바흐 α의 특수한 경우라고 할 수 있다. 크론바흐 α의 공식은 다음과 같다.

$$\alpha = \frac{n}{n-1}\left(1-\frac{\sum_{i=1}^{n}\sigma_i^2}{\sigma_X^2}\right)$$

위에서 n은 문항 수, σ_i^2는 문항 i의 분산, σ_X^2는 총점의 분산을 의미한다. 이 공식은 KR20 공식을 보다 일반화시킨 것이다. 즉, KR20은 0/1로 채점될 때 적용하는데, 0/1로 채점될 경우 각 문항의 분산은 p_iq_i이다. 크론바흐 α의 공식에서는 각 문항이 1, 2, 3 처럼 이분형태가 아닌 경우에도 적용할 수 있도록 분산을 구하는 일반적 공식인 σ_i^2를 p_iq_i 대신 사용하였다.

〈표 11-1〉은 10명의 응시생이 7개 문항에 대해 반응한 결과의 예시이다.

〈표 11-1〉 크론바흐 α 계수 계산을 위한 자료

응시생 번호	문항번호							총점
	1	2	3	4	5	6	7	
1	1	1	0	0	1	0	0	3
2	0	1	1	1	1	1	1	6
3	1	1	0	0	1	0	0	3
4	1	0	0	1	0	1	1	4
5	1	1	1	1	1	1	1	7

6	1	1	1	1	1	1	1	7
7	1	1	0	0	1	1	0	4
8	0	1	0	1	1	0	0	3
9	1	1	1	0	1	0	1	5
10	1	1	1	0	1	1	0	5
평균	0.8	0.9	0.5	0.5	0.9	0.6	0.5	4.7
분산	0.16	0.09	0.25	0.25	0.09	0.24	0.25	2.21

크론바흐 α를 구하기 위해서는 우선 각 문항과 총점의 분산을 구해야 한다. 문항 1의 분산은 다음과 같이 계산한다.

$$\sigma_1^2 = \frac{(1-.8)^2+(0-.8)^2+(1-.8)^2+(1-.8)^2+(1-.8)^2+(1-.8)^2+(1-.8)^2+(0-.8)^2+(1-.8)^2+(1-.8)^2}{10} = .16$$

이와 같은 방식으로 모든 문항의 분산과 총점의 분산을 구한다. 다음으로 공식에 따라 크론바흐 α를 다음과 같이 구한다.

$$\text{크론바흐 } \alpha = \left(\frac{7}{7-1}\right)\left(1 - \frac{.16+.09+.25+.25+.09+.24+.25}{2.21}\right) = .46$$

크론바흐 α는 내적일관성을 나타내는 하나의 지수이므로 시간에 따른 검사점수가 얼마나 안정적인가 혹은 서로 다른 검사점수 간에 어느 정도 동등성이 있는가에 대해 어떤 정보도 제공하지 못한다. 크론바흐 α는 동질성 지수임을 기억할 필요가 있다.

크론바흐 α의 값이 높을 경우 문항들이 일차원적(unidimensional)이라고 오해하는 경우가 있다(일차원적 특성이란 '단일한' 속성이 검사문항에 대한 수행에 영향을 미치는 것을 의미함). 그러나 크론바흐 α는 문항 간 공분산의 함수이며, 문항 간 공분산은 '한 개 이상의 공통요인' 때문에 높을 수 있다. 따라서 크론바흐 α는 단일 차원을 나타내는 지수로 사용되지 말아야 한다.

3) 신뢰도에 영향을 주는 요인

검사의 신뢰도에 영향을 미치는 요인들은 매우 다양하다. Ebel과 Frisbie(1991, pp. 88-93)는 크게 검사도구 관련 요인, 응시생 관련 요인, 검사 시행 관련 요인으로 구분하였는데, 이를 간단히 제시하면 다음과 같다.

(1) 문항 수

다른 조건이 동일할 때 문항 수가 증가하면 신뢰도는 어느 정도까지는 증가한다. 검사점수가 이미 신뢰할 만할 때는 문항 수가 증가해도 신뢰도 증가량이 작다. 문항 수가 증가하여 신뢰도를 높이기 위해서는 두 가지 가정이 필요하다. 첫째, 추가된 문항들은 기존 문항과 통계적 특성(난이도 등)이 같아야 한다. 그래서 추가된 문항을 포함하여 전체 문항 간 상호상관이 기존 문항 간 상호상관보다 전체적으로 낮아서는 안 된다. 둘째, 문항 수가 증가해도 응시생의 피로도가 추가된 문항에 대한 수행에 영향을 주지 않아야 한다. 달리 말하면, 응시생은 기존 문항에 대한 수행능력을 추가된 문항에서도 일관적으로 보여야 한다.

(2) 검사내용

추가된 문항의 내용이 기존 문항의 내용과 유사해야 한다. 기존 문항의 내용과 다른 내용의 문항이 추가되면 응시생의 반응은 기존 문항에 대한 반응과 다르게 된다. 이는 결국 문항 간 상관을 낮추는 요인이 되어 결과적으로 신뢰도를 낮추게 된다.

(3) 문항특성

양질의 문항을 개발하여 문항의 변별도를 높이는 것이 신뢰도를 증가시킨다. 문항의 변별도가 전체적으로 높으면 응시생 점수의 분산이 커지고 이는 신뢰도 증가로 이어진다. 문항의 난이도는 중간 정도일 때 또한 점수의 분산이 커져서 신뢰도가 증가한다.

(4) 집단의 이질성

응시생 집단의 능력 차이가 크면, 진점수 분산은 늘어나지만 오차분산은 비슷하기 때문에 신뢰도는 증가한다. 만약 능력이 매우 우수한 100명의 학생에게 시험을 실시하면 대부분이 만점을 받게 되어 진점수 분산 자체가 작을 것이다. 그렇지만 능력이 매우 다양한 100명의 학생에게 시험을 시행하게 되면, 진점수 분산 자체가 클 것이며 오차의 크기는 비숫할 것이다. 따라서 검사의 신뢰도는 증가하게 된다.

(5) 응시생의 동기

응시생들이 시험에 대한 동기가 낮을 때 신뢰도는 감소한다. 동기가 부족하면 응시생들이 최선을 다하지 않게 되고, 문항에 대한 그들의 반응은 일관성이 떨어지기 쉽다. 이는 결국 신뢰도의 저하로 이어진다. 검사-재검사 신뢰도를 추정할 때 응시생의 동기는 특히 중요하다. 응시생들은 동일한 문항에 반복해서 반응해야 하므로 성적과 같은 중요한 목적으로 활용되는 검사가 아닐 경우 검사에 대한 동기가 부족하기 쉽다.

(6) 검사시간

속도검사에서 내적일관성 신뢰도 계수는 과도하게 높게 나온다. 속도검사는 대개 문항은 쉬우나 시간상 제한으로 인해 모든 문제를 풀기 어려운 검사이다. 시간이 제한되면 뒷부분의 문항들은 모두 틀리게 될 것이다. 이 경우 기우법을 이용한 반분신뢰도를 사용하면 신뢰도가 과대하게 높게 나오며, 다른 내적일관성 신뢰도 계수도 마찬가지로 높게 나온다.

속도검사의 경우 검사-재검사 신뢰도 추정법이나 동형검사 신뢰도 추정법을 사용하는 것이 가장 적절하다. 두 번 시행이 어려울 경우 하나의 검사를 반분한 후에 시험시간을 명시적으로 나누어 시행하는 것도 하나의 방법이다. 이렇게 해서 얻어진 반분된 검사에서의 신뢰도는 스피어만 브라운의 예언공식으로 교정하면 될 것이다.

(7) 기타 요인

이들 요인 외에도 각 개인의 건강, 집중력, 시험장소의 환경, 채점자의 주관성 등도 신뢰도에 영향을 미칠 수 있다. 또한 응시생의 시험기술(testwiseness), 부정행위 등도 신뢰도를 저하시킨다.

4) 준거지향검사의 신뢰도

앞서 논의한 신뢰도 추정방법들은 주로 규준지향평가의 신뢰도 추정에 적절하며 준거지향평가나 목표지향평가의 신뢰도 추정에는 부적절하다. 만약 모든 응시생의 진점수가 같고 그들이 모두 '합격기준 점수' 위에 있다고 해 보자. 이 경우 예를 들어 내적일관성 계수인 크론바흐 α를 적용할 경우 응시생의 관찰점수 분산이 0이 되므로 신뢰도도 0이 될 것이다. 실제로 응시생은 진점수가 합격 기준 위에 있어서 올바르게 '합격' 판정이 났음에도 검사점수의 신뢰도는 0이라는 문제가 발생한다. 이와 같은 문제를 인식하고 1970년대부터 준거지향검사의 신뢰도를 추정하기 위한 방법들이 개발되기 시작하였다.

(1) 리빙스턴 k^2 계수

준거지향검사에서 신뢰도를 추정하기 위해 처음 제시된 것 중의 하나가 바로 리빙스턴 계수(Livingston's coefficient)이다. 리빙스턴(Livingstone, 1972) 계수의 공식은 다음과 같다.

$$k^2 = \frac{\sigma_T^2 + (\mu_X - C)^2}{\sigma_T^2 + (\mu_X - C)^2 + \sigma_E^2} = \frac{\sigma_T^2 + (\mu_X - C)^2}{\sigma_X^2 + (\mu_X - C)^2} = \frac{(\rho_{XX'})\sigma_X^2 + (\mu_X - C)^2}{\sigma_X^2 + (\mu_X - C)^2}$$

이 공식에서 C는 분할점수를, μ_X는 평균치를 의미한다. 또한 $(\mu_X - C)^2$는 평균치와 분할점수 간 차이의 제곱을 의미한다. 이 공식에서 평균치와 분할점수 간 차이의 제곱을 제외하면 나머지는 고점검사이론의 신뢰도 공식과 동일한 형태이다. 만약 $\mu_X = C$이면, 이는 고전검사이론의 신뢰도와 동일하게 된다. 평균치와 분할점수 간 차이가 클수록 리빙스턴 계수는 커진다. 이 공식은 단일 시행에서 얻어진 검사의 신뢰도 추정치이다. 만약 동형검사를 시행한 후 두 검사점수 간 상관을 신뢰도 추정치로 사용했다고 해 보자. 이 경우 리빙스턴 계수는 다음과 같다.

$$k^2 = \frac{(\rho_{XX'})\sigma_X\sigma_{X'} + (\mu_X - C)(\mu_{X'} - C)}{\sqrt{\left[\sigma_X^2 + (\mu_X - C)^2\right]\left[\sigma_{X'}^2 + (\mu_{X'} - C)^2\right]}}$$

$\rho_{XX'}$은 두 동형검사 간 상관계수, $\mu_{X'}$와 $\sigma_{X'}^2$은 동형검사 X'의 평균치와 분산을 의미한다.

Brennan과 Kane(1977)은 리빙스턴 k^2과 유사하지만 일반화가능도이론의 관점에서 보다 일반화된 의사결정 일관성 지수(index of decision consistency)를 제안하였다. 이 지수는 문항의 난이도가 달라서 검사점수 분포가 두 검사 간에 달라도 사용할 수 있다. 보다 자세한 사항은 일반화가능도이론 전문서적을 참고하기 바란다.

(2) 일관성 지수(P_A)와 코헨 카파(κ)계수

준거 혹은 목표 지향검사에서 특정 분할점수(cutscore) 위에 있는 사람을 합격(혹은 숙달), 분할점수 아래에 있는 사람을 불합격(혹은 미숙달)으로 분류한다고 해 보자. 이 경우 '분류'의 일관성이 주요 관심사항이 된다. 합격/불합격, 숙달/미숙달 등과 같은 의사결정의 일관성 정도는 준거 혹은 목표 지향검사의 신뢰도를 나타내는 지수로 활용될 수 있다.

일관성 지수는 동일한 검사를 반복 시행하거나 동형검사를 실시한 것을 바탕으로 합격/불합격 판정이 이루어졌을 때, 동일하게 분류된 응시생의 비율을 나타낸다.

		검사X'에 의한 판정 합격	불합격	계
검사X에 의한 판정	합격	P_{11}	P_{10}	$P_{1.}$
	불합격	P_{01}	P_{00}	$P_{0.}$
	계	$P_{.1}$	$P_{.0}$	

여기에서 P_{11}, P_{10}, P_{01}, P_{00}은 합격-합격, 합격-불합격, 불합격-합격, 불합격-불합격으로 판정된 응시생의 비율을 나타낸다. 일관성 지수는 다음과 같다.

$$P_A = P_{11} + P_{00}$$

일관성 지수는 0~1 사이의 값을 가진다. 만약 $P_A = .8$일 경우, 응시생 중 80%가 일관적으로 분류되었다는 것을 의미한다.

이러한 일관성 지수는 분류 판정이 두 가지 이상인 경우에도 확장하여 사용가능하다. 예를 들어, 우수합격/합격/불합격으로 판정을 한다고 해 보자. 이 경우에도 검사-재검사나 동형검사를 실시한 것을 바탕으로 동일하게 분류된 응시생 비율을 구하면 이것이 바로 일관성 지수가 된다. 일관성 지수를 구하는 일반적인 공식은 다음과 같다.

$$P_A = \sum_{K=1}^{m} P_{kk},\ k = 1,\ 2,\ \cdots,\ m$$

여기에서 P_{kk}는 두 검사에서 같은 범주로 분류된 응시생의 비율을 의미한다.

한 번의 검사 시행으로 일관성 지수를 구하는 방법들이 제안되었다. 이들 방법들은 통계적으로 다소 복잡한 방법들을 사용하고 있으므로 이 책에서는 다루지 않기로 한다. 관심 있는 독자는 Brennan(2006)을 참고하기 바란다. 이들 방법은 단 한 번 시행된 검사에서 일관성 지수를 산출하므로 실제 적용상 매우 유용하다.

일관성 지수 P_A는 우연히 일관적으로 분류되는 응시생의 비율이 포함되어 있다. 이로 인해 실제보다 분류의 일관성이 과대하게 높게 추정되는 경향이 있다. 코헨(Cohen, 1960)의 카파계수(Cohen's Kappa Coefficient: κ)는 우연에 의한 일관성을 제외하고 난 후 나머지만으로 일관성 정도를 계산한다. 코헨 카파계수 공식은 다음과 같다.

$$\kappa = \frac{P_A - P_C}{1 - P_C}$$

$$= \frac{\text{우연에 의한 일관성 이외에 추가로 더해진 실제 일관성 증가량}}{\text{우연에 의한 일관성 이외에 추가로 최대 가능한 분류일관성의 증가량}}$$

P_A는 일치도, P_C는 우연에 의해 일치될 확률로 $(P_{.1})(P_{1.}) + (P_{.0})(P_{0.})$이다.

카파계수는 채점자간 일치도를 알아보고자 할 때도 그대로 활용 가능하다. 이 경우 카파계수는 우연에 의한 일관성을 제외하고 측정절차(예: 채점자 간 훈련)에 의해 증가시킬 수 있는 최대 가능한 일관성 중 실제 '증가된 일관성'의 비율을 의미한다.

다음은 일관성 지수와 카파계수를 계산하는 예이다.

		검사 X' 에 의한 판정			
		우수합격	합격	불합격	계
검사 X에 의한 판정	우수합격	(a) 11	2	19	32
	합격	1	(b) 3	3	7
	불합격	0	8	(c) 82	90
	계	12	13	104	129

일관성 지수는 $P_A = (11+3+82)/129 = .744$로 총 사례의 74.4%가 일관적으로 분류되

었다. 카파계수를 구하기 위해서는 각 셀 a, b, c에 우연히 일관적으로 분류될 빈도를 구해야 한다. 이렇게 해서 구해진 빈도를 총 사례 수로 나누면 이 값이 바로 우연히 일관적으로 분류될 비율이 된다.

셀 a, b, c에 우연히 일관적으로 분류되는 사례 수는 각 해당 칸과 관계되는 주변 사례 수들을 곱하고 이를 총 사례 수로 나누면 된다. 즉,

a: (12 × 32)/129 = 2.796

b: (13 × 7)/129 = .7054

c: (104 × 90)/129 = 72.558

따라서 우연히 일관적으로 분류되는 사례 수 비율은 다음과 같다.

$$P_C = \frac{2.796 + 0.7054 + 72.558}{129} = .591$$

이는 두 검사가 독립적이라고 하더라도 59.1%는 우연히 일관적으로 분류된다는 것을 의미한다. 카파계수는 다음과 같다.

$$\kappa = \frac{0.744 - 0.591}{1 - 0.591} = .374$$

즉, 우연에 의한 분류의 일관성을 제외하고 최대한 더해질 수 있는 분류의 일관성은 1−.591 = .41인데, 이중 실제로 증가한 분류의 일관성은 .153이다. 따라서 카파계수의 의미는 우연적 요소 이외에 추가로 더해질 수 있는 최대 일관성의 비율 중 37.4%가 더해졌다는 것을 의미한다.

전체 정확합치도 .744 중 우연에 의한 일관성은 .591/.744 = .7944로 79%이며, 나머지 21%(.153/.744 = .2056)는 검사에 의한 일관성 부분이다. 결국 우연에 의한 일관성이 79%로 전체 일관성에 차지하는 비율이 많다는 것을 의미하므로, 결국은 검사에 의한 일관성을 높이기 위해 검사의 질을 향상시켜야 함을 시사한다. 만약 이것이 채점자간 일치도였다면, 채점자 간 훈련을 시켜야 함을 시사한다.

Fleiss(1981)는 카파계수에 대해 〈표 11-2〉와 같은 가이드라인을 제시하였다. 이러한 가이드라인은 카파계수를 활용하는 자료로 활용할 수 있을 것이다. 그렇지만 이것은 하나의 가이드라인이므로 절대적으로 이것에 의존할 필요는 없다.

〈표 11-2〉 Fleiss에 의한 카파계수의 언어적 판정

카파계수의 범위	언어적 판정
$\kappa < .4$	나쁨(poor agreement)
$.4 \leq \kappa \leq .75$	좋음(good)
$\kappa > .75$	훌륭함(excellent agreement)

2. 객관도

1) 객관도의 개념

객관도는 자격을 갖춘 여러 채점자가 동일한 채점 결과를 산출하는 정도를 말한다. 선택형 문항의 경우 채점 과정에서 채점자의 주관이나 편견 혹은 의견이 개입될 여지가 없기 때문에 객관도가 매우 높다. 이와 달리 에세이와 같은 수행평가의 경우 채점자의 주관이나 판단이 개입될 수 있으며, 채점자에 따라 채점 결과가 어느 정도는 달라지기 쉽다. 따라서 선택형 문항에 비해 에세이 문항의 객관도는 상대적으로 낮다. 에세이에 대한 채점 결과는 채점자에 따라 달라질 뿐만 아니라 심지어 동일한 채점자가 채점을 다시 한다고 하더라도 채점 결과는 달라질 수 있다. 에세이 채점 결과는 측정하고자 하는 속성에서 학생들의 개인차뿐만 아니라 채점자의 주관적 의견 차이가 반영된다. 객관도는 결과적으로 채점자의 문제로 채점자의 주관을 얼마나 배제하느냐에 따라 달라진다.

그렇다고 해서 학교에서 객관식 검사만을 사용하고 주관이 개입되는 수행평가를 배제할 필요는 없다. 학습목표에 맞는 검사도구를 개발하고, 주관이 개입될 수밖에 없는 평가방법의 경우 평가절차를 가능한 한 객관화하는 노력이 중요하다. 예를 들어, 수행평가의 지시문을 분명하게 진술하여 학생들이 무엇을 해야 할지를 명확히 이해하게 하거나 채점기준표를 상세히 만들어 채점에 사용하는 것은 객관도를 높이는 방법들이다.

2) 객관도 지수

객관도(objectivity)를 지수로 나타내는 방법으로 채점자간 상관과 채점자간 일치도가 많이 사용된다. 먼저, 채점자간 상관은 동일한 응시생의 답안을 각기 다른 채점자가 채점한 후, 채점자간 상관계수를 구하는 방법이다. 예를 들어, 50명의 에세이 답안이 있다고 했을 때, 두 명의 채점자가 각기 독립적으로 채점하고, 채점 결과 간 상관계수를 구한다. 만약 채점자간 상관계수가 높으면 객관도가 높다고 말할 수 있으며, 반대로 채점자간 상관이 낮으면 객관도가 낮다고 말할 수 있다.

둘째, 채점자간 일치도를 구하는 방법이다. 채점자간 일치도는 동일한 응시생의 답안을 각기 다른 채점자가 채점한 후 동일한 점수를 부여한 비율을 말한다. 예를 들어, 두 명의 채점자가 50명의 에세이를 A, B, C로 판정한다고 해 보자.

다음은 채점자 간 일치도를 일관성 지수와 카파계수로 계산하는 예이다.

		채점자 B에 의한 판정			
		A	B	C	계
채점자 A에 의한 판정	A	15	4	1	20
	B	5	10	4	19
	C	1	5	5	11
	계	21	19	10	50

채점자간 일치도는 $P_A = (15+10+5)/50 = .6$로 전체 답안의 60%를 두 채점자가 동일하게 채점했다. 채점자간 일치도에서 우연히 동일하게 판정하는 비율을 제거한 코헨 카파계수는 .378이다.

3. 타당도

1) 타당도의 개념

타당도란 어떤 이론이나 증거에 비추어 보아 검사점수에 대한 추론 및 해석이 적절한 정도를 말한다. 중학생을 대상으로 문제해결력 검사를 시행하였다고 하자. 이 시험에서 응시생의 점수가 높으면 문제해결력이 높다는 추론 및 해석을 하고자 한다. 높은 점수가 곧 문제해결력이 높다는 것을 의미한다는 주장을 하려면 이론이나 증거들이 있어야 한다. 예를 들어, 문항들을 검토해 보았을 때 문제해결력을 측정하는 문항들로 구성되어야 한다. 문항들이 단순히 암기해서 풀 수 있는 문제라면 이들 문항을 토대로 문제해결력의 수준에 대한 추론은 타당하지 않다. 문제해결력은 여러 가지 하위 구성요소로 구성되어 있는데, 문항들이 이러한 하위 구성요소를 측정하고 있다는 전문가의 판단과 같은 증거들이 제시되어야 한다. 또한 문제해결력 점수를 예측목적으로 활용하고자 할 때 예측자료로 적절하다는 증거들이 있어야 한다. 검사점수로부터 어떤 추론 및 해석을 하고자 할 때 이에 대한 증거를 수집하는 과정을 타당화(validation)라고 하며, 이러한 증거가 충분할 때 검사점수의 타당도가 높다고 말한다. 검사점수를 여러 가지 방식으로 해석하고자 한다면, 각 해석이 타당한지에 대한 증거들이 제시되어야 한다. 타당도는 이분법적으로 있다 없다고 말할 수 없으며 정도의 문제이다. 예컨대, 문제해결력 검사점수는 학생들이 어느 정도 문제해결력이 있는지를 추론하는 데 타당도가 높지만, 암기력이 얼마나 높은지에 대해 추론하고자 한다면 타당도가 낮을 것이기 때문이다.

검사점수의 타당도가 높기 위해서 신뢰도는 필수조건이다. 그렇지만 신뢰도가 높다고 하여 타당도가 높은 것은 아니다. 신뢰도는 앞서 언급했듯이 점수의 일관성에 대해 말해 주며 추론의 타당성을 보장해 주지 못한다. 예를 들어 보자. 어떤 저울을 사용했을 때 체중이 체계적으로 3kg씩 무겁게 나온다고 해 보자. 동일한 조건에서 반복 측정했을 때 저울은 신뢰할 수 있는 수치를 보여 줄 것이다. 그러나 물건의 무게에 대한 추론은 타당하지 않음은 당연하다. 신뢰도는 타당한 해석 및 추론을 위한 필수조건이지만 충분조건은 아니다.

관찰점수 분산은 진점수 분산과 오차점수 분산의 합으로 구성되며, 신뢰도는 진점수 분산을 관찰점수 분산으로 나눈 값이라고 앞서 언급하였다. 그런데 진점수 분산 중 일부는 다시 검사목적에 비추어 타당한 분산과 타당하지 않는 분산으로 나눌 수 있다. 진점수 분산 중 검사목적에 비추어 타당한 부분이 커질수록 검사점수의 타당도도 높아 가게 된다. 그렇지만 신뢰도보다 타당도가 높을 수는 없다.

검사점수의 타당화를 위한 절차는 크게 내용타당화(content validation), 준거관련 타당화(criterion-related validation), 구인타당화(construct validation)로 나눌 수 있다. 이들을 흔히 내용타당도, 준거타당도, 구인타당도라고 부르기도 한다. 여기에서는 이들 용어를 호환하여 사용하기로 한다.

2) 타당도와 추정방법

(1) 내용타당도

내용타당도는 검사문항이 측정하고자 하는 영역을 잘 대표하는 정도를 말한다. 내용타당도는 흔히 논리적 분석에 의해 적절성을 판단하므로 논리적 타당도라고 부르기도 한다.

내용타당도 증거를 수집하기 위해서는 우선 측정영역에 대한 분명한 정의가 필요하고, 다음으로 내용전문가로 하여금 검사문항의 적절성을 판단케 하는 절차가 필요하다. 내용타당도에 있어 '측정영역의 정의'는 내용타당도 증거 수집을 위한 준거의 역할을 하기 때문에 측정영역에 대한 명확한 정의는 매우 중요하다. 어떤 교사가 수학시험을 개발하였다고 해 보자. 내용타당도 증거를 수집하기 위하여 측정하고자 하는 수학영역을 확인해야 한다. 이때 교육목표가 무엇이며, 목표를 달성하기 위한 지식, 기술, 과업은 어떤 것이며, 하위영역의 상대적 중요도는 어떠하며, 목표에 적합한 문항 유형은 무엇이며, 적절한 시행 및 채점 절차에 대한 가이드라인이 있는지 등을 확인할 필요가 있다. 다음으로, 동료 교사 혹은 내용전문가로 하여금 각 문항의 실제 측정내용과 원래 측정하고자 하는 내용이 관련 있는지, 문항 수는 하위영역의 상대적 중요도를 적절히 반영하는지, 목표에 비추어 문항 유형이 적절한지, 언어 수준은 적절한지, 검사 시행 및 채점 절차가 가이드라인에 따라 적절히 이루어져서 점수해석에 영향을 주지 않았는지 등을 판단하게 한다.

내용타당도 증거 수집은 이처럼 내용전문가를 활용하여 논리적 분석을 통해 이루어지므로 검사를 개발할 때 만드는 청사진인 검사계획표(test blueprint)가 내용타당도 증거를 수집하는 데 매우 중요하다. 검사계획표에 비추어 실제 문항내용을 비교함으로써 문항의 내용타당도에 대한 증거를 수집하기 때문이다.

내용타당도 증거를 수집하기 위해 흔히 여러 명의 내용전문가를 활용하게 된다. 여러 내용전문가가 각 문항에 대해 적절하다고 판단한다면, 문항에 대한 내용타당도 증거가 제시된 것으로 간주한다. 이때 각 문항의 적절성에 대한 내용전문가간 일치도, 교수목표에 적합하다고 판정된 문항의 비율, 각 문항 적절성에 대한 내용전문가의 평점 평균 등과 같은 지수로 내용타당도 증거를 제시하기도 한다.

(2) 준거타당도

준거타당도는 검사점수와 외적 준거(external criterion)의 관계 분석을 통해 점수 해석 및 추론의 적절성을 평가하는 것을 말한다. 여기에서 외적 준거란 검사로 예측하고자 했던 어떤 준거(예: 대학수학능력)에 대한 측정치(예: 대학학점)일 수도 있고, 동일한 구인을 측정하는 다른 검사점수일 수도 있다. 검사사용자는 검사점수로부터 응시생의 행동을 추론하고자 한다. 예를 들어 보자. 대학 당국자들은 대학수학능력시험 점수로부터 응시생의 대학학업 수행능력을 추론하고자 한다. 기업입사시험에서 인사담당자는 입사시험에서의 점수로부터 입사 후 응시생의 업무능력을 추론하고자 할 것이다. 검사점수로 이와 같은 추론을 하기 위해서는 입학시험과 대학학점 간 관계, 입사시험과 업무능력 간 관계를 나타내는 정보가 필요한데, 이와 같은 정보가 바로 준거타당도 증거이다. 준거타당도는 흔히 예언변수와 준거변수 간 상관계수로 표현하며 이를 타당도 계수라고 부른다.

준거타당도는 크게 예언타당도(predictive validity)와 공인타당도(concurrent validity)로 구분된다. 예언타당도는 검사점수가 미래에 얻어질 준거 측정치를 예측하는 정도를 말한다. 따라서 준거 측정치는 미래에 얻어진다. 대학수학능력시험 점수와 대학학점 간 상관계수를 구했다고 해 보자. 이 상관계수가 예를 들어 .6 이상이면 대학수학능력시험의 예언타당도가 높다고 말할 수 있다.

공인타당도는 검사점수로 현재의 준거 측정치를 추정하는 정도를 말한다. 공인타당도는 흔히 검사개발자가 새롭게 검사를 개발했을 때 동일한 구인을 측정하는 다른 검사점수와 상관계수를 구하여, 새롭게 개발한 검사의 타당도 증거를 제공하기 위해 사용한다. 공인타당도를 위한 상관계수가 .8 이상이면 타당도가 높다고 할 수 있을 것이다. 일선 학교에서도 공인타당도의 기본 아이디어를 적용해 볼 수 있다. 예를 들어, 어떤 교사가 현미경 사용법에 대해 퀴즈로 새롭게 학생들을 평가하였다고 해 보자. 또한 이 교사가 지필검사로 지금까지 현미경 사용법에 대해 학생들을 평가하였다고 해 보자. 퀴즈 시험 결과와 지필검사 결과 간 상관이 높을 경우 교사는 퀴즈를 이용한 학생들의 현미경 사용법 평가가 타당하다는 증거를 수집한 것이다.

준거타당도 계수에 영향을 미치는 몇 가지 요인이 있다. 첫째, 적절한 준거를 찾는 문제이다. 준거는 때로 수집하는 데 시간과 비용이 많이 소요될 뿐만 아니라 적절한 준거를 측정하기 어려울 수 있다. 대학생용 교사적성검사를 개발하여 예언타당도 증거를 수집하고자 한다고 해 보자. 준거인 '훌륭한 교사'에 대한 조작적 정의를 한 후 어떻게든 점수화해야 한다. 그래서 대학생들이 교사적성검사와 준거변인에서의 점수 간 상관관계를 구해야 한다. 그런데 '훌륭한 교사'에 대한 개념 정의 및 점수화된 수치가 얼마나 타당하고 신뢰할 만한지에 대한 문제가 있으며, 이러한 자료를 수집하기 위해서 대학생들이 실제 교사가 될 때까지 오래 기다려야 하는 문제가 있다. 따라서 대안적인 방법으로 대학생들에게 수업을 해 보게 하고 관찰한 후 평정한 것을 준거변인으로 사용하거나, 준거집단인 교사들에게 검사를 실시하여 타당도를 알아보는 방법을 사용할 수 있다. 그러나 전자의 경우 대학생들을 관찰해서 얻은 평정치가 궁극적으로 '훌륭한 교사'를 나타내는 지수와 관계가 높다는 근거가 필요하며, 후자의 경우 준거집단을 적절히 표집해서 '훌륭한 교사'와 그렇지 않는 교사를 구분하는 것 또한 간단치 않는 문제이다.

둘째, 예언변수와 준거변수의 신뢰도 문제이다. 예언변수와 준거변수의 신뢰도가 낮으면 낮을수록 예언변수와 준거변수 간 상관계수는 낮아진다. 예언변수와 준거변수의 신뢰도 그리고 준거타당도 계수 간 관계는 다음과 같다.

$$\rho_{XY} \leq \sqrt{(\rho_{XX'})(\rho_{YY'})}$$

여기에서 ρ_{XY}는 준거타당도 계수, $\rho_{XX'}$은 예언변수의 신뢰도, $\rho_{YY'}$준거변수의 신뢰도이다. 신뢰도 계수는 1.0을 넘을 수 없기 때문에, 예언변수와 준거변수의 신뢰도가 낮으면 준거타당도 계수는 축소(attenuation)될 수밖에 없다. 예를 들어, 예언변수의 신뢰도가 .8, 준거변수의 신뢰도가 .75일 때 준거타당도 계수는 최대 .77을 넘을 수 없다.

만약 예언변수와 준거변수가 완벽하게 측정되었다고 했을 때, 준거타당도 계수가 어느 정도일지를 나타내는 축소교정(correction for attenuation) 공식이 있다. 즉,

$$\rho_{T_X T_Y} = \frac{\rho_{XY}}{\sqrt{\rho_{XX'}\rho_{YY'}}}$$

여기에서 $\rho_{T_X T_Y}$는 예언변수와 준거변수의 진점수 간 준거타당도 계수이다. 예를 들어, 두 변수 간 관찰된 준거타당도 계수는 $\rho_{XY} = .6$이고, 신뢰도는 각각 $\rho_{XX'} = .8$, $\rho_{YY'} = .75$라고 해 보자. 예언변수와 준거변수가 완벽히 측정되었다고 했을 때 준거타당도 계수는 .77이다.

셋째, 예언변수 혹은 준거변수에서 점수 축소의 문제이다. 대학수학능력시험과 대학성적 간 상관계수를 준거타당도 계수로 활용한다고 해 보자. 대학에 입학한 학생들은 대학수학능력시험과 대학성적 자료가 있지만, 대학에 입학하지 못한 응시생은 대학성적 자료가 없다. 따라서 실제 타당도 연구를 진행하고자 할 때 실제 입학한 학생들의 자료만 활용

가능하다. 이 경우, 예언변수에서의 점수 범위가 축소되어 타당도 계수가 축소된다.

넷째, 준거변수의 오염(contamination)이나 편파(bias)의 문제이다. 학생의 대학수학능력시험 점수가 우수하다는 것을 알아서 학생의 대학학점 부여에 영향을 주었거나, '교사의 자질'에 대한 상급자의 평정이 편파적이었다고 해 보자. 준거변수가 원래 측정하고자 하는 특성 이외의 요인에 의해 영향을 받게 되어 준거변수로서 타당하지 않게 된다.

결국 준거타당도 연구에서 준거변수의 선정이 매우 중요한데, 준거는 예측하고자 하는 특성을 잘 반영해야 하며, 신뢰할 수 있어야 하고, 편파되지 않고, 예산이나 시간에 비추어 가용한(available) 변수여야 한다.

준거타당도 결과는 다양한 방식으로 보고한다. 첫째, 상관계수로 준거타당도 결과를 보고한다. 예언변수와 준거변수 간 상관계수(타당도 계수)를 제공함으로써 두 변수 간 관계의 강도와 방향을 제시한다. 둘째, 회귀공식을 이용하여 예언변수로 준거변수의 값을 실제 예측하고 예측의 정확도를 산출한다. 회귀공식은 예언변수에서 특정 점수를 받은 사람이 준거변수에서 어느 정도 점수를 획득할 수 있는지에 대한 정보를 제공한다. 셋째, 의사결정의 정확도 비율을 보고한다. 의사결정의 정확도란 검사를 통해 합격 혹은 불합격으로 예측한 사례가 실제로 정확히 예측되는 정도를 말한다. 넷째, 실용도 지수(utility indices)를 계산한다. 실용도 지수는 검사를 사용해서 의사결정했을 때 이익이 어느 정도인가를 분석하는 방법이다.

(3) 구인타당도

구인(construct)이란 개인이 가지고 있는 관찰할 수 없는 특성을 말한다. 예를 들면, 지능, 자아개념, 정직성, 태도, 추론능력, 불안 등은 모두 직접 관찰이 불가능하다. 구인을 측정하기 위해서는 우선 이론(theory)에 따라 구인을 조작적으로 정의하고 검사 문항을 제작하여야 한다. 구인타당도란 한 검사가 조작적으로 정의된 구인을 적절히 측정하는 정도를 말한다. 어떤 검사가 측정하고자 하는 구인을 적절히 측정하고 있고, 검사에서 얻어진 점수에 대한 해석이 원래 의도한 의미에 적절하다는 것을 주장하기 위해서는 구인타당도 증거를 수집해야 한다.

구인타당화는 검사가 측정하고자 하는 구인이 적절히 측정되었는지를 평가할 수 있는 모든 증거를 수집하는 과정이다. 따라서 앞서 논의한 내용타당도나 준거타당도를 비롯한 어떠한 종류의 타당도 증거자료라도 구인타당도 증거로써 활용된다. 구인타당도는 검사 점수의 해석을 정당화하는 다면적이면서도 통합적인(unitary) 개념이다. 검사가 측정하고자 하는 구인(예: 지능)의 이론에 비추어 보았을 때 검사문항이 측정하고자 하는 내용을 측정하는지, 문항을 풀기 위한 사고 과정이 실제 문항풀이 과정에 활용되는지, 구인과 무관한 내용이 포함되어 있지는 않는지, 측정하고자 하는 구인이 모두 측정되고 있는지, 검사점수와 준거와의 관계에 대해 구인이론이 타당한 설명을 제공하는지, 하위 구성요인 간 관계의 방향이나 강도가 이론에 부합하는지 등에 대한 자료들은 모두가 구인타당도 증거로써 활용된다. 별도로 수집된 내용타당도나 준거타당도 증거들은 점수 해석의 정당성을 확보하는 데 필요하지만 충분하지는 않다. 이들 타당도 증거자료가 통합되어야만 점수 해석의 정당성을 보다 잘 확보할 수 있다. 구인타당도 증거는 이처럼 이론적(theoretical) · 논리적(logical) · 통계적 분석을 통해 얻어진다.

구인타당도 증거를 수집하기 위한 여러 가지 통계적 방법이 사용되고 있다. 첫째, 요인분석법이다. 요인분석법은 문항 간 상호 관련성을 분석하여 문항들이 공통으로 측정하고 있는 잠재적 구인을 파악하는 방법이다. 그래서 요인분석은 검사로 측정하는 구인(혹은 요인)이 원래 측정하고자 하는 구인인지, 각 문항들이 측정하고자 하는 구인을 잘 나타내고 있는지를 파악하는 데 사용된다. 잠재 구인인 '자아개념'을 측정한다고 해 보자. 자아개념의 이론에 따르면 '동기' '학습 전략' '목적지향성' 등이 하위요인이고, 하위요인을 잘 대표하는 문항을 작성하여 자료를 수집했다고 해 보자. 만약 이 검사에서 3개의 하위요인을 측정하도록 의도했다면, 자료를 수집하여 요인 분석한 결과 세 개의 하위요인이 추출되어야 하며, 각 요인을 측정하도록 의도된 문항들은 해당 요인에 대한 요인부하량이 높아야 한다. 요인부하량이란 각 문항과 요인 간 상관계수로서 요인의 본질을 이해하는 데 중요한 역할을 한다.

둘째, 중다특성-중다방법(multitrait-multimethod)이다. 이 방법은 Campbell과 Fiske(1959)가 제안한 방법이다. 각 구인을 여러 가지 다른 방법으로 측정하고, 여러 가지 다른 구인을 동일한 방법으로 측정했다고 해 보자. 이들 모든 쌍 간에 상관계수를 얻을 수 있다. 이때 동일한 구인을 측정하는 다른 방법 간에는 상관이 높아야 한다. 이를 수렴타당도 계수(convergent validity coefficients)라고 한다. 또한 다른 구인을 측정하는 동일한 방법 간에는 상관이 낮아야 한다. 이를 변별타당도 계수(discriminant validity coefficient)라고 한다. 예를 들어 보자. 현미경 사용법과 확률에 대하여 퀴즈와 지필검사를 통해 학생을 평가했다고 해 보자. 현미경 사용법에 대한 퀴즈 결과와 지필검사 결과 간 상관은 높아야 한다. 마찬가지로 확률에 대한 퀴즈 결과와 지필검사 결과 간 상관은 높아야 한다. 이것이 수렴타당도 계수이다. 이제 현미경 사용법에 대한 퀴즈 결과와 확률에 대한 퀴즈 결과 간 상관은 수렴

타당도 계수보다 낮아야 한다. 다른 특성을 동일한 방법으로 사용할 경우 상관계수가 낮아야 하기 때문이다.

셋째, 상관관계법이다. 앞서 언급한 공인타당도나 준거타당도 계수는 구인타당도 증거로 적합한 자료이다. 학업적성검사와 실제 학업성적 간의 상관은 구인타당도를 나타내 주는 중요한 자료이다. 학업적성검사에서 높은 점수를 획득한 학생들이 학업성적도 높다면, 학업적성검사의 구인이 학업성적과 관련이 높다는 것을 나타내기 때문이다.

넷째, 집단 간 차이 검증법이다. 집단 간 차이를 검증하여 구인타당도 증거를 수집할 수 있다. 예를 들어, 성역할 지각검사가 있다고 해 보자. 남자는 남성성을 나타내는 구인의 평균점수가 여자보다 높아야 하고, 반대로 여자는 여성성을 나타내는 구인의 평균점수가 남자보다 높아야 한다. 이처럼 집단 간 차이가 기대한 바대로 나타난다면, 이는 구인타당도 증거로 활용될 수 있다.

다섯째, 실험처치 효과를 통해서 구인타당도 증거를 수집하는 방법이다. 리더십 검사가 개발되었다고 해 보자. 또한 리더십에 대한 매우 정평이 나 있는 훈련 프로그램이 있다고 해 보자. 리더십 훈련 프로그램을 받기 전보다 받은 후에 리더십 검사점수가 매우 올라갔다고 해 보자. 리더십 검사의 하위 구성요인들이 리더십 훈련 프로그램 실시 후에 기대한 대로 올라갔다면 이는 리더십 검사가 리더십의 구인을 잘 반영한 것이라 볼 수 있다. 이러한 자료도 또한 구인타당도 증거로 활용될 수 있다.

연구과제

1. 표준화 검사에 제시된 신뢰도 계수를 찾아보고 그것들의 의미를 설명하시오.
2. 고등학생용 진로적성검사를 개발할 때 신뢰도를 추정하기 위해 어떤 방법들이 적용될 수 있는지 설명하시오.
3. 수행평가를 채점할 때 객관도를 높일 수 있는 방안에 대해 3가지 이상 기술하시오.
4. 표준화 검사에 제시된 타당도 계수를 찾아보고 그것들의 의미를 설명하시오.
5. 내용타당도, 준거타당도, 구인타당도의 특징 및 추정방법에 대해 논하시오.

제4부

교육평가의 방법론적 기초

제12장

교육통계의 기초

이 장에서는 자료를 정리하고 요약하는 기술통계에서부터 집단간 평균차이와 빈도자료를 분석하는 추론통계까지 다룬다. 빈도분포표를 작성하면 자료의 전체적인 양상을 파악할 수 있으며, 백분위를 이용하면 각 점수의 상대적 위치를 알 수 있다. 점수분포의 특성은 집중경향치, 분산도, 편포도, 첨도를 통해 알 수 있다. 표준정규분포와 표준점수는 점수를 의미 있게 해석하는 데 활용된다. 두 변수 간 관계를 알아보기 위해서 상관분석이 사용되며, 두 집단의 평균차이 검증을 위해서는 t-검증, 세 집단 이상의 집단 차이 검증을 위해서는 분산분석, 빈도자료 분석을 위해서는 χ^2-검증이 활용된다.

1. 빈도분포와 백분위

1) 빈도분포

설문지나 학교에서 시험을 치른 후 자료가 수집되면, 여기에서 어떤 의미를 찾아내기 위해서는 자료를 조직하고 요약해야 한다. 이를 위해 흔히 빈도분포를 사용한다. 빈도분포는 각 점수들을 크기 순서대로 배열한 후 그 점수들의 빈도를 제시한 것이다. 점수의 빈도분포를 정리하면 전체적인 분포의 양상을 파악하기 쉽고, 개별 점수의 상대적 위치 파악이 용이하다.

점수의 빈도분포는 흔히 급간으로 제시되기도 한다. 급간의 크기와 개수는 상황에 따라 다소 달리 결정될 수 있다. 다만 급간으로 묶을 경우 모든 급간의 폭은 동일해야 하며, 급간은 상호 배타적이면서 전체범위를 포함할 수 있게 만들어야 한다. <표 12-1>은 점수를 급간으로 묶은 다음 급간별 빈도, 비율, 누가빈도, 누가비율을 제시한 것이다.

이 표에서 비율은 상대비율을 나타내는데 각 급간의 빈도를 총 사례 수로 나눈 것이다. 누가빈도는 특정 급간을 포함하여 그 아래에 있는 빈도들을 합한 것이다. 누가비율은 누가빈도를 총 사례 수로 나눈 것이다. 누가비율은 특정 점수치 아래에 놓이는 사례 수들의 비율을 알려 주므로 특정 점수의 상대적 위치 파악에 용이하게 활용된다.

<표 12-1> 묶음빈도분포

급간	빈도	비율	누가빈도	누가비율
36~38	1	.025	40	1.000
33~35	0	.000	39	.975
30~32	2	.050	39	.975
27~29	3	.075	37	.925
24~26	4	.100	34	.850
21~23	7	.175	30	.750
18~20	9	.225	23	.575
15~17	6	.150	14	.350
12~14	6	.150	8	.200
9~11	1	.025	2	.050
6~8	0	.000	1	.025
3~5	1	.025	1	.025
계	40			

2) 백분위와 백분점수

백분위(percentile rank)는 점수분포에서 개인의 상대적 위치를 보고하기 위해 널리 사용되고 있나. 백분위란 점수분포에서 어떤 점수 이하에 놓인 사례들의 백분율을 말한다. 예를 들어, 어떤 분포에서 120점 이하에 놓이는 사례들이 80%라면, 120점의 백분위는 80이다. 반대로 백분점수(persentile score)란 점수분포에서 특정 백분위에 해당하는 점수를 말한다. 그래서 이 예에서 백분위 80에 해당하는 백분점수는 120점이 된다. 백분위는 범위가 0에서 100 사이의 값만 취하는 백분율임에 반해 백분점수는 분포 내 어떤 값도 가질 수 있는 점수임을 기억할 필요가 있다.

백분위를 사용할 때 몇 가지 주의사항이 있다. 첫째, 백분위는 분포 내에서 상대적인 위치를 나타낼 뿐 절대적인 성취 정도를 나타내지 않는다는 점이다. 예를 들어, 시험이 매우 어려워서 대부분이 낮은 점수를 받았다고 해 보자. 어떤 학생이 백분위는 높지만 실제로 획득한 점수는 높지 않을 수 있다. 둘째, 백분위는 동간척도가 아닌 서열척도라는 점을 기억할 필요가 있다. 어떤 점수가 정규분포를 이룰 경우, 백분위는 분포의 중앙에 있는 점수들 간의 차이를 과장하고 극단에 있는 점수들 간의 차이는 축소한다. 그렇지만 백분위는 해석의 용이성으로 인해 규준지향평가에서 점수해석의 보조자료로 많이 활용된다.

2. 점수분포

어느 대학에서 학생들에게 통계시험을 치르게 하고 채점 결과를 가장 낮은 점수부터 가장 높은 점수까지 정렬하여 점수들의 빈도 분포를 구했다고 해 보자. 이 점수분포의 특징에 대해 흔히 궁금해하는 것은 예컨대 분포를 가장 대표하는 점수(typical score)는 몇 점이며, 점수들이 얼마나 흩어져(spread) 있으며, 분포의 모양(shape)은 어떠한지와 같은 것이다.

점수분포의 특징을 양적으로 표현하는 통계치는 여러 가지가 있다. 대표적인 것은 집중경향치(measures of central tendency), 분산도(variability), 편포도(skewness), 첨도(kurtosis)이다.

1) 집중경향치

집중경향치는 점수분포를 하나의 대표값으로 요약 · 기술해 주는 통계치들로서 산술평균(arithmatic mean), 중앙치(median), 최빈치(mode)가 이에 속한다. 어떤 유형의 집중경향치를 사용하는 것이 적절할 것인가는 사용목적, 점수분포의 특징, 측정 수준에 따라 달라진다. 따라서 이들 세 집중경향치가 어떻게 다른지를 이해하고 주어진 상황에 적절히 활용할 수 있어야 한다.

(1) 산술평균치

산술평균치는 보통 평균치(mean) 혹은 평균으로 불린다. 산술평균치는 모든 점수의 합을 총 사례 수로 나눈 것이다. 이를 공식으로 표현하면 다음과 같다.

$$\overline{X} = \frac{X_1 + X_2 + \ldots + X_N}{N} = \frac{\sum_{i=1}^{N} X_i}{N}$$

위에서 $\overline{X}$는 'X 바(bar)'라고 읽으며, X_i는 i번째 점수, N은 총 사례 수를 의미한다. $\sum$는 시그마(sigma)라고 읽는데 합(sum)의 의미이다. 표집(sample)자료의 산술평균치는 로마자에 바(bar)를 씌워 표시한다. 예컨대 $\overline{X}$, $\overline{Y}$는 표집자료의 산술평균치를 의미한다. 반면, 전집자료의 산술평균치는 그리스 문자인 μ('뮤'라고 읽음)로 표시한다.

5개의 숫자가 다음과 같이 있다고 해 보자.

11, 13, 14, 17, 20

산술평균치는 다음과 같다.

$$\overline{X} = \frac{11 + 13 + 14 + 17 + 20}{5} = 15$$

만약 두 집단의 산술평균치와 사례 수가 있을 경우 통합 산술평균치를 구하는 공식은 다음과 같다.

$$\overline{X} = \frac{N_1 \overline{X_1} + N_2 \overline{X_2}}{N_1 + N_2} = \frac{N_1 \overline{X_1} + N_2 \overline{X_2}}{N}$$

예를 들어, 두 집단의 사례 수와 산술평균치가 각각 다음과 같다고 해 보자.

$$N_1 = 100,\ N_2 = 50$$
$$\overline{X_1} = 120,\ \overline{X_2} = 135$$

통합 산술평균치는 다음과 같이 구한다.

$$\overline{X} = \frac{N_1\overline{X}_1 + N_2\overline{X}_2}{N_1 + N_2} = \frac{(100)(120) + (50)(135)}{100 + 50} = 125$$

산술평균치는 모든 점수들의 합을 이용하여 계산하므로, 집단 내 모든 개개 점수에 의해 영향을 받는다. 따라서 집단 내 모든 점수에 관심이 있을 때 평균은 유용한 요약 통계치이다. 예를 들어, 새로운 수업방법의 효과에 대해 알고자 할 때, 연구자는 새로운 수업방법이 개개 모든 학생에게 미치는 효과에 주 관심이 있다. 이 경우 산술평균치는 수업방법의 효과를 반영하는 유용한 통계치이다.

측정의 척도수준이 동간척도나 비율척도일 때 산술평균치를 계산하는 것은 적합하다. 반면, 명명척도나 서열척도일 경우 산술평균치를 계산하는 것은 적합하지 않다. 예를 들어, 서울 1, 부산 2, ……와 같은 방식으로 코딩을 하였다면, 이들 점수의 평균을 계산하는 것은 의미가 없다.

참고

통계학에서 표집(sample)에서 얻어진 통계치(statistic)와 전집(population)에서 얻어진 모수치(parameter)는 다르다. 표집의 평균은 로마자인 $\overline{X}$로 표시하지만, 전집의 평균은 그리스 문자인 μ로 표시한다. 전집이란 어떤 집단에 속한 모든 구성원이며, 표집이란 전집에서 뽑힌 일부 구성원들의 집합이다. 예컨대, C대학 학생들의 평균 키가 얼마인지에 관심이 있다고 해 보자. C대학에 속해 있는 모든 학생의 키를 측정하여 평균을 구하는 방법이 있다. 이 경우 C대학의 모든 학생이 전집이 되고, 이들 모든 학생 키의 평균은 모수치 μ가 된다. C대학 학생들의 평균 키를 알아보는 또 다른 방법은 일부 학생을 무선으로 뽑아서 학생들의 평균 키를 계산하는 것이다. 이 경우 무선으로 뽑힌 학생들은 표집이며, 표집에서 얻은 키의 평균은 통계치 $\overline{X}$가 된다.

(2) 중앙치

중앙치는 모든 점수들을 크기 순서로 배열한 후 상위 50%와 하위 50%를 나누는 점을 말한다. 예를 들어, 다음의 5개 숫자가 크기 순으로 배열되어 있다고 해 보자.

11, 13, 14, 17, 20

중앙치는 14이다. 이유는 14점 위와 아래에 각각 두 개의 점수가 있기 때문이다. 다음은 몇 가지 상황에서 중앙치를 구한 예이다.

	점수	중앙치
①	2, 5, 7, 8, 9, 10	(7+8)/2=7.5
②	2, 5, 7, 7, 9, 10	7
③	2, 3, 5, 5, 5, 7, 7, 8	4.5+(2/3)=5.167

해설

① 6개의 점수가 있는데 7점과 8점의 중간점이 상하위를 절반으로 나누는 점이므로 중앙치는 7.5이다.
② 7점이 두 개 있지만 상하위를 절반으로 나누는 점수이므로 중앙치는 7이다.
③ 8개의 점수가 있으므로 아래에서부터 4개 점수를 포함하는 지점이 중앙치이다. 그런데 4번째 점수는 5점인데, 문제는 5점이 3개 있는 것이다. 5점이 3개라는 것은 달리 말하면 5점의 정확한계인 4.5~5.5점 사이에 3개의 사례가 있다는 것을 의미한다. 따라서 중앙치는 4번째 사례가 포함되어 있는 정확하한계 값인 4.5점과 3명 중 2번째 사람의 점수인 2/3를 더해 주어야 한다. 따라서 중앙치는 4.5+(2/3)=5.167이다. 이를 통해 한 가지 알 수 있는 것은 중앙치는 실제로 획득한 점수가 아니라 상위와 하위를 단순히 양분하는 구분점이라는 사실이다.

중앙치는 점수분포의 중간값이므로 분포 내 점수들이 서로 얼마나 떨어져 있는가와는 상관이 없다. 오직 상위와 하위에 몇 개의 점수가 있느냐가 중요하다. 그래서 예를 들면 아래의 경우 중앙치는 똑같다.

점수	중앙치
2, 7, 9, 10, 15	9
2, 7, 9, 10, 50	9
5, 7, 9, 19, 30	9

만약 산술평균치를 구했다면 위의 경우 값이 변할 것은 두말할 나위도 없다.

중앙치의 바로 이러한 특성은 때로 점수분포의 전형적인 점수를 나타내는 데 유용하다. 특히 극단적으로 점수분포가 편포되어 있는 경우에 점수분포의 대표치로서 중앙치는 매우 유용하다. 왜냐하면 중앙치는 극단점수에 영향을 받지 않기 때문이다. 예컨대, 10명의 채점위원이 어떤 피겨 스케이팅 선수를 채점한다고 해 보자. 한 명의 채점위원이 매우 낮은 점수를 주었고 나머지 9명의 채점위원은 모두 높은 점수를 주었다고 해 보자. 이 선수에 대한 산술평균치는 극단적으로 낮은 점수의 영향으로 점수가 낮게 나올 것이다. 산술평균치 대신 중앙치를 계산하였다면 극단적으로 낮은 점수의 영향이 없으므로 이 선수에 대한 대표적인 점수는 산술평균치보다 높게 나왔을 것이다.

중앙치는 변수가 서열척도, 동간척도, 비율척도일 때 사용할 수 있지만, 명명척도일 때 중앙치를 계산하는 것은 적절하지 않다. 예를 들면, 가장 좋아하는 운동종목이 무엇인지에 대해 물어보고 운동종목을 축구 1, 야구 2, 핸드볼 3, 배구 4, 농구 5와 같은 방식으로 코딩했다고 해 보자. 이때 핸드볼을 가장 좋아하는 운동종목의 중앙치라고 말할 수는 없을 것이다. 이 경우에는 오히려 각 종목의 빈도를 산출하는 것이 적절하다.

(3) 최빈치

최빈치는 점수분포에서 빈도가 가장 많은 점수를 의미한다. 최빈치는 하나(unimodal), 둘(bimodal), 혹은 그 이상(multimodal)이 될 수도 있다. 아래는 최빈치의 예이다.

	점수	최빈치
①	2, 2, 3, 5, 5, 5, 7	5
②	2, 2, 2, 3, 3, 3, 4, 5, 7	2, 3
③	2, 3, 3, 4, 4, 5, 5, 6, 7	3, 4, 5

해설

① 점수 5의 빈도가 세 개로 가장 많으므로 최빈치는 5이다.
② 점수 2와 3의 빈도가 가장 많으므로 최빈치는 2와 3이다.
③ 점수 3, 4, 5의 빈도가 가장 많으므로 최빈치는 3, 4, 5이다.

최빈치는 어떤 변수의 빈도를 정확히 아는 것이 중요할 때 유용하다. 예를 들어, 컴퓨터 모니터를 판매하는 가게를 운영한다고 해 보자. 컴퓨터 모니터가 17인치, 19인치, 21인치가 있는데 이 가게에서의 판매 비율이 40%, 20%, 40%라고 해 보자. 중앙치나 산술평균치를 계산하면 19인치인데, 그렇다고 해서 19인치 모니터를 대규모로 구입하지는 않을 것이다. 대신 17인치나 21인치가 보다 많이 팔리므로 17인치와 21인치 모니터를 보다 많이 구입할 것이다.

최빈치는 명명척도에서 유일하게 사용할 수 있는 집중경향치이다. '가장 좋아하는 음식' '가장 많이 가는 관광지' 등에 대한 집중경향치는 최빈치가 적절하다. 그러나 최빈치는 가장 흔히 나타나는 점수가 무엇인지만을 나타내므로 세 개의 집중경향치 중 가장 활용도가 낮다.

2) 분산도

분산도는 점수들이 흩어져 있는 정도를 나타낸다. 어떤 집단의 특성을 이해하기 위해서는 산술평균치와 같은 집중경향치만으로는 충분치 않다. 집중경향치는 분포 내 점수들이 서로 비슷한지 아니면 매우 흩어져 있는지에 대한 정보를 제공하지 못한다. 점수분포의 분산도는 분포 내 점수가 어느 정도로 흩어져 있는지를 나타내므로 분포의 특성을 이해하는 데 매우 유용한 정보이다. 다음의 예를 생각해 보자. 여러분이 어떤 학급의 학생들을 가르치고자 하는데 진단검사를 실시한 결과 학생들의 능력이 매우 유사하다고 해 보자. 학생들의 능력 수준이 비슷하므로 그에 맞는 수업을 진행하도록 수업을 계획하면 될 것이다. 반대로 학생들의 능력 수준이 매우 다양하다면, 즉 능력의 분산도가 크다면 수업은 보다 개별화된 방식으로 진행되도록 계획해야 할 것이다. 다시 말해, 능력 수준이 낮은 학생에게는 보충수업을 많이 해 주고, 능력이 우수한 학생들에게는 심화학습이 이루어지는 수업을 진행하도록 계획해야 할 것이다.

다음에서는 분산도를 나타내는 지수인 범위(range), 분산(variance), 표준편차(standard deviation)에 대해 살펴보기로 한다.

(1) 범위

범위는 분포 내 최대값과 최소값의 차이를 말한다. 범위는 점수들이 얼마나 흩어져 있는가에 대해 재빨리 파악할 수 있는 간단한 지수이다. 범위는 특히 입력된 자료의 오류를 찾아내는 데 매우 유용하게 사용된다. 예를 들면, 100명의 학생 중 남자는 1, 여자는 2로 코딩을 했다고 해 보자. 성별에 대한 범위를 구했는데 그 값이 만약 3이었다면, 코딩의 오류가 어디엔가 있다는 것을 의미한다.

단점도 있다. 첫째, 범위는 두 극단점수인 최대값과 최소값으로만 계산되기 때문에 표집에 따른 범위의 변화가 크다. 즉, 값의 안정성이 부족하다. 둘째, 두 극단점수에 의해 범위가 계산되고 나머지 점수는 무시되기 때문에 점수의 분산도를 전체적으로 정확히 기술하지 못한다. 예를 들어 보자. 어떤 학급에서 학업진단검사 결과 대부분이 90~100점인데 한 학생의 점수가 20점이라고 해 보자. 범위는 100−20=80이다. 이 경우 범위가 이 집단의 분산 정도를 전체적으로 잘 나타낸다고 보기 어렵다.

대안으로 양극단 점수의 영향을 배제하고 어떤 일정한 위치에 있는 점수 간 거리를 통해 분산도를 지수화한 사분위편차 범위(interquartile range)가 많이 사용된다. 사분위편차 범위는 75번째 백분점수(제3사분위)와 25번째 백분점수(제1사분위) 간 거리를 나타낸다.

(2) 분산

분산(σ^2)은 평균치로부터 떨어진 점수들을 제곱한 것의 평균이다.

$$\sigma^2 = \frac{\sum_{i=1}^{N}(X_i - \mu)^2}{N} \text{ 혹은 } S^2 = \frac{\sum_{i=1}^{N}(X_i - \overline{X})^2}{N-1}$$

위 공식에서 분자를 주목할 필요가 있다. $\sum_{i=1}^{N}(X_i - \overline{X})^2$는 편차자승합(sum of squares 혹은 sum of squared deviation: SS)이라고 하는데 각 점수들의 평균으로부터 편차를 제곱한 후 모두 합한 것이다. 자승을 한 이유는 평균으로부터 편차점수의 합은 반드시 0, 즉 $\sum_{i=1}^{N}(X_i - \overline{X}) = 0$이 되므로 이를 피하기 위해서이다. 자승을 했기 때문에 분산은 항상 0보다 크거나 같다. 만약 모든 점수가 평균 근처에 있다면 편차자승합은 작을 것이며, 반대로 평균과 멀리 떨어져 있다면 이 값은 클 것이다. 편차자승합을 총 사례 수로 나누므로 단순히 사례 수의 증가에 따라 분산이 커지지는 않는다. 이 공식은 분포 내 점수들을 모두 반영한다는 측면에서 범위보다 집단 내 분산 정도를 훨씬 정확히 반영하는 지수이다.

그러나 분산은 점수분포의 흩어진 정도를 기술하거나 해석적인 목적으로는 잘 사용하지 않는다. 분산은 측정한 변인의 원래 측정단위가 아닌 '자승화된' 측정단위로 표현되기 때문에 흩어진 정도를 기술하기에 적합하지 않다. 어떤 값이 평균치로부터 실제로는 3점 떨어져 있는데, 자승화할 경우 9점 떨어진 것으로 계산되므로 해석적 목적으로도 적합하지 않음을 알 수 있다. 그렇지만 분산의 핵심 부분인 편차자승합은 분산분석과 같은 고급 통계기법에서 매우 중요하기 때문에 분산에 대한 이해가 반드시 필요하다.

참고

전집의 분산 공식은 $\sigma^2 = \frac{\sum_{i=1}^{N}(X_i-\mu)^2}{N}$ 이다. 전집을 알 수 없는 경우에는 표집에서 표준편차를 구한 후 이것으로 전집의 표준편차를 추정하여야 한다. 표집에서 얻어진 자료의 전집의 분산추정치는 $S^2 = \frac{\sum_{i=1}^{N}(X_i-\overline{X})^2}{N-1}$ 이다. 대부분의 통계패키지는 이 공식을 사용하는데 그 이유는 N 대신 $N-1$을 사용한 공식이 전집의 분산을 추정하기 위한 보다 좋은 불편파 추정치이기 때문이다.

(3) 표준편차

분산도 지수로서 가장 많이 사용되는 것은 표준편차(σ 혹은 S)이다. 분산의 문제점은 제곱근을 취함으로써 해결될 수 있다. 분산에 제곱근을 취한 것이 표준편차인데, 이렇게 함으로써 표준편차는 원래의 측정단위로 표현된다.

$$\sigma = \sqrt{\frac{\sum_{i=1}^{N}(X_i-\mu)^2}{N}} \quad \text{혹은} \quad S = \sqrt{\frac{\sum_{i=1}^{N}(X_i-\overline{X})^2}{N-1}}$$

표준편차는 분산과 마찬가지로 분포 내 모든 점수를 반영하여 계산되므로 집단 내 분산의 정도를 정확히 반영하는 통계치이다. 표준편차값이 크다는 것은 평균으로부터 점수들이 멀리 떨어져 있다는 것을 의미하고, 작다는 것은 평균 주변에 점수들이 몰려 있다는 것을 의미한다.

표준편차는 매우 다양한 용도로 활용되는데, 세 가지만 기술하면 다음과 같다. 첫째, 점수들의 흩어진 정도를 파악할 수 있다. 둘째, 개별 점수가 평균으로부터 얼마나 멀리 떨어져 있는가를 파악하는 데 활용된다. 정규분포와 표준편차의 관계를 이용하여 개별 점수의 상대적 위치를 파악할 수 있다. 즉, z점수는 표준편차를 이용하여 계산하는데, 개별 점수를 z점수로 변환하여 정규분포에서 개별 점수의 상대적 위치를 파악할 수 있다. 셋째, 두 분포의 평균을 비교하는 데 사용한다. 예를 들어, 지능검사에서 두 집단의 1점 차이와 대학학점에서 두 집단 간 1점 차이는 매우 다르다. 이것을 비교하는 방법은 이들을 표준편차 단위로 변환시키는 방법이다. 예를 들어, 지능검사의 표준편차가 15라고 했을 때 두 집단 간 1점 차이는 1/15 표준편차 차이다. 반면, 대학학점의 표준편차가 .5점이라고 했을 때 두 집단 간 1점 차이는 1/.5 표준편차 차이가 된다. 이에 비추어 볼 때 대학학점에서의 1점 차이가 지능검사의 1점 차이보다 훨씬 커다란 차이임을 알 수 있다.

표준편차와 분산은 공통적으로 표집의 안정성이 높다. 즉, 어떤 전집에서 동일한 크기의 표집을 반복하여 추출한 후 분산이나 표준편차를 계산하였다고 해 보자. 이들 값은 표집에 따라 다소 달라지겠지만 범위보다는 훨씬 값의 변화가 작다는 장점이 있다.

표준편차와 분산의 공통적인 단점은 극단점수에 모두 민감하다는 점이다. 극단적인 점수가 있을 경우 표준편차와 분산은 매우 커지게 된다.

3) 분포의 모양: 편포도와 첨도

평균과 표준편차를 안다고 하더라도 점수분포의 모양(shape)을 알 수 있는 것은 아니다. 표준편차가 같다고 하더라도 얼마든지 분포의 모양은 다양할 수 있다. 평균과 표준편차는 어떤 점수분포의 두 측면만을 반영할 따름이다. 점수분포의 모양을 보다 정확히 알기 위해서는 다른 종류의 요약 통계치가 더 필요하다. 점수분포의 모양을 나타내는 요약 통계치로 편포도와 첨도가 흔히 많이 사용된다.

(1) 편포도

편포도는 어떤 분포가 대칭(symmetry)에서 벗어난 정도를 나타낸다. 분포가 완전히 대칭적이면 편포도는 0이 된다. 정규분포의 경우 편포도가 0이다. 점수분포가 비대칭이면 대부분의 사례가 오른쪽에 있을 경우 분포의 꼬리가 '–' 쪽을 향하게 되는데 이를 부적 편포(negatively skewed)라고 하며, 반대로 대부분의 사례가 왼쪽에 있을 경우 분포의 꼬리가

'+' 쪽을 향하게 되는데 이를 정적 편포(positively skewed)라고 한다. 편포도 값이 '+'이면 정적 편포, '−'면 부적 편포라고 한다. 공식은 다음과 같다.

$$sk = \frac{\sum_{i=1}^{N}\left(\frac{X_i - \mu}{\sigma}\right)^3}{N} \text{ 혹은 } \widehat{sk} = \frac{N\sum_{i=1}^{N}\left(\frac{X_i - \overline{X}}{S}\right)^3}{(N-1)(N-2)}$$

(2) 첨도

첨도는 정규분포에 비해 분포가 어느 정도 뾰쪽한가를 나타낸다. 즉, 높이 혹은 평편함(flatness)의 관점에서 분포의 모양을 요약하는 통계치이다. 어떤 분포의 뾰쪽한 부분이 정규분포와 같을 경우 0이 되며, 정규분포보다 높을 경우 '+'값을, 낮을 경우 '−'값을 갖게 된다.

$$ku = \frac{\sum_{i=1}^{N}\left(\frac{X_i - \mu}{\sigma}\right)^4}{N} - 3 \text{ 혹은 } \widehat{ku} = \frac{N\sum_{i=1}^{N}\left(\frac{X_i - \overline{X}}{S}\right)^4}{(N-1)(N-2)} - 3$$

3. 정규분포와 표준점수

점수분포는 수많은 형태를 갖는다. 이러한 형태 중 사람들에게 가장 익숙한 것이 정규분포이다. 정규분포는 점수분포 형태를 잘 서술해 줄 뿐만 아니라 복잡한 통계적 분포(t−분포, F−분포, 카이스퀘어 분포 등)를 유도하는 데도 널리 활용된다. 다음은 정규분포의 특징과 활용에 대해 알아본다.

1) 정규분포의 특징

교육분야에서 주요 관심대상인 학업성취도, 지능, 불안 등과 같은 심리적 속성은 정규분포에 접근하는 경향이 있다. 정규분포는 수리적으로 유도된 하나의 모형으로 세 가지 특징이 있다. 첫째, 정규분포는 하나의 꼭지(unimodal)를 가진 좌우 대칭적 행태를 갖는다. 둘째, 평균치, 중앙치, 최빈치가 점수분포의 중간에서 모두 일치한다. 셋째, 정규분포는 가운데에서 가장 빈도가 많고 양끝으로 갈수록 빈도는 적어진다.

정규분포의 수리적 확률밀도함수는 다음과 같다.

$$f(x)=\frac{1}{\sigma\sqrt{2\pi}}e^{-\frac{1}{2}\left(\frac{(x-\mu)^2}{\sigma^2}\right)}$$

단, $f(x)$=어떤 특정한 x값에 대한 분포곡선상에서의 높이

$\pi=3.1416$

$e=2.7183$

μ=한 주어진 분포의 평균

σ=한 주어진 분포의 표준편차

이 공식에서 평균 μ와 표준편차 σ만 알면 어떤 x값이든 이에 대응하는 높이 $f(x)$값을 찾을 수 있다. 이 곡선은 확률밀도함수이므로 전체 면적의 합은 1이다. 이 곡선의 특정 부분 밑에 있는 면적의 비율은 정규분포곡선에 따른 빈도들의 이론적 비율을 나타낸다.

만약 어떤 변인이 정규분포를 이룬다고 했을 때 어떤 값 사이에 몇 %의 사례가 있으며, 특정 x값 위 혹은 아래에 몇 %의 사례가 있는지에 대해 이 함수를 이용하여 파악할 수 있다. 예를 들어 지능점수가 평균 100, 표준편차 15인 정규분포를 이룬다고 해 보자. 이 경우 정규분포곡선을 이용하여 지능이 110점부터 120점 사이에 몇 %가 있을지에 대해 구할 수 있다. 110점에 해당하는 정규분포곡선 지점에서 120점에 해당하는 정규분포곡선까지의 면적을 적분을 이용하여 구하면 된다.

그런데 무수히 많은 조합의 μ, σ를 갖는 정규분포가 존재하며 측정단위도 모두 상이하다. 이들 분포를 사용할 때마다 특정 지점에서 다른 지점까지의 면적을 적분하는 것은 여간 불편한 것이 아니다. 어떤 조합의 평균과 표준편차를 갖는 정규분포든 간에 동일한 단위로 표준화해서 특정 지점에서 다른 지점까지의 면적을 적분하여 미리 표로 제시하는 것이 정규분포의 활용도를 높이는 방법이 될 것이다. 표준정규분포와 표준정규분포표는 이러한 요구를 충족시키기 위해 개발되었다.

2) 표준정규분포

어떠한 조합의 평균과 표준편차를 갖는 정규분포든 표준정규분포로 변환할 수 있다. 즉, 어떤 변수 X가 평균 μ와 표준편차 σ를 가진 정규분포 $N(\mu, \sigma^2)$를 이룰 경우, 이 변수는 평균 0, 표준편차 1인 표준정규분포 $N(0,1)$로 변환이 가능하다. X는 다음과 같이 z점수로 변환한다.

$$z = \frac{X - \mu}{\sigma}$$

각 z점수에 대응하는 표준정규분포의 확률밀도함수는 다음과 같다.

$$f(z) = \frac{1}{\sqrt{2\pi}} e^{-\frac{1}{2}(z^2)}$$

이 분포는 특정 z값에 대응하는 높이를 나타내 주는 함수이다. 이 함수를 이용하여 특정 z값 사이의 면적을 구할 수 있다. 이러한 면적을 구하기 위해서는 적분을 이용해야 하는데, 사용자의 편의를 위해서 적분을 미리 한 z점수표가 〈부록〉에 제시되어 있다.

점수분포 내 모든 값을 z점수로 변환했을 때, 원래 분포의 평균과 표준편차에 상관없이 z점수의 평균은 0, 표준편차는 1이 된다. z점수가 $+$이면 원점수는 평균보다 높고, $-$이면 평균보다 낮다는 것을 의미한다. 표준정규분포에서 ± 1 표준편차 사이에 전체 사례의 68.26%, ± 2 표준편차 사이에는 95.44%, ± 3 표준편차 사이에는 99.72%가 포함된다. 다만 이와 같은 값들을 얻기 위해서는 점수분포가 정확히 정규분포를 이루어야 한다.

지능점수의 평균이 100, 표준편차가 15인 정규분포에서, 어떤 개인의 지능이 110이라고 해보자. 이 사람의 z값은 .67($\frac{110-100}{15} \approx .67$)이다. 원점수 110점과 z점수 .67은 척도는 다르지만 서로 대응되는 점수이다. 따라서 정규분포를 이룰 경우 원점수 110점보다 높은 점수를 받은 사람의 비율은 z점수 .67보다 높은 점수를 받은 사람의 비율과 같다. z점수표에 따르면 .67보다 높은 점수 비율은 25.14%이다.

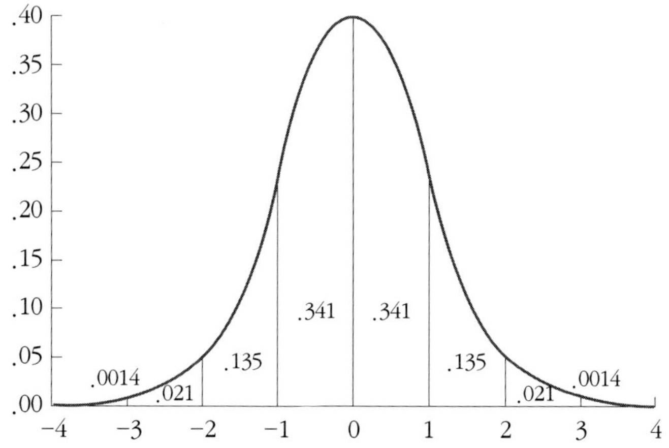

[그림 12-1] 표준정규분포

어떤 변수 X를 z점수로 선형 변환했을 때, 원래 분포가 정규분포였다면 표준정규분포도 정규분포가 된다. 다만 평균과 표준편차만 원래 값과 다르게 변환된다. 주의해야 할 것은 만약 원래 분포의 모양이 정규분포가 아니었다면, z분포로 변환했다고 하더라도 그 분포는 정규분포가 되지 않는다. 원래 분포형태가 그대로 유지된다는 사실을 기억할 필요가 있다.

3) 표준정규분포의 활용

표준정규분포는 다양한 분야에서 많이 활용되고 있다. 다음은 표준정규분포를 사용하는 예를 제시하고자 한다.

(1) 점수를 알고 면적 구하기

지능점수의 평균이 100, 표준편차가 15인 정규분포에서, 지능이 110점과 120점 사이에 점수들이 몇 % 있을까?

① 단계 1: 지능점수 110점과 120점에 대응하는 z값을 구한다.

$$\frac{110-100}{15}=.67,\ \frac{120-100}{15}=1.33$$

② 단계 2: 각 z점수의 '밖'에 해당하는 면적을 찾는다. z점수 .67과 1.33에 해당하는 z점수 밖의 면적은 각각 .2514, .0918이다.

③ 단계 3: z점수 .67과 1.33 밖에 해당하는 면적의 비율 차이를 구한다. 즉, .2514−.0918＝.1596이다. 따라서 정답은 15.96%이다.

(2) 면적을 알고 점수를 찾기

지능점수의 평균이 100, 표준편차가 15인 정규분포에서 상위 20%와 하위 80%를 나누는 지능점수는 얼마인가?

① 단계 1: z점수 '밖'의 면적이 상위 20%인 .20에 가장 가까운 z점수를 찾는다. .2005가 가장 가까운 값이며, z점수는 .84이다.

② 단계 2: z점수를 원점수로 변환한다. 원점수는 $X = 20(0.84) + 100 = 116.8$점이다. 즉, 116.8점 위에 20%가 있음을 나타낸다.

(3) 서로 다른 분포에서의 비교

전국 수준의 학업성취도 평가를 치렀는데, 학생 A가 국어와 수학 과목의 점수를 받았다고 해 보자. 두 과목의 난이도, 문항 수, 표준편차 등이 다르기 때문에 학생 A가 어느 과목에서 더 잘했는지 원점수를 통해 직접 비교할 수 없다. 이런 경우에 학생 A의 두 과목에서의 점수를 z점수로 바꾼 후 비교하는 것이 적절하다. 국어과목의 평균과 표준편차가 70과 10, 수학 과목에서 평균과 표준편차가 60과 15라고 해 보자. 학생 A가 국어와 수학 과목에서 80점과 77점을 받았다고 해 보자. 두 과목점수를 우선 z점수로 바꾸면,

$$\text{국어: } \frac{80-70}{10} = 1.0,\ \text{수학: } \frac{77-60}{15} = 1.13$$

공통의 단위로 변환한 후 비교해 보았을 때, 학생 A는 국어과목보다는 수학과목에서 더 높은 성취를 보였다.

4) 표준점수

표준점수는 표준편차를 측정단위로 하여 해당 분포의 평균치를 기준으로 개별 점수의 위치를 표현한 것이다. 앞서 살펴본 z점수는 대표적인 표준점수이다. 그런데 z점수는 사용상 몇 가지 불편한 점이 있다. 첫째, 양수와 음수가 모두 포함되어 있다. 둘째, z점수를 의미 있게 사용하려면 소수점까지를 포함한 숫자를 사용해야 한다. 셋째, z점수에 익숙하지 않는 사람과 의사소통하는 데 불편하다. 예를 들어, 어떤 학생의 국어과목의 z점수가 0이라고 하면, z점수를 모르는 학부모는 0점의 의미가 무엇인지 모르기 때문에 매우 당황할 것이다. 이러한 불편함을 피하기 위해 다양한 종류의 표준점수가 개발되어 사용되고 있다.

(1) T점수와 선형변환 점수

T점수는 z점수 대신 널리 쓰이는 표준점수이다. T점수는 z점수를 선형 변환하여 평균 50, 표준편차 10이 되도록 한 것이다.

$$T = 10(z) + 50$$

T점수는 z점수를 선형 변환한 것이기 때문에, z분포와 평균, 표준편차만 달라질 뿐 분포의 모양은 똑같다.

앞서 학생 A가 국어과목에서 80점을 받았고 z점수가 1.0이었다. 학생 A의 T점수는

$$T = 10(1) + 50 = 60.$$

정규분포를 이룰 경우 z점수의 −3～+3 안에 사례 수의 99.72%가 있다고 하였다. T점수로 변환하면 20～80이 되며, 이 안에 사례 수의 99.72%가 있게 된다.

z점수는 T점수 이외에도 임의의 평균과 표준편차를 갖도록 선형 변환하는 데 활용된다. 먼저 목표로 하는 평균과 표준편차를 정한 다음 z점수를 특정 평균과 표준편차를 갖도록 변환하면 된다. 예를 들어 평균이 500, 표준편차 100이 되도록 선형 변환하고자 하면, z점수에 표준편차를 곱한 후 평균을 더해 주면 된다. 즉,

$$Sc = 100z + 500$$

이처럼 z점수를 선형 변환하면 평균, 표준편차, 최종점수의 척도는 변하지만 분포의 모양은 그대로 유지된다.

(2) 스테나인

스테나인(Stanine)은 standard nine의 합성어로 제2차 세계대전 기간 중 미 공군에서 개발한 것이다. 스테나인은 일종의 정규화 표준점수(normalized standard score)로 점수를 순차적으로 배열한 후 4%, 7%, 12%, 17%, 20%, 17%, 12%, 7%, 4%의 비율로 점수를 분할한 후, 가장 아래 비율부터 차례로 1, 2, 3, 4, 5, 6, 7, 8, 9를 부여한다(Thorndike, 2005). 점수의 범위는 1~9이며, 점수가 정규분포를 이룰 경우 평균은 5, 표준편차는 2가 된다. 스테나인은 백분위와 마찬가지로 규준집단에서 응시생의 상대적 위치에 관한 정보를 제공하는 점수이다.

점수가 정규분포를 이룰 경우, 스테나인 점수 구분점은 표준정규분포인 z점수 척도에서 약 .5 표준편차의 간격을 갖는다. 그래서 점수가 정규분포를 이룰 경우 하위 4%를 구분하는 z점수는 −1.75이며, 그다음 7%는 −1.25, 그다음 12%는 −.75에 해당한다.

대학수학능력시험에서 9등급을 산출할 때는 스테나인을 변형하여 사용한다. 대학수학능력시험에서는 상위 4%에 9 대신 1을 부여하고, 그다음 상위 7%에 2를 부여하는 방식을 취한다. 즉, 원래 스테나인에서 사용한 급간의 비율은 유지하되 등급점수를 부여할 때 원점수가 상위일 때 낮은 등급 숫자를 부여하여 사용하고 있다.

〈표 12-2〉 z점수, 백분위, 스테나인 대비표

z점수	−1.75	−1.25	−.75	−.25	.25	.75	1.25	1.75	
백분위	4 미만	4~10	11~22	23~39	40~59	60~76	77~88	89~95	96 이상
상대비율(%)	4	7	12	17	20	17	12	7	4
누적비율(%)	100	96	89	77	60	40	23	11	4
스테나인	1	2	3	4	5	6	7	8	9
수능등급	9	8	7	6	5	4	3	2	1

4. 상관

학생들의 월평균 과외비는 학업성취도와 관계가 있는가? 사회경제적 배경과 지능은 관계가 있는가? 이러한 질문처럼 두 변수 간 관계를 알아보고자 하는 경우가 매우 많다. 상관계수(correlation coefficient)는 두 변수 간 관계를 나타내는 지수로 오랫동안 사용되어 왔다. 상관계수의 종류는 매우 다양한데 여기에서는 피어슨 적률상관계수(Pearson product moment correlation coefficient)를 주로 다루며, 기타 상관계수에 대해서도 간단히 살펴보기로 한다. 그리고 여기에서는 특별한 언급이 없는 한 상관계수는 피어슨 적률상관계수를 의미한다.

1) 상관의 의미

상관계수는 두 변수가 관계되어 있는 정도와 방향을 나타내는 지수이다. 한 변수의 값이 증가함에 따라 다른 변수의 값이 또한 증가 혹은 감소하는 정도를 수치화한 것이다. 표집자료를 이용하여 두 변수 X와 Y 간 상관계수를 구했을 때 이를 r_{XY}로 표시한다. 전집에서 두 변수 간 상관은 ρ_{XY}로 나타낸다. 상관계수의 크기는 $-1 \sim 1$ 사이이다. 상관계수가 -1이면 완전 부적상관, $+1$이면 완전 정적상관이라고 한다. 상관계수가 0인 경우는 두 변수 간 관계가 전혀 없다는 것을 나타낸다.

두 변수 간에 강한 '정적인' 상관관계가 있을수록 X변수에서 평균 위에 있는 값들은 Y변수에서도 평균 위의 값을 가지며, X변수에서 평균 아래에 있는 값들은 Y변수에서도 평균 아래에 있는 값을 가지며, X변수에서 평균 근처에 있는 값들은 Y변수에서도 평균 근처의 값들을 주로 가지게 된다. 이와 달리 두 변수 간에 강한 '부적인' 상관관계가 있을 수록 X변수에서 평균 위에 있는 값들은 Y변수에서는 평균 아래의 값, X변수에서 평균 아래에 있는 값들은 Y변수에서 평균 위의 값, X변수에서 평균 근처에 있는 값들은 Y변수에서도 평균 근처의 값을 주로 가지게 된다. 두 변수 간 상관관계가 매우 낮거나 0에 가까울 경우에는 X변수와 Y변수 간에 일정한 패턴을 찾기 어렵다.

2) 상관계수의 계산

피어슨 적률상관계수의 공식은 다음과 같다.

$$r_{XY} = \frac{[\Sigma(X-\overline{X})(Y-\overline{Y})]/N}{S_X S_Y} = \frac{\Sigma xy}{NS_X S_Y}$$

이 공식 중앙을 살펴보자. 분자 $[\Sigma(X-\overline{X})(Y-\overline{Y})]/N$은 두 변수의 편차점수 곱을 합한 후 총 사례 수로 나눈 것으로 이를 공분산(covariance)이라고 한다. 공분산은 두 변수가 함께 변하는 정도를 수량화한 것이다. 공분산은 두 변수 간 관계의 방향(direction)과 강도(strength)를 알려 준다. 공분산 내 교적합 $\Sigma(X-\overline{X})(Y-\overline{Y})$를 보면, 두 변수에서 동시에 평균 위 혹은 평균 아래에 많은 값이 있을 경우, 이 교적합은 '정적'인 값이 될 뿐만 아니라 교적합의 절대값 자체도 크게 된다. 이와 달리 X변수에서 평균 위에 있던 값들이 Y변수에서는 평균 아래에 있는 경향이 많을 경우 이 교적합은 '부적'인 값을 가지게 된다. 그런데 왜 두 변수 간 관계를 나타낼 때 공분산 대신 상관계수가 쓰일까?

공분산은 변수들의 척도나 측정단위에 영향을 받기 때문이다. 예를 들어, 몸무게와 키의 관계를 알고자 할 때, 몸무게의 단위를 킬로그램 혹은 그램으로 잴 것인지에 따라 몸무게와 키의 공분산값은 달라지게 된다. 일정한 집단에서 얻어진 몸무게와 키의 관계가 측정단위에 따라 달라질 경우 두 변수 간 관계에 대해 정확히 기술하기 어렵다. 두 변수의 측정단위가 무엇이든 간에 관계의 정도가 달라지지 않도록 해야 하는데, 척도에 따른 공분산값의 변화는 두 변수의 표준편차의 곱으로 나누면 없어진다는 것을 피어슨이 보여 주었다. 이것이 바로 피어슨 적률상관계수이다. 피어슨 적률상관계수는 분산처럼 두 변수 간 관계의 방향과 강도를 알려 줄 뿐만 아니라 두 변수의 측정단위에 상관없이 범위는 $-1 \sim +1$ 사이의 값을 가진다. 심지어 변수들을 선형 변환한다고 하더라도 두 변수 간 상관계수는 변하지 않는다. 선형변환이란 한 변수에 상수를 더하거나, 빼거나, 나누거나, 곱하는 것을 의미한다.

〈표 12-3〉은 총 13명의 자료가 있을 경우 상관계수의 정의공식에 따라 실제 계산한 예를 보여 준다.

〈표 12-3〉 피어슨 적률상관계수의 계산 예

번호	X	Y	$(X-\overline{X})$	$(Y-\overline{Y})$	$(X-\overline{X})(Y-\overline{Y})$
1	1	1	−3.0769	−2.9231	8.9941
2	2	1	−2.0769	−2.9231	6.0710
3	3	3	−1.0769	−.9231	.9941
4	3	4	−1.0769	.0769	−.0828
5	4	2	−.0769	−1.9231	.1479
6	4	3	−.0769	−.9231	.0710
7	4	5	−.0769	1.0769	−.0828
8	5	3	.9231	−.9231	−.8521
9	5	4	.9231	.0769	.0710
10	5	5	.9231	1.0769	.9941
11	5	7	.9231	3.0769	2.8402
12	6	6	1.9231	2.0769	3.9941
13	6	7	1.9231	3.0769	5.9172
평균 표준편차	4.0769 1.4979	3.9231 2.0191		합	2.4231
상관	$r_{XY}=\frac{\sum(X-\overline{X})(Y-\overline{Y})}{NS_XS_Y}=\frac{2.4231}{(13)(1.4979)(2.0191)}=.8012$				

정의공식에 의한 상관계수 계산은 편차점수를 자승하거나 교적을 구해야 하는 불편함이 있기 때문에 흔히 다음과 같은 계산공식을 사용한다. 계산공식에 의한 결과나 정의공식에 의한 결과는 동일하다.

$$r_{xy}=\frac{N\sum XY-(\sum X)(\sum Y)}{\sqrt{N\sum X^2-(\sum X)^2}\sqrt{N\sum Y^2-(\sum Y)^2}}$$

이 공식은 편차점수를 구할 필요 없이 관찰점수만을 이용하여 상관계수를 산출한다는 측면에서 간결하고 편리하다.

3) 상관의 해석

상관계수는 어느 정도 커야 하는가? 결론부터 말하면 모든 상황에 적용될 수 있는 상관계수 크기의 절대적 준거를 제시하기 어렵다. 다만, 참고적으로 제시하면 〈표 12-4〉와 같다.

〈표 12-4〉 상관계수의 언어적 표현

상관계수의 범위	언어적 표현
.8~1.0	상관이 매우 높다
.6~.8	상관이 높다
.4~.6	상관이 확실히 있다
.2~.4	상관이 있기는 하지만 낮다
.0~.2	상관이 거의 없다

* 부호에 상관없이 적용

상관계수의 크기는 이론이나 기존 연구 결과와의 비교를 통해 적절히 해석될 수 있다. 이론상 두 변수 간 상관이 낮을 것으로 기대되는데 실제로는 기대보다 훨씬 크게 나왔다든가 혹은 기존 선행연구에서 얻어진 두 변수 간 상관관계보다 새로운 연구에서 얻어진 상관계수가 크게 나온다면 상관계수가 높다고 말할 수 있다.

상관계수의 강도를 나타내는 보다 일반적인 방법으로 결정계수(coefficient of determination: r^2)가 사용된다. 결정계수는 두 변수가 공유하는 공통분산의 비율을 의미하며, 한 변수가 다른 변수를 설명하는 정도를 나타낸다. 두 변수 간 상관이 $r = .8$일 때, 결정계수는 $r^2 = .8^2 = .64$이다. 이는 한 변수의 분산 중 64%가 다른 변수에 의해 설명된다는 것을 의미한다.

두 변수가 공유하는 공통분산의 비율이 높다는 것이 두 변수 간 인과관계가 있다는 것을 의미하지는 않는다. 이는 상관관계를 인과관계로 해석해서는 안 된다는 의미이다. 인과관계를 위해 상관관계는 필수조건이지만 충분조건은 되지 못한다.

통계 프로그램을 이용하여 상관관계를 계산할 경우 흔히 〈표 12-5〉와 같은 표가 제시된다.

〈표 12-5〉 상관계수 예시

	국어점수	도서실 장서수
국어점수	1.000	
도서실 장서 수	.128**	1.000

** $p < .01$

이 표에서 '국어점수'와 '도서실 장서 수' 간 상관은 .128로 '1% 유의 수준에서 통계적으로 유의하다'고 해석한다. 상관계수가 .1 이하이더라도 때로는 '통계적으로 유의하다'고 기술되는 경우가 흔히 있다. 그런데 '통계적으로 유의하다'는 것은 표집오차를 고려해 보았을 때 전집에서 두변수 간 상관이 '0'은 아니라는 것을 의미한다(영가설이 전집에서 두 변수 간 상관이 0이라고 할 경우이며, 대부분이 이렇게 가설을 설정함). 통계적으로 유의하다고 해서 상관계수가 높다는 것을 의미하는 것이 아님을 기억할 필요가 있다. 두 변수 간 상관계수가 절대적으로 매우 작아도 사례 수가 매우 크면 그야말로 통계적으로 유의하게 나온다.

마지막으로, 지금까지 논의한 피어슨 적률상관계수는 두 변수 간 직선적 관계가 있을 경우 관계의 정도와 방향에 대해 정보를 제공한다. 만약 두 변수 간 관계가 곡선적 관계일 경우에 피어슨 적률상관계수는 두 변수 간 관계를 과소 추정하게 된다.

4) 기타 상관계수

피어슨 적률상관계수가 흔히 교육분야에서 가장 많이 사용되기는 하지만, 이는 두 변수가 동간변수 이상일 경우에 적용될 수 있다. 교육분야에서 한 변수는 동간이지만 다른 변수는 유목인 경우도 많이 있다. 다음은 교육분야에서 사용되는 몇 가지 상관계수에 대해 간략히 제시한다.

(1) 파이(ϕ)계수

파이계수는 두 변수가 이분적(0/1)으로 나뉘어 있을 때 사용한다. 예를 들어, 성별과 흡연 유무와 관계, 두 선다형 문항 1번과 2번 간 관계 등이 그 예이다. 두 변수는 이분적이므로 2×2표로 빈도를 나타낼 수 있다. 각 셀의 빈도를 다음과 같이 a, b, c, d로 나타낸다고 하자.

		Y 0	Y 1
X	0	a	b
	1	c	d

이 경우, 파이계수의 공식은 다음과 같다.

$$\phi_{XY} = \frac{ad - bc}{\sqrt{(a+b)(c+d)(a+c)(b+d)}}$$

파이계수는 피어슨 적률상관계수의 특수한 경우로, 두 변수가 이분적일 때 ϕ_{XY}와 피어슨 적률상관계수에 의한 값은 동일하다.

(2) 양류상관계수

양류상관계수(point-biserial correlation)는 X는 이분, Y는 연속적일 때 사용한다. 예를 들면, 문항의 정답 여부와 총점 간 상관을 구할 수 있다. 공식은 다음과 같다.

$$r_{pbis} = [\frac{\overline{Y}_1 - \overline{Y}}{S_Y}]\sqrt{\frac{P_X}{(1-P_X)}}$$

여기에서 $\overline{Y}_1$은 X가 1인 피험자의 Y평균, $\overline{Y}$는 Y의 평균, S_Y는 Y의 표준편차, P_X는 X의 정답률을 나타낸다.

(3) 양분상관계수

양분상관계수(biserial correlation)는 이분변수 X와 연속변수 Y 간 상관을 구할 때 사용한다. 그런데 이때 X는 임으로 나누어진 변수로, 잠재변인은 정규분포라고 가정했을 경우에 사용한다. 공식은 다음과 같다.

$$r_{bis} = [\frac{\overline{Y}_1 - \overline{Y}}{S_Y}][\frac{P_X}{f(z)}]$$

여기에서 $\overline{Y}_1$는 X가 1인 피험자의 Y평균, $f(z) = \frac{1}{\sqrt{2\pi}} e^{-\frac{z^2}{2}}$를 나타낸다.

(4) 스피어만 순위상관계수

스피어만 순위상관계수는 두 변수의 자료가 서열적일 때 구하는 상관계수이다. 만약에 학교시험 성적 순위와 국가 수준의 시험성적 순위 간 상관을 구하고자 할 때 스피어만 순위상관계수를 사용할 수 있다. 공식은 다음과 같다.

$$\rho = 1 - \frac{6\sum_{i}^{N} D_i^2}{N(N^2 - 1)}$$

여기에서 D_i는 특정 개인의 순위 차이를 의미하며, N은 총 사례 수를 의미한다.

5. t-검증, F-검증, χ^2-검증

이 절에서는 집단 간 평균차이 검증과 비율 및 빈도자료 분석에 사용되는 통계적 기법에 대해 간략히 제시한다. 이들 기법에 대한 보다 자세한 사항은 통계학 서적을 참고하기 바란다.

1) 집단 간 평균차이 검증: t-검증, F-검증

(1) 두 집단 간 평균차이 검증: t-검증

전집의 표준편차를 모를 때 두 집단 간 표집 평균차이를 토대로 전집에서 두 집단의 평균이 다른지를 통계적으로 검증하는 것을 두집단 간 평균차 검증이라고 하며, t-분포를 이용하므로 흔히 t-검증이라고도 한다. 학력증진 프로그램에 참여한 학생들은 그렇지 않는 학생들보다 학업성적이 높을 것인가? 이러한 질문에 대답하기 위해 학생들을 무선적으로 두 집단으로 나눈 후 한 집단은 학력증진 프로그램에 참여시키고, 다른 집단은 참여시키지 않은 채 실험을 했다고 해 보자. 실험 후 두 집단에게 시험을 실시하여 평균차이를 얻었다고 해 보자. 관찰된 두 표집 평균차이를 통해 두 집단의 평균이 전집에서 다를 것인지에 대해 알아보고자 한다. 이와 같은 경우에 t-검증법을 사용하여 통계적인 결론을 내리게 된다.

t-검증법은 두 집단의 표집이 독립적인지 혹은 종속적인지에 따라 t-검증 공식이 다르다. 한 집단에 속한 어떤 관찰치도 다른 집단에 속한 관찰치의 표집 확률에 영향을 미치지 않으면 두 표집은 독립적이다. 반면, 동일한 집단에게 사전검사와 사후검사를 반복 실시한 것과 같은 경우에는 두 표집은 종속적이라고 말한다.

다음은 독립표집 t-검증법을 이용한 두 집단 간 평균차이 검증 과정을 제시한 것이다.

〈t-검증 예시〉

- 연구문제: 방과후학교 프로그램이 학생의 학습 욕구 충족 및 소질 계발에 도움이 되었는지에 대해 남녀 간 인식 차이가 있는가?
- 자료수집: 초등학교 6학년 남녀 학생을 표집하여 설문조사함
- 영가설: 남녀집단의 평균은 전집에서 같을 것이다(H_0: $\mu_1 = \mu_2$).
- 대립가설: 남녀집단의 평균은 전집에서 같지 않을 것이다(H_A: $\mu_1 \neq \mu_2$).
- t-검증 결과표

성별	사례 수	평균	표준편차	t	자유도
남자	462	3.86	.867	4.578**	1133
여자	673	3.63	.807		

** p<.01

- 결과: 방과후학교 프로그램이 도움이 되었는지에 대한 인식에 있어 남녀집단의 평균은 5% 유의수준에서 유의하게 달랐다.
- 결론: 방과후학교 프로그램이 학생의 학습 욕구 충족 및 소질 계발에 도움이 되었는지에 대해 남녀 간 인식 차이가 있었으며, 남자집단이 여자집단보다 높았다.

참고

- 영가설(null hyphothesis: H_0): 잠정적으로 사실이라고 가정된 가설로, 기각할지 또는 수용할지의 대상이 되는 가설
- 대립가설(alternative hyphothesis: H_A): 영가설이 기각되었을 때 진리로 남는 잠정적 진술

로, 연구자가 연구에서 주장하고자 하는 내용이 담긴 가설
- 유의수준(level of significance: α): 영가설 H_0을 기각하기 위해서 관심 있는 표본 통계치(예: 두 집단의 평균차이)가 얼마나 드물게 나타나야 하는가를 명시한 확률값(보통 .01, .05, .10) 혹은 백분율(1%, 5%, 10%)임
- 자유도(degree of freedom): 관찰된 표본자료들이 통계적 추론을 할 때 제공해 줄 수 있는 독립적인 정보의 수를 나타낸다. t-분포, F-분포, χ^2-분포는 자유도에 따라 분포형태가 달라지므로, 통계적 가설검증을 수행할 때 자유도를 정확히 확인해야 한다.

종속표집 t-검증은, 예를 들어 사전검사 점수와 사후검사 점수 간 차이가 유의하게 다른지를 검증함으로써 실험처치의 효과가 있는지를 파악하는 데 활용된다. 독립표집 t-검증이든 종속표집 t-검증이든 일반적으로 계산상 편의를 위해 통계 패키지를 이용한다.

(2) 세 집단 이상 평균차이 검증: F-검증

집단이 세 개 이상일 때 평균차이를 검증하는 것을 분산분석(ANOVA)라고 하며, F-분포를 이용하므로 F-검증법이라고도 한다. 연구문제에 포함된 독립변수의 수에 따라 독립변수가 하나이면 일원 분산분석(one-way ANOVA), 두 개이면 이원 분산분석(two-way ANOVA), 세 개이면 삼원 분산분석(three-way ANOVA)이라고 한다. 입학 유형(정시, 수시, 특별전형)에 따라 대학교 1학년 성적평균에 차이가 있는지를 알아보고자 할 경우, 독립변수가 하나이므로 일원 분산분석이 된다. 입학 유형과 성별 두 가지 요인을 함께 고려하면 이원 분산분석이 된다.

집단이 여러 개일 때 집단을 짝지어서 평균비교를 많이 하면 할수록 집단 간 평균차이가 없음에도 통계적으로 유의한 차이가 있는 것으로 나타날 확률이 커지게 된다. 이것은 통계적 오류(제1종 오류라고 함)로 분산분석을 통해서 이 문제를 해결될 수 있다. 분산분석법은 여러 집단 간 평균차이가 있는지를 동시에 검증하면서, 두 집단 간 평균차이를 수차례 검증함으로써 생기는 문제를 효과적으로 통제한다.

집단이 여러 개일 때 F-분포를 이용하여 집단 간 평균차이가 있는지에 대해 통계적 검증을 하게 된다. F-검증 결과 통계적으로 유의하게 되면, 여러 집단의 평균은 전집에서 모두 같지 않으며 어느 집단 간에는 평균 간에 차이가 있다는 것을 의미한다. 그런데 구체적으로 어떤 집단 간에 차이가 있는지에 대해 F-검증 결과는 말해 주지 못한다. F-검증이 유

의하고 나면, 보다 구체적으로 어떤 집단 간 평균차이가 통계적으로 유의한지를 알아보기 위해서는 사후비교(post hoc comparisons)를 해야 한다. 사후비교법은 여러 가지가 있는데 쉐페(Scheffé), 투키(Tukey), 본페로니(Bonferroni) 방법 등이 있다.

다음은 일원 분산분석을 이용한 세 집단 간 평균차이를 검증한 것이다.

〈일원 분산분석 예시〉

- 연구문제: 방과후학교 프로그램에 대한 만족도는 학교급에 따라 차이가 있는가?
- 자료수집: 초 · 중 · 고 학생들을 표집하여 설문조사함
- 영가설: 방과후학교 프로그램에 대한 학교급별 만족도 평균은 전집에서 같을 것이다 (H_0: $\mu_j = \mu_k = \mu$).
- 대립가설: 모든 집단의 평균이 같지는 않다(H_A: $\mu_j \neq \mu_k$).
- 일원분산분석 결과표

학교급	사례 수	평균	표준편차	$F_{(2, 1132)}$	쉐페 검증
초등학교(a)	425	3.92	.757	6.958**	a>b, a>c
중학교(b)	292	3.70	.903		
고등학교(c)	418	3.77	.811		

** p<.01; 쉐페 사후검증은 5% 유의수준에서 유의한 결과만 제시한 것임.

- 결과: 방과후학교 프로그램에 대한 학교급별 만족도 평균은 5% 유의수준에서 유의하게 달랐다. 초등학교는 중학교와 고등학교보다 만족도 평균이 5% 유의수준에서 유의하게 달랐다.
- 결론: 방과후학교 프로그램에 대한 학교급별 만족도는 달랐다. 초등학교는 중학교와 고등학교에 비해 만족도가 높았다. 중학교와 고등학교는 방과후학교 프로그램에 대한 만족도가 다르지 않았다.

이원 분산분석은 독립변인이 두 개이므로 두 변인 간 상호작용 효과에 대해 알 수 있다. 이는 일원 분산분석으로는 알 수 없는 효과이다. 상호작용 효과는 한 독립변인의 효과가 다른 독립변인의 수준에 따라 달라지는 것을 말한다. 예를 들어, 방과후학교 프로그램에 대한 학교급별 만족도 평균은 성별에 따라 달라질 수 있다. 이 경우 학교급과 성별 간 상호작용 효과가 있으며, 이에 대한 검증이 가능하다.

2) 비율 차이 및 빈도자료 분석: χ^2-검증

분석해야 할 자료가 각 유목에 속한 빈도 혹은 비율일 경우 χ^2 –검증(카이 스퀘어 검증이라고 함)을 이용하게 된다. χ^2 –검증은 각 유목에서 관찰빈도와 영가설하에서 기대되는 기대빈도와의 차이를 비교하여 통계적 검증을 하게 된다. 이를 공식으로 표현하면 다음과 같다.

$$\chi^2 = \sum\left[\frac{(f_0 - f_e)^2}{f_e}\right]$$

여기에서 f_o는 관찰빈도, f_e는 기대빈도를 나타낸다.

관찰빈도와 기대빈도 간 차이가 크면 클수록 χ^2값이 커져서 영가설을 기각하게 된다. χ^2값의 기각을 위한 임계 기준은 〈부록〉에 제시되어 있다. 자료를 분석할 때 빈도를 이용하든 비율을 이용하든 결과는 동일하다. 다음은 변수의 수가 하나일 때와 두 개일 때 χ^2 –검증을 활용하는 것에 대해 알아본다.

(1) 단일변수에서의 빈도(혹은 비율) 차이 검증: 적합도 검증

한 변수의 각 유목에서의 관찰빈도와 이론적 빈도 간 차이를 비교함으로써 관찰된 빈도와 이론적 빈도가 일치하는지를 알아보는 데 이용된다. 예를 들어, 어느 시에서 교육감 선거에 5명이 출마했다고 해 보자. 각 후보에 대한 유권자들의 지지 비율은 차이가 있는가? 이에 대해 알아보기 위해 유권자 중 일부를 무선 표집하였다고 해 보자. 이것은 관찰된 빈도이다. 만약 각 후보에 대한 유권자들의 지지 비율이 전집에서 동일하다면, 관찰빈도도 이와 유사해야 할 것이다. 이러한 상황에서 χ^2 –검증을 적용해 보기로 하다.

〈단일변수 χ^2–검증 적용 예시〉

- 연구문제: 5명의 교육감 후보자에 대한 지지율은 같은가?
- 자료수집: 유권자 500명을 무선 표집하여 전화로 설문함
- 영가설: 후보자 5명에 대한 전집에서의 지지율은 같다.
  ($H_0 : P_1 = P_2 = \dots = P_5 = .20$).

• 대립가설: 모든 후보에 대한 지지율이 같지는 않다($H_A: P_j \neq P_k$).

• χ^2값 계산 결과표:

	A후보	B후보	C후보	D후보	E후보	계
관찰빈도	80	30	130	200	60	500
기대빈도	100	100	100	100	100	500
$\frac{(f_o - f_e)^2}{f_e}$	4	49	9	100	16	

$$\chi^2 = \Sigma\left[\frac{(f_0 - f_e)^2}{f_e}\right] = 4 + 49 + 9 + 100 + 16 = 178^{**}$$

단일변수일 때 χ^2의 자유도는 4(유목 수−1=5−1=4)이며, 임계값은 5% 유의수준에서 11.07임. 계산된 χ^2값이 임계값보다 크므로 영가설을 기각함

• 결과: 교육감 후보 5인에 대한 유권자의 지지 비율이 같다는 가설은 5% 유의수준에서 기각되었다.

• 결론: 교육감 후보 5인에 대한 유권자의 지지 비율은 같지 않다.

χ^2−검증을 위한 이론적 빈도는 영가설을 토대로 만들어진다. 따라서 위 예에서처럼 반드시 모든 후보자의 지지율이 동일하다고 가정할 필요가 없다. 이론적 근거에 따라서 얼마든지 이론적 빈도를 달리 규정할 수 있으며, 이것과 관찰빈도를 비교함으로써 적합도(goodness of fit)를 판단할 수 있다.

(2) 두 개 변수의 독립성 검증

두 변수에서의 이변량 빈도분포표를 토대로 두 변수 간 관계가 있는지에 대해 χ^2−분포를 통해 검증할 수 있다. 예를 들어, 교육감 후보자에 대한 지지율이 성별에 따라 다른가를 알고 싶다고 해 보자. 만약 후보자에 대한 지지율과 성별 간 관계가 없다면, 이는 후보에 대한 지지율과 성별은 독립적이다는 것을 의미한다. 반면, 후보에 대한 지지율이 성별에 따라 다르면, 관계가 있다(유관)는 것을 의미한다. 이러한 상황에서 χ^2−검증을 적용해 보기로 한다.

〈두 변수 간 독립성 검증을 위한 χ^2 적용 예시〉

• 연구문제: 5명의 교육감 후보자에 대한 지지율과 성별은 관계가 있는가?

- 자료수집: 유권자 500명을 무선 표집하여 전화로 설문함
- 영가설: 후보자 5명에 대한 전집에서의 지지율은 남녀에 따라 차이가 없다.
- 대립가설: 후보에 5명에 대한 지지율은 남녀에 따라 차이가 있다.
- χ^2값 계산 결과표:

	성별	A후보	B후보	C후보	D후보	E후보	계
관찰빈도	남성	20	15	60	150	20	265
	여성	60	15	70	50	40	235
	계	80	30	130	200	60	500
기대빈도	남성	42.4	15.9	68.9	106.0	31.8	265
	여성	37.6	14.1	61.1	94.0	28.2	235
	계	80	30	130	200	60	500
$\frac{(f_o - f_e)^2}{f_e}$	남성	11.83	.05	1.15	18.26	4.38	35.68
	여성	13.34	.06	1.30	20.60	4.94	40.23
	계	25.18	.11	2.45	38.86	9.32	75.91

기대빈도는 각 셀과 관계되는 주변 사례 수들을 곱하고 이를 총 사례 수로 나누어 구한다. 예를 들어, A후보에 대한 남성 지지자의 기대빈도는 $\frac{80 \times 265}{500} = 42.4$명이다.

χ^2의 자유도는 (열-1)(행-1)이므로 $(5-1)(2-1)=4$이며, 임계값은 5% 유의수준에서 11.07임. 계산된 χ^2값은 75.91로서 임계값보다 크므로 영가설을 기각함.

- 결과: 교육감 후보 5인에 대한 남녀 유권자의 지지 비율이 같다는 가설은 5% 유의수준에서 기각되었다.
- 결론: 교육감 후보 5인에 대한 남녀 유권자의 지지 비율은 같지 않다.

χ^2-검증을 사용하기 위해서는 두 가지 가정이 필요하다. 첫째, 관찰빈도들은 서로 독립적이어야 한다. 각 사례는 반드시 하나의 유목에 포함되어야 한다. 한 사례가 남성과 여성에 동시에 포함되면 안 된다. 둘째, 각 유목은 상호 배타적이면서 포괄적이어야 한다. 즉, 유목 간 겹침이 없어야 하고, 응시생이 포함될 유목이 모두 포함되어야 한다.

연구과제

1. 백분위와 백분점수의 차이점에 대해 기술하시오.
2. 중간고사 자료의 집중경향치, 분산도를 계산하여 점수분포의 특징에 대해 설명해 보시오.
3. 중간고자 자료에서 특정점수를 z점수와 T-점수로 변환해 보시오.
4. 여러 상관계수의 적절한 활용 상황에 대해 논하시오.
5. 집단간 평균차이 및 비율차이 검증을 실시해 보고, 검증결과를 설명해 보시오.

제13장 교육연구 방법

1. 교육연구의 개념과 목적

교육연구(educational research)란 교육문제를 해결하기 위한 과학적인 과정으로 볼 수 있다. 즉, 교육연구는 이미 축적되어 있는 선행 연구들이나 이론으로 교육현상을 조명하고 새로운 규칙성을 발견하거나 의미 있는 관계를 도출해 내는 과정이다.

교육연구의 목적은 교육현상에 대한 기술, 설명, 예측, 통제로 요약할 수 있다.

첫째, 기술(description)은 과학적 탐구의 일차적인 목적으로서 '관찰한 사실을 있는 그대로 기록하는 것'을 일컫는다. 대부분의 실태조사 연구는 기술을 목적으로 한다.

둘째, 설명(explanation)은 '왜'라는 의문에 대해 답을 얻는 과정으로 볼 수 있다. 기술이 '무엇'이라고 하는 내용과 사실의 발견에 초점을 둔다면, 설명은 '왜'에 해당하는 이유의 발견에 강조점을 둔다. 대부분의 실험연구는 설명을 목적으로 한다.

셋째, 예측(prediction)은 기술, 설명의 결과 얻어진 일반적 법칙과 사실에 관한 진술을 토대로 특정한 사건이 발생하기 이전에 그 사건을 미리 이끌어 내는 과정이다. 설명을 할 수 있으면 어느 정도의 예측도 가능하다. 그러나 주식, 게릴라성 호우 등과 같이 현상의 원인을 설명할 수 있다 하더라도 예측이 제한되어 있는 경우가 더 많다.

넷째, 통제(control)는 어떤 현상의 원인을 조작함으로써 그 현상을 일어나게도 하고 일어나지 않게도 하는 것을 일컫는다. 예컨대, 당뇨병의 발생 비율이 남녀, 지역, 또는 연령에 따라서 어떻게 다른지 연구하는 것은 '기술'이고, 당뇨병과 인슐린 간의 관계를 실험연구를 통해 규명하는 것은 '설명'에 해당한다. 그리고 인슐린이 부족한 사람은 당뇨 현상이 발생할 것이라는 것은 '예측'이고, 당뇨병의 징후를 줄이기 위해서 인슐린을 주입하는 것은 '통제'에 해당한다.

2. 교육연구 보고서의 구성

교육연구 보고서는 일반적으로 서론, 이론적 배경, 연구방법, 연구결과, 논의 및 결론으로 구성된다.

1) 서론

서론에서는 선행연구의 문제점, 제한점을 지적하면서 본 연구가 선행연구의 문제점을 어떻게 보완할 수 있고 기존의 다른 연구와 어떠한 점에서 차이가 있는지 설명한다. 다만, 선행연구에 관한 심도 있는 고찰은 이론적 배경에서 제시하기 때문에 핵심적인 부분만 언급하도록 한다. 이 밖에 서론에서는 본 연구 결과가 학문적으로 또는 실제적으로 어떻게 기여할 수 있는지 제시한다.

서론의 마지막 부분에는 본 연구의 목적과 관련하여 연구문제를 제시한다. 연구문제는 가능한 한 구체적이고 경험적으로 검증 가능한 형식으로 진술한다. 그리고 '자아존중감과 성취도 간의 관계는 어떠한가?'와 같이 의문문의 형식으로 표현하도록 한다.

2) 이론적 배경

연구문제에 대한 잠정적인 결과를 '연구가설'이라고 한다. 이론적 배경의 목적은 연구가설을 도출하게 된 이론적인 근거를 제시하는 데 있다. 그러므로 이론적 배경에는 연구문제와 관련된 것들로만 구성되어야 한다.

이론적 배경의 후반부에는 연구가설이 제시된다. 연구가설은 '자아존중감과 성취도 간에는 정적인 상관이 있을 것이다.'와 같이 미래형으로 표현하는 것이 일반적이다.

3) 연구방법

연구방법에서는 연구가설을 어떠한 방법으로 경험적으로 검증할 것인지를 제시한다. 여기에는 연구대상, 측정도구, 처치도구, 연구절차, 분석방법 등이 포함된다.

(1) 연구대상

연구대상에는 누구를 대상으로 연구를 수행했으며 그들을 어떻게 표집하게 되었는지를 기술한다. 연구대상의 선정은 가능한 한 무선표집의 원칙을 지키도록 한다. 연구의 일반화 범위는 무선표집의 범위에 제한됨을 유의해야 한다. 예컨대 서울의 강남 지역에 위치하는 중학교 2학년 남학생 중에서 무선표집이 이루어졌다면, 연구 결과의 일반화 범위는 서울의 강남, 그중에서도 중학교 2학년 남학생에 제한된다.

(2) 측정도구

측정도구에서는 본 연구에서 사용한 측정도구의 종류와 출처, 하위영역, 신뢰도와 타당도, 문항 수, 개념적 정의 등을 기술한다. 연구자가 임의로 제작한 측정도구는 타당화 과정을 거치지 않는 한 사용해서는 안 된다. 대개는 이미 개발된, 타당화된 측정도구 중에서 연구대상의 수준과 개념적 정의를 고려할 때 본 연구에 가장 적합한 측정도구를 선택해서 사용하게 된다. 기존의 측정도구를 사용할 때에는 그 출처와 더불어 이미 타당화되었음을 밝히도록 한다. 그리고 현재 연구에서의 신뢰도도 산출하여 함께 제시해 주는 것이 바람직하다.

(3) 처치도구

실험연구인 경우, 효과성을 검증하고자 하는 프로그램인 처치도구의 개관, 특징, 출처 등을 제시해야 한다. 실험연구에서 처치도구를 활용한 집단을 '실험집단(experimental group)', 그렇지 않은 집단을 '통제집단(control group, 일명 비교집단)'이라고 한다.

(4) 연구절차

연구절차에서는 연구가 수행된 과정과 절차를 기술한다. 실험연구라면 이질집단 전후검사 설계, 통제집단 전후검사 설계 등과 같은 실험설계에 관한 내용도 연구절차 부분에 제시하게 된다. 연구절차는 가능한 한 자세히 기술함으로써 다른 연구자가 그와 같은 연구를 다시 반복(replication study)할 수 있도록 해 주어야 한다.

(5) 분석방법

분석방법에서는 수집한 자료에 어떠한 통계적 기법을 적용하여 연구가설을 검증할 것인지를 기술한다. 독립표본 t-검증(independent samples t-test), 대응표본 t-검증(paired samples t-test), χ^2-검증, 일원분산분석(one-way ANOVA), 다원분산분석(multi-way ANOVA), 공분산분석(ANCOVA), 다변량분산분석(MANOVA), 상관분석, 요인분석(factor analysis), 회귀분석(regression), 판별분석(discriminant analysis), 경로분석(path analysis), 구조방정식(structural equation model), 위계적 선형모형(hierarchical linear model), 성장모형(growth model), 다차원척도법(multidimensional scaling), 혼합모형(mixture modeling), 비모수적 통계(nonparametic statistics) 등 다양한 통계적 기법 중에서 사례 수, 측정도구의 측정 수준, 정규분포의 가정 유무, 연구가설 등을 고려했을 때 가장 적합한 방법이 무엇인지를 고민하여 제시하게 된다.

4) 연구결과

연구결과에서는 수집된 자료에 대한 통계적 처리를 요약하여 제시한다. 간단하게 주요 결과를 진술하고 결론을 증명할 수 있는 자료를 상세히 보고한다. 다만, 결과의 의미에 대한 논의는 이 장에 포함하지 않는 것이 일반적이다. 연구결과에서는 표와 그림을 효과적으로 제시해야 한다. 표와 그림은 자료를 명확하면서도 경제적으로 표현할 수 있다. 그럼에도 불구하고 표와 그림은 보조자료에 불과하다는 점을 명심하고 반드시 명확한 설명이 덧붙여지도록 해야 한다.

5) 논의 및 결론

이 장에서는 다음의 내용으로 구성된다. 첫째, 연구의 필요성 및 목적, 연구문제, 연구방법 부분에 대해 간결하게 요약하는 것이 일반적이다.

둘째, '분석과정에서 밝혀진 연구결과 및 이에 대한 논의는 다음과 같다.'와 같은 진술문을 앞세워서, 본 연구의 주요 연구결과를 요약하고 이러한 결과가 나타난 이유가 무엇인지, 이것이 어떠한 시사점을 주는지, 일치하는 선행연구와 상충하는 선행연구가 무엇인지 제시하게 된다. 논의에서 사소한 논쟁은 피하는 것이 좋다. 연구의 이론적 · 실제적 의미를 기술하고 연구의 개선점을 제안하며, 새로운 연구를 위한 제언을 간결하게 하는 것이 바람직하다. 여기서 논의 내용은 본 연구의 이론적 배경에 기초해야 함을 명심해야 한다.

셋째, 각 연구결과로부터 연구가설이 지지되는지 그렇지 않은지에 대한 결론 도출을 명확하게 기술해야 한다. 연구결과, 논의, 결론은 다소 혼동할 수 있는 개념이다. 예컨대 '평준화 · 비평준화 간의 성취도를 분석한 결과, 입학 당시의 성취도를 통제했을 때 평준화 지역 학교가 비평준화 지역 학교보다 성취도가 더 높았다.'는 것은 연구결과에 해당하고, '이는 강상진(2005)의 연구결과와 일치한다. 반면, 김기석(2005)의 연구결과와는 다소 차이를 보여 주는 결과이다.'라는 것은 논의에, '평준화가 비평준화에 비해서 더 효과적인 교육 제도임을 지지해 준다.'는 것은 결론에 해당한다.

마지막으로 '본 연구의 한계점 및 향후 연구를 위한 제언은 다음과 같다.'와 같은 진술문을 앞세워 본 연구의 제한점이 무엇인지 언급하고 이를 보완한 후속연구가 필요함을 제언하는 것으로 마무리하게 된다.

3. 양적연구와 질적연구

교육에 관련된 인간행위와 현상을 탐구하기 위한 접근방법은 양적연구와 질적연구로 나눌 수 있다. 양적연구는 '존재하는 정도'를 수량화하는 형식의 연구이고, 질적연구는 '존재의 유무'에 대해서 생각을 서술해 나가는 형식으로 접근하는 연구방법이다. 양적연구는 연구자가 설정한 가설의 타당성을 검증하는 '설득의 맥락(the context of persuasion)'에서 연구가 진행되고, 질적연구는 현지의 특유의 가설과 이론을 발견하고 탐색하는 '발견의 맥락(the context of discovery)'에서 연구가 진행된다. 양적연구에서는 연구하고자 하는 변수들 중에서 연구자가 관심을 가지고 있지 않은 변수들의 영향을 오차로 규정하며, 이들의 영향을 엄격히 통제하기 위해서 연구의 맥락을 '인위적으로 설정'한다. 이에 비해서 질적연구에서는 자연적인 맥락 또는 일상적인 맥락에 대한 관심 때문에 '있는 그대로'의 상태로 최대한 접근하기 위해서 통제되지 않은 '자연스러운 상황'의 설정을 중시한다.

흔히 양적연구는 객관적이고 질적연구는 주관적이라고 한다. '객관성'은 다른 사람의 시각이고 '주관성'은 나의 시각이다. 객관성은 경험적인 탐구, 즉 과학적 연구법에서 충분히 보장받을 수 있다고 한다. 그러나 사회과학에는 누가 보아도 그렇게 볼 수밖에 없을 만큼의 객관성을 지닌 현상은 그렇게 많지 않으며, 결국 반드시 양적연구가 더 좋은 연구 방법론이라고는 말할 수 없다. 객관성과 주관성에 비해서 '간주관성(intersubjectivity)'이라는 말이 있다. 이것은 사적(private)이거나 개인적인(individual) 것을 벗어난, 공적(public)이고 집단적인(collective) 맥락에서 형성된 주관성을 의미한다. 예컨대, 특정 가출 청소년이 자신의 가출에 대해서 주관적으로 해석하고 구술을 한 것을 단순히 싣는 것을 벗어나서, 한 연구자가 특정 가출 청소년의 가출을 개인적인 문제나 사적인 문제가 아닌 집단적이고 공적인 문제로 다루었다면, 그의 연구는 간주관적인 시각에 의한, '가출 청소년들의 삶과 문화를 연구'한 훌륭한 질적연구라고 할 수 있다(조용환, 1998).

질적연구의 단점으로는, 연구자가 연구하고자 하는 대상에 직접 참여하여 관찰한 사실들을 근거로 분석하는 것이기 때문에 연구자의 주관을 완전히 피할 수 없다는 것이다. 그러나 양적연구에 비해서 밝혀내고자 하는 바를 더욱 심층적으로 분석해 낼 수 있기 때문에, 신뢰도는 다소 낮을 수 있으나 상대적으로 타당도는 높일 수 있는 방법으로 볼 수 있다. 질적연구의 또 하나의 취약점은 적은 표집에 대한 심층적 분석이라는 한계 때문에 일반화의 가능성이 낮다는 것이다. 그러나 이러한 단점도 맥락에 대한 폭넓은 총체적인 공감이 뒷받침한다면, 맥락 속에서 그 의미를 충실히 파악하지 못하는 양적연구로 단순히 표집의 수를 늘리는 것보다 오히려 일반화의 가능성이 더 클 수도 있다.

양적연구에서는 관심 있는 변수 이외의 가외변수들은 통제하려 하는 대신(local approach), 질적연구에서는 연구대상의 모든 측면에 관심(holistic approach)을 가진다. 특히 질적연구는 미시적 관점으로 연구대상들의 상호작용 부분을 중시하며, 연구대상의 관점에서 이해하려고 하는 것이 아니라 연구자 자신의 관점으로 이해하려 한다. 이를 '내부자적 관점(emic approach)'이라 부른다. 이에 비해 양적연구는 외부자적 관점(etic approach)에서 연구가 진행된다. 그러나 질적연구임에도 불구하고 분석의 틀을 가지고 접근함으로써 외부자적 관점을 취한 것도 존재한다. 마지막으로, 양적연구는 통계적 접근을 통한 가설검증을 중시하는 반면 질적연구는 참여관찰법, 민속지학(ethnography) 등의 방법을 활용한다.

요컨대, 양적연구는 교육평가에 관련된 현상과 실체에 관한 인식을 경험적 · 객관적 · 가치 중립적인 시각에서 탐구하려는 것으로, 모든 진리와 지식은 실증에 의해서 검증 가능해야 하는 것으로 보고 접근한다. 이에 비해서 질적연구는 교육평가의 현상과 실체를 질적으로 접근함으로써 간주관적 의미의 인간 영역을 객관성과 가치 중립의 입장에서 접근하려는 탐구방법이다. 〈표 13-1〉은 양적연구와 질적연구를 비교한 것이다.

〈표 13-1〉 양적연구와 질적연구의 비교

비교 항목	양적연구	질적연구
접근방법	실증적 접근	해석학적 접근
측정방법	존재하는 정도를 수량화	존재 유무에 대해 생각을 서술
목적	가설의 검증, 설득의 맥락	가설과 이론의 발견, 발견의 맥락
연구 상황	인위적인 상황	자연스러운 상황
장점	일반화, 높은 신뢰도	이해, 높은 타당도
단점	역동적 현상에 대한 심층적 분석의 어려움	주관성의 개입, 낮은 일반화
분석의 심도	대규모의 정태적인 현상에 대한 외현적 접근	소규모의 역동적 현상에 대한 심층적 분석
관심 변수	부분적 관점(local approach)	전체적 관점(holistic approach)
관점	외부자적 관점(etic)	내부자적 관점(emic)+ 외부자적 관점(etic)
분석방법	통계적 접근	민속지학, 문화기술법

4. 조사연구와 실험연구

1) 조사연구와 실험연구의 개념

조사연구란 통제나 조작을 가하지 않고 자연적인 상황에서 있는 그대로를 정확하게 기술하는 연구로서 '실태조사 연구'라고도 한다. 조사연구는 복잡한 현상을 상세화할 수 있다는 장점이 있는 반면, 현재의 상태만 알려 줄 뿐이고 인과관계를 규명하고 미래를 예측하는 데에는 한계가 있다.

이에 비해 실험연구란 통제나 조작이 가해지는 연구를 일컫는다. 실험연구에서는 가외변수들을 통제한 후 처치변수의 변화에 따른 종속변수의 변화를 분석함으로써 변수 간의 인과관계를 규명할 수 있다는 장점이 있다. X를 제외한 모든 변수를 통제한 상태에서 X의 처치 여부에 따라서 Y가 차이가 있다는 것은 X가 Y의 원인임을 입증해 준다. 예컨대, '쓰기 병용을 활용한 학습이 성취도에 미치는 영향'을 실험연구를 통해서 검증한다고 하자. 이를 위해서는 먼저 동질적인 두 집단을 구성하여 한 집단은 시각으로만 암기하도록 하고(통제집단), 다른 한 집단은 쓰기를 병용하여 암기하도록 한 다음(실험집단), 두 집단의 성취도 차이를 비교하면 된다. 이때 낭독을 통한 학습, 암기시간, 학습자 수준 등은 통제해야 할 가외변수이고, 쓰기 병용을 활용한 학습 프로그램을 '처치도구'라고 한다(김재철, 2008).

2) 실험연구의 타당성

실험연구는 그 과정이 엄밀하지 않으면 결과를 전혀 믿을 수 없게 된다. 실험연구에서는 실험의 타당성과 관련하여 내적타당도와 외적타당도를 제고할 수 있도록 노력해야 한다. 내적타당도(internal validity)는 실험연구 과정에서 독립변수 외의 다른 가외변수(extraneous variable)가 적절히 통제되었는지를 나타낸다. 이에 비해 외적타당도(external validity)는 실험결과를 연구에서 사용된 장면과 피험자 이외에 다른 장면 또는 다른 피험자에 일반화시킬 수 있는 정도를 일컫는다. 내적타당도를 지나치게 강조하다 보면 외적타당도에 문제가 발생할 수 있다. 내적타당도를 높이려면 많은 변수를 통제를 많이 해야 하는데, 이는 일반화의 범위를 좁힐 수 있기 때문이다. 그러므로 내적타당도와 외적타당도는 상충적인 관계를 가진다고 볼 수 있다.

내적타당도 저해요인으로는 역사, 성숙, 반복검사, 도구 사용의 변화, 통계적 회귀, 피험자 선발, 피험자 탈락 등이 있다. 첫째, 역사(history)는 실험기간 중에 발생한 특수한 사건이 종속변수에 영향을 미치는 내적타당도 저해요인이다.

둘째, 성숙(maturation)은 시간 흐름에 따른 피험자의 내적 변화가 종속변수에 영향을 미치는 내적타당도 저해요인이다.

셋째, 반복검사(testing)는 사전검사와 사후검사의 검사도구가 동일한 경우, 사후검사에 대한 사전검사의 영향 때문에 발생하는 내적타당도 저해요인이다.

넷째, 도구 사용의 변화(the variation of instrumentation)는 사전검사와 사후검사의 검사도구가 달라질 경우 또는 사전검사와 사후검사에서 채점자가 바뀔 경우, 이로 인해 발생하는 내적타당도 저해요인을 일컫는다.

다섯째, 통계적 회귀(statistical regression)는 극단적인 피험자를 연구대상으로 한다면 다음 검사에서 평균에 좀 더 가까운 점수를 받는 경향성 때문에 처치 프로그램의 효과성을 잘못 판단하는 내적타당도 저해요인이다.

여섯째, 피험자 선발(selection)은 실험집단과 통제집단을 구성할 때 무선배치를 하지 않아 두 집단 간의 동질성이 결여됨으로써 발생하는 내적타당도 저해요인이다.

일곱째, 피험자 탈락(mortality)은 실험집단 또는 통제집단 중 한 집단의 피험자가 체계적으로 탈락함으로써 발생하는 내적타당도 저해요인이다.

3) 실험설계

실험설계는 '진실험설계(true-experimental designs)'와 '준실험설계(quasi-experimental designs)'로 구분된다. 진실험설계는 실험집단과 통제집단이 동시에 있으면서, 실험집단과 통제집단을 구성하는 데 무선배치(random assignment)의 원칙이 지켜진 연구설계를 말한다. 이에 비해 무선배치의 원칙이 지켜지지 않은 연구설계를 준실험설계라고 한다.

단일집단 전후검사설계, 이질집단 사후검사설계, 이질집단 전후검사설계는 준실험설계이고, 전후검사 통제집단설계, 사후검사 통제집단설계는 진실험설계에 해당한다(김재철, 2008).

(1) 단일집단 전후검사설계

단일집단 전후검사설계(one-group pretest-posttest design)는 한 집단을 대상으로 처치변수 투입 전후를 비교함으로써 처치의 효과를 검증하는 설계이다.

사전검사	처치	사후검사
O_1	X	O_2

(단, O_1은 사전검사 실시, O_2는 사후검사 실시, X는 처치)

단일집단 전후검사설계의 분석방법은 대응표본 t-검증, 반복측정 ANOVA 등이다. 이 설계의 한계점은 사전검사와 사후검사 간 점수 변화가 전적으로 처치에 의한 효과라고 보기 어렵다는 것이다.

(2) 이질집단 사후검사설계

이질집단 사후검사설계(posttest-only nonequivalent group design)는 동질성을 보장할

수 없는 실험집단과 통제집단을 구성하여 사후검사만을 실시하는 설계로서, 처치변수를 투입한 실험집단과 처치변수를 투입하지 않은 통제집단의 사후검사 결과를 비교함으로써 처치의 효과를 검증하는 설계이다.

	처치	사후검사
실험집단	X	O_2
통제집단		O_2

(단, O_2는 사후검사 실시, X는 처치)

이질집단 사후검사설계의 분석방법은 독립표본 t-검증, 일원 분산분석(one-way ANOVA) 등이다. 이 설계의 한계점은 처치변수 투입 이전에 두 집단이 동질하다고 보기 어렵다는 것이다.

(3) 이질집단 전후검사설계

이질집단 전후검사설계(nonequivalent control group pretest-posttest design)는 동질성을 보장할 수 없는 실험집단과 통제집단을 구성하여 처치변수 투입 전후에 사전검사와 사후검사를 실시하는 설계로서, 가장 많이 이용하는 설계방법이다. 이질집단 전후검사설계의 분석방법은 공분산분석 등이 있다.

	사전검사	처치	사후검사
실험집단	O_1	X	O_2
통제집단	O_1		O_2

(단, O_1은 사전검사 실시, O_2는 사후검사 실시, X는 처치)

(4) 전후검사 통제집단설계

전후검사 통제집단설계(pretest-posttest control group design)는 실험집단과 통제집단을 무선배치의 원칙으로 구성하여 처치변수 투입 전후에 사전검사와 사후검사를 실시하는 설계이다. 전후검사 통제집단설계의 분석방법은 이질집단 전후검사설계와 거의 유사하다고 볼 수 있다. 즉, 사전검사를 이용하여 실험집단과 통제집단 간의 동질성을 확인한 후,

동질성이 인정되면 일원분산분석(독립표본 t-검증)을 적용하고, 동질성이 인정되지 않으면 공분산분석, 사전검사와 사후검사의 차이 점수에 대한 일원분산분석(독립표본 t-검증), 이요인 반복측정분산분석 등을 적용하는 것이 일반적이다. 이 실험설계는 사전검사와 실험처치 간의 상호작용 등의 외적타당도 저해요인이 발생할 수 있다.

	사전검사	처치	사후검사
실험집단 R	O_1	X	O_2
통제집단 R	O_1		O_2

(단, R은 무선배치, O_1은 사전검사 실시, O_2는 사후검사 실시, X는 처치)

(5) 사후검사 통제집단설계

사후검사 통제집단설계(posttest-only control group design)는 처치변수를 투입한 실험집단과 처치변수를 투입하지 않은 통제집단의 사후검사 결과를 비교함으로써 처치의 효과를 검증하는 설계이다. 이 설계는 실험집단과 통제집단을 구성할 때 무선배치의 원칙이 지켜졌다는 점에서 이질집단 사후검사설계와 구분된다. 사후검사 통제집단설계의 분석 방법은 독립표본 t-검증, 일원분산분석이 사용된다.

	처치	사후검사
실험집단 R	X	O_2
통제집단 R		O_2

(단, R은 무선배치, O_2는 사후검사 실시, X는 처치)

5. 종단연구와 횡단연구

종단연구(longitudinal study)는 동일한 연구대상을 오랜 기간 추적하면서 자료를 수집함으로써 개인의 변화를 분석할 수 있는 연구이다. 이에 비해 횡단연구(cross-sectional study)는 특정 시점에서 수집한 자료를 분석하는 연구 또는 오랜 기간 자료를 수집하더라도 측정할 때마다 연구대상이 바뀌는 연구를 일컫는다. 횡단연구 중에서 후자에 해당하는 연구를 특히 '유사종단연구'라고 한다. 유사종단연구는 동일한 연구대상을 추적하는 것이 아니기 때문에 종단연구가 아닌 횡단연구에 해당한다는 점에 유의해야 한다.

종단연구는 동일한 검사도구를 반복하여 측정하는 경우와, 다른 검사도구를 여러 번 측정하는 경우로 나눌 수 있다. 전자는 특정 변수의 개인별 변화 및 그에 따른 개인 간 차이(variability)를 설명할 수 있는 반면, 후자는 과거의 변수 X와 현재의 변수 Y 간의 관계를 분석할 수 있다. 예컨대, '초등학생의 자기조절 학습능력의 개인별 변화는 개인 간에 차이가 있는가?' '초등학교 1학년에서의 자기조절 학습능력과 자기조절 학습능력의 개인별 변화 간에는 어떤 관계가 있는가?' '초등학교에서의 자기조절 학습능력의 개인별 변화는 남녀 간에 어떠한 차이가 있는가?' '자기조절 학습능력의 개인별 변화와 성취도의 개인별 변화 간에는 어떠한 관계가 있는가?' 등은 전자에 해당하는 예이다. 그리고 '유아기에서의 부모와의 애착과 청소년기에서의 비행 간에 어떠한 관계가 있는가?'는 후자에 해당하는 예이다.

연구과제

1. 교육연구의 4가지 목적인 기술, 설명, 예측, 통제의 개념 및 그에 해당하는 예를 하나씩 기술하시오.
2. 교육연구 보고서의 작성절차를 쓰고, 각 절차에 포함시켜야 할 내용을 구체적으로 서술하시오.
3. 양적연구와 질적연구를 비교하여 서술하시오.
4. 단일집단 전후검사설계, 이질집단 사후검사설계, 이질집단 전후검사설계, 전후검사 통제집단설계의 가장 큰 문제점을 한 가지씩 제시하고, 각 실험설계에 적용할 수 있는 가장 적절한 통계 분석방법을 쓰시오.
5. 종단연구의 개념을 쓰고, 종단연구를 통해 분석할 수 있는 연구문제 3가지를 예시하시오.

제5부

교육 프로그램 평가의 이해

제14장

교육 프로그램 평가의 이론적 기초

교육 프로그램 평가(educational program evaluation)란 교육평가의 하위영역 중 하나로 특정 교육 프로그램에 대해서 평가하는 것을 의미한다. 즉, 특정 교육 프로그램의 계획이나 그 실행 과정 및 결과 등에 대해서 전문적이면서도 체계적으로 평가하는 것이다. 교육 프로그램 평가의 유형으로는 ① 수업평가, ② 교육과정평가, ③ 교사평가, ④ 학교 및 교육기관 평가, ⑤ 교육환경평가, ⑥ 교육정책평가 등이 있다. 아울러 교육 프로그램 평가를 시행하기 위한 접근 방식으로는 ① 목표 위주 접근, ② 경영자 위주 접근, ③ 수요자 위주 접근, ④ 전문가 위주 접근, ⑤ 참여자 위주 접근, ⑥ 운영논리 위주 접근, ⑦ 균형 위주 접근 등이 있다.

1. 교육 프로그램 평가의 의미

'평가(evaluation)'란 원래 '가치를 따져 값을 매기다.'라는 뜻으로 어떤 사람이나 사물 혹은 방법이나 절차 등의 옳고 그름, 선함과 악함, 아름다움과 추함, 우수함과 열등함, 좋고 나쁨 그리고 그 수준이나 정도를 따지는 일이라고 할 수 있다. 아울러 그러한 행위를 통해 어떤 특성이나 현상을 보다 바람직한 방향으로 개선·발전시키고자 하는 것이 평가의 중요한 목적 혹은 의도라고 할 수 있다. 그러므로 인간의 모든 행위는 평가활동과 무관할 수 없다. 우리가 어떠한 행동을 하든 그 행동은 무수히 많은 선택지들 중에서 의식적이든 무의식적이든 일정한 평가 과정을 거쳐서 선택적으로 행하는 것이다. 다만, 인간의 행위가 모두 교육과 관련되는 것은 아니므로 교육과 관련되는 평가활동을 교육평가라고 할 수 있다. 따라서 '교육평가(educational evaluation)'란 교육과 관련되는 어떤 특성이나 현상에 대해 가치를 따져 값을 매기는 전문적인 활동인 동시에 그 값을 더 높이기 위해 개선·발전 방안을 탐색하는 전문적인 활동이라 할 수 있다.

교육 프로그램 평가(educational program evaluation)란 교육평가의 하위영역 중 하나로 특정 교육 프로그램에 대해서 전문적이면서도 체계적으로 평가하는 것을 의미한다. 즉, 특정 교육 프로그램의 계획이나 그 실행 과정 및 결과 등에 대해서 전문적이면서도 체계적으로 평가하는 것이다. 예컨대, 한 학기 동안의 국어 수업 혹은 EBS의 수능 특강과 같은 특정 교육 프로그램의 장점과 단점이 무엇인지를 파악하는 것과 그 프로그램이 성공적이었는지 여부를 확인하여 기존의 방식으로 계속 시행할 것인지 혹은 수정·보완할 것인지, 아니면 기존의 것을 폐기하고 새로운 것을 도입할 것인지에 대해 결정하는 것 등을 포함하는 전문적이고 체계적인 활동이다.

흔히 '프로그램(program)'이란 좁게는 방송이나 연주 등의 계획표나 연주 목록 혹은 컴퓨터 소프트웨어 등을 의미하며, 넓게는 특정 목적 혹은 목표를 달성하기 위한 비교적 지속적이면서도 체계적인 활동을 의미한다. 참고로 인터넷 포털 네이버(www.naver.com)에 탑재된 두산백과사전에 따르면, 프로그램이란 '미리 쓴다'라는 뜻을 지닌 라틴어에서 유래한 말로서 17세기에 처음으로 문헌에 나타났으며, 운동회의 경기종목 순서나 음악회의 연주곡목 순서 등을 미리 짜 놓은 것을 의미하였다. 이후 1920년대에 라디오가 발명되어 라디오 방송 시간표를 일컫는 말로 흔히 사용되었다. 컴퓨터 분야에서는 1946년 과학 잡지인 『네이처(Nature)』지에 게재된 세계 최초의 전자식 계산기인 에니악(ENIAC) 관련 기사에서 처음으로 쓰였다. 이는 컴퓨터가 인식할 수 있는 언어로, 순서에 따라 한 번에 하나씩 실행되는 명령어로 구성되어 있어 컴퓨터가 수행해야 하는 절차를 나타낸다. 그리고 요즈음 사회과학 분야에서는 좀 더 포괄적으로 프로그램이란 특정한 목표를 달성하기 위하여 설계된 일련의 계획된 활동들을 총칭하고 있다(Pitzpatrick et al., 2004). 따라서 교육 프로그램이라고 하면 학교 안팎에서 이루어지는 각종 수업(혹은 강의)이나 체험활동 등 다양한 형태의 교육활동이 모두 포함된다.

이 책에서는 교육 프로그램이란 교육과 관련되는 특정 목적 혹은 목표를 달성하기 위한 지속적이면서도 체계적인 활동이라는 의미로 사용하고자 하며, '한 시간 동안의 영어 수업'과 같은 좁은 영역에서부터 '한국의 초·중·고등학교 교육'과 같은 넓은 영역에 이르기까지 포괄적인 범위를 모두 포함하고자 한다.

2. 교육 프로그램 평가의 유형

교육 프로그램을 교육과 관련되는 특정 목적 혹은 목표를 달성하기 위한 지속적이면서도 체계적인 활동이라는 포괄적인 의미로 사용할 경우, 교육 프로그램 평가의 유형으로는 ① 수업평가, ② 교육과정평가, ③ 교사평가, ④ 학교 및 교육기관 평가, ⑤ 교육환경평가, ⑥ 교육정책평가 등으로 구분할 수 있다. 이러한 분류는 개념적인 구분이며 서로 중첩되는 경우가 많다(〈표 14-1〉 참조). 예컨대, 학생평가의 경우 학생을 대상으로 하는 평가를 의미하나, 학생평가의 결과를 교사평가나 학교 및 교육기관 평가의 하위 평가항목으로 포함시키기도 한다. 그리고 수업평가의 결과를 교사평가의 하위 평가항목으로 포함시키기도 하고, '1급 정교사 자격연수'와 같은 특정 연수활동에 대해 평가할 경우에는 그 연수에 참여한 교사, 강사, 교육과정, 교육환경 등을 하위 평가항목으로 포함시키기도 한다. 각 교육 프로그램 평가의 유형에 대해서 간략히 설명하면 다음과 같다.

〈표 14-1〉 교육평가 및 교육 프로그램 평가의 유형 분류

<table>
<tr><th></th><th>대분류</th><th>하위 영역</th><th>비고</th></tr>
<tr><td rowspan="9">교육평가</td><td rowspan="3">학생평가</td><td>인지적 영역에 대한 평가</td><td rowspan="3">학습자평가라고도 함</td></tr>
<tr><td>정의적 영역에 대한 평가</td></tr>
<tr><td>심동적 영역에 대한 평가</td></tr>
<tr><td rowspan="6">(넓은 의미의) 교육 프로그램 평가</td><td>수업평가</td><td rowspan="6">학생평가가 포함되기도 함</td></tr>
<tr><td>교사평가</td></tr>
<tr><td>(좁은 의미의) 교육 프로그램 평가</td></tr>
<tr><td>학교 및 교육기관 평가</td></tr>
<tr><td>교육환경평가</td></tr>
<tr><td>교육정책평가</td></tr>
</table>

1) 수업평가

수업평가(instruction evaluation)란 학교에서 행해지는 가장 중요한 교육활동이라고 할 수 있는 교사의 수업에 대해서 평가하는 것을 의미한다. 흔히 교사의 수업을 관찰하고 교사의 가르치는 능력, 즉 교수역량(teaching competence)을 파악하여 그것을 개선 · 발전시

키기 위한 평가라고 할 수 있다. 수업에 대한 평가는 수업의 개선을 위해서도 자주 시행되지만, 수업이 교사의 주요한 업무 중 하나인 교과지도의 한 부분이기 때문에 다음에 언급할 교사평가의 한 부분으로 포함되기도 한다. 이는 대학에서 교수를 평가할 때 수강생들을 대상으로 시행하는 강의평가(course evaluation) 결과를 활용하는 것과 유사하다.

참고로, 관련 선행연구들을 종합적으로 검토하고 현직 교사들 및 전문가들과의 면담 결과 등에 근거하여, 교사가 교과교육을 성공적으로 수행하기 위해 갖추어야 할 교수역량을 이론적 교수역량(theoretical teaching competence)과 실천적 교수역량(practical teaching competence)으로 구분하여 그 구성요인을 제시하면 다음과 같다(백순근 외, 2007).

(1) 이론적 교수역량의 구성요인

이론적 교수역량이란 교사가 성공적으로 교과교육을 수행하기 위해 필요한 이론적 이해능력을 의미하는 것으로, 가르치는 내용에 대한 지식뿐만 아니라 학습자에 대한 이해, 교수-학습 상황과 관련된 이해능력을 포함하는 개념이다. 여기에서는 교사가 교과교육을 성공적으로 수행하기 위해 필요한 이론적 교수역량의 구성요인을 ① 교과지식, ② 학습자와 학습, ③ 교수설계 및 개발, ④ 교수-학습 환경, ⑤ 평가의 다섯 가지로 구분하였으며 그 구체적인 내용은 〈표 14-2〉와 같다.

〈표 14-2〉 이론적 교수역량의 구성요인

구성요인	정의
교과지식	가르치고자 하는 특정 교과목과 관련된 이론적 이해능력
학습자와 학습	학습자의 발달과 학습 과정에 대한 이론적 이해능력
교수설계 및 개발	수업설계 및 다양한 교수 전략과 매체에 관한 이론적 이해능력
교수-학습 환경	수업 분위기 조성과 학습자 관리에 관한 이론적 이해능력
평가	학생들의 학습을 측정하고 평가하는 것과 관련된 이론적 이해능력

아울러 이론적 교수역량의 다섯 가지 구성요인에 대한 하위 항목을 정리해 보면 〈표 14-3〉과 같다.

〈표 14-3〉 이론적 교수역량의 구성요인과 하위항목

구성요인	하위항목
교과지식	• 교과내용지식(학문 분야의 내용, 학문의 역사) • 교과교육지식(비유, 유추, 일화 등) • 교육과정지식(국가교육과정)
학습자와 학습	• 학습에 대한 이해(학습이론) • 학습자의 발달에 대한 이해(발달이론) • 학습자의 인지적, 정의적, 심동적 특성에 대한 이해
교수설계 및 개발	• 수업설계(수업설계모형) • 교수전략(동기화 전략, 인지 전략) • 교육매체
교수-학습 환경	• 교사 · 학생 관계(사회 · 심리적 환경) • 학생들 간의 관계(사회 · 심리적 환경) • 물리적 환경
평가	• 측정이론(문항 개발 및 구성) • 평가이론(평가의 목적, 내용, 절차, 결과 활용) • 평가방법(다양한 평가 기법 및 도구)

(2) 실천적 교수역량의 구성요인

실천적 교수역량이란 실제 교수 상황에서 교사가 교과교육을 성공적으로 수행하기 위해 필요한 실천적 수행능력을 의미하는 것으로, 가르치는 내용과 교실활동을 계획할 뿐만 아니라 학생과 상호작용하고, 교수-학습 상황을 조정하기 위하여 적절한 행동 전략을 선택하고 활용할 수 있는 수행능력을 포함하는 개념이다. 여기에서는 교사가 교과교육을 성공적으로 수행하기 위해 필요한 실천적 교수역량의 구성요인을 ① 계획과 조직, ② 의사소통 능력, ③ 학생과의 상호작용, ④ 교수-학습 환경 조성, ⑤ 성의와 열의의 다섯 가지로 구분하였으며, 그 구체적인 내용은 〈표 14-4〉와 같다.

〈표 14-4〉 실천적 교수역량의 구성요인

구성요인	정의
계획과 조직	교과내용과 교수활동을 체계적으로 계획하고 조직하기
의사소통능력	학생들에게 효과적으로 교과내용을 전달하기
학생과의 상호작용	교수-학습 상황에서 학생들과 적극적으로 상호작용하기
교수-학습 환경 조성	교실의 사회 · 심리적 환경 및 물리적 환경 조성하기
성의와 열의	성의와 열의를 가지고 진지하게 학생들을 가르치기

아울러 실천적 교수역량의 다섯 가지 구성요인에 대한 하위 항목을 정리해 보면 〈표 14-5〉와 같다.

〈표 14-5〉 실천적 교수역량의 구성요인과 하위항목

구성요인	하위항목
계획과 조직	• 내용 간의 상호 연계(수직적 · 수평적 연계) • 학습내용의 분량과 난이도 • 시간 배분의 적절성
의사소통능력	• 언어적 의사소통(발음, 크기, 빠르기) • 비언어적 의사소통(시선, 표정, 몸짓) • 수업 보조자료 활용
학생과의 상호작용	• 적절한 질문과 대답 유도 • 학습동기 유발 • 적절한 피드백(학생의 질문이나 의견 활용)
교수-학습 환경 조성	• 주의집중 • 교육적 분위기 조성 • 물리적 환경 조성
성의와 열의	• 수업준비도 • 수업에 대한 몰입 • 학생에 대한 관심과 애정

2) 교육과정평가

교육과정평가(curriculum evaluation)란 교육과정에 대해서 평가하는 것을 의미한다. 흔히 교육과정이라고 하면 특정 교육 프로그램의 '교육내용'과 함께 그러한 교육내용의 '조직과 운영'을 의미한다. 따라서 교육과정평가라고 하면 특정 교육 프로그램 교육내용의 적절성과 타당성 그리고 교육내용 조직과 운영의 합리성과 전문성 등을 평가하는 것을 말한다. 예컨대, 2017년에 초등학교 1, 2학년부터 시작하여 2020년에는 고등학교 3학년까지 모두 적용될 '2015 개정 교육과정'의 장점과 단점에 대해 평가한다거나, '2015년 개정 교육과정'의 개발 과정이나 시행 과정에 어떠한 문제점이 있었는지, 있었다면 그것을 어떤 방식으로 개선하는 것이 좋은지 등에 대해서 평가하는 것이다. 여기서 교육과정이란 교육내용의 선정 및 조직과 관련되는 것으로, 우리나라에서는 국가 수준에서 초 · 중 · 고등학교 교육과정을 제시하고 있다. 참고로 2018년 현재 국가 수준에서 제시하고 있는 '2015 개정 초 · 중 · 고등학교 교육과정'에는 각 교과목의 교육목표, 교육내용, 학습지도 방향, 평가 방향, 시간배당 기준 등에 대한 자세한 사항들이 포함되어 있다.

한편, 교육과정평가의 목적에 따라 평가영역 및 준거를 설정하는 방법에는 여러 가지가 있다. 예컨대, 학교의 교육과정을 평가하고자 할 경우, 교육과정 자체를 개발하거나 혹은 수정 · 보완하기 위한 목적이라면 교육과정의 개발 과정이나 내용 등이 중요한 평가영역이 되겠지만, 교육과정의 운영 및 실천을 개선하기 위한 목적이라면 교과활동이나 특별활동 등이 중요한 평가영역이 될 것이다. 그러나 단위학교에서는 교육과정의 개발에서부터 그것을 이용한 교수-학습 활동의 결과에 대한 확인에 이르기까지 전 과정을 체계적이면서도 종합적으로 평가해야 할 필요성이 있기 때문에 교육과정의 평가영역 및 준거를 설정할 때도 이들을 고려해야 한다.

따라서 단위학교에서 학교 수준의 교육과정을 평가하기 위해서는 〈표 14-6〉과 같은 매우 포괄적이고 종합적인 평가영역 및 준거를 설정하는 것이 바람직하다. 즉, 하나의 축을 학교교육과정의 구성요소(학교교육과정의 연구 · 개발, 교과활동, 특별활동, 방과후 교육활동, 학습 및 생활 지도, 지원체제)로 하고 다른 하나의 축을 학교교육과정의 운영 과정(계획, 실천, 결과)으로 하여, 이를 서로 교차시킴으로써 학교교육과정을 총체적으로 평가할 수 있도록 하는 것이다(배호순 외, 1997).

아울러 각 운영 과정을 평가하기 위한 핵심적인 준거로는 ① '계획'과 관련해서는 실천가능성과 충실성(계열성, 일관성, 전체성)을, ② '실천'과 관련해서는 계획과 실천의 일치성, 실천의 융통성을, ③ '결과'와 관련해서는 목표성취도, 이해당사자의 만족도 등을 활용할 수 있다. 참고로 각급 학교에서는 〈표 14-6〉에 제시된 학교교육과정 평가영역과 준거를 모두 사용하여 종합적으로 평가할 수도 있겠지만, 필요에 따라 특정 구성요소에 대해서만 평가를 시행할 수도 있을 것이다.

〈표 14-6〉 학교교육과정 평가의 영역 및 준거(예시)

운영과정 / 구성요소	계획	실천	결과
학교교육과정 연구 · 개발	• 학교교육과정위원회 구성 및 운영계획 • 연수 및 자율장학계획	• 학교교육과정위원회 활동 • 연수 및 자기계발활동	• 학교교육과정위원회 활동 성과 • 연수 및 자율장학 성과
교과활동 특별활동 방과후 교육활동 학습 및 생활지도	• 목표 설정 • 내용 구성 • 실천계획	• 목표의 일치성 • 내용의 충실성 • 실천의 융통성	• 목표성취도 • 참여도 • 만족도
지원체제	• 예산계획 • 시설계획 • 인력계획	• 예산관리 및 운용 • 시설관리 및 운용 • 인력관리 및 운용	• 성과 및 만족도 • 성과 및 만족도 • 성과 및 만족도
※핵심적인 평가준거	• 실천 가능성 • 충실성(계열성, 일관성, 전체성)	• 계획과 실천의 일치성 • 실천의 융통성	• 목표성취도 • 이해당사자의 만족도

*이 표는 배호순 외(1997)의 39쪽 자료를 일부 수정한 것임.

참고로 교육과정평가의 일반적인 절차는 ① 평가 준비 단계, ② 평가 실시 단계, ③ 평가 결과 활용 단계로 나눌 수 있으며, 단위학교에서 자체적으로 교육과정을 평가하기 위한 절차는 다음과 같다.

첫째, '평가 준비 단계'에서는 자체평가를 위한 계획을 수립하여 구체적인 평가 일정 및 평가영역을 확정하고, 이를 모든 교사들에게 공지하여 충분히 준비할 수 있도록 해야 하며, 확정된 평가 일정 및 평가영역을 고려하여 학교 내에서 가장 적절한 교사들을 선정하여 '교육과정평가위원회'를 구성하는 것이 바람직하다.

둘째, '평가 실시 단계'에서는 교육과정평가위원회가 주관하되, 다른 교사들의 도움을 받아 실제로 자체평가를 시행한다. 즉, 각 평가영역별로 자료를 수집하고, 수집된 자료를 분석 · 종합해야 하며, 이 경우 필요에 따라 외부의 전문가들로부터 자문을 받을 수도 있다. 아울러 각 분야의 장단점 및 문제점들을 구체적으로 파악하여 그 개선 방안을 강구해야 한다. 평가 실시의 마지막에는 그동안의 모든 평가 과정 및 결과를 일목요연하게 정리하여 자체평가 보고서를 작성해야 한다.

셋째, '평가 결과 활용 단계'에서는 자체평가 보고서를 교사들에게는 물론 학생이나 학부모 등에게 공개하여 새로운 발전을 위한 자기반성의 기회를 제공하고, 평가 결과를 장 · 단기 발전계획에 반영하며, 자체평가를 시행하는 과정에서 밝혀진 우수교사에 대해서 격려 및 포상을 할 수도 있다. 아울러 이러한 자체평가가 직간접적인 교사의 연수 기회가 될 수 있도록 해야 할 것이며, 상급기관에서 시행하는 외부평가에 적절히 대비하기 위한 훈련 과정이 되도록 고려할 수도 있을 것이다.

3) 교사평가

교사평가(teacher evaluation)란 교사를 대상으로 하는 평가를 의미한다. 일반 교사를 대상으로 하는 평가뿐만 아니라 교감이나 교장을 평가대상에 포함할 경우에는 교원평가라고도 하나, 일반적으로 교사평가라고 할 경우에도 평가의 대상으로 교감과 교장을 포함한다. 따라서 이 책에서는 교감이나 교장도 교사평가의 대상으로 포함하는 의미로 사용하고자 한다. 교사평가는 특정 교사의 자질이나 교수능력 등을 평가하는 것이다. 이러한 교사평가의 결과에 따라 성과급을 차등 지급한다거나, 연봉을 결정한다거나 혹은 승진을 위한 인사고과에 반영할 수 있기 때문에 일선 학교 교사들에게 많은 주목을 받고 있는 평가영역에 해당한다.

국 · 공립학교 교사의 승진, 승급, 전직, 전보, 포상 등 인사행정의 공정을 기하기 위하여 시행하고 있는 교사의 근무성적을 평가하기 위한 정성평가(定性評價)와 정량평가(定量評價)의 평가 항목 및 배점은 〈표 14-7〉과 같다. 이에 대해서는 이 책의 제15장 '교육 프로그램 평가의 실제'의 '교사평가' 부분에서 자세히 논의하고자 한다.

〈표 14-7〉 국 · 공립교사의 근무성적평정을 위한 정성평가 및 정량평가 항목 및 배점

구분	정성평가(定性評價)		정량평가(定量評價)	
교사	평정사항	평정요소(배점)	평정사항	평정요소(배점)
	1. 근무수행태도	교육공무원으로서의 태도(10점)	근무실적 및 근무수행능력	가. 학습지도(30점)
	2. 근무실적 및 근무수행능력	가. 학습지도(40점)		나. 생활지도(30점)
		나. 생활지도(30)		다. 전문성 개발(10점)
		다. 전문성 개발(5)		라. 담당 업무(30점)
		라. 담당 업무(15)		

출처: 교육공무원승진규정(일부개정 2016. 12. 30. 대통령령 제27704호) (국가법령정보센터, www.law.go.kr)

한편, 교사평가를 위한 하나의 방안으로 교사의 교직수행지능(practical intelligence for teachers)의 개념과 측정방법을 소개하면 다음과 같다(백순근, 2005; 백순근, 임현수, 2006).

학교에서 학생들을 가르치고 지도하는 교사에게 있어서 교직(教職)이란 하나의 '직업' 현장이라 할 수 있다. 그러므로 교직에 종사하는 교사는 학생들에게 가르치는 교과내용에 대해 잘 아는 것도 중요하지만, 잘 가르치는 것도 중요하다. 그리고 교과교육뿐만 아니라 진로 및 생활 지도에 대한 지식이나 이론에 대해서 잘 알아야 할 뿐만 아니라 실제로 진로 및 생활 지도를 잘하는 것도 중요하다. 이처럼 교사는 교직을 수행하면서 여러 가지 과제나 업무에 대해 잘 아는 것이 중요하지만, 동시에 그러한 과제나 업무를 잘 수행하는 것도 매우 중요하다. 전자가 성공적인 교사가 갖추어야 할 학문지능(academic intelligence)과 관련이 있다면, 후자는 성공적인 교사가 갖추어야 할 실천지능(practical intelligence)과 관련이 있다.

실천지능의 개념과 관련하여 교사가 직무와 관련된 여러 가지 과제나 업무를 제대로 실천할 수 있는 능력이 교직수행지능이라 할 수 있다. 실천지능이 '일상생활이나 직업현장에서의 특정 과제나 업무를 수행하는 과정에서 발생하는 문제나 갈등 상황을 잘 해결하거나 해소할 수 있는 능력'이라고 한다면, 교직수행지능은 '교사가 교직을 수행하는 과정에서 발생하는 문제나 갈등 상황을 잘 해결하거나 해소할 수 있는 능력'이라 할 수 있다. 이때 교직수행지능이라는 용어 대신 '교직수행실천지능'이나 '교직실천지능' 혹은 '교사실천지능'이라는 용어를 사용할 수 있을 것이다. 그러나 수행(遂行)이라는 용어의 뜻이 '일을 계획한 대로 해내는 것'으로, 그 속에 이미 실천의 의미가 포함되어 있으므로 '교직수행지능'으로 지칭하는 것이 바람직하다.

학문지능의 관점에서 성공적인 교사는 교원양성 과정에서의 성적이 우수하고, 교원임용고사에서 좋은 성적을 받고 임용된 교사나 또는 교과교육이나 생활지도에 필요한 지식과 이론을 많이 가지고 있는 교사라고 할 수 있다. 하지만 '학교의 우등생'이 '사회의 열등생'이라는 말이 있듯이, 학교 성적이 우수하고 시험성적이 좋다고 해서 또는 관련되는 지식과 이론을 많이 안다고 해서 반드시 유능하고 훌륭한 교사가 되는 것은 아니다. 왜냐하면 유능하고 훌륭한 교사에게는 지식과 이론도 중요하지만, 주어진 여건과 상황에 적절하게 관련 지식과 이론 등을 활용하여 제대로 실천할 수 있는 능력이 요구되기 때문이다. 따라서 교사나 교직에 대한 이해의 폭을 넓히고 교사의 전문성 신장에 기여하기 위해서는 교직이라는 영역특수성(domain-specificity)을 가진 직업현장에서 성공적으로 업무를 수행하는 것과 관련이 깊은 교직수행지능에 대한 연구가 필요하다.

그리고 교직수행지능검사를 제대로 연구하기 위해서는 교직수행지능을 측정 · 평가하기 위한 검사를 개발해야 한다. 이를 위해 우선 교직수행지능의 하위영역을 분명히 할 필요가 있는데, 여러 관련 문헌 분석 등을 통해 교직수행지능의 일곱 가지 하위영역을 제시하면 다음과 같다(백순근, 2005; 백순근, 임현수, 2006).

- 교과교육: 수업을 통해 학생들에게 교과내용을 가르치는 업무와 관련된 것
- 생활지도: 학생들의 인성, 진로, 교내외 활동 등을 지도하는 업무와 관련된 것
- 행정업무: 학급 및 학교 운영과 관련되는 각종 행정적 · 사무적 업무와 관련된 것
- 학생과의 관계: 교사와 학생과의 인간관계와 관련된 것
- 학부모와의 관계: 교사와 학부모와의 인간관계와 관련된 것
- 동료 교사와의 관계: 교사와 교사와의 인간관계와 관련된 것
- 자기계발: 자신의 전문성이나 삶의 질을 높이기 위한 자발적인 노력과 관련된 것

아울러 각 하위영역에서 교사가 주어진 여건과 상황 속에서 특정 과제나 업무를 수행하는 과정에서 발생하는 문제나 갈등 상황을 잘 해결하거나 해소하기 위한 행동 전략을 크게 세 가지, 즉 ① 자기조절(self-adjustment), ② 상황조정(restructuring), ③ 무관심(indifference)으로 유형화할 수 있다.

여기서 자기조절(self-adjustment)이란 '주어진 문제나 갈등 상황에서 자신을 변화시키거나 희생함으로써 해결 또는 해소하려는 행동 전략'을 의미한다. 이는 Piaget의 '조절'이나 Sternberg의 '적응', Berg의 '문제인식 변화' 및 '문제적응'과 유사한 개념이나, '조절'의 경우에는 무엇을 조절하는지 그 주체와 대상이 불분명하고 '적응'의 경우에는 Piaget의 '적응'이라는 개념과 혼란을 초래할 수 있을 뿐만 아니라 지나치게 포괄적인 의미로 사용될 가능성이 있다. 또한 '문제인식 변화' 및 '문제적응'의 경우에는 적응대상이 상황이나 환경을 제외한 '문제' 그 자체에 국한된 좁은 의미로 사용될 가능성이 있어서 '자기조절'로 개념화하였다.

상황조정(restructuring)이란 '주어진 문제나 갈등 상황에서 타인의 변화나 여건의 개선을 추구함으로써 해결 또는 해소하려는 행동 전략'을 의미한다. 이는 Piaget의 '동화'나 Sternberg의 '조성', Berg의 '환경조성'과 유사한 개념이나, '동화'나 '조성'의 경우에 무엇을 무엇에 동화시키는지 혹은 무엇을 조성하는지 그 주체나 대상이 불분명하고, '환경조성'의 경우에는 조성의 대상이 물리적 환경인 것처럼 제한적으로 사용될 가능성이 있어서 '상황

조정'으로 개념화하였다.

그리고 무관심(indifference)이란 '주어진 문제나 갈등 상황을 회피하거나 무시하는 등 자신과 무관한 문제나 갈등 상황인 것처럼 처리하는 행동 전략'을 의미한다. 이는 Sternberg의 '선택'이나 Berg의 '다른 환경 선택'과 유사한 개념이나, '선택'이라는 개념이 매우 능동적이고 적극적인 행동으로 오해될 소지가 있는 반면, 실제로 의미하는 바는 주어진 문제나 상황을 회피하는 수동적이고 소극적인 것이기 때문에 그 의미를 분명히 하기 위해 '무관심'으로 개념화하였다. 특히 여기에서는 과업과 인간관계를 모두 중시하여 교직의 하위영역을 구분하였으며, 인간관계에서 발생하는 문제나 갈등 상황의 경우에는 '선택' 혹은 '다른 환경 선택'이라는 개념보다 '무관심'이라는 개념이 더 적절한 것으로 판단하였다.

지금까지 논의한 교직의 하위영역에 대한 구분과 각 하위영역에서 주어진 여건과 상황 속에서 특정 과제나 업무를 수행하기 위해 선택할 수 있는 행동 전략을 세 가지로 유형화한 것을 활용하여, 교직수행지능검사를 개발하기 위한 '하위영역×행동 전략'의 이원분류표를 작성하면 〈표 14-8〉과 같다. 최근에는 이러한 논의를 바탕으로 하여 실제로 중학교 교사들을 대상으로 하는 교직수행지능검사를 개발하여 연구에 활용하기도 하였다(백순근, 임현수, 2006).

〈표 14-8〉 교직수행지능검사의 '하위영역×행동 전략'의 이원분류표

행동 전략 / 하위영역	자기조절	상황조정	무관심
교과교육			
생활지도			
행정업무			
학생과의 관계			
학부모와의 관계			
동료 교사와의 관계			
자기계발			

4) 학교 및 교육기관평가

학교 및 교육기관평가란 초·중·고등학교나 대학 그리고 시·도교육청과 같은 교육기관들을 대상으로 평가하는 것을 의미한다. 학교 및 교육기관평가에 대한 일반적인 목적은 다음과 같다(백순근, 1997).

첫째, 학교 및 교육기관 경영의 자율성 신장에 따른 책무성(accountability)을 제고하기 위함이다. 책무성이란 사회로부터 자금 지원을 받은 학교는 그 사회가 부여한 과업을 제대로 완수해야 한다는 것으로, 학교평가는 단위학교가 수행한 일이나 그 결과에 대해 책임을 지도록 하기 위한 것이다.

둘째, 학교 및 교육기관에서 이루어지는 각종 교육활동이나 관리 및 경영 활동의 강·약점을 파악하여 지도·조언하고 그 개선 방안을 제시하기 위함이다.

셋째, 학교 및 교육기관에서 이루어지는 각종 교육활동이나 관리 및 경영활동에 대한 정보나 자료들을 교육 소비자들에게 자세히 제공함으로써 학부모 등 교육 소비자들이 학교를 선택하거나 교사 혹은 수업을 선택할 수 있도록, 즉 교육 소비자들의 교육적 의사결정을 돕기 위한 정보를 제공하기 위함이다.

넷째, 학교 및 교육기관에 대한 중요한 의사결정, 예컨대 행·재정적인 인센티브 조정, 입학정원 조정, 기관의 신설, 폐쇄, 통폐합 등과 같은 중요한 의사결정을 하기 위함이다.

다섯째, 학교 및 교육기관 구성원들에게 학교 및 기관의 주요 업무를 성실하게 수행하도록 동기를 부여하기 위함이다.

여섯째, 학교 및 교육기관을 대상으로 자료를 수집하고 분석하는, 일종의 평가를 통한 연구를 수행하기 위함이다.

예컨대, 시·도교육청에서 관할 초·중·고등학교를 평가하거나 교육부에서 17개 시·도교육청을 평가하는 것이 이에 해당된다. 참고로 우리나라에서는 지방교육자치제의 실시와 지방교육의 행·재정적 운영의 자율권이 확대되고 교육공급자에 대한 평가가 강조됨에 따라 1996년부터 교육부에 의한 시·도교육청평가가 실시되고 있다. 또한 지금도 교육부나 시·도교육청에서 학교 및 교육기관평가를 지속적으로 시행하고 있다. 참고로 학교 및 교육기관을 평가하는 일반적인 절차는 다음과 같으며, 실제 평가하는 상황과 여건에 따라 융통성 있게 수정·보완하여 활용하고 있다.

- 교육기관평가 편람 개발
  - 평가목적
  - 평가 기준
  - 평가 방법 및 절차
  - 결과 활용 방안 등
- 교육기관평가 편람 설명회
- 교육기관의 자체평가 보고서 및 관련 자료 제출 등
- 서류(혹은 서면) 평가 실시
  - 평가단 구성
  - 평가단 사전 연수
  - 서류(혹은 서면)평가 실시
  - 서류(혹은 서면)평가 결과 보고서 작성
- 현장 방문 평가 혹은 발표 평가 실시
  - 평가단 구성(서류 평가단을 활용하기도 함)
  - 평가단 사전 연수
  - 방문평가 실시
  - 방문평가 결과 보고서 작성
- 평가 결과에 대한 검증
- 평가 결과 초안을 해당 기관에 송부 및 이의 제기 접수
- 이의 제기가 있을 경우 그에 대한 적절한 조치를 취함
- 평가 결과 최종 확정
- 평가 결과 발표
- 결과 활용 등 평가 후속 조치 시행

아울러 학교를 평가하기 위한 하위 평가영역은 대체로 ① 학교의 교육목표 및 계획, ② 교과 교육활동, ③ 교과 외 교육활동, ④ 교육 지원활동, ⑤ 성취도 및 만족도 등이 포함된다. 이에 대해서는 이 책의 제15장 '교육 프로그램 평가의 실제'의 '학교평가' 부분에서 자세히 논의하고자 한다.

5) 교육환경평가

교육환경평가란 교육여건이나 교육환경에 대해 평가하는 것을 의미한다. 좁게는 학교 교실이나 전산실, 과학실험실, 도서관, 식당, 화장실 등의 시설이나 설비 등을 평가하는 것에서부터, 넓게는 특정 주거 지역의 교육여건이나 교육환경을 평가하거나 특정 지역이나 국가의 교육여건이나 환경을 평가하는 것을 포함한다. 예컨대, 정보통신 기술을 활용한 수업을 시행할 수 있는 여건이 마련되어 있는지 여부를 확인하는 것은 좁은 의미의 교육환경평가라 할 수 있다. 한편, 특정 지역에 아파트 단지를 개발할 때 교통영향평가를 하여 도로를 확장하거나 신설하듯이, 개발될 아파트의 주변에 있는 학교를 증축하거나 혹은 신설하기 위해서 주변 교육여건 및 교육환경에 대해 평가하는 것은 넓은 의미의 교육환경평가라고 하겠다.[1)]

환경을 중시하는 생태학자들이 대체로 동의하고 있는 것은 '인간은 환경의 영향을 받으며 동시에 환경을 변화시키면서 살아간다.'는 것이다. 여기서 환경이란 물리적인 환경뿐만 아니라 사회 · 문화적 환경을 모두 포함하는 의미이다(Nystrand et al., 1998). 또한 생태학적 접근에서 학습이란 '환경에 적응하기 위한 하나의 수단'이며 '그 대상이나 방법은 상황과 맥락에 따라 달라진다.' 환경에 대한 적응이란 동물이 그의 환경에서 어떤 목표(예: 일반적으로 먹이를 찾거나 짝 찾기, 보금자리 짓기, 새끼 기르기, 포식자를 회피하는 것과 같은 생물학적 기능과 관련되는 것)를 달성하기 위해 실행할 수 있는 능력을 의미한다. 특히 먹이를 찾고 새끼를 기르는 행동과 같은 일종의 적응활동이나 그에 대한 학습은 그 적응대상이 되는 물리적 환경이나 사회 · 문화적 환경과 어떠한 방식으로든 관련이 있다(Davey, 1989).

학습에 대한 생태학적 접근은 환경과 생물과의 관계를 규명하는 학문이라 할 수 있는 생태학(ecology)에 기반을 두고 있다. 특히 1930년대에 Kurt Lewin이 인간의 행동은 개인과 환경의 함수라는 의미에서 'B = f(P · E)'라는 공식을 제시한 이래로, 이러한 접근에 대한 관심이 고조되었다(Bronfenbrenner, 1979). 행동주의 학습이론과 같은 전통적인 학습이론에서는 모든 상황 혹은 맥락에서 모든 동물에게 적용될 수 있는 보편적인 학습의 법칙을 찾는 데 더 많은 관심을 기울이는 반면, 생태학적인 접근에서는 어떤 상황 혹은 맥락에서 특정 동물에게 적용될 수 있는 독특한 학습대상이나 방법을 찾는 데 더 많은 관심을 기울

---

1) 넓은 의미의 교육환경평가를 지원하는 국가기관으로 한국교육개발원(KEDI)의 교육시설 · 환경연구센터(Educational Facilities Research & Management Center; 홈페이지 www.edumac.kr) 등이 있다.

이고 있다(Davey, 1989). 즉, 학습에 대한 보편적인 원리나 법칙보다는 상황과 맥락에 따른 독특한 전략이나 방법에 더 많은 관심을 기울이고 있는 것이다. 이처럼 학습에 대한 생태학적인 접근은 교육환경에 대한 체계적인 평가의 중요성을 강조하고 있다는 점에서 우리에게 시사하는 바가 크다(백순근, 2002a).

6) 교육정책평가

교육정책평가란 교육청이나 교육부 등의 특정 교육정책에 대해서 평가하는 것을 의미한다. 즉, 특정 교육정책이 결정되는 과정, 시행되는 과정, 시행 결과 및 파급효과 등에 대해 종합적으로 평가하는 것이다. 흔히 정책(policy)이란 정부나 단체가 정치적인 목적을 실현하기 위해 취하는 방법이나 행동지침을 의미하며, 교육정책(educational policy)이란 교육부나 교육청과 같은 교육당국이 특정 목적을 실현하기 위해 정치적인 과정을 거쳐 결정한 방법이나 행동지침이라고 할 수 있다(백순근, 2006). 여기서 '정치적'이라는 의미는 '국가의 권력을 획득하고 유지하고 행사하는 것이나 국민 상호 간의 이해를 조정하는 것'과 관련되기 때문에 어떤 '정책'에 대한 논쟁은 그것이 진리냐 아니냐의 문제라기보다는 특정 상황이나 여건 속에서 그것이 적절하냐 아니냐의 문제와 깊은 관계가 있다. 예컨대, 물이 수소와 산소의 화합물이냐를 진위의 문제라고 한다면, 미국산 쇠고기를 수입할 것이냐는 최적성의 문제라고 할 수 있다. 만약 '정책'이 진위의 문제라면 학자들이나 전문가들만의 노력으로 해결할 수 있겠지만, '정책'은 주관적인 가치판단이 개입하는 최적성의 문제이기 때문에 다양한 이해당사자들의 적극적인 참여와 합의를 통해 해결해야 하는 것이다.

교육정책평가의 일례로 '대학구조개혁 평가'나 '중학교 자유학기제'와 같은 중요한 교육정책에 대해서 그 정책이 결정되는 과정의 합리성 · 타당성을 확인하고, 정책이 시행되는 과정의 민주성 · 효율성 그리고 그 정책의 시행 결과의 공과(功過) 등을 종합적으로 평가하는 것을 들 수 있다. 이러한 교육정책평가를 통해서 유사한 형태의 시행착오를 줄이고 보다 적절한 교육정책을 수립하고 시행함으로써 그 효과를 극대화할 수 있다.

3. 교육 프로그램 평가의 관점

교육 프로그램 평가(혹은 교육평가)를 시행할 때 어떠한 관점에서 접근하느냐에 따라 크게 여섯 가지, 즉 ① 목표 위주 접근(objectives-oriented evaluation approach), ② 경영자 위주 접근(management-oriented evaluation approach), ③ 수요자 위주 접근(consumer-oriented evaluation approach), ④ 전문가 위주 접근(expertise-oriented evaluation approach), ⑤ 참여자 위주 접근(participant-oriented evaluation approach), ⑥ 운영논리 위주 접근(theory-driven 또는 theory-based evaluation approach), ⑦ 균형 위주 접근(balance-oriented evaluation approach) 등으로 나눌 수 있다(백순근, 2003a, 2006; Chen, 1994; Fitzpatrick et al., 2004). 다만, 실제로 평가를 시행하는 상황에서는 여러 가지 관점에 따른 접근방법들이 혼용되거나 통합적으로 활용되고 있음을 주지할 필요가 있다.

1) 목표 위주 접근

목표 위주 접근(objectives-oriented evaluation approach)이란 평가할 특정 교육활동의 목표들을 분명하게 제시하고 이러한 목표들이 어느 정도 달성되었는가에 초점을 맞추어 평가하는 것을 의미한다. 목표 위주의 접근은 1930년대에 처음 태동되었으나, Ralph W. Tyler(1902~1994)에 의해 이름 붙여지면서 중요한 접근 방식으로 자리 잡게 되었다. Tyler는 그의 8년 연구의 경험을 바탕으로 『교육과정과 수업의 원리(Basic Principles of Curriculum and Instruction)』(1949)라는 책을 발간하였으며, 이 책에서 교육목표를 중심으로 교육과정 개발과 교수이론을 명료하고 간편하게 제시함으로써 교육계에 지대한 영향을 미쳤다. 특히 그는 교육 프로그램을 평가함에 있어서 해당 교육 프로그램이 성취하려고 한 목표가 무엇인지를 분명히 하는 것이 매우 중요하다고 주장함으로써 목표 위주의 접근을 강조하였다.

참고로 Tyler(1942)는 평가를 특정 교육 프로그램을 통해 교육활동의 목표가 실제로 달성되는 정도를 파악하는 과정이라고 보았으며 평가의 7단계, 즉 ① 광범위한 목표의 설정, ② 목표의 분류, ③ 행동적 용어로 목표 설정, ④ 목표 성취가 나타날 수 있는 상황 탐색, ⑤ 측정 기법 선택, ⑥ 활동 결과에 대한 자료수집, ⑦ 교육의 목표와 실제 시행한 결과와의 일치 여부에 대한 비교를 제안하기도 하였다.

2) 경영자 위주 접근

경영자 위주 접근(management-oriented evaluation approach)이란 의사결정 위주 접근(decision-making-oriented evaluation approach)이라고도 불리며, 특정 교육활동을 운영하는 경영자의 입장에서 그 교육활동을 수정하거나 중단하는 등의 의사결정을 하기 위한 자료수집에 초점을 맞추어 평가하는 것을 의미한다. 경영자 위주의 접근은 1960년대 이후 Stufflebeam 등에 의해 주로 발전하였다.

특히 Stufflebeam(1971)은 평가란 "의사결정의 대안들을 판단하기 위한 유용한 정보들을 기술하고, 획득하고, 제공하는 과정"이라고 정의하고, 경영자 위주의 평가를 제대로 시행하기 위해서는 다음과 같은 네 가지 하위평가를 시행할 것을 제안하였다. 참고로 이 네 가지 유형의 하위평가의 영문 머리글자를 따서 흔히 CIPP 모형이라고도 한다.

- 상황평가(Context evaluation: C): 프로그램의 계획 단계에서 프로그램의 타당성 여부 등을 결정하기 위한 근거자료를 제공하기 위한 평가
- 투입평가(Input evaluation: I): 프로그램의 시작 단계에서 투입되는 자원이나 자원 활용의 적절성 여부 등을 파악하기 위한 평가
- 과정평가(Process evaluation: P): 프로그램의 진행 단계에서 계획에 따른 실행 과정 검토와 프로그램의 장단점이나 개선 방안 등을 파악하기 위한 평가
- 산출평가(Product evaluation: P): 프로그램의 종료 단계에서 시행 결과 보고 및 프로그램 운영 후에 행해져야 할 사항 등을 파악하기 위한 평가

3) 수요자 위주 접근

수요자 위주 접근(consumer-oriented evaluation approach) 혹은 소비자 위주 접근이란 특정 교육활동이나 교육상품에 대해 수요자 혹은 소비자라 할 수 있는 학생이나 학부모들의 의견이나 만족도 등을 파악하는 데 초점을 맞추어 평가하는 것을 의미한다. 1960년대 중반 이후 교육과 관련되는 각종 서비스와 상품들이 많이 제공되기 시작하면서 Scriven 등에 의해 발전하기 시작한 평가모형이다.

한편, Scriven(1974)은 교육 서비스와 상품 등을 평가하기 위한 준거들로 ① 사회적인 필요성과 중요성, ② 시장의 규모, ③ 직접 · 간접적인 영향력, ④ 비용, ⑤ 경쟁력,

⑥ 지속성과 안정성, ⑦ 수요자 만족도 등을 제안하기도 하였다.

최근 우리나라에서도 공급자 위주 교육활동에 대한 비판이 대두되고 수요자 위주 교육활동의 중요성이 강조되면서 특정 교육 프로그램에 대한 평가를 시행함에 있어서 학생이나 학부모와 같은 수요자의 만족도와 같은 평가요소들이 중시되고 있다.

4) 전문가 위주 접근

전문가 위주 접근(expertise-oriented evaluation approach)이란 특정 교육활동에 대해 관련 분야 전문가들이 평가하는 것을 의미한다. 전문가 위주 접근은 각종 위원회나 심의회 등을 구성하여 평가할 때 많이 활용되는데, 교육 프로그램이나 교육기관에 대한 인증(認證, accreditation) 등 공식적인 평가체제에서뿐만 아니라 대학원 논문심사 등 비공식적인 평가체제에서도 많이 활용되고 있다. 공식적인 평가체제에서는 분명하게 명시된 평가절차와 기준이 존재하고, 평가 시기가 정해져 있고, 전문가들로 구성된 공식적인 평가위원회가 존재한다. 반면에, 비공식적인 평가체제의 경우에는 전문가들이 평가하지만 분명하게 명시된 평가 기준이 부족하거나 존재하지 않기도 하고, 평가 시기가 일정하게 명시되지 않는 경우가 있으며, 비공식적으로 평가위원회가 구성된다는 점에서 차이가 있다.

한편, 공식적 · 비공식적 평가체제와 같은 구분 이외에도 Eisner(1994)가 제안한 전문가의 판별능력(혹은 감식안, connoisseurship)에 의한 평가나 비평(criticism)은 전문가 위주의 접근에 포함시킬 수 있다. 그는 누구나 이해할 수 있는 객관적인 기준에 의한 평가의 한계를 지적하면서, 예술비평가들이 예술작품을 평가하듯이 교육 관련 전문가들이 나름대로의 감식안을 가지고 교육활동에 대해 전문적으로 평가하거나 비평할 것을 제안하였다.

5) 참여자 위주 접근

참여자 위주 접근(participant-oriented evaluation approach)이란 교육현장에 직접 참여하고 있는 사람이 외부의 관점이 아닌 내부의 관점으로 평가하는 것을 말한다. 즉, 평가자의 편견이 작용하거나 혹은 평가대상들이 평가자에 대해 가지는 호의적이거나 부정적인 태도 등에 따른 왜곡현상을 방지하기 위해 평가자가 특정 교육활동에 직접 참여하거나 혹은 직접 참여하고 있는 사람들이 평가하는 것이다. 특정 교육 프로그램에 참여하고 있는 사람이 평가하기 때문에 진행 중인 프로그램을 통제하거나 조작하지 않고 있는 그대로 연구하는 것이 큰 특징이다. 참여자 위주 접근을 활용한 예로는 Guba와 Lincoln(1989) 등이 제안한 자연주의자적인 평가모형(naturalistic evaluation model)을 들 수 있다. 이들은 평가에서 자연주의자적 입장을 취함으로써 교육현장에서 특별한 조작이나 통제를 가하지 않고 있는 그대로 연구하는 것을 강조하였다. 특히 평가자는 연구대상이 되는 사람들(정보제공자)의 관점을 이해하고, 그들이 세계를 설명할 때 사용하는 개념을 파악하여, 다른 사람들이 이를 이해할 수 있도록 하는 역할을 강조하였다.

6) 운영논리 위주 접근

운영논리 위주 접근(theory-driven evaluation approach 또는 theory-based evaluation approach)이란 특정 프로그램을 운영하는 데 근거로 활용하는 논리(logic) 혹은 이론(theory)의 타당성을 확인하는 데 초점을 맞추어 평가하는 것을 의미한다. 즉, 특정 교육활동이나 프로그램을 운영하는 과정에서 활용되고 있는 논리나 이론이 무엇인지를 확인하고, 그러한 논리나 이론이 제대로 작동되고 있는지를 파악하는 것을 중시한다. 이는 기존의 많은 평가연구들이 특정 교육활동이나 프로그램의 특성이나 운영논리를 무시하고 평가자가 익숙한 특정 연구방법(예: 상관분석 등)을 단순히 적용하는, 방법론 위주 접근(method-driven evaluation approach)에 대한 비판에서 출발한 것이다(Chen, 1994). 운영논리 위주의 접근은 특정 교육활동의 투입요소, 과정요소 그리고 산출요소들 간의 논리나 이론을 중시하기 때문에 이들 간의 인과관계를 파악하기 위한 체계적인 연구활동이라 할 수 있으며, 기존 이론의 타당성을 확인하고 새로운 이론을 개발하기 위한 방편이라 할 수 있다(김주후, 2004).

7) 균형 위주 접근

균형 위주 접근(balance-oriented evaluation approach)이란 특정 교육 프로그램의 이해당사자들이라고 할 수 있는 공급자(provider), 수요자(user), 전문가(professional), 교육당국(authority) 등의 관점이 서로 균형 있게 반영되도록 함으로써 해당 프로그램을 종합적이면서도 공정하게 평가하는 것을 중시하는 것을 말한다(백순근, 2006). 이를 각 이해당사자 집단의 영문 첫 글자를 따서 PUPA 모형이라고도 한다([그림 14-1] 참조).

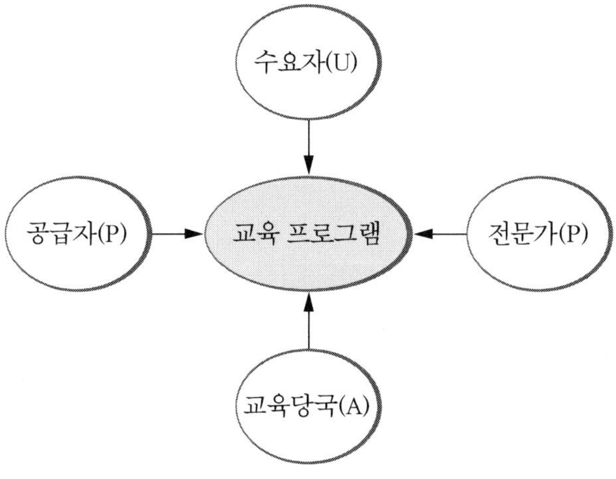

[그림 14-1] PUPA 모형을 활용한 균형 위주 관점의 교육 프로그램 평가

균형 위주 접근인 PUPA 모형에서 제시된 네 부류의 이해당사자 집단은 서로 다른 입장에서 특정 교육 프로그램을 평가할 가능성이 높다. 예컨대, 특정 교육 프로그램을 공급하는 공급자의 관점에서는 가장 적은 비용을 투입하여 최대의 이익을 남길 수 있는 프로그램을 개발하기 위해 노력할 것이고, 수요자의 관점에서는 같은 값이면 품질이 좋고 만족도가 높은 프로그램을 선택하기 위해 노력할 것이다. 그리고 전문가의 관점에서는 프로그램의 유용성, 전문성, 효과성 등에 더 관심이 있을 것이고, 교육당국의 관점에서는 프로그램의 합법성, 책무성, 공익성 등에 더 관심이 있을 가능성이 높다. 따라서 자유민주주의 사회에서 특정 교육 프로그램을 체계적이고 종합적으로 평가하기 위해서는 각 이해당사자 집단의 관점들이 균형 있게 반영될 필요가 있다.

한편, 균형 위주 접근에서는 우리나라의 상황과 여건을 반영하기 위해 선진 외국의 경우와는 다소 다르게 교육당국의 관점을 중시하고 있다. 비교적 단위학교의 자율적인 책임경영이 정착되었다고 할 수 있는 선진 외국에서는 교육당국의 관점이 다소 소홀히 취급될 수 있으나, 우리나라와 같이 각종 교육 프로그램의 계획이나 운영 등에서 교육당국의 입장이 중시되고 있는 상황에서는 다른 이해당사자 집단과 함께 비중 있게 취급될 필요가 있다. 참고로 교육부가 17개 시 · 도교육청에 대한 평가를 주기적으로 시행하고, 교육청이 관내 학교에 대한 평가를 주기적으로 시행하는 것은 교육당국의 입장을 잘 반영하고 있는 대표적인 사례라고 할 수 있다. 또한 미국의 '낙오자 없는 교육(No Child Left Behind: NCLB)' 정책과 같이 단위학교의 교육에 대한 책무성을 제고하기 위해 국가 수준에서 학생들의 학업성취도를 평가하여 그 결과에 따라 행·재정적인 지원이나 규제의 수준을 달리한다면 이 또한 교육당국의 입장을 중시하고 있는 것이라고 할 수 있다.

연구과제

1. 교육 프로그램 평가의 의미에 대해 구체적인 사례를 들어 설명하시오.
2. 교육 프로그램 평가의 유형에 대해서 자세히 설명하시오.
3. 교육 프로그램 평가를 시행하기 위한 접근 방식에 대해서 자세히 설명하시오.
4. 교원능력개발평가의 장점에 대해 논하시오.
5. 학교 및 기관 평가의 장점에 대해 논하시오.

제15장

교육 프로그램 평가의 실제

학교교육 현장에서는 다양한 방식으로 교육 프로그램 평가가 실제로 진행되고 있다. 이 장에서는 일선 학교 교사들에게 직접적으로 영향을 미치는 교육 프로그램 평가의 실제 사례로 ① 교사평가, ② 학교평가 그리고 ③ 시 · 도교육청평가에 대해 자세히 논의하고자 한다. 여기에서 제시하는 사례들이 실시되었던 시기는 다소 차이가 있으나, 2018년 현재에도 각각의 ① 평가목적, ② 평가내용, ③ 평가방법 및 절차, ④ 평가 결과 활용 등이 일반적으로 대동소이하므로 각 평가에 대해 구체적으로 이해하는 데 많은 도움이 될 것으로 기대한다.

1. 교사평가

「교육공무원승진규정」(일부개정 2016. 12. 30. 대통령령 제27704호)(국가법령정보센터, www.law.go.kr)에 근거하여 교사평가(교사의 근무성적평정 및 다면평가 등)를 목적, 내용, 방법 및 절차, 결과 활용 등으로 나누어 논의하면 다음과 같다.

1) 교사평가의 목적

대통령령으로 시행되고 있는 「교육공무원승진규정」은 교육공무원의 경력, 근무성적 및 연수성적 등의 평정과 승진후보자명부의 작성에 관한 사항을 규정함으로써 승진임용에 있어서의 인사행정의 공정을 기함을 목적으로 한다고 명시되어 있다. 따라서 「교육공무원승진규정」에 근거하여 시행되고 있는 공식적인 교사평가는 교사에 대한 승진임용에 있어서의 인사행정의 공정성을 기하기 위한 목적으로 시행되고 있다. 참고로 승진임용을 위한 교사평가와는 별도로 교사의 교수역량(teaching competence) 등 교사의 전문성을 개발하기 위한 소위 교원능력개별평가가 교사의 학습지도(수업준비, 수업실행, 평가 및 활용)와 생활지도(상담 및 정보제공, 문제행동 예방 및 지도, 생활습관 및 인성 지도) 능력 등을 중심으로 2010년부터 각 시 · 도 교육감의 관리하에 전국의 모든 학교 현장에서 나름대로 시행되고 있다.

2) 교사평가의 내용

「교육공무원승진규정」에 제시된 바와 같이 교사평가의 주요 평가영역은 ① 경력평정, ② 근무성적평정 및 다면평가, ③ 연수성적평정(교육성적평정 및 연구실적평정) 그리고 승진후보자명부 작성 시 부가되는 ④ 가산점[1]의 네 가지 영역으로 구성되어 있다. 이 중에서 교사의 근무성적평정 및 다면평가를 제외한 다른 영역들은 승진규정에 따라 기계적으로 산출될 수 있도록 되어 있고, 교사의 근무성적평정은 단위학교 교장과 교감이 시행하며, 다면평가는 단위학교의 동료 교사들이 시행한다. 따라서 네 가지 영역 중 교사의 근무성적평정 및 다면평가에서만 평가자인 단위학교 교장과 교감 그리고 동료 교사들의 평가재량권이 발휘될 수 있다.

국 · 공립학교 교사의 근무성적평정 및 다면평가의 주요 내용은 〈표 15-1〉, 〈표 15-2〉와 같다.

---

1) 가산점은 공통 가산점과 선택 가산점으로 구성되어 있으며, 공통 가산점은 전국적으로 동일하게 부여되나, 선택 가산점은 시 · 도교육청별로 차이가 있다.

〈표 15-1〉 국 · 공립교사의 근무성적평정을 위한 정성평가 항목 및 배점

구분	평정사항	평정요소(배점)	평정 내용
교사	1. 근무수행 태도	교육공무원으로서의 태도 (10점)	1) 교육자로서 품성을 갖추고 직무에 충실한가?
			2) 공직자로서 사명감과 직무에 관한 책임감을 갖고 솔선수범하는가?
	2. 근무실적 및 근무수행 능력	가. 학습지도 (40점)	1) 수업교재 연구를 충실히 하는가?
			2) 학생 수준에 적합한 수업계획을 수립하는가?
			3) 학생들이 수업에 적극적으로 참여할 수 있도록 분위기를 조성하는가?
			4) 학생의 능력과 수준에 적합한 질문을 제시하는가?
			5) 학생들의 학습활동이나 과제 수행에 적절히 참여시키는가?
			6) 학생 특성과 요구에 적합한 수업자료 및 매체를 활용하는가?
			7) 학생의 이해도와 참여도를 수시로 점검하는가?
			8) 평가 결과를 수업개선을 위한 자료로 적극 활용하는가?
		나. 생활지도 (30)	1) 학생 개개인의 특성을 파악하기 위하여 노력하는가?
			2) 상담을 통해 학생이 당면한 문제를 원만히 해결할 수 있도록 지원하는가?
			3) 학생의 적성과 특기를 고려하여 진로 · 진학정보를 제공하는가?
			4) 학생들이 학급에서 친구들과 잘 어울려 생활하도록 지도하는가?
			5) 안전사고 및 학교폭력을 예방하기 위한 교육을 실시하는가?
			6) 학생들이 올바른 기본생활습관(언어, 행동, 예절, 질서 등)을 기르도록 지도하는가?
			7) 학생들이 건전한 가치관과 도덕성을 갖추도록 지도하는가?
		다. 전문성 개발 (5)	1) 전문성을 높이기 위한 연구활동에 적극적인가?
			2) 전문성을 높이기 위한 연수활동에 적극적인가?
		라. 담당 업무 (15)	1) 담당 업무를 정확하고 합리적으로 처리하는가?
			2) 담당 업무를 창의적으로 개선하고 조정하는가

출처: 교육공무원승진규정(일부개정 2016. 12. 30. 대통령령 제27704호)(국가법령정보센터, www.law.go.kr)

〈표 15-2〉 국 · 공립교사의 근무성적평정을 위한 정량평가 항목 및 배점

구분	평가사항	평가요소(배점)	평가 내용
교사	근무실적 및 근무수행 능력	가. 학습지도 (30점)	1) 주당 수업시간
			2) 수업공개(연구수업, 학부모 공개수업 등) 횟수
			3) 교내외 수업컨설팅 횟수
			4) 교내외 교과연구회 활동 참여 실적
		나. 생활지도 (30점)	1) 학생 또는 학부모 상담 실적
			2) 생활지도 곤란도(담임/비담임)
			3) 학년 곤란도
		다. 전문성 개발 (10점)	1) 연수이수 실적
			2) 수업동아리 및 교과연수회 활동 실적
			3) 연구대회 및 연구개발 실적
		라. 담당 업무 (30점)	1) 업무 곤란도(다문화 · 탈북학생 지원/방과후학교 운영/자유학기제 운영)
			2) 업무 추진(보직/학년대표/교과대표/일반교사)

* 평가 내용은 학교 자율로 수정 및 추가할 수 있으며, 그에 따른 세부 기준은 해당 학교에서 정함.
* 출처: 교육공무원승진규정(일부개정 2016. 12. 30. 대통령령 제27704호)(국가법령정보센터, www. law.go.kr)

3) 교사평가의 방법 및 절차

「교육공무원승진규정」에 따른 교사평가의 시기는 매 학년도(3월 1일부터 다음 연도 2월 말일까지) 종료일(매년 2월 말일) 기준으로 해마다 실시되고 있다. 단위학교 교장과 교감의 평가재량권이 발휘될 수 있는 교사의 근무성적평정 방법 및 절차는 다음과 같다.

개별 교사는 '자기실적평가서'를 작성하여 제출하고(〈표 15-3〉 참조), 그것을 참작하여 평정자인 교감이 먼저 평가하고, 확인자인 교장이 다시 별도로 평가한다. 개별 교사의 근무성적평정점은 100점 만점으로 평정한 교감의 평정점과 100점 만점으로 평정한 교장의 평정점을 각각 20%와 40%로 환산한 후 그 환산된 점수를 합산한 것으로 한다. 교감과 교장이 평가할 때 사용하는 평정표는 〈표 15-1〉의 정성평가 양식만을 사용한다.

〈표 15-3〉 교사의 자기실적평가서의 주요 내용

1. 평가자 기초 자료
   - ○ 담당 학년 및 학급:
   - ○ 담당 과목:
   - ○ 담임 여부:
   - ○ 담당 업무:
   - ○ 보직교사 여부:
   - ○ 주당 수업시간 수:
   - ○ 연간 수업공개 실적:
   - ○ 연간 학생 상담 실적:
   - ○ 연간 학부모 상담 실적:
   - ○ 그 밖의 실적사항:

2. 자기실적 평가

가. 학습지도
- ○ 학습지도 추진 목표(학년 초에 계획되었던 학습지도 목표)
- ○ 학습지도 추진 실적(학년 초에 목표한 내용과 대비하여 추진 실적을 구체적으로 작성)

나. 생활지도
- ○ 생활지도 추진 목표
- ○ 생활지도 추진 실적

다. 전문성개발
- ○ 전문성개발 추진 목표
- ○ 전문성개발 추진 실적

라. 담당 업무
- ○ 담당 업무 추진 목표
- ○ 담당 업무 추진 실적
- ○ 창의적 업무개선 사항

※ 자기평가 종합 상황

자기평가	목표달성도	설정한 목표에 대한 달성 정도	만족	보통	미흡
	창 의 성	학습지도, 생활지도, 전문성개발, 담당 업무 등의 창의적인 수행 정도	만족	보통	미흡
	적 시 성	학습지도, 생활지도, 전문성개발, 담당 업무 등을 기한 내에 효과적으로 처리한 정도	만족	보통	미흡
	노 력 도	목표 달성을 위한 노력, 공헌도	만족	보통	미흡

출처: 교육공무원승진규정(일부개정 2016. 12. 30. 대통령령 제27704호)(국가법령정보센터, www.law.go.kr)

한편, 동료 교사들의 재량권이 발휘될 수 있는 다면평가의 경우 단위학교 교장이 동료 교사들 중에서 3인 이상 7인 이하로 구성된 평가팀이 평가하도록 하여, 100점 만점으로 평정한 평정점의 40%로 환산한 후 그 환산된 점수를 다면평가점수로 한다. 이때 사용하는 평정표는 〈표 15-1〉의 정성평가 양식과 〈표 15-2〉의 정량평가 양식을 모두 사용하되, 100점 만점으로 평정한 정성평가 점수를 32%로 환산하고, 100점 만점으로 평정한 정량평가 점수를 8%로 환산하여 합산한 것으로 한다.

따라서 개별 교사의 근무성적평정 점수와 다면평가 점수의 합산점수의 만점은 100점이 되고, 이는 동료 교사들의 평가 40%, 교감의 평가 20%, 교장의 평가 40%가 반영된 점수이다. 즉, 동료 교사들과 교장의 평가점수의 만점은 각각 40점이 되고, 교감의 평가점수의 만점은 20점이 되며, 합산점의 만점은 100점이 된다.

요컨대, 근무성적평정과 다면평가의 합산점은 100점을 만점으로 하되, 다만 사전에 정해진 평정점의 배점 비율에 따라 상대평가를 실시한다(〈표 15-4〉 참조). 그리고 평정대상 교사의 합산점수는 특별한 사정이 없는 한 동일하지 않도록 해야 한다. 아울러 교사의 근무성적평정과 다면평가의 결과를 합산할 때에는 승진규정에 따라 교사의 근무성적은 승진후보자 작성기관별로 설치된 근무성적평정조정위원회의 심의 · 조정을 거쳐야 한다.

〈표 15-4〉 교사의 근무성적평정 및 다면평가 합산점의 배점 비율

수, 우, 미, 양 평점의 분포 비율
수(95점 이상) 30%
우(90점 이상 95점 미만) 40%
미(85점 이상 90점 미만) 20%
양(85점 미만) 10%. 단, '양'의 비율은 '미'의 비율에 가산할 수 있음

4) 교사평가의 결과 활용

「교육공무원승진규정」에 따른 현행 국 · 공립 초 · 중 · 고등학교 교사평가의 결과는 교사의 승진, 전보, 포상 등 인사관리상의 목적으로 활용되고 있다. 성적공개와 관련해서는, 교사의 요구가 있을 경우 특별한 사정이 없는 한 본인의 근무성적평정점수와 다면평가점수의 최종 합산점수를 본인에게 알려 주어야 한다.

2. 학교평가

우리나라에서 일반 행정기관이나 교육기관에 대한 종합적인 평가는 1980년대부터 시행되었다(백순근, 2003b). 그 예로, 1984년부터 시행된 정부투자기관에 대한 평가는 그 결과에 따라 행・재정적 차등지원으로 이어졌고, 1992년부터 도입된 정부출연기관에 대한 종합적인 평가 역시 연구기관의 재구조화나 운영의 효율화에 기여하고 있다(시・도교육청 평가위원회, 1996). 한편, 대학에 대한 종합적인 평가는 1982년 '한국대학교육협의회'의 발족과 함께 준비가 시작되어 1990년대부터 체계적으로 이루어지고 있다. 또한 초・중등학교나 지역교육청, 시・도교육청에 대한 종합적인 평가는 1990년대부터 시행되고 있다(백순근, 2003b; 진동섭, 2001; 한국대학교육협의회, 1995).

교육부[2]에서는 1996년부터 시・도교육청의 책무성(accountability)을 강화하고 관할지역 교육의 질적 향상을 위한 교육청의 자구 노력 분위기 조성을 위하여 시・도교육청평가를 실시하고 있다. 아울러 각 시・도교육청에서도 관내 초・중등학교나 지역교육청에 대한 종합적인 평가를 지속적으로 실시하고 있다. 예컨대, 서울시교육청에서는 1994년부터 실시해 오던 자체평가를 더욱 강화하여 1997년에는 외부평가단에 의한 초・중등학교 및 지역교육청평가를 실시하기 시작하였으며, 경상북도교육청에서도 1995년부터 관내 초・중등학교 및 지역교육청에 대한 평가를 실시하고 있다(백순근, 2003b). 그리고 2000년부터 2003년까지는 교육부에서 한국교육개발원에 위탁하여 시・도교육청에서 시행하는 학교평가와는 별도로 국가수준에서 학교평가를 실시하기도 하였다(구자억 외, 2012). 그 후 국가 수준과 시・도교육청 수준의 학교평가가 중복되어 시행되는 문제점이 제기되어 2004년부터는 국가 수준에서는 기획, 연수, 모니터링 기능을 담당하고, 실제 학교평가 실시는 시・도교육청에서 담당하는 것으로 역할과 기능을 조정하는 방식으로 2010년까지 국가수준의 공통지표를 중심으로 학교평가가 시행되었다. 그리고 2011년부터는 각 시・도교육감의 책임하에 해마다 시・도교육청 수준에서의 학교평가가 시행되고 있으며, 최근에는 대체로 학교평가의 부담을 완화하기 위하여 정량지표를 중심으로 학교자체평가 위주로 실시되고 있다(구자억 외, 2012; 서울특별시교육연구정보원, 2018).

---

2) 교육부는 시기에 따라 '교육부' '교육인적자원부' '교육과학기술부' 등으로 명칭이 달라졌으나, 이 장에서는 특별한 경우를 제외하고 일반 명칭인 '교육부'로 제시하고자 한다.

한편, 학교평가에 대한 법적인 근거는 「초·중등교육법」(법률 제14603호, 2017. 3. 21., 일부개정; 국가법령정보센터, www.law.go.kr) 제9조 제2항과 제3항에 제시되어 있다. 즉, 제2항에는 "교육부장관은 교육행정을 효율적으로 수행하기 위하여 특별시·광역시·특별자치시·도·특별자치도 교육청과 그 관할하는 학교를 평가할 수 있다."라고 제시되어 있으며, 제3항에는 "교육감은 교육행정의 효율적 수행 및 학교 교육능력 향상을 위하여 그 관할하는 교육행정기관과 학교를 평가할 수 있다."라고 제시되어 있다. 그리고 「초·중등교육법 시행령」(대통령령 제28686호, 2018. 2. 27., 타법개정; 국가법령정보센터, www.law.go.kr) 제12조 제2항에 학교평가의 주요 내용으로 '① 교육과정 운영 및 교수·학습 방법' '② 교육 활동 및 교육 성과' '③ 그 밖에 학교운영에 관한 사항으로서 교육부장관 또는 교육감이 필요하다고 인정하는 사항'으로 제시되어 있다. 아울러 해당 시행령 제13조 제3항에 학교평가를 교육정보시스템[교육행정정보시스템인 나이스(NEIS)나 지방교육행·재정통합시스템인 에듀파인(edufine) 등]에 저장된 자료, 「교육관련기관의 정보공개에 관한 특례법」(법률 제14839호, 2017. 7. 26., 타법개정; 국가법령정보센터, www.law.go.kr) 제5조(초·중등학교의 공시대상정보 등)에 따른 공시정보[3] 등을 이용한 정량(定量)평가의 방법으로 하되, 정량평가만으로 정확한 평가가 어렵다고 인정되는 경우에는 서면평가, 설문조사, 관계자 면담 등의 방법을 이용한 정성(定性)평가의 방법을 병행할 수 있도록 하고 있다.

---

3) 「교육관련기관의 정보공개에 관한 특례법」(법률 제14839호, 2017. 7. 26., 타법개정) 제5조(초·중등학교의 공시대상정보 등)에 따른 주요 공시정보는 다음과 같다.

1. 학교규칙 등 학교운영에 관한 규정
2. 교육과정 편성 및 운영 등에 관한 사항
3. 학년·학급당 학생 수 및 전·출입, 학업중단 등 학생변동 상황
4. 학교의 학년별·교과별 학습에 관한 상황
5. 교지(校地), 교사(校舍) 등 학교시설에 관한 사항
6. 직위·자격별 교원현황에 관한 사항
7. 예·결산 내역 등 학교 및 법인의 회계에 관한 사항
8. 학교운영위원회에 관한 사항
9. 학교급식에 관한 사항
10. 학교의 보건관리·환경위생 및 안전관리에 관한 사항
11. 학교폭력의 발생현황 및 처리에 관한 사항
12. 국가 또는 시·도 수준 학업성취도평가에 대한 학술적 연구를 위한 기초자료에 관한 사항
13. 학생의 입학상황 및 졸업생의 진로에 관한 사항
14. 「초·중등교육법」 제63조부터 제65조까지의 시정명령 등에 관한 사항
15. 그 밖에 교육여건 및 학교운영상태 등에 관한 사항

여기에서는 시 · 도교육청 수준에서 시행하고 있는 학교평가에 대해 2018년 현재 서울시교육청에서 시행하는 학교평가를 중심으로 평가의 목적, 내용, 방법 및 절차, 결과 활용 등으로 나누어 자세히 논의하고자 한다(서울특별시교육연구정보원, 2018).

1) 학교평가의 목적

서울시교육청에서는 학교자체평가 위주로 실시하고 있다. 학교자체평가는 '학교가 학교교육 활동을 스스로 평가한다.'는 뜻으로, 효과적인 교육활동을 수행하기 위하여 학교의 제반 여건을 조성하고 그 과정과 성과를 점검하는 일련의 과정으로, 학교자체평가의 목적은 크게 세 가지로 요약할 수 있다(서울특별시교육연구정보원, 2018).

첫째, 학교운영의 자율성을 확대하기 위한 것이다. 둘째, 학교자치 문화를 활성화하기 위한 것이다. 셋째, 학교문화를 진단하고 혁신하기 위한 것이다.

2) 평가 영역 및 내용

서울시교육청에서 실시하는 학교평가의 평가영역 및 주요 내용은 〈표 15-5〉와 같다. 즉, 주요 평가영역은, 서울 교육 비전, 교육과정 운영 및 교수-학습 방법, 교육활동 및 교육성과 등이며, 그중 교육활동 및 교육성과에 포함되는 세부 영역으로는 참여교육, 문 · 예 · 체 교육, 안전 · 안심 교육, 책임교육, 급식 · 예산 · 시설, 학교특색사업 등이다(서울특별시교육연구정보원, 2018).

〈표 15-5〉 2018년 서울시교육청의 학교평가 평가영역 및 주요 내용(예시)

영역	세부영역	평가지표(예시)
Ⅰ. 서울교육 비전	Ⅰ-1. 학교자율운영체제 구축	• 학교의 자율적 혁신을 위한 학교평가 • 학교업무정상화를 통한 학교교육 개선 • 토론이 있는 교직원회의 정착 • 참여 · 소통 · 협력하는 학교문화 조성 • 공모사업 학교자율운영제 내실화 • 기타

II. 교육과정 운영 및 교수-학습 방법	II-1. 교육과정 편성 · 운영	• 서울혁신미래교육과정 편성 · 운영 • 특색 있는 창의적 체험활동 • 체험 · 협업 중심 맞춤식 진로교육 • (초) 1, 2학년 안정과 성장 맞춤 교육과정 운영 • (중) 서울형 자유학기/자유학년제 운영 • (고) 학생 선택 교육과정 편성 · 운영 • (특수) 개별화교육 운영 • 학사 운영 다양화 및 내실화 • 기타
	II-2. 교수-학습 및 평가	• '질문이 있는 교실, 행복한 수업' 만들기 • 창의 · 융합교육을 위한 수업혁신 • 성장과 발달을 돕는 과정 중심 평가 • 공정한 학업성적 관리 • 창의인재 양성을 위한 과학 · 환경교육 내실화 • 미래사회를 선도하는 정보교육 • 의사소통 중심의 외국어교육 활성화 • 미래지향적 역사교육 및 통일교육 • 기타
	II-3. 교원전문성 신장	• 교실 수업 혁신을 위한 교원 전문성 신장 • 평화로운 학교를 위한 교원 전문성 신장 • 교원학습공동체 활성화 • 기타
III. 교육활동 및 교육성과	III-1. 참여교육	• 학생 자치활동 활성화 • 활동중심의 민주시민 교육 • 학생 봉사활동 운영 내실화 • 학부모 학교교육 참여 활성화 • 지역사회협력 활성화 • 기타
	III-2. 문 · 예 · 체교육	• 독서 · 토론 · 인문소양교육 활성화 • 학교도서관 운영 활성화 • 문화 · 예술교육 활성화 • 중학교 협력종합예술활동 • 학교 체육 활성화 • 기타
	II-3. 안전 · 안심교육	• 공감하고 소통하는 평화로운 학교 만들기 • 체험중심 안전교육 강화 • 인권을 존중하는 학교문화 조성 • 기타

	II-4. 책임교육		• 맞춤식 기초학력 향상 지원 • 맞춤형 교육복지 프로그램 운영 • 방과후학교 운영 • 학교부적응학생을 위한 다양한 프로그램 운영 • 다문화 · 탈북학생을 위한 교육지원 및 기반 마련 • 안정적인 초등돌봄교실 운영 • 기타
	II-5. 급식 · 예산 · 시설		• 안전하고 위생적인 학교급식 • 학교교육계획과 연계된 예산 편성 · 운영 • 안전하고 쾌적한 학교환경 구축 • 기타
	II-6. 학교특색사업		• 국제교류 협력 활성화 • 대안교육과정 운영 • 서울형 메이커 교육(미래공방교육) 운영 • 서울형 혁신학교 운영 • 세계시민교육 활성화 • 인문학교육 활성화 • 창의 · 융합교육 활성화 • 협력적 인성교육 노력 • 기타
	II-7. 기타	자율형사립고	• 건학이념에 맞는 학교발전 노력 • 사회통합전형대상자 프로그램 운영 • 기타
		특수목적고	• 설립 취지에 맞는 학교발전 노력 • 사회통합전형대상자 프로그램 운영 • 기타
		특성화고	• 직업교육 내실화 • 실무역량 중심의 전문교육 활성화 • 기타
		특수학교	• 현장체험학습 운영의 적절성 • 사회통합을 위한 지역사회 연계 프로그램 운영 • 기타

출처: 서울특별시교육연구정보원(2018), pp. 13-14.

3) 평가 방법 및 절차

서울시교육청에서는 교육청에서 제시한 평가지표를 근거로 평가를 하던 평가 방식에서, 개별 학교가 자율성과 책임감을 바탕으로 스스로 교육활동을 개선할 수 있도록 학교평가 방식을 개선하고자 하였으며, 2018학년도 학교평가를 위한 주요 추진 일정은 〈표 15-6〉과 같다(서울특별시교육연구정보원, 2018).

서울시 소재 각 학교는 학교교육계획수립 · 평가위원회를 구성하여, 학교교육계획(학교평가 계획 포함) 수립 및 추진, 학교평가 지표 개발, 학교평가 주요 사항에 대한 자문·협의 및 추진, 평가결과 분석 및 학교평가서 작성, 차년도 학교교육계획에 환류 방안 강구 등의 역할을 담당하도록 하고 있다. 특히 학교교육계획수립 · 평가위원회를 구성할 때는 교원으로만 구성하는 것을 지양하고 교직원, 학부모, 외부인사, 학생 등으로 조직하되 학교 여건에 따라 학교교육과정위원회 등 성격이 유사한 다른 위원회와 통합운영이 가능하도록 권장하고 있으며, 필요시에 교직원 중심의 소위원회로 운영하도록 권장하고 있다(서울특별시교육연구정보원, 2018).

해당 학교의 구체적인 평가지표 개발과 관련해서는, 각 학교에서 구성한 학교교육계획수립 · 평가위원회에서 학교 교육목표를 달성하기 위한 교육활동 중심으로 서울시교육청에서 예시로 제시한 평가항목 영역 및 세부영역에 따라 평가지표와 평가문항을 구성하되, 제시된 영역의 내용을 포함하여 자율적으로 세부영역을 구성할 수 있으며, 교육공동체의 의견 수렴 및 소통 등을 통해 확정하게 된다(서울특별시교육연구정보원, 2018).

서울시교육청에서는 각 학교에서 자체적으로 확정한 평가지표를 활용하여 평가를 실시하되, 계획-시행-환류의 전 과정이 유기적으로 연계될 수 있도록 관리할 것을 권장하고 있다.

〈표 15-6〉 2018년 서울시교육청의 학교평가를 위한 주요 추진 일정(예시)

단계	영역	세부 활동	추진 일정
계획	학교교육계획 기초 수립	• 2017학년도 학교평가 결과분석 및 교직원 토론회 의견 반영 • 상위 지침 반영 등 기저 분석 – 서울교육방향, 주요업무계획, 초 · 중등 장학계획 분석 등 – 서울시교육청 주요사업 시행 계획 분석 • 학교실태 분석(교직원 현황, 학생실태, 시설현황 등) • 학교교육 목표 및 중점 교육활동 수립 • 중 · 장기 학교발전계획 과제 설정 • 2018학년도 학교평가 실시 계획 수립 – 2018학년도 학교평가 어젠다 및 학교교육목표에 따른 세부영역과 평가지표 설정	2018. 1월 말~ 2월 초
	교과 · 학년 · 부서별 교육계획 수립	• 교과 · 학년 · 부서별 교육활동운영계획 수립 – 교육과정 편성 및 운영, 장학계획 및 각종 지침 반영 – 소요예산 배정	
	학교교육계획 확정	• 교과 · 학년 · 부서별 교육계획안 최종 검토 • 학교교육계획서 시안 작성: 2017학년도 학교평가 결과 및 2018학년도 학교평가 계획을 포함하여 작성 • 학교운영위원회 심의(자문) 및 학교장 결재	2018. 2월 중순~3월 초
	학교교육계획 연수 및 홍보	• 2018학년도 학교교육계획서를 학교홈페이지의 학교평가 메뉴에 탑재 • 학교교육계획 설명회(교사 대상 연수) • 학교교육계획 안내(학생 및 학부모 대상) • 2017학년도 학교평가 결과를 학교알리미 정보 공시	2018. 3월~ 4월
실천	학교교육활동 추진	• 교과 · 학년 · 부서별 교육활동 추진	연중
	후속컨설팅 실시	• 학교평가 결과에 따른 후속컨설팅 요청 및 시행 – 학교컨설팅, 그룹컨설팅, 컨설팅장학 등	연 1회 이상
	수시점검/ 중간평가	• 단위 교육활동 실시 후 평가 및 보완 • 1학기 교육활동 평가를 통한 수정, 보완(학생, 학부모, 교직원 대상 설문조사) • 프로세스 자율 점검(교육청 지원장학 연계)	연중 2018. 7월~8월 2018. 7월~10월

평가	학교교육계획 수립 · 평가위원회 운영	• 학교교육계획 수립 · 평가를 위한 소위원회 구성 · 운영 • 2019학년도 학교교육계획 수립을 위한 설문지 작성 – 2018학년도 평가지표에 따른 평가문항 작성 및 2019학년도 교육계획 수립 설문 구성	2018. 11월
	학교교육활동 평가실시	• 학생, 학부모, 전교직원 대상 설문조사 실시 • 서울형 학교조직진단 실시(시기 조정 가능)	2018. 12월
	결과분석	• 평가결과 분석 및 영역별 평가서 작성	2018. 12월~ 2019. 1월
환류	학교평가 결과 공유 및 공개	• 전체 교직원 토론회, 워크숍 등 결과보고회 개최 – 평가결과 분석내용 발표 및 공유 – 문제점 도출 및 개선방안 마련 – 2019학년도 교육계획 수립을 위한 토론 및 의견 수렴 • 2018학년도 학교평가 결과를 학교홈페이지의 학교평가 메뉴에 탑재	2018. 12월~ 2019. 2월

출처: 서울특별시교육연구정보원(2018), pp. 8-9.

4) 평가 결과의 활용

학교평가 결과에 대해서는 학생, 학부모, 교직원 등 모든 교육공동체가 공감하고 공유할 수 있도록 평가결과보고회를 개최하도록 하며, 학교평가 결과는 해당 학교의 교육활동을 개선하는 데 적극 활용하도록 하고, 동시에 차년도 학교교육과정 운영계획, 중장기 학교발전계획 수립 등에 반영하도록 하며, 특색 있는 학교 교육활동 선정 및 추진에 활용하고, 각종 교육활동 및 프로그램의 내실 있는 운영에도 활용하도록 하고 있다. 그리고 학교평가 결과는 학교 홈페이지에 탑재해야 하며, 「교육관련기관의 정보공개에 관한 특례법」 제5조에 의거 '학교평가지표 및 학교평가 종합의견'은 학교알리미(www.schoolinfo.go.kr)에 공시해야 한다. 아울러 학교평가 결과에 따라 개선이 필요한 영역에 대해서는 후속 컨설팅(학교 컨설팅, 컨설팅 장학 등)을 실시하며, 그룹 컨설팅을 통한 우수사례 공유 및 학교 간 네트워크 구축 등을 권장하고 있다(서울특별시교육연구정보원, 2018).

3. 시 · 도교육청평가

시 · 도교육청평가는 지방교육자치제의 실시에 따른 시 · 도교육청의 자율권 확대와 관련이 있다(백순근, 2002b). 1991년 3월 「지방교육자치에 관한 법률」(1991. 3. 8. 법률 제4347호)이 제정되었고, 같은 해 8월 시 · 도 단위로 교육위원을 선출하게 되었다. 그리고 1996년에는 민선 교육감을 선출하게 됨으로써 지방교육자치제가 더욱 확대 · 강화되었다. 한편, 대통령자문교육개혁위원회(1995)는 교육의 틀을 공급자 중심에서 소비자 중심으로 전환하기 위해 공급자에 대한 규제를 최소화하되, 공급자에 대한 평가와 지원을 강화하고 평가결과에 따른 차등지원을 통하여 교육의 질 향상을 유도할 것을 강조하였다.

이처럼 지방교육자치제의 실시와 지방교육의 행 · 재정적 운영의 자율권이 확대되고 교육공급자에 대한 평가가 강조됨에 따라 1996년부터 시 · 도교육청평가가 실시되었다. 즉, 시 · 도교육청의 책무성(accountability)을 강화하고 관할지역 교육의 질적 향상을 위한 교육청의 자구노력 분위기 조성을 위하여 시 · 도교육청평가가 실시되었다(시 · 도교육청평가위원회, 1996-1999, 2001).

1996년부터 실시된 시 · 도교육청평가는 2000년, 2002년, 2004년, 2008년을 제외하고 매년 시행되고 있다. 교육부에서 주관하여 시행하고 있는 시 · 도교육청평가의 사례를 평가의 목적, 내용, 방법 및 절차, 결과 활용 등으로 나누어 제시하면 다음과 같다.

1) 시 · 도교육청평가의 목적

「초 · 중등교육법」(법률 제14603호, 2017. 3. 21., 일부개정; 국가법령정보센터, www.law.go.kr) 제9조 제2항에 제시된 시 · 도교육청평가의 목적은 '교육행정의 효율적 수행을 위한 것'이다. 이에 따라 시 · 도교육청평가는 시 · 도교육청 간 선의의 경쟁을 촉진하여 교육의 행 · 재정 지원체제 발전을 위한 자발적인 노력을 유도하고, 궁극적으로는 시 · 도교육청의 책무성 확보와 학교교육의 질적 수준을 제고하기 위한 목적으로 실시되고 있다(시 · 도교육청평가위원회, 2001).

시 · 도교육청평가는 교육청의 정책추진(행정)체제를 평가하는 것이 일차적인 목적이나, 다음과 같은 부차적인 목적도 있다(백순근, 2002b).

첫째, 각 시 · 도교육청의 자기반성 및 점검을 촉진한다. 이는 각 교육청이 스스로 수행하고 있는 일이 무엇이며, 그것이 얼마나 성취되었고, 무엇이 문제이며, 그것을 어떻게 개선해 나가야 할 것인가를 자체적으로 평가하는 체제를 구축하기 위한 것이다.

둘째, 각 시 · 도교육청의 책무성을 제고한다. 이는 교육청의 운영목표 달성도 등을 평가하여 교육청의 행정조직과 담당자들의 정책 추진 과정 및 성과에 대한 책임의식을 환기하고 공정한 보상체제를 확립하기 위한 것이다.

셋째, 각 시 · 도교육청 행정의 민주화를 촉진한다. 이는 정책 과정에 대한 평가를 통해 지방 교육행정의 민주성, 공개성, 투명성 제고를 위한 관심과 노력을 촉진하기 위한 것이다.

넷째, 각 시 · 도교육청 행정의 효율성을 향상시킨다. 이는 자원의 투입과 행정의 산출 및 성과를 상호 비교할 수 있도록 함으로써 업무의 경제성, 효율성을 높이기 위한 것이다.

다섯째, 각 시 · 도교육청의 발전 방향을 제시하고 변화를 촉진한다. 이는 사전에 설정된 평가내용이나 평가 기준이 각 시 · 도교육청이 나아갈 방향타 역할을 하게 됨과 동시에, 평가에 대비하는 과정에서 제반 여건이나 상황을 개선 · 발전시키기 위한 시 · 도교육청의 노력을 촉진하기 위한 것이다.

여섯째, 시 · 도교육청 간에 선의의 자율경쟁을 촉진하여 지역 교육발전을 조장한다. 이는 평가를 통해 얻은 경험 및 정보의 교환을 원활히 하고 우수사례를 발굴 · 확산시킴으로써 교육행정의 개선 및 변화를 촉진하기 위한 것이다.

일곱째, 국가 차원에서 추진해야 할 정책이나 과제를 평가내용에 포함시킴으로써 국민통합을 조장한다. 이는 각 시 · 도교육청의 자율성과 다양성을 인정하되, 국민통합을 위해 국가 차원에서 추진해야 할 정책이나 과제를 전국적으로 확산시켜 국민통합을 촉진하기 위한 것이다.

마지막으로, 국가 차원에서 새로운 교육정책을 수립하거나 기존 정책을 수정 · 보완하기 위한 기초자료를 수집한다. 이는 각 시 · 도교육청으로부터 해당 정책과 관련되는 구체적인 정보나 자료를 수집하여 각 지역의 여건이나 실정에 맞는 교육정책을 새롭게 수립하거나 기존의 정책을 수정 · 보완하기 위한 것이다.

2) 시 · 도교육청평가의 내용

「초 · 중등교육법 시행령」(대통령령 제28686호, 2018. 2. 27., 타법개정; 국가법령정보센터 www.law.go.kr) 제12조 제1항에 제시된 시 · 도교육청평가의 내용은 ① 예산의 편성 및 운용, ② 학교 및 교육기관의 설치 · 운영, ③ 학교 교육 지원 및 교육 성과, ④ 학생 및 교원의 교육 복지, ⑤ 그 밖에 지방자치단체의 교육행정에 관한 사항으로서 교육부장관 또는 교육감이 필요하다고 인정하는 사항 등이다.

이에 따라 시 · 도교육청평가에서는 시행령에 제시된 사항과 함께 교육부장관 또는 교육감이 필요하다고 인정하는 내용이 포함되어 있다. 시 · 도교육청평가의 내용은 대통령령에 근거하여 결정되므로 해마다 대동소이하나, 구체적인 평가지표 등에서는 시행 연도에 따라 차이를 보이기도 한다. 참고로 〈표 15-7〉 〈표 15-8〉 〈표 15-9〉는 2015년, 2016년, 2017년 시 · 도교육청평가에서 활용된 평가영역, 평가지표, 주요 평가내용, 배점 등에 대한 것이다(교육부, 2015, 2016, 2017).

〈표 15-7〉 〈표 15-8〉 〈표 15-9〉에서도 확인할 수 있듯이 2015년도, 2016년도, 2017년도 시 · 도교육청평가에서는 학교교육 내실화, 학교폭력 및 학생위험 제로 환경 조성, 능력중심 사회 기반 구축, 교육비 부담 경감, 교육현장 지원 역량 강화, 교육수요자 만족도 제고, 시 · 도 특색사업이 중요한 평가영역이었다. 다만 세부적인 평가지표나 주요 평가내용 그리고 배점 등에서 약간의 차이를 보이고 있다.

〈표 15-7〉 2015년 시 · 도교육청 평가의 평가영역, 평가지표, 주요 평가내용, 배점

평가영역	평가지표	주요 평가내용	배점
1. 학교교육 내실화 (22점)	1) 중학교 자유학기제 운영	자유학기제 교원, 학부모 연수 추진 실적	2
		자유학기제 운영학교 컨설팅 실적 및 체험 인프라 구축 실적	2
		자유학기제 인프라 교원, 학생, 학부모 만족도	2
	2) 인성교육 중심 수업 강화	인성교육 중심 교육과정 강화 노력	6
	3) 학교체육 · 예술교육 활성화	학교스포츠클럽 등록률, 예술동아리 운영 학교수 비율	2
		초등학교 체육교과전담교사 지정 비율	1
		학생체육 활성화 지원 노력	1
	4) 기초학력미달 학생 비율 및 학업중단 예방	기초학력미달학생 비율 및 향상도	2
		학업중단예방 종합대책 추진 및 학업중단학생 비율 등	3
	5) 영재교육 활성화	영재교육 대상자 수혜 비율, 예산 확보 및 증감률	1

2. 학교폭력 및 학생 위험 제로 환경조성 (21점)	1) 교육분야 안전관리 기반 구축	학생보호인력 내실화, 소규모 · 테마형 수학여행 운영 비율	1.5
		안전서비스 운영 및 CCTV 설치학교 비율	1.5
		교직원 및 학생 심폐소생술 교육 실시율, 교직원 안전 관련 전문교육 이수율	2
		어린이 통학버스 신고율	0.5
		특정관리대상시설 등 지정 · 관리, 안전점검 결과 조치 실적, 재난위험시설 해소 실적, 재난 대피 체험 실제 훈련 실적 등	3.5
		개인정보보호 및 정보보호 수준진단 결과	1
	2) 현장중심 학폭 예방 및 근절	학교폭력 예방 및 근절 노력 등	11
3. 능력중심 사회기반 구축(10점)	1) 직업교육 체제 강화	특성화고 취업률 및 향상도	4
		일반고 직업교육 위탁과정 수용률 및 향상도	1
	2) 진로탐색 · 진로설계 지원	진로체험(캠프) 학생 참여 비율, 진로진학상담교사 배치율, 진로코치 양성 현황 등	5
4. 교육비 부담경감 (13점)	1) 사교육비 부담 완화	사교육 참여율 및 사교육비 증감률	2
		선행교육 근절 의지 및 사교육비 감소 노력	3
		학원비 인상률 및 지도점검 실적	1
	2) 유아교육비 부담 경감	유치원 납입금 증감 정도	2
		공립유치원 취학률 수준 및 향상도	1
	3) 초등방과후 돌봄 기능 강화	초등돌봄교실 서비스 수용 비율, 참여 학부모 만족도	3
		방과후학교 프로그램 학생 참여율	1
5. 교육현장 지원역량 강화(11점)	1) 일반고 교육역량 강화	일반고 교육과정의 다양화 특성화 노력	3
	2) 농어촌 교육지원 강화	농어촌학교 지원 예산 비율	1
		교육복지우선지원사업 지원 수준	1
	3) 교원연수 활성화	직무연수 이수시간, 능력향상연수 이수자 수 등	1
	4) 교장공모제 추진	교장 공모학교 지정 및 공모학교 수 비율	1
	5) 교육청의 기간제교사 운영지원 활성화	교육청의 기간제교사 인력풀 구축 · 운영 결과	1

	6) 시 · 도교육청「정부3.0」구현	「정부3.0」세부 추진 실적	1
	7) 교원의 교육전념 만족도	교원의 교육전념 여건 조성 만족도	2
6. 교육만족도 제고(13점)	1) 교육만족도 및 향상도	학생, 학부모 만족도	8
	2) 청렴도 및 향상도	청렴도 및 향상도	5
7. 특색사업(10점)	1) 교육청 특색사업	교육청 특색사업	10
8. 가 · 감점 사항	1) 가 · 감점	우수 교육정책 추진 등(가점)	+5
		공직자 비리 및 사건 등(감점)	−5
합계			100

출처: 교육부(2015), p. 5.

〈표 15-8〉 2016년 시 · 도교육청 평가의 평가영역, 평가지표, 주요 평가내용, 배점

평가영역	평가지표	주요 평가내용	배점
1. 학교교육 내실화(22점)	1) 중학교 자유학기제 운영	자유학기제 교원, 학부모 연수 추진 실적	3
		자유학기제 운영학교 컨설팅 실적, 체험 인프라 구축 실적	2
		자유학기제 학부모 봉사단 구성 학교 수	1
	2) 인성교육 중심 수업 강화 노력	인성교육 중심 교육과정 강화 노력	6
	3) 학교체육 · 예술교육 활성화	학교스포츠클럽 등록률, 예술동아리 운영 학교수 비율	2
		초등학교 체육교과전담교사 지정 비율	1
		학생체육 활성화 지원 노력	1
	4) 기초학력 향상 노력 및 학업중단 예방	기초학력미달학생 비율 및 향상도 등	2
		학업중단예방 대책 추진 및 학업중단학생 감소율 등	3
	5) 영재교육 활성화	영재교육 대상자 수혜 비율, 예산 확보율 등	1

2. 학교폭력 및 학생 위험 제로 환경 조성 (21점)	1) 교육분야 안전관리 기반 구축	학생보호인력 내실화, 소규모 · 테마형 수학여행 운영 비율	1.5
		어린이 안전서비스 운영 비율, CCTV 설치학교 비율	1.5
		교직원 및 학생 심폐소생술 교육 실시율, 교직원 안전관련 전문교육 이수율, 학생 안전교육 이수율	2
		어린이 통학버스 신고율	0.5
		노후 특정관리대상 시설의 정밀점검 실적, 재난위험시설 해소 실적, 재난(해) 대피 체험 훈련 실적	3.5
		개인정보보호 및 정보보호 수준진단 결과	1
	2) 현장중심 학교폭력 예방 및 근절 노력	학교폭력 예방 및 근절 노력 등	8
	3) 학생 정신건강증진 및 자살예방 노력	자살학생 수 비율, 자살예방 관련 연수 및 교육실적	1
		전문기관 2차 조치현황, 협의체 운영 실적 등	2
3. 능력중심 사회기반 구축(10점)	1) NCS 기반 교육과정 운영	NCS 교육과정 교원 연수 이수시간	1
	2) 직업교육 체제 강화	특성화고 취업률 및 향상도	4
		일반고 직업교육 위탁과정 수용률 및 향상도	1
	3) 진로탐색 · 진로설계 지원	진로체험(캠프) 학생 참여 비율, 진로진학상담교사 배치율, 진로코치 양성 현황 등	5
4. 교육비 부담경감 (13점)	1) 사교육비 부담 완화	사교육 참여율 증감률, 실질 사교육비 증감률	2
		선행교육 근절 의지 확산, 사교육비 감소 노력	3
		학원비 인상률, 학원지도 · 점검 실적	1
	2) 유아교육비 부담 경감	유치원 납입금 증감 정도	2
		공립유치원 취학률 수준 및 향상도	1
	3) 방과후학교 활성화 및 초등 방과후 돌봄 기능 강화	방과후학교 프로그램 학생 참여율	3
		초등돌봄교실 만족도, 방과후학교 프로그램 참여 학생 만족도	1
5. 교육현장 지원역량 강화(11점)	1) 일반고 교육역량 강화	진로집중과정 편성 · 운영학교 비율 등	3
	2) 농어촌 교육지원 강화	농어촌학교 지원 예산 비율	1
		교육복지우선지원사업 지원 수준	1

	3) 장애인 의무고용 및 편의시설 지원 강화	장애인 공무원 · 비공무원 고용률, 편의시설 설치율	1
	4) 교장공모제 추진	공모학교 지정비율, 공모학교 수 비율	1
	5) 시 · 도교육청 「정부3.0」 구현	「정부3.0」 세부 추진 실적	1
	6) 교원의 교육전념 만족도	교원의 교육전념 여건 조성 만족도	2
6. 교육수요자 만족도 제고(13점)	1) 교육수요자 만족도	학부모 만족도, 학생의 학교생활 행복도	8
	2) 청렴도 및 향상도	청렴도 및 향상도	5
7. 시·도특색 사업(10점)	1) 교육청 특색사업	교육청 특색사업	10
합계			100

출처: 교육부(2016), p. 5.

〈표 15-9〉 2017년 시 · 도교육청 평가의 평가영역, 평가지표, 배점

평가영역	평가지표	배점
1. 학교교육 내실화(23점)	1) 중학교 자유학기제 운영	6
	2) 인성교육 중심 수업 강화 노력	6
	3) 학교체육 · 예술교육 활성화	4
	4) 기초학력 향상 노력 및 학업중단 예방	5
	5) 영재교육 활성화	1
	6) 학교통일교육 활성화	1
2. 학교폭력 및 학생위험 제로환경 조성(20점)	1) 교육분야 안전관리 기반 구축	9
	2) 현장중심 학교폭력 예방 및 근절 노력	8
	3) 학생 정신건강증진 및 자살예방 노력	3
3. 능력중심 사회 기반 구축(11점)	1) NCS 기반 교육과정 운영	1
	2) 직업교육 체제 강화	5
	3) 진로탐색 · 진로설계 지원	5

4. 교육비 부담 경감(13점)	1) 사교육비 부담 완화	6
	2) 유아교육비 부담 경감	3
	3) 방과후학교 활성화 및 초등 방과후 돌봄기능 강화	4
5. 교육현장 지원역량 강화(10점)	1) 일반고 맞춤형 교육 활성화	3
	2) 농어촌학교 등 교육지원 강화	1.5
	3) 교원연수 활성화	1
	4) 시 · 도교육청「정부 3.0」추진	1
	5) 교원의 교육전념 만족도	2
	6) 지방교육행정협의회 운영 노력 강화	0.5
	7) 다문화교육 활성화 노력	1
6. 교육수요자 만족도 제고(13점)	1) 교육수요자 만족도	8
	2) 청렴도 및 향상도	5
7. 시 · 도특색사업(10점)	1) 교육청 특색사업	10

출처: 교육부(2017), p. 4.

3) 시 · 도교육청평가의 방법 및 절차

「초 · 중등교육법 시행령」(대통령령 제28686호, 2018. 2. 27., 타법개정; 국가법령정보센터, www.law.go.kr) 제13조에 제시된 시 · 도교육청평가의 방법 및 절차와 관련된 내용은 다음과 같다.

첫째, 교육부장관은 매 학년도 시작 전까지 시 · 도교육청평가에 관한 기본계획을 수립하고 이를 공표하여야 한다.

둘째, 시 · 도교육청평가는 (앞서 언급한 학교평가에서와 마찬가지로) 교육정보시스템[교육행정정보시스템인 나이스(NEIS)나 지방교육행 · 재정통합시스템인 에듀파인(edufine) 등]에 저장된 자료, 「교육관련기관의 정보공개에 관한 특례법」(법률 제14839호, 2017. 7. 26., 타법개정; 국가법령정보센터, www.law.go.kr) 제5조(초 · 중등학교의 공시대상정보 등)에 따른 공시정보 등을 이용한 정량(定量)평가의 방법으로 한다. 다만, 정량평가만으로 정확한 평가가 어렵다고 인정되는 경우에는 서면평가, 설문조사, 관계자 면담 등의 방법을 이용한 정성(定性)평가의 방법을 병행할 수 있다.

셋째, 교육부장관은 특히 필요하다고 인정하는 경우를 제외하고는 평가 결과를 공개하여야 한다.

넷째, 대통령령에서 규정한 사항 외에 시 · 도교육청평가에 필요한 사항은 교육부장관이 정한다.

이에 따라 시 · 도교육청평가는 시행령에 제시된 내용에 근거하여 2017년도 평가에서는 다음과 같은 방법 및 절차에 따라 실시하였다(교육부, 2017).

- 평가대상 및 주요 일정
  - 평가대상: 17개 시 · 도교육청(시 단위와 도 단위로 구분 평가)
  - 대상 기간: '16년 실적 평가
  - 평가결과 보고서 발간: '17. 12월
  - 시 · 도교육청 우수 사례 발표회 개최 및 컨설팅 실시: '17. 12월
- 시 · 도교육청 평가위원회 구성
  - 구성: 14명(학계, 연구기관, 학부모단체, 경제계, 법조계 등)
  - 기능: 정성평가 수행, 정량평가 이의신청 심의, 평가보고서 작성 등
- 평가 방법: 정량평가와 정성평가를 혼용함
  - 정량평가: 정보공시자료 및 실적 자료를 취합한 후, 시 · 도교육청 확인을 거쳐 평가
  - 정성평가: 시 · 도교육청 평가위원회에서 서면평가(면담평가 병행)

참고로 1996년부터 2009년까지는 각 교육청에 대한 서면평가와 함께 해당 교육청에 대한 방문평가를 실시하였으나, 2010년부터는 방문평가를 폐지하는 대신 교육부가 지정한 장소에서 각 시 · 도별 우수사례에 대한 발표 평가와 면담평가 등으로 전환하였다.

4) 시 · 도교육청평가의 결과 활용

「초 · 중등교육법 시행령」에는 시 · 도교육청평가의 결과 활용과 관련된 내용으로 "교육부장관은 특히 필요하다고 인정하는 경우를 제외하고는 평가 결과를 공개해야 한다."라고 제시되어 있다. 이에 따라 교육부장관은 시 · 도교육청평가의 결과(종합 결과 및 평가영역별 우수 교육청)를 언론에 공개하고, 그 결과에 따라 시 · 도별로 인센티브(특별교부금)를 차등 배분하고 있다. 그리고 평가보고서 발간을 통하여 시 · 도교육청별 강 · 약점 분석 및

전문적인 컨설팅을 제공하고 있다. 예컨대, 2001년의 경우에는 총 지원예산 1,000억 원 중 200억 원은 평가점수와 무관하게 각 시·도교육청의 학생 수와 교원 수를 감안하여(학생 수 80%, 교원 수 20% 비율로 가중치 부여) 그 비율에 따라 기본배정을 하고, 나머지 800억 원을 평가점수에 따라 차등 배분하였다(백순근, 2002b). 아울러 교육부는 시·도교육청과 협조하여 우수사례 발표회를 개최 등을 통하여 우수사례에 대한 정보를 공유함과 동시에 전국적으로 확산시킴으로써 전국적인 교육의 질을 향상시키기 위해 노력하고 있다.

연구과제

1. 교사평가와 학교평가의 필요성에 대해 설명하시오.
2. 시·도교육청평가의 장점에 대해 구체적인 사례를 들어 설명하시오.
3. 현행 교사평가의 문제점 및 개선방안에 대해 논하시오.
4. 현행 학교평가의 문제점 및 개선방안에 대해 논하시오.
5. 현행 시·도교육청평가의 문제점 및 개선방안에 대해 논하시오.

제6부

교육평가의 미래

제16장

교육평가의 전망과 과제

제1장에서 서술하였듯이 교육평가의 교육 조형기능을 전제할 때, 교사의 교육평가 전문성은 교육을 교육답게 하기 위한 결정적인 요건이다. 교사의 교육평가 전문성이라 함은 교사가 교육현장에서 교육평가와 관련된 다양한 활동을 함에 있어서 교육평가이론적 지식을 토대로 하되, 자율적으로 결정하고 자율적으로 책임지는 성향을 의미한다. 교육평가와 관련된 다양한 의사결정은 한 개인의 삶을 결정할 수 있을 뿐만 아니라 국가적 차원에서의 교육 풍토를 좌우할 수도 있다. 교육평가는 평가대상 개인이나 집단을 동기화할 뿐만 아니라 교육 프로그램 또는 교수-학습의 방향을 결정하는 기능을 한다. 그러므로 평가자로서의 교사는 평가의 목적을 달성할 수 있도록 평가업무를 수행할 수 있어야 할 뿐만 아니라 어떻게 하면 교육평가가 장기적으로 교육이 교육다워지도록, 달리 표현하면 건강한 교육 풍토가 자리 잡을 수 있도록 할 것인가에 대한 성찰을 할 수 있어야 할 것이다.

이 장에서는 과연 우리 사회에서 교육평가는 환경적 변화와 함께 어떤 방향으로 나아가야 할 것인지, 교육평가는 어떤 문제를 안고 있는지, 이론은 실천을 잘 설명하거나 이끌고 있는지, 우리의 교육평가의 실천적 및 이론적 과제는 무엇인지 등의 질문을 다룬다. 교육평가의 전망과 과제는 미래의 상태나 일을 논의하기 위한 것으로서 다분히 가변적이다. 우리가 어떻게 생각하고 어떤 방향으로 실천하는가에 따라서 그 모습은 달라질 수 있다. 그러므로 이하에 서술되는 내용은 저자의 관점일 뿐이다. 그와 다른 내용과 구성도 얼마든지 가능하다. 오히려 그러한 다양한 논의가 진화 노정에 있는 우리의 생명력을 더할 수 있을 것이다.

1. 교육평가를 둘러싼 환경

교육평가의 전망과 과제는 교육평가 실제에 대한 반성과 함께, 어떤 방향으로 변화하여야 할 것인가를 예견하는 활동이다. 교육평가는 교육활동의 한 측면이고, 교육은 사회환경적 맥락 속에서 이루어진다. 그렇게 볼 때, 교육평가의 전망을 위해서는 환경 변화 또는 흐름을 이해할 필요가 있다. 그러한 흐름은 책무성의 강화, 정보화된 지구촌과 유비쿼터스 환경, 연구의 진화 등으로 정리한다.

1) 책무성의 강화

책무성(accountability)이란 "개인이나 기관이 자기가 한 일이나 산출에 대해 기꺼이 책임을 지고 입증되거나 알게 된 과오를 수정할 수 있는 정도"로 정의되고, "1970년대 초부터 활발히 논의된 교육의 주제 가운데 하나"였다(서울대학교 교육연구소, 1994, p. 683). 책무성은 공공 재원이 투입된 사업의 책임소재를 분명히 하는 기능을 해 왔으며, 그 사업의 비효율을 예방하거나 치유하도록 하는 개념이라고 할 수 있다. 그렇기 때문에 주로 학교평가나 교육정책 평가의 목적으로 활용되어 온 개념이다.

책무성 확인을 위한 평가가 법제적으로 강화되어 온 예는 미국이나 영국에서의 교육성취도 평가의 활용을 들 수 있다. 미국은 1999년 「공립학교 캘리포니아주의 책무성법(The Public School Accountability Act)」으로 출발하여 2001년에는 연방법인 「NCLB(No Child Left Behind)」를 통과시켰다. 특히 후자는 각 주별로 표준화시험을 치르고, 그 결과에 근거하여 각 학교가 매년 어떻게 학생들의 성취 수준을 향상시킬 것인지 목표를 정하고, 그 목표가 달성되었는지를 매년 보고하도록 함으로써 교육의 책무성을 높이고 있다. 한 예로서 미국 캘리포니아주의 한 학교의 성취목표(최소필수 기준을 통과한 학생 비율)는 [그림 16-1]과 같이 설정되어 있다.

영국의 경우는 상황적 가치부가(Context Value Added: CVA) 평가체제를 운영하고 있다. 이 평가체제는 영국의 모든 공립학교가 전국적 학업성취도평가에서 어느 정도나 가치를 부가하였는지를 인터넷에 공개하고 있다. 각 학교의 성취도가 그 학교와 상황여건이 비슷한 전국의 학교들의 평균점수보다 높으면 가치를 부가한 것이고, 낮으면 부가하지 못한 것으로 평가된다. 〈표 16-1〉은 영국의 한 학교구의 예를 보여 준다. 첫 번째 학교는 평균에 비해서 높은 성취를 보인 반면, 두 번째 학교는 낮은 성취를 보였다.

- **Participation Rate: 95%** (Schoolwide/LEA-wide and subgroups)
- **Percent Proficient: Annual Measurable Objectives(AMOs)**(Schoolwide/LEA-wide and subgroups)

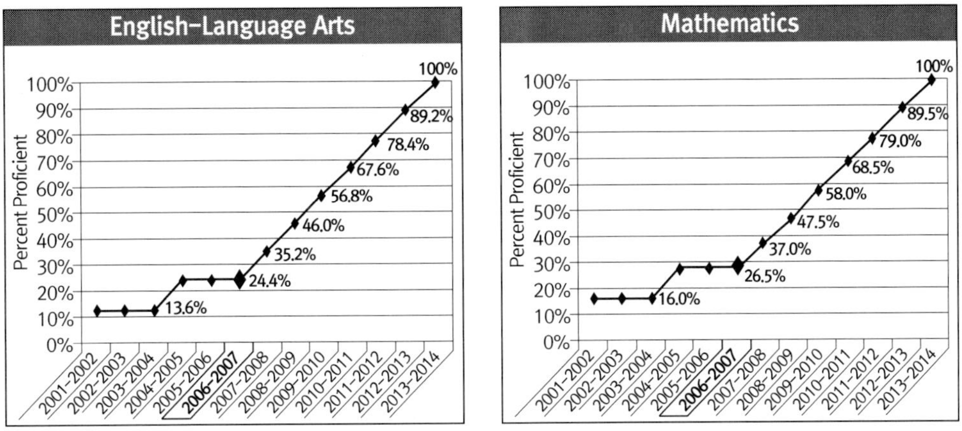

[그림 16-1] NCLB 대비 평가목표 설정 예[미국 캘리포니아의 초등학교: CDE(2007)]

〈표 16-1〉 영국의 학교구(Barking and Dagenham)의 중등학교별 상황가치부가 점수표

LA Average England Average	99.9			
All Saints Catholic School and Technology College	100.7	101.1	100.3	98%
Barking Abbey School, A Specialist Sports and Humanities College	99.1	99.4	98.8	96%
Dagenham Park Community School	99.6	100.0	99.1	76%
Eastbrook Comprehensive School	98.2	98.6	97.9	88%
Eastbury Comprehensive School	99.4	99.7	99.1	93%
Jo Richardson Community School	101.4	101.8	101.0	96%
Robert Clack School	101.2	101.5	100.9	99%
The Sydney Russell School	101.0	101.3	100.6	88%
The Warren Comprehensive School	98.8	99.2	98.5	92%
Special Schools				
Trinity School	98.8	99.7	98.0	100%

우리나라도 전국적인 학업성취도평가를 시행하고 있다(「초 · 중등교육법」 제9조 제1항). 그러나 그 결과는 미국이나 영국처럼 단위학교의 책무성 판단에 사용되지 않고, 전국적

차원에서의 책무성의 정도를 파악해 왔다고 할 수 있다. 학교의 책무성 판단은 주로 학교평가(「초·중등교육법」 제9조, 「초·중등교육법 시행령」 제11, 12, 13조)를 통해서 이루어졌다. 그러나 앞으로는 학생평가이든 학교평가이든 그 결과는 학교의 책무성을 판단하는 데 사용될 가능성이 높아졌다. 「교육관련기관의 정보공개에 관한 특례법」(제5조, 2007. 5. 25.)은 학교평가 결과에 포함될 만한 정보들 외에도 학업성취도평가 결과도 공시하도록 한다. 그러나 성취도평가 결과를 그대로 공시하는 것은 그 점수만으로 학교를 서열화하여 학교교육 현장에 악영향을 미칠 것이라는 비판적 견해도 뚜렷이 존재한다. 그러므로 우리나라에서는 미국이나 영국과 같은 정도의 성취도에 근거한 책무성평가가 당장 실천되기는 어렵겠지만, 그 필요성은 여전히 존재한다.

2) 제4차 산업혁명과 교육환경4)

제4차 산업혁명은 21세기 지구촌의 가속적 변화를 표현하는 대표어로 자리매김하였다. 제4차 산업혁명은 2016년 스위스 다보스에서 개최된 세계경제포럼의 주제였다. 그 포럼의 대표인 Schwab(2016)이 펴낸 『The Fourth Industrial Revolution(제4차 산업혁명)』(송진경 역, 2016)은 지구촌의 변화의 상황과 방향을 이끄는 대표어가 되었다.

1760년대에 시작된 1차 산업혁명은 철도와 증기기관이 견인하였고, 19세기 말에 시작된 2차 산업혁명은 전기와 생산 조립라인이 견인하였으며, 1960년대에 시작한 3차 산업혁명은 반도체와 메인프레임 컴퓨팅, PC, 인터넷이 견인했다. 21세기와 함께 시작된 제4차 산업혁명은 컴퓨터와 인터넷으로 견인되어 온 제3차 산업혁명을 기반으로 하지만, 단순히 정보기술공학적 발전을 훨씬 넘어선다. '유비쿼터스 모바일 인터넷, 더 저렴하면서 작고 강력해진 센서, 인공지능화 기계학습' 등을 특징으로 하는 '빅데이터, 로봇공학, 인공지능(AI), 클라우드, 사이버 안보, 3D 프린팅, 공유경제, 블록체인' 등의 기술들이 변화를 견인한다. 그 변화는 가속적(velocity)이고 광범(Breadth)하면서 심층적(depth)이어서 패러다임 전환을 유도하며, 시스템 충격적(System impact)이라는 점에서 혁명적이다(송경진 역, 2016, 21-29). 2016년 다보스포럼에서 요약 보고된 '직업의 미래(The Future of Jobs)'는 다음과 같은 내용을 포함한다.

---

4) 이 절은 김성훈(2016)의 제II장의 일부분을 수정·보완함.

> 현재 와해적(파괴적, disruptive) 노동 시장은 2015~2020년 사이에 510만 개의 직업의 순손실을 초래할 것이다. 그 예측은 앞으로 사라질 710만 개 직업에서 새로 생겨날 200만 개 직업을 뺀 것이다. 사라지게 될 710만 개의 직업의 2/3는 행정직과 같이 규칙적 업무를 요하는 직업들이고, 새로운 200만 개 직업은 컴퓨터-수학-아키텍처-엔지니어링(computer and mathematics and architecture and engineering) 관련 영역에 속할 것이다(WEF, 2016, p. 1).

제4차 산업혁명에 의한 변화는 점차 가속될 것이고, 융합적 기술공학이 좌우할 것으로 보인다. [그림 16-2]에서 2015년 이후의 변화의 시간 구획은 3년씩이다. 직업기술 변화를 위한 시간 구획을 3년으로 하는 것을 과거에는 상상하기 어려웠다. 이러한 시간 구획은 예측의 정확성과 관계없이 미래가 그만큼 가속적으로 변할 것임을 드러낸다. 그리고 2018년에서 2020년 구획은 다른 구획과 달리 로보틱스, 인공지능 그리고 생물과 유전공학의 세 가지 특징만 제시하고 있다. 향후 4차 산업혁명 시기에 모습을 드러낼 직업들이 '컴퓨터-수학-아키텍처-엔지니어링' 영역에 속하되, 그 직업들은 그러한 영역들의 융합적 역량을 필요로 함을 시사한다. 다보스 포럼에서 보고된 미래 적응을 위한 단기적 전략은 "HR 기능 재고안, 데이터 과학 활용, 인재 다양성 강화, 유연작업 배정 및 온라인 인재 플랫폼 활용" 등이고, 장기적 전략으로는 "교육 체계 개선, 평생학습 인센티브 강화, 업종 간 공공-민간 간 협업 등이다(WEF, 2016, p. 1).

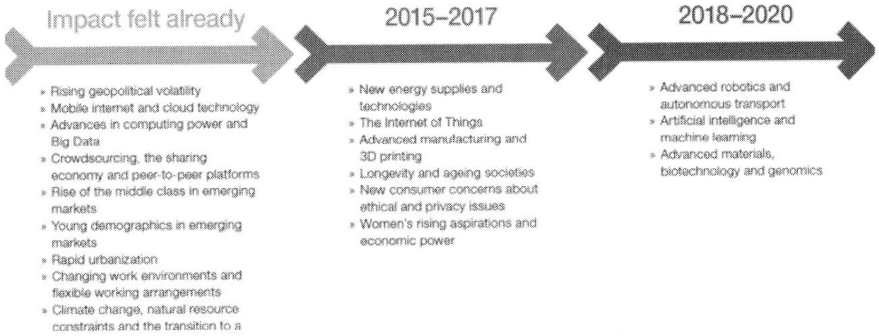

[그림 16-2] 산업과 직업에 대한 시간대별 영향

출처: WEF(2016).

그러나 앞으로 있게 될 구체적 직업이나 삶의 모습은 여전히 예측 불가능하다. 21세기 가속적 변화를 설명하는 개념이 무어의 법칙(Moores' Law, 2016. 9. 7.)이다. 무어의 법칙은 컴퓨터의 용량이 약 2년마다 배가됨으로써 향후 발전의 속도가 무한대로 늘어날 수 있음을 의미한다. 컴퓨터의 발전이 가속되어 인간의 능력의 한계를 넘어서서 그 이후의 예측이 불가능한 상태를 싱귤래리티(singularity)라고 한다. 달리 표현하면, 인공지능이 스스로 학습하는 능력을 갖추어 인간을 능가하는 순간이 싱귤래리티이다. 바둑에서 인간을 능가한 알파고의 출현으로 더욱 그에 대한 관심은 더욱 퍼졌다.

싱귤래리티의 도래에 대해서는 찬반양론이 존재한다. 찬성론은 무어의 법칙을 따라서 발전이 가속될 것임을 가정한다. Kurzweil(2005)은 2030년경에 컴퓨터가 인간의 두뇌와 비슷한 성능을 가질 것이고, 2045년경에 인간의 생물학적 지능을 융합한 기계지능의 자기 증식이 가능해져서 지능의 규모 예측이 불가능해지는 날이 온다고 보았다(김명남, 장시형 역, 2007). Bostrom(2014)도 그의 저서 『슈퍼지능(Super Intelligence)』에서 기계가 인간의 일반지능을 능가하는 초능력을 가질 수 있으며, 그 상황이 되면 인간이 기계의 지능에 의존하게 될 수 있음을 경고한다. 한편, 싱귤래리티가 오지 않을 것이라는 입장은 두 가지에 근거한다. 그 하나는 인간의 지능이나 마음을 아직 완전히 알지 못하는 상황에서 그 지능을 프로그램화할 수는 없다는 것이고(이윤수, 2015), 다른 하나는 싱귤래리티의 논리적 근거에 해당하는 무어의 법칙의 적용이 현실적으로 한계에 도달했으며, 실제 산업현장에서 폐기되고 있다는 것이다(Waldrop, 2016; Cumming, Furber, & Paul, 2014).

싱귤래리티 도래 여부와 관계없이 점차 빨라지고 있는 변화에 어떻게 대처해야 하는지에 대한 답도 충분히 준비되어 있지 않다. 생산 효율성이 극대화되고, GDP의 부는 향상될 것이다. 그러나 각 개인은 구체적으로 어떤 직업을 준비해야 하며, 부의 분배는 어떻게 해야 할 것이며, 더 나아가서 인간은 기계와의 관계를 어떻게 형성할 것인가? 무인자동차가 서울 중심부를 오갈 수 있을까? 로봇이 수중이나 공중 탐사, 질병 진단과 수술, 법무나 납세 변호, 기술 훈련을 대신할 수 있을까? 기술적으로는 다 가능하다. 그 경우에 우리는 무엇을 어떻게 해야 하는가? 이상의 질문들에 대한 답은 우리가 뭔가를 새로이 만들어 가야 한다는 데 이론이 없다.

Jensen(1999)은 우리가 3D(Difficult, Dirty, Dangerous) 직업을 점차 빠른 속도로 로봇이나 컴퓨터에게 내줄 것이고, 즐기기 위한 스토리텔링이 시장가치를 형성할 것으로 보았다. Vermesan과 Friess(2015)는 만물인터넷(IoT)에 의한 초연결(hyper-connected) 사회가 형성되어 새로운 가치, 에코시스템, 그리고 시장이 생겨날 것으로 내다봤다. 이처럼 예측이 불가능한 만큼 미래는 우리가 새로운 뭔가를 만들기 나름이라는 것이다. "미래는 더 이상 들어가는 것이 아니라 만들어 가는 것이며, …… 미래를 꿈꾸지 않는 한 미래를 가지지 못한다(Sweet, 2015: http://en.wikibooks.org/wiki/Future/Quotes, 2016. 6. 6. 검색)"는 주장은 점차 설득력을 더한다.

각국은 창의력 신장 교육 경쟁을 피부로 직면한다. 점차 심화되는 유비쿼터스(ubiquitous) 환경 자체가 시간과 공간을 초월한 경쟁을 가능케 하기 때문이다. "유비쿼터스란 '편재하다' 또는 '보편적으로 존재하다'라는 의미이다(https://en.wiki/omnipresence). 그런 환경에서의 의사소통은 책상 위 PC의 네트워크화뿐만 아니라 휴대전화, TV, 게임기, 휴대용 단말기, 카 내비게이터, 센서 등 PC가 아닌 모든 기기가 네트워크를 형성하고, 언제, 어디서나, 누구나 대용량의 통신망을 사용할 수 있고, 저요금으로 커뮤니케이션을 할 수 있게 되며, 그러한 커뮤니케이션을 위한 모든 기술이 인간중심으로 발전하게 될 것으로 본다. 유비쿼터스 환경의 기본적인 특징은 그 개념에서 나타난 바와 같이 의사소통이 시간과 장소에 구애받지 않아야 하고, 자연스러워야 하며, 인간이 스스로 결정할 수 있는 자율적인 존재로서 기술을 활용할 수 있도록 하는 제반 기술공학적 서비스가 제공된다는 것이다(류영달, 2004).

유비쿼터스 환경으로의 전환을 위하여 미국, 일본, 유럽 국가 등 IT 선진국들은 이미 치

〈표 16-2〉 디지털 시대의 도래에 따른 교육환경의 변화

주요변화요인	주요현상	내용
학생 요구의 변화	학생의 능동적 자세변화	• 선생님과 학생 간의 원활한 의사소통 채널 요구 • 다양한 커뮤니티 채널을 통한 능동적 정보공유 • 다양한 교양 및 정보자료 요구
학습내용 변화	선택적 개별학습 요구되는 교육과정	• 자기주도적 학습 강조 • 선택과목의 확대 및 학습방법의 다양화 • 정보통신기술 활용 교육지침 제공
학습도구 다양화	인터넷 활용 여건의 향상	• 컴퓨터 보급률의 증가 • 다양한 정보통신기술의 발달(LMS, LCMS) • 초고속 통신으로 고품질의 온라인 콘텐츠 제공 • 디지털 시대에 맞는 교과서, 수업형태의 변화 요구
평생학습사회 도래	사회적 교육수요의 변화	• 지식의 생명 주기가 짧아짐 • 일과 학습이 어우러진 사회로의 변화 • 생애 전주기에 걸친 학습에 대한 요구 증대 • 지역사회 및 산업과 연계된 교육 필요

출처: 김형주(2005).

열한 경쟁관계에 있다(류영달, 2004; 이숙영, 2003). 그런 선진 국가들에 비해서 후발주자인 한국은 정보기술 인프라구조나 정보화 역량이 선진국 대열에 선 바 있다(IMD World Competitiveness Yearbook, 2005; 진대제, 2005). 교육 역시 유비쿼터스 환경에 놓이게 될 것이다. PC와 스마트 기기의 대중화, 통신망의 확충, 클라우드의 일상화에 힘입어 학습의 편재화가 점차 현실화되어 가고 있다. 이러한 흐름은 〈표 16-2〉에서 볼 수 있듯이 학습자 중심화, 선택적 개별학습 중심화, 편리한 학습을 위한 다양한 기술의 활용, 시간과 공간을 초월한 평생학습화가 전개될 것이다(김형주, 2005).

유비쿼터스 교육은 교실에서의 면대면 전통적 교육을 완전히 대체하는 것이 아니라 전통적 교육체제를 보완하는 방향으로 전개될 것으로 본다. 기술공학의 발달로 사이버대학이나 e-러닝과 같은 가상공간에서의 시공을 초월할 수 있는 교육 상황이 확산되어 가고 있는 것은 사실이다. 그러나 그러한 상황들이 선진과 후진 간의 인격적 만남을 전제하는 교육을 기계가 대신할 만한 가치나 효과가 있다는 논리나 증거는 아직 보이지 않는다. 양방향 소통을 가능케 하는 MOOC가 각광받는 것은 교육이 인격적 만남을 요구하는 점을 반증한다. 선진과 후진 간의 인격적 만남을 전제하는 교육의 성격이 변하지 않는 한 기술공학적 진보는 그러한 전인격적 만남을 완전히 대체하기보다는 도울 수 있는 방향으로 발전할 것으로 본다.

교육평가는 교육의 효과를 판단하기 위한 활동이지만, 그 교육을 조형하는 기능도 한다. 이를 두고 이 책의 제1장에서는 교육평가의 교육조형 기능으로 서술한 바 있다. 단순 지식을 평가하면 단순 지식을 중심으로 하는 교육활동이, 복잡하고 고차적인 기능을 평가하면 그러한 기능을 중시하는 교육이 실천되는 현상을 흔히 경험한다. 달리 표현하면, 평가를 어떻게 하는가에 따라서 교육활동 전체가 좌우될 수도 있다는 것이다. 그러므로 교육평가는 교육의 질을 결정할 수 있는 정도로 핵심적인 교육활동이다. 교육이 유비쿼터스 환경에 적응하여 진화한다고 할 때, 교육평가를 어떻게 하는가에 따라서 그 진화의 방향과 질이 달라질 수도 있는 것이다. 이는 유비쿼터스 환경에서의 교육평가가 유비쿼터스 교육의 중요한 축을 형성하게 될 것이라는 점을 의미한다(Trinder, Magill, & Roy, 2005). 미래사회에 적응함을 넘어서서 경쟁력 우위에 설 수 있기 위해서는 교육평가 또한 창의력 신장을 조형할 수 있는 방향으로 이루어져야 함은 당위로 다가온다. 다행히 2015 개정 교육과정의 구성원칙이 '창의융합형 인재양성'에 있음을 천명하고 있다. 과연 창의융합형 인재가 무엇이고, 어떻게 하여야 할 것인가? 이 질문에 대한 답이 명료하고 실천 가능할 때, 그렇게 함으로써 교육평가 또한 창의력 신장 교육을 조형하는 방향으로 실천이 가능할 때, 우리 사회의 미래 경쟁력을 담보할 수 있는 것이다.

3) 과학적 연구를 통한 이론의 진화

이론은 현상세계를 이해하고 설명하기 위한 개념의 세계를 구성한다. 개념의 세계는 현상세계를 번역하거나 해석하기 위해서 존재하는 것이므로 현상세계와 일치할 수는 없다. 그리고 현상세계는 이론으로 번역하거나 해석해 내는 것보다 더 복잡한 경우가 일반적이다. 그러므로 이론은 현상세계를 번역하거나 해석하는 데 늘 한계를 지닌다. 더구나 현상세계는 늘 변화하므로 이론이 충분히 역할을 할 수 있기 위해서는 늘 새로운 지식이 창출되어야 한다.

새로운 지식의 창출은 새로운 앎을 얻음을 뜻한다. 철학자 Charles Peirce는 새로운 지식 습득 방식을 개인적 고집에 의존하는 방식, 책이나 스승과 같은 권위에 의존하는 방식, 어떤 순간적 깨달음과 같은 직관에 의한 방식, 과학적 연구에 의한 방식 등으로 구분하였다(Buchler, 1955: 장상호, 1980 재인용). 고집에 의한 지식은 타성적이며 객관성이 결여되고, 권위에 의한 지식은 의존적이며 이미 있던 지식의 전수일 가능성이 높고, 직관에 의한 지식은 그 어떻게 하면 도달하는지를 설명하지 못한다는 점에서 객관적 검증이 가능하지 않다. 객관적 검증이 가능한 지식은 과학적 연구에 의한 지식이다. 우리의 앎은 반드시 과학적인 지식은 아니며, 과학적인 지식이라고 해도 완전하지는 않다. 그렇기 때문에 과학적 지식은 끊임없이 자기수정을 계속 해 나간다.

사회적 변화와 함께 이론이 변해 왔다는 것은 우리 인간의 경험에 의해서 확인되었다. 이론의 변화는 급격하고 전체적인 세계관의 변화(paradigm shift)를 가져오기도 하고, 보다 정교하고 복잡해지기도 하고, 단순화되기도 하며, 더 많은 학문적 통합을 이루는 경우도 있다. 그 어떤 이론적 변화도 연구에 의한 변화는 기존의 지식체계에 근거하지만, 그 지식체계의 한계를 극복하는 형태로 변화한다는 점에서 진화론적이다. 교육평가 이론 또한 마찬가지이다. 교육평가를 실천하거나 그와 관련된 현상을 이해하기 위해서는 현 개념체계들에 의존한다. 그러나 우리는 현재의 개념체계가 우리의 실천을 충분히 만족스럽게 설명하거나 이끌지 못하기 때문에 문제점도 안고 있다. 더구나 앞으로 변화하는 세계에 평가는 어떤 모습을 갖추며 어떻게 대처해야 할 것인지도 의문이다. 그러한 문제점이나 의문점들은 한 개인의 삶의 문제인 동시에 지구촌에서 생존해야 할 국가적 문제이기도 하다.

과연 그러한 문제에 대한 답을 어떤 개인의 경험이나 깨달음에 의존할 수 있을까? 우리 인간이 고안한 방법으로서 그러한 문제에 대한 답을 얻는 가장 객관적인 방법은 과학적 연구라고 할 수 있다. 그러나 모든 문제를 엄격한 과학적 연구만으로 답할 수는 없다. 더러는 철학적이거나 윤리학적으로 답해야 하는 경우도 있다. 그 어느 경우든 제대로 된 연구 결과는 사람들의 믿음을 얻게 된다. 제대로 된 연구라고 함은 학문적으로 합의된(진리에 이르는) 체계적인 절차를 좇아서 이루어진 연구를 의미한다. 성공적으로 이루어진 체계적인 연구는 우리 인간의 무지의 경계선을 밀어내어 앎의 세계와 삶의 세계를 확장시키는 역할을 한다. 체계적인 연구는 우리의 과거와 현재의 앎과 삶을 다른 모습으로 전환시킨다는 점에서, 인간의 삶 및 앎의 진화의 기제라고 할 수 있다. 그러므로 우리 사회의 변화의 속도, 밀도, 범위가 더해질수록 연구는 더욱 활발하게 작동할 것이다. 그래야만 우리의 삶이 존속할 수 있기 때문이다.

2. 교육평가에 대한 반성

교육평가에 대한 반성을 한다고 함은 이제까지의 실상을 되돌아보는 것 외에, 보다 나아지기 위한 어떤 새로움을 추구하는 것을 함의한다. 새로움이란 어떤 이유에서건 이제까지 하지 못했던 것을 실천해야 함을 함의한다. 어떤 일이건 이제까지 하지 못했다고 함은 생각이 아예 미치지 못하였기 때문에(즉, 개념이 존재하지 않았기 때문에) 그 필요성을 못 느꼈을 수도 있고, 필요성은 느끼고 있었지만 여건이 허락하지 않았거나 방법론적 지식이 부족했음에 기인할 수도 있다. kohlberg의 도덕성 발달이론이 있기 전까지는 도덕성을 지적으로 접근하는 것은 생각할 수 없었다거나, 정서지능이론 없이 정서지능검사가 존재하지 못했을 것이라는 주장은 전자의 예에 해당한다. 전인적 평가나 평가를 통한 학생의 진단과 같이 그 필요성은 당연시되었지만 실천이 충분히 따르지 못한 경우는 후자의 예에 해당한다. 전인적 평가를 해 왔으며, 평가를 통하여 학생의 오개념을 진단하고 극복할 수 있는 처방을 내려 왔는가? 이러한 질문에 쉽게 긍정적으로 답하기 어렵다는 것은 우리만의 문제는 아니다. 그러한 문제를 아직 완전히 해결하지 못하는 데에는 여건의 미성숙 외에 (방법적) 지식의 부족을 이유로 들 수도 있다.

지식은 실천의 필요조건이라고 할 수 있다. 교육평가의 전망과 과제는 앞에서 보았듯이 새로움을 추구하는 활동이다. 새로움을 추구하는 것이 결코 쉬운 일은 아니다. 새로움의 폭과 깊이가 클수록 그에 대한 저항도 크다. 새로운 일을 해야 하는 사람은 그 전에 비해서 시간적 또는 심리적 부담을 더 느끼거나 심지어는 불안에 직면하기도 한다. 그러한 부담이나 불안은 상당부분 무지에 근거한다. 새로운 일이 무엇이며, 무엇을 어떻게 하며, 어떤 결과에 이를 것인지에 대한 이해도가 높을수록 그러한 부담이나 불안은 줄어들 수 있다. 그러므로 어떤 혁신을 위해서는 우선 구성원들의 인식의 변화와 공감이 중요하다. 이는 교육평가의 전망과 과제에서 그리고자 하는 그림은 새로운 지식이 뒷받침될 때 실현 가능해지거나 쉬워짐을 의미한다.

새로운 지식은 연구에 의할 때 체계적으로 창출될 수 있다. 그런 맥락에서 교육평가의 전망과 과제는 교육평가연구와 별도로 논의되기 어렵다. 이하에서는 교육평가의 실제와 이론의 발전을 추구하기 위하여 해결해야 할 문제점들을 학생평가와 교육 프로그램 평가의 문제점으로 나누어 짚어 본다.

1) 학생평가의 문제점

(1) 서열 정보중심 평가와 수업의 비통합성

학교교육 상황에서 이루어지는 대부분의 학생평가의 일차적 목적은 학업성취의 정도를 확인하기 위한 것이다. 학업성취도를 확인하는 것은 평가의 필수적 목적들 중의 하나라는 데 이론을 제기하기는 어렵다. 실지로 대부분의 성취도평가가 그러한 목적을 수행해 왔던 만큼, 학습목표가 어느 정도로 달성되었는지를 확인하기 위한 성취도검사의 실제 및 이론은 상당히 만족스럽게 발달해 왔다. 성취도평가 결과는 사회적 경쟁을 위한 평가 준거로 활용되었다. 사회적 경쟁이 공정하게 이루어지기 위해서는 그러한 평가가 신뢰성 있고 타당하게 이루어져야 할 사회적 필요가 있었다고 해도 좋다. 고전검사이든 문항반응이론이든 이론적 발달에 그러한 사회적 필요가 전부는 아니더라도 상당히 공헌한 것은 부정하기 어렵다. 동시에 검사이론과 실천들 능력중심의 경쟁력을 갖춘 민주사회를 형성하는 데 실질적인 기여를 해 왔다고도 할 수 있다.

학교교육 상황에서 학업성취도평가 결과들은 그것이 지필평가이든 수행평가이든 점수화되고, 석차(등급)와 같은 서열정보로 가공되어 기록된다. 그 기록은 사회적 경쟁을 위한 근거자료가 된다. 사회적 경쟁을 위해서는 평가의 공정성을 확보하는 것이 중요하며, 사회적 경쟁의 공정성을 중요시할수록 평가의 객관성이 중요시된다. 그렇기 때문에 지필시험을 위해서는 한 교과를 가르치는 여러 교사가 공동으로 출제하며, 객관적 채점이 가능하도록 한다. 그리고 수행평가의 경우도 가능한 한 객관적 채점이 가능하도록 과제를 통일하거나 채점기준을 구체화한다.

객관성 확보가 일차적 가치로 작용하는 교육평가의 타당성은 어느 정도로 보장될 수 있는가? 객관식 지필평가로는 창의력이나 종합적 문제해결력과 같은 복잡한 고등정신 능력을 측정하기 힘들다. 한편, 주관식 평가라고 할 수 있는 수행평가는 교육적으로 중요시되는 고등정신 능력을 충분히 타당하게 평가하는가? 수행평가의 중요한 역할은 고등정신 기능과 그 학습과정을 사정하는 것이다. 그러나 학생의 진정한 수행이라기보다는 상품화된 자료를 이용한 수행이 횡행하는 곳에서는 수행평가로써 창의성이나 문제해결력을 측정하기 어렵다. 또한 남이 대신 하거나 타인의 도움을 과도하게 받은 수행 결과를 평가하게 된다면 수행평가의 필요성이 의문시된다(김성훈, 2001). 결국 지필평가이든 수행평가이든 중요한 교육목표의 달성을 확인하기 위한 평가로서 타당성이 전제될 수 있어야 한다.

객관적 평가는 어느 정도로 교육의 본질적 정보를 추출하며, 어느 정도로 수업과 통합되는가? 지필시험이든 수행평가이든 이들이 종국적으로는 총점으로 묶이며, 서열정보로 가공된다. 성취도평가 점수는 어떤 능력의 연속선상 위치를 나타낸다. 그렇다면 능력 수준을 나타내는 점수정보를 가지고 학생 개인에 적합한 수업 및 학습지도 계획을 할 수 있을까? 교수 및 학습은 학생의 내면 상태를 변화시키기 위한 노력들로서 교육의 본질적 활동이라고 할 수 있다. 연속선상의 위치정보로써는 능력의 수준을 가늠할 수 있지만, 학생의 (인지구조나 인지과정과 같은) 내면의 상태를 구체적으로 이해할 수는 없다. 그럼에도 불구하고 교육평가가 교육의 본질적 활동에 직접 도움이 되는 정보를 제공하는가? 이러한 질문에 긍정적으로 답하지 못하는 가운데 교육평가는 수업과 통합될 수 있으며, 교육의 본질적 활동을 한다고 할 수 있을 것인가?

의사의 환자 진단(평가)과 교사의 학생 (진단)평가를 비교해 보자. 의사는 병의 원인을 진단하기 위하여 몇 가지 방법으로 자료를 수집한다. 그러한 자료수집을 '평가'라고 부르지는 않지만, 그 의사는 그 자료들을 해석하여 어떤 병이 어느 정도나 심할 것인지를 판단하며, 후속적으로 어떻게 치료해야 할 것인지도 판단한다. 그가 앞으로 어떻게 해야 할 것인지를 염두에 두고 측정된 자료를 해석하여 어떤 판단을 한 것을 두고 우리는 그가 (예진적 진단)평가를 하였다고 이해할 수 있다. 그리고 그는 진단(평가)에 근거하여 후속적으로 어떤 치료를 어떻게 하여야 할 것인지를 결정할 뿐만 아니라 치료를 해 가는 과정에서도 주기적으로 진단을 하고, 그에 따라 치료 또한 조정한다. 이러한 활동은 진단(평가)이 형성적 목적으로 이루어지는 것을 의미한다. 이상을 두고 평가와 치료는 전체적 하나로 통합되었다고 할 수 있으며, 평가는 의료의 본질적 활동으로 이해할 수 있을 것이다.

교사도 학생을 이해하기 위하여 진단(평가)하고, 그에 근거하여 지도하는 것을 교육의 본질적 활동으로 한다고 할 수 있다. 그런데 학생의 성취도 점수만 가지고 학생의 내적 상태를 이해하고 그의 지도를 위한 계획을 수립하고 진행할 수 있을 것인가? 이 질문에 답할 수 있기 위해서는 능력 수준보다는 더 미시적인 내적 상태를 이해할 수 있는 평가를 할 수 있어야 할 것이다. 즉, 평가와 수업이 통합되고 평가가 교육의 본질적인 활동에 도움을 줄 수 있는 정보를 산출할 수 있기 위해서는 학생의 인지 구조나 인지 과정을 이해할 수 있는 평가를 할 수 있어야 할 것이다. 근래 활발히 연구되고 있는 인지심리학적 측정은 그러한 문제를 해결하기 위한 노력들이다.

(2) 창의적 전인평가의 취약성

싱귤래리티는 인간이 기계에 종속될 수 있음을 경고한다. 이세돌이 알파고에게 패했을 때, 사람들이 그런 위험을 직간접적으로 느꼈다. 싱귤래리티의 도래 여부와 관계없이 기술공학적 발전은 계속되리라고 가정해 보자. 그 발전은 대부분 교육받은 인격체들의 창의적 산출물이 될 것이다. 그 교육받은 인격체들은 기아, 오염, 자원 등의 지구상의 문제를 해결하여 인류의 복지를 증진할 수도 있지만, 재해를 가져올 수도 있다. 후자는 핵의 개발이 잠재하는 바와 같이 의도하지 않더라도 있을 수 있다. 그만큼 향후 교육은 창의력을 기르더라도 전인적으로 성숙된 인격체를 길러야 한다는 세기적 당위성에 직면해 있다.

지구상의 각 사회는 창의적 전인을 길러야 한다는 당위에 이론을 제기하기는 어렵다. 그러나 창의적 전인교육이 무엇인가에 대해서는 상황이나 관점에 따라서 달라질 수 있다. 전통적으로 전인교육을 해야 한다고 하는 경우는 대부분 인성이나 태도와 같은 정의적 측면을 강조한다. 지구촌이 더욱 급변하고 경쟁적인 사회로 되어 가더라도 정의교육의 중요성은 여전할 뿐만 아니라 더욱 강조되는 경향도 있다. Wimmer(2006)는 앞으로 정의적 발달을 위한 수업설계가 중요하며 실천 가능함을 보여 주고 있으며, Reigeluth(1999)는 앞으로 유럽의 교육에서 "다양한 문화적 기교(모국어와 외국어, 또는 ICT)를 이용할 수 있는 능력뿐만이 아니라 자긍심, 적응력, 이동성, 융통성, 문제해결 능력, 능동적이며 창조적인 역할 수행 능력"(p. 6)을 중시해야 할 것이라고 한다.

정의교육이나 창의교육은 전통적 지식교육에 못지않게 중요하지만, 실제 교육적 노력은 그에 상응하지 못하여 왔다고 할 수 있다. 이는 정의적 성취나 창의력 신장에 대한 정교하게 합의된 이론이 부재하며, 그럼으로써 체계적으로 평가하기가 어려웠다는 점에도 기인한다. 물론 이는 정의 특성이나 창의력이 객관적으로 확인되기 어렵기 때문이기는 하다. 그렇더라도 창의적 전인의 발달에 대한 책임으로부터 학교가 자유로울 수는 없다. 어차피 창의적 전인에 대한 절대적 진리로서의 이론은 존재하지 않는다. 창의적 전인은 무엇이고, 어떻게 길러야 할 것이며, 또 어떻게 평가해야 할 것인지는 우리 교육 학계와 실천계가 구성해 가야 할 이론인 동시에 실천이다.

(3) 교육의 내재적 가치에 대한 무관심

교육의 목적으로서 교과목표 달성 외에 평생 동안 가르치고 배우고자 하는 태도를 형성하는 것은 중요치 않은가? 중요하다면, 교육의 결과로서 그 목표 달성을 평가하여야 하는 것이 논리적 귀결이다. 그러나 학생평가에서 교과의 목표와 같은 교과의 가치를 평가하는 것 외에 교육활동 자체적 가치평가는 부재한 상태라고 할 수 있다. 교과성적에 근거해 학생의 석차나 등급을 부여하는 것은 교육의 효과를 확인하기 위한 필수적인 활동이고, 이후의 선발을 위한 정보 축적으로서의 의미가 큼을 부인하지 못한다. 그리고 평가의 교육활동 조형기능을 전제할 때, 평가에서 중요하게 다루어진 만큼 그 교과의 가치가 부각된다고 할 수 있다. 그런데 기존의 많은 평가활동은 가르치고 배우는 활동 그 자체의 가치, 즉 교육의 내재적 가치를 체험하게 하는 데 공헌하지 못했다고 할 수 있다.

교육의 내재적 가치란 교육활동 자체의 가치를 의미한다(장상호, 2005). 수학교육을 예로 든다면, 수학능력 향상은 수학교육의 내재적 가치이기는 하지만 교육 자체의 내재적 가치라기보다는 교육의 외재적 가치이다. 그 경우 교육의 내재적 가치는 수학 교육과정을 소재로 하여 가르치고 배우는 과정 자체에서 경험할 수 있는 가치이다. 그러므로 교육의 내재적 가치는 모든 교과에 보편적으로 적용될 수 있는 가치이다. 교육의 내재적 가치에 대한 이론적 발달이 미진한 상황에서 교육의 본질적 가치를 평가의 준거로 개념화해 내기가 어려운 실정이지만, 그렇다고 그 중요성이 경감되는 것은 아니다. 장상호(2005)의 논의에서 엿볼 수 있듯이, 사제동행(師弟同行), 졸탁동시(卒琢同時), 심심상응(心心相應), 심열성복(心悅誠服), 청출어람(青出於藍) 등의 가치는 다들 교육활동의 내재적 가치라고 할 수 있지 않을까? 교과성취도 중심의 평가는 교과의 성취 향상에는 관심이 높지만, 교육활동에 어떻게 참여할 것인가는 관심이 결여된 상태로 남아 있다.

(4) 학생의 종합적 이해와 진로지도 연계성 부족

한 학생이 고등학교를 졸업할 때까지는 다양한 평가의 대상이 된다. 학생들은 학교에서 이루어지는 주기적인 교과성취도평가, 지역교육청 단위의 평가, 전국적 평가(초등학교 3학년 진단평가, 전국적 학업성취평가, 전국적 모의고사 등), 국제적 학업성취평가(PISA, TIMSS) 등 다양한 성취도평가에 노출된다. 그 평가들은 지역이나 학교 차원의 교육과정 목표 달성 정도를 확인하기도 하지만, 교육과정 목표 달성도를 확인한다는 점에서 별로 다르지 않다.

다양한 평가정보들이 우리나라의 교육과정 목표 달성 정도를 확인하는 것이라고 한다면, 그 자료들은 교육과정을 중심으로 연계될 수 있다고 할 것이다. 그리고 그러한 정보들은 학생을 이해하고 지도하는 데 활용될 수 있는 귀한 정보라고 보아야 할 것이다. 왜냐하면 그러한 정보들은 각 학생이 초등학교 이후 고등학교 졸업 시까지 다양한 시점의 능력 수준을 나타내며, 개인의 장기적 변화를 담고 있기 때문이다.

그러나 이러한 정보들이 각각 별개로 활용될 수는 있어도 서로 밀접한 연계 아래에서 활용되지는 못하고 있다. 왜냐하면 각 평가정보들이 수평적으로 및 수직적으로 비교되는 형태로 만들어져 있지 못하기 때문이다. 달리 표현하면, 각 평가들은 서로 독립적으로 이루어졌으며, 그 결과들을 연계하기 위한 별도의 연구나 정책이 이루어지지 못하였기 때문이다. 그러나 그러한 연구나 정책이 가까운 미래에 실질적으로 이루어질지는 미지수이다. 그러한 연구나 정책이 실천될 수 있기 위해서는 각 평가정보들을 수합하고 관리할 수 있는 전문적 지식과 기능을 갖춘 인력과 그러한 작업에 요구되는 연산을 위한 하드웨어 및 소프트웨어가 마련되어야 한다.

2) 교육 프로그램 평가의 문제점

학교평가나 교사평가와 같은 교육 프로그램 평가는 교육의 책무성과 질을 높이는 목적으로 실시되고 있다. 평가는 그 대상이 되는 학교나 교사로 하여금 각각 긍정적인 평가를 받기 위하여 노력하게 한다. 그렇기 때문에 우리는 평가를 함으로써 책무성과 질을 높이는 목적을 달성할 것으로 가정한다. 그러한 목적은 피평가자들이 평가에 적극적으로 참여할 때 실현될 가능성이 높아진다. 교육 프로그램 평가의 문제는 구성원들의 참여와 밀접한 관계가 있다.

(1) 방어적 교육 프로그램 평가 및 저항

교육 프로그램 평가가 피평가자나 기관에게 주는 적절한 부담감은 피평가자나 기관으로 하여금 교육의 질을 유지하게 하는 데 긍정적인 작용을 한다. 그러나 일반적으로 부담감은 피평가자나 기관으로 하여금 방어적 평가를 하게 함으로써 자율적이기보다는 타율적이고, 적극적이기보다는 소극적이고, 생산적이기보다는 소비적 풍토를 조성할 가능성도 있다. 학교평가를 중심으로 볼 때, 각 학교는 주어진 평가 준거나 지표들이 그 학교의 상황에 맞지 않더라도 그 준거와 지표에 근거하여 평가를 받아야 한다. 더구나 학교는 자율적이기보다는 타율적으로 평가를 하며, 학교의 개선보다는 외부로부터 긍정적 평가를 받을 수 있도록 준비하는 데 신경을 쓰기도 한다. 그렇게 진행된 평가 결과는 자율적으로 교육 프로그램의 질 개선을 위하여 환류되기가 어렵다. 이와 같은 현상은 평가에 대한 저항으로 나타나기도 한다.

학교평가이든 교사평가이든 저항을 하는 사람들이라도 평가의 필요성을 무조건 부정하지는 않는다. 그에 대한 저항은 다분히 각 학교 또는 개인이 처한 상황이 고려한 방법이 고안되지 못했다거나 장기적으로 교육 풍토가 저해될 우려가 있다는 논리에 근거한다. 그러한 비판적 시각을 평가의 비타당성과 교육평가 준거의 교육외재성으로 정리할 수 있다.

(2) 교육 프로그램 평가의 비타당성

교육 프로그램 평가 결과는 자격 인정이나 승진 등과 같이 이해관계에 영향을 미치는 경우가 많다. 그러므로 평가 결과가 이해에 크게 영향을 미칠수록 평가 준거에 대한 관심이 높고, 각자의 상황에 불리하게 평가가 진행된다면 평가 결과를 받아들이지 않거나 저항을 하게 된다. 이는 평가의 타당성에 관련된 문제이다. 평가 결과가 타당하게 받아들여지기 위해서는 평가목적에 적합해야 하며, 평가 준거나 지표들이 각 피평가자 또는 집단의 특수한 상황에 적합하도록 설정되어야 할 것이며, 평가자들 또한 전문성에 근거한 평가적 판단을 할 수 있어야 할 것이다.

책무성 판단과 교육의 질 개선은 교육 프로그램 평가에서 현실적으로 가장 중요시되는 동시에 밀접히 관련된 평가목적으로서 분명히 구분되지 않은 채 동시적으로 추구되는 것이 일반적이다. 그러나 두 목적은 분명히 구별될 필요가 있으며, 평가의 방향이나 방법이 달라져야 할 측면도 있다. 수업평가를 예로 든다면, 수업평가 결과를 인사에 반영한다고 할 때, 이는 책무성 판단을 한 것으로 이해할 수 있다. 이 경우, 한 교사의 수업평가는 다른 교사들의 수업평가와 비교되고 그에 따라 그 교사가 받을 보상이 결정된다. 그러므로 책무성 판단을 위한(또는 인사평가를 위한) 수업평가에서 준수되어야 할 일차적 가치는 공정성이다. 공정한 수업평가를 위해서는 보편적인 평가 준거들을 설정해야 할 것이다. 한편, 특정 수업의 질 개선을 위한 평가라면, 그 평가를 통하여 그 수업의 특유의 내용이나 방법을 진단할 수 있어야 할 것이다. 이는 공통의 준거보다는 그 수업 특유의 상황, 내용, 방법들을 진단할 수 있는 준거들에 의하여 평가되어야 함을 의미한다. 실제로 이루어지는 많은 수업평가는 이러한 두 개념이 분명히 구분되지 않은 상태로 시행되기 때문에 어느 한 목적도 충분히 달성하기 어렵다고 할 수 있다.

각 개인이나 집단이 평가 결과를 받아들이고 환류할 때, 프로그램 평가는 교육의 질 향상에 기여할 수 있다. 그렇게 되기 위해서는 평가 준거나 지표들이 각 개인이나 집단의 상황에 적합하도록 마련될 필요가 있다. 그러나 어떤 프로그램 평가이든 모든 개인 또는 집단의 특수한 상황에 적합한 평가 준거를 만든다는 것은 비현실적이다. 더구나 상대적 비교를 위해서는 평가 준거들이 같을 필요도 있다. 그러므로 교육 프로그램 평가 준거는 특수성과 획일성의 연속선상 어느 위치에 있게 된다. 그런 상황에서 학교평가나 수업평가들은 각 학교나 수업의 질적 개선에 목적이 있다기보다는 어떻게 하면 공정하게 책무성평가를 할 것인가에 비중이 실려 있다. 그러므로 현실적으로는 상호 공정한 비교의 필요성과 현실적 조건의 한계로 인하여 가능한 한 폭넓게 적용할 수 있는 평가 준거와 지표가 만들어지고 있다. 이는 교육 프로그램 평가 준거들은 통상 획일적이며, 어느 정도 개인이나 집단의 특수성을 간과하고 있음을 의미한다. 따라서 현실적으로 이루어지고 있는 교육 프로그램 평가에의 참여도나 그 결과 활용의 한계를 안고 있음을 나타낸다.

평가 준거나 지표는 검증된 이론에 근거하여 도출하기보다는 전문가들의 합의에 의하여 결정되는 것이 일반적이다. 그러므로 어떤 전문가들이 참여하였는가에 따라서 준거나 지표는 달라질 수 있다. 평가에 참여하는 평가자들은 그렇게 주어진 평가 준거와 지표들을 사용하여야 한다. 더러는 주어진 준거나 지표가 적합하지 않음을 인식하더라도 평가가 진행되는 상황에서 고치기는 어렵다.

이상의 문제들은 모두 교육 프로그램 평가의 타당성을 저해하는 요인들이라고 할 수 있다. 그럼에도 불구하고 각 프로그램 평가가 제대로 이루어졌는지에 대한 체계적인 노력을 발견하기는 어렵다. 달리 표현하면, 교육 프로그램 평가의 평가, 즉 메타평가를 하고 그에 근거한 프로그램 평가 자체의 질 개선을 위한 노력이 절실히 요구된다. 물론 메타평가를 위해서는 메타평가를 위한 논리와 준거들이 마련되어야 할 것이다. 이는 학문적으로도 시급히 풀어야 할 과제라고 할 수 있다.

(3) 교육 프로그램 평가 준거의 교육외재성

학교평가나 수업평가와 같은 교육 프로그램 평가는 교육을 교육답게 하고 있는가? 좀 더 구체적으로 표현하면, 교육 프로그램 평가는 어떤 교육 풍토를 만들어 가고 있는가? 교육평가에서 어떤 가치 또는 준거가 채택되는가에 따라서 교육 풍토는 그러한 가치나 준거가 중요시되는 풍토를 조형한다고 해 보자. 그렇다면 교육 프로그램 평가는 교육활동 그 자체의 가치를 부각하고 교육하는 일이 무엇임을 드러내도록 하는가?

교육활동 그 자체의 가치를 장상호(2005)는 교육의 내재적 가치로 불렀다. 교육 프로그램 평가는 교육의 내재적 가치를 충분히 드러내지는 못하는 것 같다(김성훈, 1999). 일반적으로 교육 프로그램 평가는 교육의 결과인 교과성취도, 취업률 등의 특정 산출물, 그 산출을 위한 제반 조건이나 과정의 효율성에 관련된 예산, 행정의 효율성, 구성원의 참여도 등에 가치를 많이 부여한다. 이러한 가치는 교육하는 그 자체는 아니라는 점에서 교육의 외재적 가치라고 할 수도 있다. 이는 교육평가가 교육활동을 결정하는 기능을 전제할 때, 교육평가를 통해서 교육의 내재적 가치가 외재적 가치에 비해서 부각될 가능성이 현저히 낮음을 의미한다.

교육의 내재적 가치에 대한 논리가 교육 프로그램 평가에 스며들 정도로 숙성되지 못하고 있음은 안타까운 일이다. 교육의 내재적 가치가 무엇이며, 어떻게 확인될 수 있는지에 대한 정교하고 튼튼한 논리가 사람들에게 익숙하기 전까지는 평가지표로 설정되기는 어려울 것이다. 그러므로 우선 그 논리가 무엇인지에 대한 연구가 절실히 요청된다.

3. 과제

점차 속도와 범위를 더해 가는 경쟁적 지구촌에서 우리나라가 의존할 수 있는 것은 인적자원이고, 인적자원의 경쟁력은 교육에 의해서 길러질 수밖에 없다. 그러므로 교육의 책무성은 점차 무게를 더해 갈 것이다. 교육평가의 교육조형 기능이 의미하는 바와 같이 교육평가가 교육활동 결정력이 있음을 감안한다면, 교육의 장기적 계획에서 교육평가의 방향은 그 핵심적인 위치를 차지한다고 할 수 있다. 그런 맥락에서 사회적 맥락과 교육평가에 대한 반성에 근거하여 볼 때, 교육평가와 관련된 과제와 그 이행은 크게 두 가지 방향에 반하지 않는 방식으로 수립되어야 할 것이다.

첫째, 사회 변화에 적극적으로 적응하는 평가가 필요하다. 향후 지구촌 사회는 점점 더 기술정보의 발달이 촉진되어 유비쿼터스 환경이 확산되어 교육 또한 그러한 발달에 적응해야 할 뿐만 아니라 그러한 변화를 이끌어 나가야 할 것으로 본다. 이는 정보화 및 기술공학적 발달이 교육평가의 모습도 바꾸어 놓을 수 있음을 의미한다. 이미 다양한 정보화 기기들이 성취도평가에 활용되며, 전통적 지필검사 중심의 성취도 평가의 모습을 바꾸어 놓고 있다. 그런 맥락에서 교육평가 또한 그러한 기술정보를 활용해야 할 뿐만 아니라 그러한 사회를 이끌 수 있는 방향으로 평가가 이루어져야 할 것이다.

둘째, 각 평가의 목적 및 상황에 타당한 평가가 필요하다. 교육평가의 문제점에서 살핀 제 측면은 교육평가의 타당성의 한계로 귀결된다. 교육을 통하여 학생을 진단하고, 치유하고, 진로를 지도하기 위해서는 학생 내적 상태의 미시적 이해에서 교과나 영역 차원의 거시적 이해에 이르기까지 다양한 층위의 평가가 이루어져야 할 것이다. 이제까지는 미시적 차원의 이해가 부족했다는 점에서 교육의 본질적 활동을 위한 평가의 타당성이 문제시되어 왔다. 그리고 진로지도를 위한 다양한 평가정보를 이용할 수 있어야 한다는 점에서도 현재 별개로 주어지는 평가정보 하나하나가 별개로 주어진다면 타당성은 떨어진다.

교육 프로그램 평가의 문제점으로 제시한 구성원들의 참여도 저조, 평가의 비타당성, 평가 준거의 교육외재성 등은 전체적으로 평가 결과의 타당성 취약으로 종합된다. 교육 프로그램 평가의 타당성은 거시적 차원에서의 교육의 질을 담보하는 필수조건이다. 각 평가를 계획하고 실천하는 과정에서 항상 염두에 두어야 할 질문은 '그 평가가 목적과 상황에 타당하며, 교육을 교육답게 할 것인가?'이다. 이러한 질문이 쉽게 대답될 수 없다는 것은 분명하다. 그렇기 때문에 지속적인 연구와 실천이 순환되어야 할 것이다.

1) 학생평가의 과제

(1) 종합적인 학생 이해를 가능하게 하는 평가 및 진로지도 체제 마련

정보사회의 진전과 함께 유비쿼터스 교육환경이 확산됨에 따라서 교육평가 또한 변모되어야 할 것이다. 이는 교육평가를 위한 콘텐츠 개발, 평가와 수업의 통합, 평가정보의 네트워크화(김성훈, 2005a) 및 개인의 종합적 이해를 위한 평가정보의 종합(성태제, 2006) 등 다양한 세부 과제들로 다시 분화된다.

급변하는 사회 속에서 인간성 유지와 사회통합은 항시적으로 요구된다. 지적 발달 위주의 교육에서 한 걸음 더 나아가서 정의적 발달을 위한 교육 또한 구체적이고 체계적인 프로그램으로 실체화되어야 할 것이다(Goleman, 1995). 이는 정의적 발달 평가가 가능함을 전제로 하는 만큼, 정의적 영역 평가방법을 위한 연구가 축적되어야 할 것이다.

결과평가와 함께 과정평가 또한 실천될 수 있도록 연구가 진행되어야 할 것이다. 학생평가에서는 학생의 지적 및 정의적 특성의 변화가 사회적으로 합의된 절대적 기준에 의한

(준거참조)평가와 성장을 확인할 수 있는 방식의 (성장참조)평가가 실천되어야 할 것이다(성태제, 2006; 김명숙, 2004).

(2) 교수–학습의 통합을 위한 평가체제 마련

교수–학습 활동에 직접적인 지침을 줄 수 있기 위해서는 인간의 내적 상태를 진단하고, 이에 근거한 교수–학습 활동이 체계화되어야 할 것이다. 이를 위한 방법론으로서는 인지심리학적 측정에 의한 인지구조의 진단이 그 실천 가능성을 보여 주고 있다(김성훈, 2005b).

학생의 내적 상태를 진단하기 위해서는 교육과정 목표와 그러한 목표들을 측정하는 문항 및 평가 결과에 의하여 안내되어야 할 교수–학습의 방향을 안내할 수 있는 메타콘텐츠가 개발되고, 그러한 콘텐츠를 이용하여 실지로 학생을 평가하고 후속적 안내를 할 수 있는 (컴퓨터) 프로그램이 마련되어야 할 것이다.

(3) 유비쿼터스 평가체제 구축

종합적인 학생 이해를 위한 평가체제와 교수–학습의 통합을 위한 평가체제는 각각 거시적 이해와 미시적 이해를 염두에 둔 과제이다. 그러나 그 둘은 전체적 하나로 통합될 수 있다. 유비쿼터스 사회에서는 각 개인들에게 맞추어진 평가와 교수–학습 지도가 요구될 것이며, 그러한 요구가 시공간의 벽을 넘어서 충족될 수 있게 되며, 모든 평가정보들이 네트워크로 이어질 수 있다. 그러므로 교육과정 목표, 평가문항, 다양한 전집에서 구한 규준 등으로 형성되는 메타콘텐츠와 진단–학습을 연계한 프로그램 개발 연구가 꾸준히 지속될 필요가 있다.

(4) 창의력 신장을 유도할 수 있는 평가체제 구축

교육평가의 교육조형 기능을 전제할 때, 창의력을 타당하게 평가할수록 창의력 신장 가능성이 높아진다. 2015개정 교육과정은 '창의융합형 인재양성'을 교육과정 구성의 대원칙으로 천명하고 있다(교육부, 2015, p. 3). 그러나 창의융합이라는 용어는 정교한 이론에 근거하기보다는 교육적 가치가 큰 개념요소들의 묶음을 대표하는 실천지향적 합성어라고 할 수 있다(김성훈, 2016). 창의융합은 융합적 사고를 통한 창의적 문제해결을 강조하는 용어라고 볼 때, 융합은 창의력의 수단이다. 그러므로 궁극적으로는 창의력을 어떻게 개념화하는가가 중요하다. 그 개념에 따라서 수업이든 평가든 방향이 결정될 것이기 때문이다. 창의력은 다양하게 정의되어 왔지만, 어느 정도 합의에 도달하여 있다. 2000년대 초반까지 창의력에 대한 다양한 논의를 분석한 Mumford(2003, p. 110)는 창의력을 "새롭고, 유용한 산출물을 만드는 것"으로 정의하였고, Sternberg(2011, p. 479) 또한 "독창적이고 가치 있는 어떤 것을 산출하는" 능력으로 정의하였다(http://en.wikipedia.org/Creativity, 2015. 5. 31. 검색). 이 개념에 근거하여 김성훈(2015)은 창의력을 참신성(newness), 가치성(value/usefulness) 그리고 완결성(completeness)을 하위 속성의 상승적 합성 역량으로 규정하고, 창의력평가의 대전제와 세 가지 방향을 제시하였다. 그 방향은 세 가지 하위속성은 균형 있게 평가되어야 하며, 기초 개념의 완전학습을 위한 평가와 노력이나 시간에 대한 평가, 교육목표에 타당한 절대평가, 다양한 수준의 통합을 활용한 수행평가 등이다(김성훈, 2016). 이러한 제언은 교육연구와 교육실천가들의 긴밀한 소통과 협력에 의한 과감한 실천과 수정·보완이 진전될 수 있는 시스템을 절실히 요구한다.

(5) 교육의 내재적 가치 평가를 위한 교육의 내재적 가치 개념화

교육의 내재적 가치를 평가할 수 있어야 할 것이다. 교육평가의 교육활동 조형기능을 전제하면, 교육의 내재적 가치를 평가할 때 교육활동이 생명력을 가질 수 있다. 학생이 체득해야 할 가치로서 교육의 내재적 가치가 명료하게 개념화되지는 못하고 있는 실정이다. 따라서 학생평가에서 교육의 내재적 가치를 명시적으로 포함하지 못하고 있다고 보아야 할 것이다. 그러나 학생이 자율적으로 가르치거나 배우는 활동에 참여할 수 있도록 하는 가치를 평가한다면, 교육의 내재적 가치가 학생들을 자율적으로 공부할 수 있게 할 것이다. 앞으로 교육의 내재적 가치를 평가할 수 있는 평가 준거 및 지표 개발을 위한 연구가 추진되어야 할 것이다.

2) 교육 프로그램 평가의 과제

(1) 발달목표에 근거한 국가적 및 지역적 교육의 책무성평가 및 장기적 교육과정 개선

이 지구상의 각 국가들은 더욱 밀접한 지구촌 사회를 구성하게 됨과 함께, 그들 간의 경쟁은 더욱 직접적이고, 즉각적이고, 광범하게 이루어질 것이다. 그리고 어느 국가이든지 경쟁력 배양은 교육의 몫이고, 교육의 책무성은 더욱 강조될 것이다. 그리고 사회가 발전함에 따라 교육의 책무성을 실증적으로 평가하여야 할 것으로 내다본다.

미국은 교육의 책무성평가를 위해서 각 연령 단계별로 학생들이 갖추어야 할 발달목표를 설정하고, 그 목표에 어느 정도나 도달했는지를 지속적으로 평가한다. 우리나라도 현재 국민공통교과목의 절대적 평가기준들이 마련되어 있다. 이러한 평가기준들은 발달목표의 한 형태라고 할 수 있다. 이러한 기준들을 이용한 평가 결과에 근거하여 국가교육과정을 장기적이고 지속적으로 개선하는 시스템을 구축할 필요가 있다.

(2) 책무성 판단을 위한 타율적 평가와 질 개선을 위한 자율적 평가의 구분

학교평가, 수업평가, 교사평가를 주기적으로 함으로써 교육의 효율성을 제고하고 책무성을 높일 수는 있음은 주지의 사실이다. 그러나 평가의 타당성이 확보되지 못하면 방어적 · 타율적 · 형식적 평가가 이루어질 우려가 있다. 그러한 우려가 현실로 나타난다면 교육현장에 부정적 풍토를 조성할 가능성이 있다. 이는 책무성 판단과 교육의 질 개선 목적에 의한 평가를 구분하여, 전자는 보편적 평가 준거를 사용하여 타율적 평가를 하고, 후자는 구체적이고 특수한 준거를 사용하여 자율적 평가를 할 수 있는 방안으로 극복될 수 있을 것이다. 또한 개별적 상황적 특수성을 반영하는 평가 준거의 개발, 평가자의 전문성 신장 등이 동시적으로 추구되어야 할 것이다.

(3) 교육 프로그램 평가의 타당성을 높이기 위한 메타평가체제 구축

교육 프로그램이 우리 사회에 정착할 수 있기 위해서는 교육 프로그램 평가가 주기적인 활동으로 정착하여야 하며, 각 평가 상황에 적합한 전문적 판단이 이루어질 수 있어야 하며, 각 평가는 후속하는 프로그램에 영향을 미치는 활동으로 살아 있어야 한다. 그리고 각 프로그램 평가는 타당하게 이루어졌는지, 그 영향은 긍정적인지, 그 이후의 상황 변화가 있다면 후속하는 프로그램 평가는 어떻게 조정되어야 할 것인지 등에 대한 메타평가 또한 프로그램 평가의 타당성을 높이기 위해서 요구되는 활동이다.

4. 교육평가 연구의 과제

교육평가에 관한 학술적 연구를 위하여 존재하는 우리나라의 학문조직체는 한국교육평가학회가 유일하다. 1983년 창립 이래 한국교육평가학회는 학회 차원에서도 우리나라 교육평가의 전망이나 과제를 밝히기 위한 노력은 꾸준히 지속되어 왔다. 학회 차원에의 반성적 담론에서는 심리검사가 1987, 1996, 1991년도의 주제로, 대학입시가 1989, 1991, 1998, 2005, 2008년도의 주제로, 교육성취도 평가가 1994, 1998, 2003, 2004년도의 주제로, 수행평가가 1997, 2000, 2007년도의 주제로, 그리고 학교평가가 1997, 2003년도의 주제로 다루어졌다. 이들은 특정 주제를 중심으로 한 예이지만, 교육평가연구의 과제와 방향(1986), 교육개혁과 평가의 과제(1996), 21세기 한국교육평가의 전망과 과제(1998), 국가교육경쟁력 강화를 위한 교육평가의 역할(2003) 등과 같이 교육평가 전반에 대한 반성을 한 예도 있다.

〈표 16-3〉 한국교육평가학회에서 다룬 우리나라 교육평가 전망과 과제 관련 주제

연도	주제
1986	교육평가연구의 과제와 방향
1987	교육 · 심리검사의 발전전망과 과제
1989	대학입시의 측정 · 평가론적 문제
1991	대학교육 적성검사의 발전방향
1994	국가수준의 교육성취도 평가
1996	• 한국표준화 심리검사의 문제와 전망 • 교육개혁과 교육평가의 과제
1997	• 수행평가의 이론과 실제 • 학교평가의 과제와 방향
1998	• 국가수준 학업성위도 평가의 발전 방안 • 21세기 한국교육평가의 전망과 과제(15주년) • 대입 무시험 전형의 전망과 과제
1999	제7차 교육과정에서의 교육평가 방안 탐색
2000	학교현장에서의 수행평가 정착방안 연구
2002	한국 교육평가연구의 전망과 과제
2003	• 국가수준 학업성취도평가 • 국가교육경쟁력 강화를 위한 교육평가의 역할(20주년) • 교육공동체 형성을 위한 학교평가의 중장기 전망과 과제
2004	국가 수준의 기초학력 진단평가의 발전방향과 과제
2005	2008학년도 대학입시 제도의 문제와 전망
2006	학생평가 전문성과 학생부 신뢰도 제고 방안 탐색

2007	• 교원양성체제의 3전문화 · 특성화 방안 • 교육측정평가의 동향 및 수행평가의 적용실태와 개선방안
2008	• 한국교육평가 정책의 현안과 과제 • 미래 교육을 위한 대학입학전형제도의 비전 탐색

이상의 논의에 근거해서 볼 때, 앞으로는 다음과 같은 연구들이 지속될 필요가 있다.

첫째, 교육 프로그램 평가의 이론 구축을 위한 연구가 더 필요하다. 교육평가를 평가의 대상에 따라서 학생평가와 교육 프로그램 평가로 대별할 때, 대부분의 교육평가 연구들은 전자를 다루고 있다. 교육 프로그램 평가에 관한 연구의 필요성은 그 학회의 창립 초기부터 인식되었다. 당시에 교육평가 연구의 범주와 방향을 가늠하게 하는 학술대회(교육평가학회, 1986)에서의 발표논문들을 묶어서 발간한 『교육평가연구』 제1권(1986)의 논문 저자와 제목을 보자.

〈표 16-4〉 『교육평가연구』 제1권의 논문 저자 및 제목

저자	제목
황정규	교육평가연구의 전망과 과제
변창진	학력의 구조와 평가
박도순	수업프로그램평가의 과제와 방향
박종렬	대학교육기관평가의 전망과 과제
서정화	교육정책과정과 평가
임인재	국제학력평가비교연구
이종성	고전검사이론과 문항반응이론
이종승	교육평가모형의 개관

학회 창립 초기에 이루어진 이와 같은 노력은 교육평가를 중심으로 하는 학술적 담론의 범주와 방향을 규정하기 위한 것으로 이해될 수 있다. 그 주제들 중 세 번째 수업프로그램평가, 네 번째 대학교육기관평가, 다섯 번째 교육정책과정과 평가, 마지막의 교육평가모형의 개관은 교육 프로그램 평가를 다루는 논문들이다. 이는 교육 프로그램 평가가 교육평가의 한 축을 구성함을 의미한다. 이는 당시 기조발표를 한 황정규(1986)의 개념화에서도 짐작할 수 있다. 그는 교육평가이론에서 다루어야 할 인식과 관심의 대상을 단위 차원,

탐구양식 차원, 과제 차원으로 구분하고, 단위 차원을 개인, 기관, 지역으로 구분하고, 개인은 학생과 교사로, 기관은 학급과 학교로, 지역은 사회, 국가, 국제적 단위로 구분하고 있다. 단위 차원을 평가의 대상으로 재분류하면 학생은 학생평가로, 그 밖의 경우는 학생에게 주어지는 조건을 의미하는 교육 프로그램 평가로 묶을 수 있다.

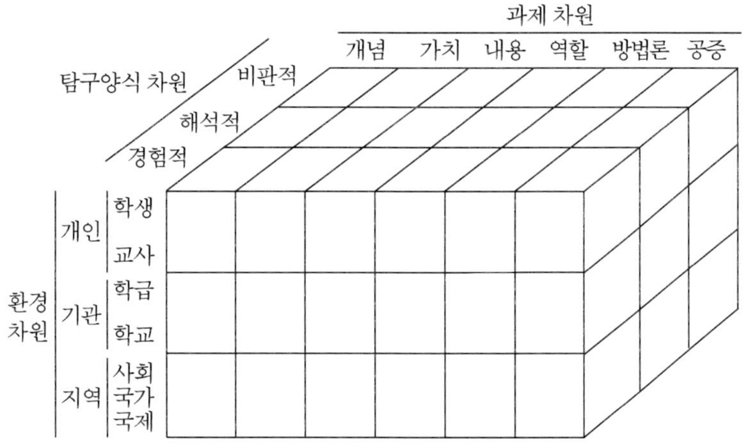

[그림 16-3] 교육평가 이론의 차원

출처: 황정규(1986), p. 9.

앞에서 본 바와 같이 교육 프로그램 평가는 일찍부터 교육평가의 한 축을 차지하고 있었다. 교육 프로그램 평가의 대표적인 예라고 할 수 있는 학교평가는 1994년과 2003년에 학회 차원의 학술적 담론의 주제로 채택되었다. 그리고 근래에 와서는 교사평가, 수업평가, 학교평가, 학문영역평가 등 다양한 교육 프로그램 평가가 학교교육 현실에서 중요한 역할을 하고 있다.

그러나 교육 프로그램 평가에 관한 학술적 담론은 학생평가에 비해서 미미하게 이루어졌다고 할 수 있다. 김성훈(2008)은 1986년부터 2007년까지의 한국교육평가학회의 학술지인 『교육평가연구』에 실린 전체 논문들을 평가의 유형에 따라서 빈도를 분석한 바 있다. 그의 연구에 의하면, 교육 프로그램 평가는 전체의 12%에 불과하다. 더구나 그중에서 조사도구의 타당화 관련 논문들을 제외한 교육 프로그램의 가치를 실지로 평가하는 연구는 8.7%에 불과하였다.

〈표 16-5〉『교육평가연구』에 실린 학생평가 및 교육 프로그램 평가 관련 논문 수

<table>
<tr><th>평가 유형</th><th colspan="2">평가 유형의 정의 및 예</th><th>빈도</th></tr>
<tr><td>학생평가</td><td colspan="2">측정/평가대상이 학생인 연구</td><td>337(81%)</td></tr>
<tr><td rowspan="2">교육 프로그램 평가</td><td rowspan="2">측정/평가대상이 학생에게 주어지는 조건인 연구
(예: 교사, 수업, 교육과정, 학교, 교육청 평가 등)</td><td>측정도구 타당화 연구: 18 (4.3%)</td><td rowspan="2">54(12%)</td></tr>
<tr><td>프로그램의 질 평가: 36 (8.7%)</td></tr>
<tr><td>기타</td><td colspan="2">측정대상을 학생과 프로그램으로 나누기 어려운 연구
(방법론을 다룬 연구)</td><td>25(6%)</td></tr>
<tr><td>계</td><td colspan="2"></td><td>416(100%)</td></tr>
</table>

출처: 김성훈(2008), p. 84.

둘째, 교육현실적 문제에 더욱 천착하는 연구가 필요하다. 이론세계는 현실세계를 이해하거나 설명하기 위한 개념의 세계이기는 하지만, 그 두 세계가 불일치하는 것은 당연하다. 그러나 현실의 변화나 개선을 위해서는 이론이 튼튼하게 받쳐 주지 않으면 그 변화나 개선은 임시방편이나 시행착오를 되풀이할 가능성이 높을 수밖에 없다. 그런 맥락에서 우리의 교육평가 실천들은 튼튼한 이론체계에 근거하고 있는지를 반성해볼 필요가 있다. 20여 년 전 황정규(1986)는 "우리나라의 교육평가 분야의 학문적 발전은 일찍 소개되고 개화된 뒤 동면에 들어가 있는 느낌이다."(p.22)라고 평했다. 그의 글을 인용해 보자.

> 한국의 교육학을 연구하는 사람들의 언어공동체가 교육 현실을 이해하기 위해 발전시킨 학문분야 중에 비교적 일찍이 발전한 분야의 하나를 든다면 '교육평가 분야'로 지칭해서 별로 어긋난 관찰은 아닐 것이다. 1945년 이후 우리의 교육에 서구에서 발달된 교육이론이 접목되면서 비교적 빨리 그리고 상당히 급속한 속도로 받아들여진 것이 교육현상의 과학적 이해에 바탕을 둔 교육심리학 분야, 교육과정 분야, 그리고 교육평가 분야였다고 판단된다. 교육평가 '분야'에 포함된다고 보는 교육통계학, 심리측정 및 교육측정, 교육평가, 심리검사, 연구 방법론 등은 그동안 교육현상을 관념적 수준에서 논의하던 우리의 인식에 새로운 경이와 지적 호기심을 불러일으켰으며, 학문적 탐구가 성숙되기도 전에 교육의 실천적 행위를 통제하는 중요한 규범의 역할을 했다. 그러나 이러한 실천적 행위의 다양성과 확산에 비해 교육평가 분야의 학문적 탐구와 심도와 관심의 다양성은 상대적으로 부진했고, 때로는 왜곡된 방향으

로 이해되기도 했다(황정규, 1986, pp. 7-8).

지금은 이와 같은 반성에서 자유로울 수 있을까? 〈표 16-3〉에서도 읽을 수 있듯이 대학입시, 전국적 학업성취도 평가, 학교평가 등은 우리나라 교육정책의 중요한 사안들로서 교육평가 학자들이 관여해 왔다. 제1장에 거론되었듯이 교육평가는 교육현실을 조형하는 기능을 한다. 그렇다면 교육평가는 교육에 실질적인 공헌을 하고 있는가? 일찌감치 '학문적 탐구가 성숙되기도 전에 교육의 실천적 행위를 통제하는 중요한 규범의 역할'을 해 온 교육평가의 논리들이 현 시점에서 과연 제 역할을 하는가? 각 학교에서 이루어지는 성취도평가는 타당하게 이루어지고 있으며 수업이나 학습의 안내를 하고 있는가? 국내외의 대규모 학업성취도평가는 우리나라 교육과정의 개선과 교육경쟁력 향상에 실질적으로 공헌하는가? 학교평가는 학교교육의 질을 증진하는가? 대학입학전형 방법들은 과연 우수한 학생들을 선발하고 우리나라의 교육 정상화에 공헌하는가? 이러한 문제는 정도의 차이는 있지만 어느 사회에서나 있을 수 있다. 이 질문들에 대한 보다 만족스러운 답을 만들어 가는 사회일수록 경쟁력에서 앞서 나갈 수 있을 것이다.

셋째, 교육의 본질적 가치나 현상을 다루는 평가연구가 더 필요하다. 교육평가학회 창립20주년 기념세미나의 기조강연에서 정범모(2003)는 우리나라의 교육평가 실제에 대한 반성과 교육평가 연구의 방향을 네 가지로 주문하였다. 첫째는 학생평가가 지식을 측정하는 필답고사에 너무 치우쳐 있음을 반성하고, 지 · 정 · 의가 다 강조될 수 있는 전인적 평가를 주문하였다. 둘째는 교육과 시험 간 본말전도가 심함을 지적하고, 시험 준비 중심 교육과 같은 교육 황폐화를 막을 수 있는 평가연구의 필요성을 지적하였다. 셋째는 교육평가가 학생의 성취도 측정에 너무 치중된 점을 반성하고, 교육평가가 교육의 사회공헌도도 평가해야 함을 지적하였다. 넷째는 교육 측정이나 평가에 관한 오신, 미신, 맹신들이 우리 사회에 팽배함을 지적하고, 그러한 잘못된 관념들을 계몽하는 것도 교육평가학자들의 몫이라고 주장하였다.

앞의 네 가지 주문들 중 셋째 주문은 교육 프로그램 평가의 필요성을, 넷째 주문은 제1장에서 다루었던 교육평가에 관한 고정관념 또는 신화적 믿음을 퇴출하고, 일반 사람들로 하여금 평가에 대한 이해도를 높여야 하는 것으로 이해할 수 있다. 한편, 첫째와 둘째 주문은 교육평가가 교육의 본질적 정보를 양산해야 함을 의미한다. 교육의 본질적 평가정보라고 함은 학습자를 이해하고 지도하는 데 직접적인 도움이 될 수 있는 정보를 의미한다. 그러므로 교육을 통하여 길러야 할 인간은 전인으로서, 평가정보 역시 지식의 양을 중심으로 한 분절된 정보가 아니라 지 · 정 · 의가 통합된 정보를 필요로 한다. 이 주문은 너무 오래되고 우리에게 익숙해서 어떻게 하면 될 것이라는 답이 있는 것처럼 오해되기도 한다. 그러나 실지로 무엇을 어떻게 하면 전인적 평가를 할 수 있는지는 여전히 어려운 문제인 만큼 지속적인 탐구가 요구된다.

교육의 본질적 평가정보의 필요성에 대한 또 다른 한 측면은 수업과 학습에 직접적으로 도움을 줄 수 있는 정보의 제공이다. 평가 결과가 총점 또는 평균 점수로만 주어질 때, 그 평가는 교육의 본질적 활동에 직접적인 도움을 주지 못한다. 그 점수는 어떤 연속선상의 위치정보이다. 그 정보는 상대적 위치를 서열화하거나, 미리 정해 놓은 준거에 따라서 판정할 수 있도록 하지만, 왜 어떤 과정을 거쳐서 그러한 위치에 도달했는지를 설명해 주지 못한다. 이를 위해서는 전인적 평가와는 달리 미시적이고 분석적인 작업을 필요로 하는 학생의 오개념이나 지식 상태를 진단하는 연구를 필요로 한다.

연구과제

1. 교육, 교육평가, 사회적 변화의 관계는 어떻게 개념화할 수 있는가?
2. 우리나라의 경쟁력 강화를 위해서는 교육평가가 어떻게 이루어져야 할 것인가?
3. 기술공학적 발전은 교육평가에 어떤 영향을 미치는가?
4. 교육의 본질적 가치는 무엇이며, 어떻게 평가할 수 있는가?
5. 교실평가 상황에서 창의력을 어떻게 평가해야 할 것인가?

부록

1. z분포표

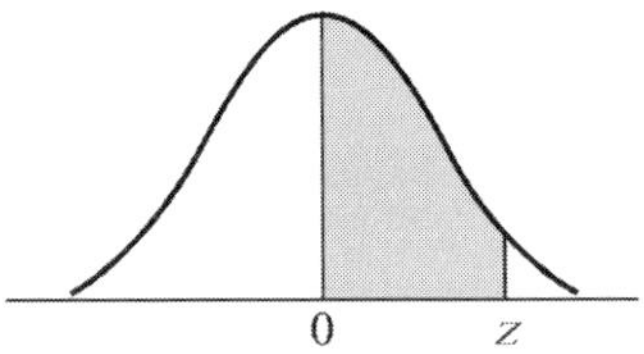

도표의 각 셀에 들어 있는 수는 표준정규분포곡선에서
0에서 z까지의 넓이를 나타낸다.

z	z의 소수점 이하 둘째 자리									
	.00	.01	.02	.03	.04	.05	.06	.07	.08	.09
.0	.0000	.0040	.0080	.0120	.0160	.0199	.0239	.0279	.0319	.0359
.1	.0398	.0438	.0478	.0517	.0557	.0596	.0636	.0675	.0714	.0753
.2	.0793	.0832	.0871	.0910	.0948	.0987	.1026	.1064	.1103	.1141
.3	.1179	.1217	.1255	.1293	.1331	.1368	.1406	.1443	.1480	.1517
.4	.1554	.1591	.1628	.1664	.1700	.1736	.1772	.1808	.1844	.1879
.5	.1915	.1950	.1985	.2019	.2054	.2088	.2123	.2157	.2190	.2224
.6	.2257	.2291	.2324	.2357	.2389	.2422	.2454	.2486	.2517	.2549
.7	.2580	.2611	.2642	.2673	.2703	.2734	.2764	.2794	.2823	.2852
.8	.2881	.2910	.2939	.2967	.2995	.3023	.3051	.3078	.3106	.3133
.9	.3159	.3186	.3212	.3238	.3264	.3289	.3315	.3340	.3365	.3389
1.0	.3413	.3438	.3461	.3485	.3508	.3531	.3554	.3577	.3599	.3621
1.1	.3643	.3665	.3686	.3708	.3729	.3749	.3770	.3790	.3810	.3830
1.2	.3849	.3869	.3888	.3907	.3925	.3944	.3962	.3980	.3997	.4015
1.3	.4032	.4049	.4066	.4082	.4099	.4115	.4131	.4147	.4162	.4177
1.4	.4192	.4207	.4222	.4236	.4251	.4265	.4279	.4292	.4306	.4319
1.5	.4332	.4345	.4357	.4370	.4382	.4394	.4406	.4418	.4429	.4441
1.6	.4452	.4463	.4474	.4484	.4495	.4505	.4515	.4525	.4535	.4545
1.7	.4554	.4564	.4573	.4582	.4591	.4599	.4608	.4616	.4625	.4633
1.8	.4641	.4649	.4656	.4664	.4671	.4678	.4686	.4693	.4699	.4706
1.9	.4713	.4719	.4726	.4732	.4738	.4744	.4750	.4756	.4761	.4767
2.0	.4772	.4778	.4783	.4788	.4793	.4798	.4803	.4808	.4812	.4817
2.1	.4821	.4826	.4830	.4834	.4838	.4842	.4846	.4850	.4854	.4857
2.2	.4861	.4864	.4868	.4871	.4875	.4878	.4881	.4884	.4887	.4890
2.3	.4893	.4896	.4898	.4901	.4904	.4906	.4909	.4911	.4913	.4916
2.4	.4918	.4920	.4922	.4925	.4927	.4929	.4931	.4932	.4934	.4936
2.5	.4938	.4940	.4941	.4943	.4945	.4946	.4948	.4949	.4951	.4952
2.6	.4953	.4955	.4956	.4957	.4959	.4960	.4961	.4962	.4963	.4964
2.7	.4965	.4966	.4967	.4968	.4969	.4970	.4971	.4972	.4973	.4974
2.8	.4974	.4975	.4976	.4977	.4977	.4978	.4979	.4979	.4980	.4981
2.9	.4981	.4982	.4982	.4983	.4984	.4984	.4985	.4985	.4986	.4986
3.0	.4987	.4987	.4987	.4988	.4988	.4989	.4989	.4989	.4990	.4990

2. χ^2분포표

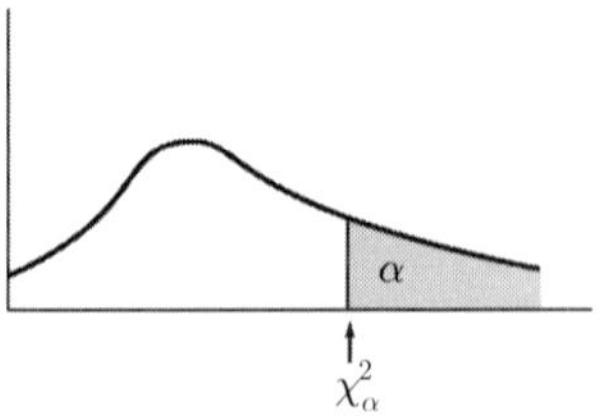

df =자유도(degree of freedom), α =유의수준
도표의 각 셀에 들어 있는 수는 유의수준 α에 해당하는 χ^2값

df	$\chi^2_{.99}$	$\chi^2_{.975}$	$\chi^2_{.95}$	$\chi^2_{.90}$	$\chi^2_{.10}$	$\chi^2_{.05}$	$\chi^2_{.025}$	$\chi^2_{.01}$
1	.00016	.00098	.0039	.0158	2.71	3.84	5.02	6.63
2	.0201	.0506	.1026	.2107	4.61	5.99	7.38	9.21
3	.115	.216	.352	.584	6.25	7.81	9.35	11.34
4	.297	.484	.711	1.064	7.78	9.49	11.14	13.28
5	.554	.831	1.15	1.61	9.24	11.07	12.83	15.09
6	.872	1.24	1.64	2.20	10.64	12.59	14.45	16.81
7	1.24	1.69	2.17	2.83	12.02	14.07	16.01	18.48
8	1.65	2.18	2.73	3.49	13.36	15.51	17.53	20.09
9	2.09	2.70	3.33	4.17	14.48	16.92	19.02	21.67
10	2.56	3.25	3.94	4.87	15.99	18.31	20.48	23.21
11	3.05	3.82	4.57	5.58	17.28	19.68	21.92	24.73
12	3.57	4.40	5.23	6.30	18.55	21.03	23.34	26.22
13	4.11	5.01	5.89	7.04	19.81	22.36	24.74	27.69
14	4.66	5.63	6.57	7.79	21.06	23.68	26.12	29.14
15	5.23	6.26	7.26	8.55	22.31	25.00	27.49	30.58
16	5.81	6.91	7.96	9.31	23.54	26.30	28.85	32.00
18	7.01	8.23	9.39	10.86	25.99	28.87	31.53	34.81
20	8.26	9.59	10.85	12.44	28.41	31.41	34.17	37.57
24	10.86	12.40	13.85	15.66	33.20	36.42	39.36	42.98
30	14.95	16.79	18.49	20.60	40.26	43.77	46.98	50.89
40	22.16	24.43	26.51	29.05	51.81	55.76	59.34	63.69
60	37.48	40.48	43.19	46.46	74.40	79.08	83.30	88.38
120	86.92	91.58	95.70	100.62	140.23	146.57	152.21	158.95

3. t분포표

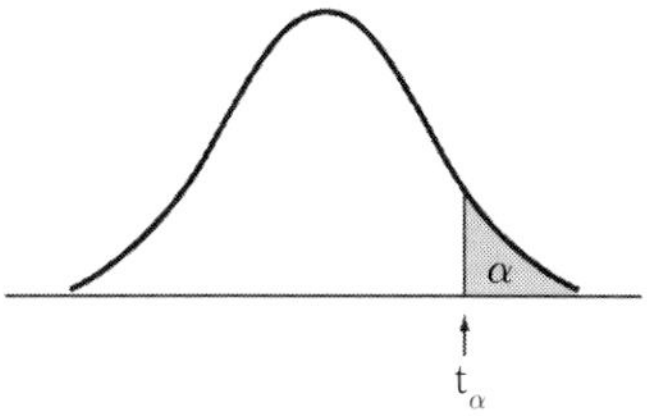

df =자유도(degree of freedom), α =유의수준
도표의 각 셀에 들어 있는 수는 유의수준 α에 해당하는 t값

df	$t_{.25}$	$t_{.10}$	$t_{.05}$	$t_{.025}$	$t_{.01}$	$t_{.005}$	$t_{.0005}$
1	1.000	3.078	6.314	12.706	31.821	63.657	636.619
2	.816	1.886	2.920	4.303	6.965	9.925	31.598
3	.765	1.638	2.353	3.182	4.541	5.841	12.941
4	.741	1.533	2.132	2.776	3.747	4.604	8.610
5	.727	1.476	2.015	2.571	3.365	4.032	6.859
6	.718	1.440	1.943	2.447	3.143	3.707	5.959
7	.711	1.415	1.895	2.365	2.998	3.499	5.405
8	.706	1.397	1.860	2.306	2.896	3.355	5.041
9	.703	1.383	1.833	2.262	2.821	3.250	4.781
10	.700	1.372	1.812	2.228	2.764	3.169	4.587
11	.697	1.363	1.796	2.201	2.718	3.106	4.437
12	.695	1.356	1.782	2.179	2.681	3.055	4.318
13	.694	1.350	1.771	2.160	2.650	3.012	4.221
14	.692	1.345	1.761	2.145	2.624	2.977	4.140
15	.691	1.341	1.753	2.131	2.602	2.947	4.073
16	.690	1.337	1.746	2.120	2.583	2.921	4.015
17	.689	1.333	1.740	2.110	2.567	2.898	3.965
18	.688	1.330	1.734	2.101	2.552	2.878	3.922
19	.688	1.328	1.729	2.093	2.539	2.861	3.883
20	.687	1.325	1.725	2.086	2.528	2.845	3.850
21	.686	1.323	1.721	2.080	2.518	2.831	3.819
22	.686	1.321	1.717	2.074	2.508	2.819	3.792
23	.685	1.319	1.714	2.069	2.500	2.807	3.767
24	.685	1.318	1.711	2.064	2.492	2.797	3.745
25	.684	1.316	1.708	2.060	2.485	2.787	3.725
26	.684	1.315	1.706	2.056	2.479	2.779	3.707
27	.684	1.314	1.703	2.052	2.473	2.771	3.690
28	.683	1.313	1.701	2.048	2.467	2.763	3.674
29	.683	1.311	1.699	2.045	2.462	2.756	3.659
30	.683	1.310	1.697	2.042	2.457	2.750	3.646
40	.681	1.303	1.684	2.021	2.423	2.704	3.551
60	.679	1.296	1.671	2.000	2.390	2.660	3.460
120	.677	1.289	1.658	1.980	2.358	2.617	3.373
∞	.674	1.282	1.645	1.960	2.326	2.576	3.291

4. F분포표

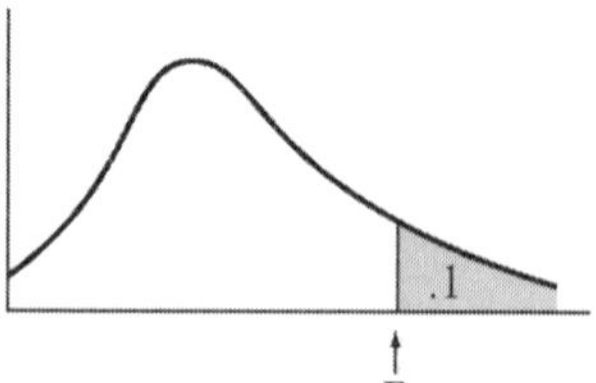

V_1 =분자의 자유도, V_2 =분모의 자유도
도표의 각 셀에 들어 있는 수는 유의수준 .1에 해당하는 F값

V_2	V_1									
	1	2	3	4	5	6	7	8	9	10
1	39.86	49.50	53.59	55.83	57.24	58.20	58.91	59.44	59.86	60.19
2	8.53	9.00	9.16	9.24	9.29	9.33	9.35	9.37	9.38	9.39
3	5.54	5.46	5.39	5.34	5.31	5.28	5.27	5.25	5.24	5.23
4	4.54	4.32	4.19	4.11	4.05	4.01	3.98	3.95	3.94	3.92
5	4.06	3.78	3.62	3.52	3.45	3.40	3.37	3.34	3.32	3.30
6	3.78	3.46	3.29	3.18	3.11	3.05	3.01	2.98	2.96	2.94
7	3.59	3.26	3.07	2.96	2.88	2.83	2.78	2.75	2.72	2.70
8	3.46	3.11	2.92	2.81	2.73	2.67	2.62	2.59	2.56	2.50
9	3.36	3.01	2.81	2.69	2.61	2.55	2.51	2.47	2.44	2.42
10	3.29	2.92	2.73	2.61	2.52	2.46	2.41	2.38	2.35	2.32
11	3.23	2.86	2.66	2.54	2.45	2.39	2.34	2.30	2.27	2.25
12	3.18	2.81	2.61	2.48	2.39	2.33	2.28	2.24	2.21	2.19
13	3.14	2.76	2.56	2.43	2.35	2.28	2.23	2.20	2.16	2.14
14	3.10	2.73	2.52	2.39	2.31	2.24	2.19	2.15	2.12	2.10
15	3.07	2.70	2.49	2.36	2.27	2.21	2.16	2.12	2.09	2.06
16	3.05	2.67	2.46	2.33	2.24	2.18	2.13	2.09	2.06	2.03
17	3.03	2.64	2.44	2.31	2.22	2.15	2.10	2.06	2.03	2.00
18	3.01	2.62	2.42	2.29	2.20	2.13	2.08	2.04	2.00	1.98
19	2.99	2.61	2.40	2.27	2.18	2.11	2.06	2.02	1.98	1.96
20	2.97	2.59	2.38	2.25	2.16	2.09	2.04	2.00	1.96	1.94
21	2.96	2.57	2.36	2.23	2.14	2.08	2.02	1.98	1.95	1.92
22	2.95	2.56	2.35	2.22	2.13	2.06	2.01	1.97	1.93	1.90
23	2.94	2.55	2.34	2.21	2.11	2.05	1.99	1.95	1.92	1.89
24	2.93	2.54	2.33	2.19	2.10	2.04	1.98	1.94	1.91	1.88
25	2.92	2.53	2.32	2.18	2.09	2.02	1.97	1.93	1.89	1.87
26	2.91	2.52	2.31	2.17	2.08	2.01	1.96	1.92	1.88	1.86
27	2.90	2.51	2.30	2.17	2.07	2.00	1.95	1.91	1.87	1.85
28	2.89	2.50	2.29	2.16	2.06	2.00	1.94	1.90	1.87	1.84
29	2.89	2.50	2.28	2.15	2.06	1.99	1.93	1.89	1.86	1.83
30	2.88	2.49	2.28	2.14	2.05	1.98	1.93	1.88	1.85	1.82
40	2.84	2.44	2.23	2.09	2.00	1.93	1.87	1.83	1.79	1.76
60	2.79	2.39	2.18	2.04	1.95	1.87	1.82	1.77	1.74	1.71
120	2.75	2.35	2.13	1.99	1.90	1.82	1.77	1.72	1.68	1.65
∞	2.71	2.30	2.08	1.94	1.85	1.77	1.72	1.67	1.63	1.60

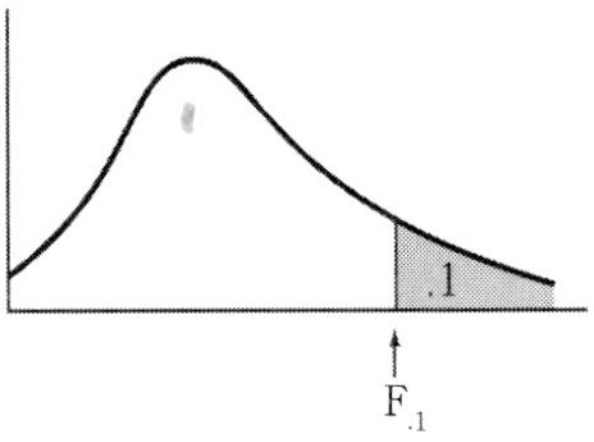

V_1 =분자의 자유도, V_2 =분모의 자유도
도표의 각 셀에 들어 있는 수는 유의수준 .1에 해당하는 F값

V_2	V_1								
	12	15	20	24	30	40	60	120	∞
1	60.71	61.22	61.74	62.00	62.26	62.53	62.79	63.06	63.33
2	9.41	9.42	9.44	9.45	9.46	9.47	9.47	9.48	9.49
3	5.22	5.20	5.18	5.18	5.17	5.16	5.15	5.14	5.13
4	3.90	3.87	3.84	3.83	3.82	3.80	3.79	3.78	3.76
5	3.27	3.24	3.21	3.19	3.17	3.16	3.14	3.12	3.10
6	2.90	2.87	2.84	2.82	2.80	2.78	2.76	2.74	2.72
7	2.67	2.63	2.59	2.58	2.56	2.54	2.51	2.49	2.47
8	2.50	2.46	2.42	2.40	2.38	2.36	2.34	2.32	2.29
9	2.38	2.34	2.30	2.28	2.25	2.23	2.21	2.18	2.16
10	2.28	2.24	2.20	2.18	2.16	2.13	2.11	2.08	2.06
11	2.21	2.17	2.12	2.10	2.08	2.05	2.03	2.00	1.97
12	2.15	2.10	2.06	2.04	2.01	1.99	1.96	1.93	1.90
13	2.10	2.05	2.01	1.98	1.96	1.93	1.90	1.88	1.85
14	2.05	2.01	1.96	1.94	1.91	1.89	1.86	1.83	1.80
15	2.02	1.97	1.92	1.90	1.87	1.85	1.82	1.79	1.76
16	1.99	1.94	1.89	1.87	1.84	1.81	1.78	1.75	1.72
17	1.96	1.91	1.86	1.84	1.81	1.78	1.75	1.72	1.69
18	1.93	1.89	1.84	1.81	1.78	1.75	1.72	1.69	1.66
19	1.91	1.86	1.81	1.79	1.76	1.73	1.70	1.67	1.63
20	1.89	1.84	1.79	1.77	1.74	1.71	1.68	1.64	1.61
21	1.87	1.83	1.78	1.75	1.72	1.69	1.66	1.62	1.59
22	1.86	1.81	1.76	1.73	1.70	1.67	1.64	1.60	1.57
23	1.84	1.80	1.74	1.72	1.69	1.66	1.62	1.59	1.55
24	1.83	1.78	1.73	1.70	1.67	1.64	1.61	1.57	1.53
25	1.82	1.77	1.72	1.69	1.66	1.63	1.59	1.56	1.52
26	1.81	1.76	1.71	1.68	1.65	1.61	1.58	1.54	1.50
27	1.80	1.75	1.70	1.67	1.64	1.60	1.57	1.53	1.49
28	1.79	1.74	1.69	1.66	1.63	1.59	1.56	1.52	1.48
29	1.78	1.73	1.68	1.65	1.62	1.58	1.55	1.51	1.47
30	1.77	1.72	1.67	1.64	1.61	1.57	1.54	1.50	1.46
40	1.71	1.66	1.61	1.57	1.54	1.51	1.47	1.42	1.38
60	1.66	1.60	1.54	1.51	1.48	1.44	1.40	1.35	1.29
120	1.60	1.55	1.48	1.45	1.41	1.37	1.32	1.26	1.19
∞	1.55	1.49	1.42	1.38	1.34	1.30	1.24	1.17	1.00

V_1 =분자의 자유도, V_2 =분모의 자유도
도표의 각 셀에 들어 있는 수는 유의수준 .05에 해당하는 F값

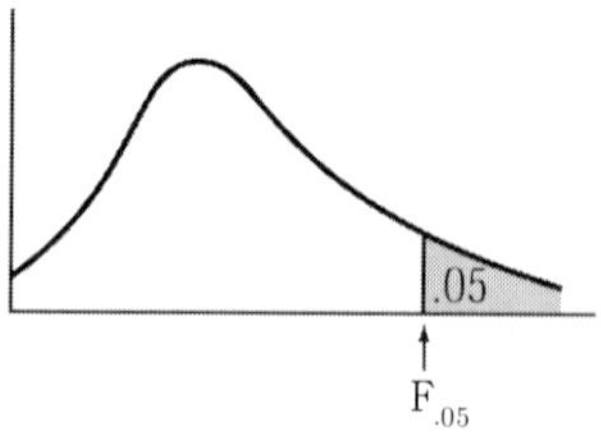

V_2	V_1									
	1	2	3	4	5	6	7	8	9	10
1	161.4	199.5	215.7	224.6	230.2	234.0	236.8	238.9	240.5	241.9
2	18.51	19.00	19.16	19.25	19.30	19.33	19.35	19.37	19.38	19.40
3	10.13	9.55	9.28	9.12	9.01	8.94	8.89	8.85	8.81	8.79
4	7.71	6.94	6.59	6.39	6.26	6.16	6.09	6.04	6.00	5.96
5	6.61	5.79	5.41	5.19	5.05	4.95	4.88	4.82	4.77	4.74
6	5.99	5.14	4.76	4.53	4.39	4.28	4.21	4.15	4.10	4.06
7	5.59	4.74	4.35	4.12	3.97	3.87	3.79	3.73	3.68	3.64
8	5.32	4.46	4.07	3.84	3.69	3.58	3.50	3.44	3.39	3.35
9	5.12	4.26	3.86	3.63	3.48	3.37	3.29	3.23	3.18	3.14
10	4.96	4.10	3.71	3.48	3.33	3.22	3.14	3.07	3.02	2.98
11	4.84	3.98	3.59	3.36	3.20	3.09	3.01	2.95	2.90	2.85
12	4.75	3.89	3.49	3.26	3.11	3.00	2.91	2.85	2.80	2.75
13	4.67	3.81	3.41	3.18	3.03	2.92	2.83	2.77	2.71	2.67
14	4.60	3.74	3.34	3.11	2.96	2.85	2.76	2.70	2.65	2.60
15	4.54	3.68	3.29	3.06	2.90	2.79	2.71	2.64	2.59	2.54
16	4.49	3.63	3.24	3.01	2.85	2.74	2.66	2.59	2.54	2.49
17	4.45	3.59	3.20	2.96	2.81	2.70	2.61	2.55	2.49	2.45
18	4.41	3.55	3.16	2.93	2.77	2.66	2.58	2.51	2.46	2.41
19	4.38	3.52	3.13	2.90	2.74	2.63	2.54	2.48	2.42	2.38
20	4.35	3.49	3.10	2.87	2.71	2.60	2.51	2.45	2.39	2.35
21	4.32	3.47	3.07	2.84	2.68	2.57	2.49	2.42	2.37	2.32
22	4.30	3.44	3.05	2.82	2.66	2.55	2.46	2.40	2.34	2.30
23	4.28	3.42	3.03	2.80	2.64	2.53	2.44	2.37	2.32	2.27
24	4.26	3.40	3.01	2.78	2.62	2.51	2.42	2.36	2.30	2.25
25	4.24	3.39	2.99	2.76	2.60	2.49	2.40	2.34	2.28	2.24
26	4.23	3.37	2.98	2.74	2.59	2.47	2.39	2.32	2.27	2.22
27	4.21	3.35	2.96	2.73	2.57	2.46	2.37	2.31	2.25	2.20
28	4.20	3.34	2.95	2.71	2.56	2.45	2.36	2.29	2.24	2.19
29	4.18	3.33	2.93	2.70	2.55	2.43	2.35	2.28	2.22	2.18
30	4.17	3.32	2.92	2.69	2.53	2.42	2.33	2.27	2.21	2.16
40	4.08	3.23	2.84	2.61	2.45	2.34	2.25	2.18	2.12	2.08
60	4.00	3.15	2.76	2.53	2.37	2.25	2.17	2.10	2.04	1.99
120	3.92	3.07	2.68	2.45	2.29	2.17	2.09	2.02	1.96	1.91
∞	3.84	3.00	2.60	2.37	2.21	2.10	2.01	1.94	1.88	1.83

V_1 =분자의 자유도, V_2 =분모의 자유도
도표의 각 셀에 들어 있는 수는 유의수준 .05에 해당하는 F값

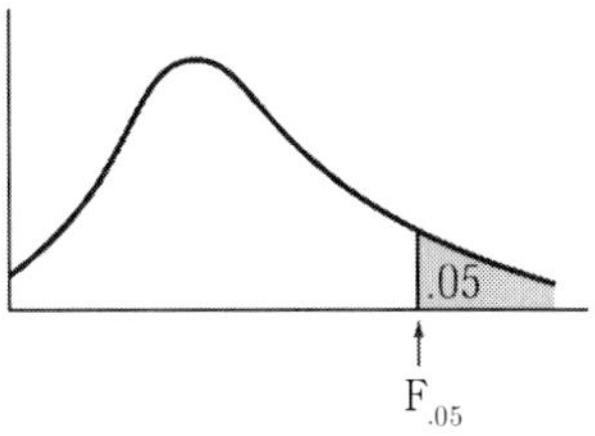

V_2	V_1								
	12	15	20	24	30	40	60	120	∞
1	243.9	245.9	248.0	249.1	250.1	251.1	252.2	253.3	254.3
2	19.41	19.43	19.45	19.45	19.46	19.47	19.48	19.49	19.50
3	8.74	8.70	8.66	8.64	8.62	8.59	8.57	8.55	8.53
4	5.91	5.86	5.80	5.77	5.75	5.72	5.69	5.66	5.63
5	4.68	4.62	4.56	4.53	4.50	4.46	4.43	4.40	4.36
6	4.00	3.94	3.87	3.84	3.81	3.77	3.74	3.70	3.67
7	3.57	3.51	3.44	3.41	3.38	3.34	3.30	3.27	3.23
8	3.28	3.22	3.15	3.12	3.08	3.04	3.01	2.97	2.93
9	3.07	3.01	2.94	2.90	2.86	2.83	2.79	2.75	2.71
10	2.91	2.85	2.77	2.74	2.70	2.66	2.62	2.58	2.54
11	2.79	2.72	2.65	2.61	2.57	2.53	2.49	2.45	2.40
12	2.69	2.62	2.54	2.51	2.47	2.43	2.38	2.34	2.30
13	2.60	2.53	2.46	2.42	2.38	2.34	2.30	2.25	2.21
14	2.53	2.46	2.39	2.35	2.31	2.27	2.22	2.18	2.13
15	2.48	2.40	2.33	2.29	2.25	2.20	2.16	2.11	2.07
16	2.42	2.35	2.28	2.24	2.19	2.15	2.11	2.06	2.01
17	2.38	2.31	2.23	2.19	2.15	2.10	2.06	2.01	1.96
18	2.34	2.27	2.19	2.15	2.11	2.06	2.02	1.97	1.92
19	2.31	2.23	2.16	2.11	2.07	2.03	1.98	1.93	1.88
20	2.28	2.20	2.12	2.08	2.04	1.99	1.95	1.90	1.84
21	2.25	2.18	2.10	2.05	2.01	1.96	1.92	1.87	1.81
22	2.23	2.15	2.07	2.03	1.98	1.94	1.89	1.84	1.78
23	2.20	2.13	2.05	2.01	1.96	1.91	1.86	1.81	1.76
24	2.18	2.11	2.03	1.98	1.94	1.89	1.84	1.79	1.73
25	2.16	2.09	2.01	1.96	1.92	1.87	1.82	1.77	1.71
26	2.15	2.07	1.99	1.95	1.90	1.85	1.80	1.75	1.69
27	2.13	2.06	1.97	1.93	1.88	1.84	1.79	1.73	1.67
28	2.12	2.04	1.96	1.91	1.87	1.82	1.77	1.71	1.65
29	2.10	2.03	1.94	1.90	1.85	1.81	1.75	1.70	1.64
30	2.09	2.01	1.93	1.89	1.84	1.79	1.74	1.68	1.62
40	2.00	1.92	1.84	1.79	1.74	1.69	1.64	1.58	1.51
60	1.92	1.84	1.75	1.70	1.65	1.59	1.53	1.47	1.39
120	1.83	1.75	1.66	1.61	1.55	1.50	1.43	1.35	1.25
∞	1.75	1.67	1.57	1.52	1.46	1.39	1.32	1.22	1.00

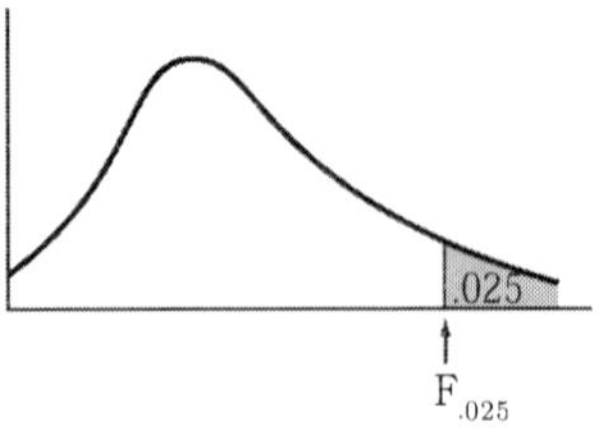

V_1 =분자의 자유도, V_2 =분모의 자유도
도표의 각 셀에 들어 있는 수는 유의수준 .25에 해당하는 F값

V_2	V_1									
	1	2	3	4	5	6	7	8	9	10
1	647.8	799.5	864.2	899.6	921.8	937.1	948.2	956.7	963.3	968.6
2	38.51	39.00	39.17	39.25	39.30	39.33	39.36	39.37	39.39	39.40
3	17.44	16.04	15.44	15.10	14.88	14.73	14.62	14.54	14.47	14.42
4	12.22	10.65	9.98	9.60	9.36	9.20	9.07	8.98	8.90	8.84
5	10.01	8.43	7.76	7.39	7.15	6.98	6.85	6.76	6.68	6.62
6	8.81	7.26	6.60	6.23	5.99	5.82	5.70	5.60	5.52	5.46
7	8.07	6.54	5.89	5.52	5.29	5.12	4.99	4.90	4.82	4.76
8	7.57	6.06	5.42	5.05	4.82	4.65	4.53	4.43	4.36	4.30
9	7.21	5.71	5.08	4.72	4.48	4.32	4.20	4.10	4.03	3.96
10	6.94	5.46	4.83	4.47	4.24	4.07	3.95	3.85	3.78	3.72
11	6.72	5.26	4.63	4.28	4.04	3.88	3.76	3.66	3.59	3.53
12	6.55	5.10	4.47	4.12	3.89	3.73	3.61	3.51	3.44	3.37
13	6.41	4.97	4.35	4.00	3.77	3.60	3.48	3.39	3.31	3.25
14	6.30	4.86	4.24	3.89	3.66	3.50	3.38	3.29	3.21	3.15
15	6.20	4.77	4.15	3.80	3.58	3.41	3.29	3.20	3.12	3.06
16	6.12	4.69	4.08	3.73	3.50	3.34	3.22	3.12	3.05	2.99
17	6.04	4.62	4.01	3.66	3.44	3.28	3.16	3.06	2.98	2.92
18	5.98	4.56	3.95	3.61	3.38	3.22	3.10	3.01	2.93	2.87
19	5.92	4.51	3.90	3.56	3.33	3.17	3.05	2.96	2.88	2.82
20	5.87	4.46	3.86	3.51	3.29	3.13	3.01	2.91	2.84	2.77
21	5.83	4.42	3.82	3.48	3.25	3.09	2.97	2.87	2.80	2.73
22	5.79	4.38	3.78	3.44	3.22	3.05	2.93	2.84	2.76	2.70
23	5.75	4.35	3.75	3.41	3.18	3.02	2.90	2.81	2.73	2.67
24	5.72	4.32	3.72	3.38	3.15	2.99	2.87	2.78	2.70	2.64
25	5.69	4.29	3.69	3.35	3.13	2.97	2.85	2.75	2.68	2.61
26	5.66	4.27	3.67	3.33	3.10	2.94	2.82	2.73	2.65	2.59
27	5.63	4.24	3.65	3.31	3.08	2.92	2.80	2.71	2.63	2.57
28	5.61	4.22	3.63	3.29	3.06	2.90	2.78	2.69	2.61	2.55
29	5.59	4.20	3.61	3.27	3.04	2.88	2.76	2.67	2.59	2.53
30	5.57	4.18	3.59	3.25	3.03	2.87	2.75	2.65	2.57	2.51
40	5.42	4.05	3.46	3.13	2.90	2.74	2.62	2.53	2.45	2.39
60	5.29	3.93	3.34	3.01	2.79	2.63	2.51	2.41	2.33	2.27
120	5.15	3.80	3.23	2.89	2.67	2.52	2.39	2.30	2.22	2.16
∞	5.02	3.69	3.12	2.79	2.57	2.41	2.29	2.19	2.11	2.05

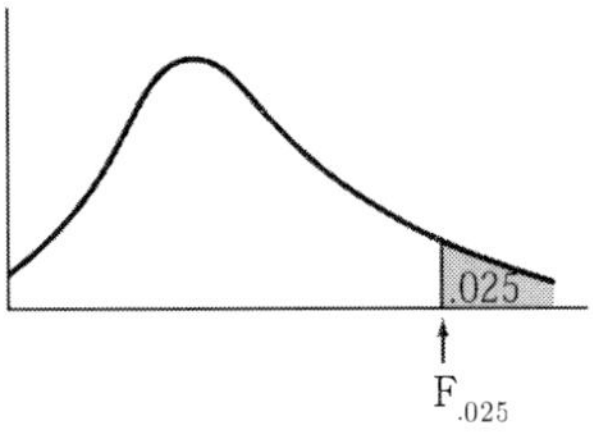

V_1 =분자의 자유도, V_2 =분모의 자유도
도표의 각 셀에 들어 있는 수는 유의수준 .025에 해당하는 F값

V_2	V_1								
	12	15	20	24	30	40	60	120	∞
1	976.7	984.9	993.1	997.2	1001	1006	1010	1014	1018
2	39.41	39.43	39.45	39.46	39.46	39.47	39.48	39.49	39.50
3	14.34	14.25	14.17	14.12	14.08	14.04	13.99	13.95	13.90
4	8.75	8.66	8.56	8.51	8.46	8.41	8.36	8.31	8.26
5	6.52	6.43	6.33	6.28	6.23	6.18	6.12	6.07	6.02
6	5.37	5.27	5.17	5.12	5.07	5.01	4.96	4.90	4.85
7	4.67	4.57	4.47	4.42	4.36	4.31	4.25	4.20	4.14
8	4.20	4.10	4.00	3.95	3.89	3.84	3.78	3.73	3.67
9	3.87	3.77	3.67	3.61	3.56	3.51	3.45	3.39	3.33
10	3.62	3.52	3.42	3.37	3.31	3.26	3.20	3.14	3.08
11	3.43	3.33	3.23	3.17	3.12	3.06	3.00	2.94	2.88
12	3.28	3.18	3.07	3.02	2.96	2.91	2.85	2.79	2.72
13	3.15	3.05	2.95	2.89	2.84	2.78	2.72	2.66	2.60
14	3.05	2.95	2.84	2.79	2.73	2.67	2.61	2.55	2.49
15	2.96	2.86	2.76	2.70	2.64	2.59	2.52	2.46	2.40
16	2.89	2.79	2.68	2.63	2.57	2.51	2.45	2.38	2.32
17	2.82	2.72	2.62	2.56	2.50	2.44	2.38	2.32	2.25
18	2.77	2.67	2.56	2.50	2.44	2.38	2.32	2.26	2.19
19	2.72	2.62	2.51	2.45	2.39	2.33	2.27	2.20	2.13
20	2.68	2.57	2.46	2.41	2.25	2.29	2.22	2.16	2.09
21	2.64	2.53	2.42	2.37	2.31	2.25	2.18	2.11	2.04
22	2.60	2.50	2.39	2.33	2.27	2.21	2.14	2.08	2.00
23	2.57	2.47	2.36	2.30	2.24	2.18	2.11	2.04	1.97
24	2.54	2.44	2.33	2.27	2.21	2.15	2.08	2.01	1.94
25	2.51	2.41	2.30	2.24	2.18	2.12	2.05	1.98	1.91
26	2.49	2.39	2.28	2.22	2.16	2.09	2.03	1.95	1.88
27	2.47	2.36	2.25	2.19	2.13	2.07	2.00	1.93	1.85
28	2.45	2.34	2.23	2.17	2.11	2.05	1.98	1.91	1.83
29	2.43	2.32	2.21	2.15	2.09	2.03	1.96	1.89	1.81
30	2.41	2.31	2.20	2.14	2.07	2.01	1.94	1.87	1.79
40	2.29	2.18	2.07	2.01	1.94	1.88	1.80	1.72	1.64
60	2.17	2.06	1.94	1.88	1.82	1.74	1.67	1.58	1.48
120	2.05	1.94	1.82	1.76	1.69	1.61	1.53	1.43	1.31
∞	1.94	1.83	1.71	1.64	1.57	1.48	1.39	1.27	1.00

V_1 =분자의 자유도, V_2 =분모의 자유도
도표의 각 셀에 들어 있는 수는 유의수준 .01에 해당하는 F값

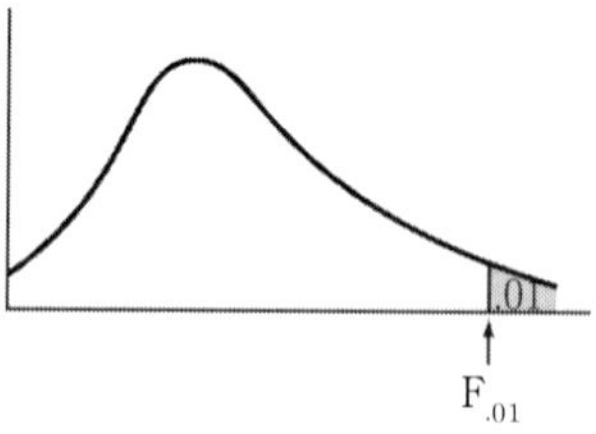

V_2	V_1									
	1	2	3	4	5	6	7	8	9	10
1	4052	4999.5	5403	5625	5764	5859	5928	5982	6022	6056
2	98.50	99.00	99.17	99.25	99.30	99.33	99.36	99.37	99.39	99.40
3	34.12	30.82	29.46	28.71	28.24	27.91	27.67	27.49	27.35	27.23
4	21.20	18.00	16.69	15.98	15.52	15.21	14.98	14.80	14.66	14.55
5	16.26	13.27	12.06	11.39	10.97	10.67	10.46	10.29	10.16	10.05
6	13.75	10.92	9.78	9.15	8.75	8.47	8.26	8.10	7.98	7.87
7	12.25	9.55	8.45	7.85	7.46	7.19	6.99	6.84	6.72	6.62
8	11.26	8.65	7.59	7.01	6.63	6.37	6.18	6.03	5.91	5.81
9	10.56	8.02	6.99	6.42	6.06	5.80	5.61	5.47	5.35	5.26
10	10.04	7.56	6.55	5.99	5.64	5.39	5.20	5.06	4.94	4.85
11	9.65	7.21	6.22	5.67	5.32	5.07	4.89	4.74	4.63	4.54
12	9.33	6.93	5.95	5.41	5.06	4.82	4.64	4.50	4.39	4.30
13	9.07	6.70	5.74	5.21	4.86	4.62	4.44	4.30	4.19	4.10
14	8.86	6.51	5.56	5.04	4.69	4.46	4.28	4.14	4.03	3.94
15	8.68	6.36	5.42	4.89	4.56	4.32	4.14	4.00	3.89	3.80
16	8.53	6.23	5.29	4.77	4.44	4.20	4.03	3.89	3.78	3.69
17	8.40	6.11	5.18	4.67	4.34	4.10	3.93	3.79	3.68	3.59
18	8.29	6.01	5.09	4.58	4.25	4.01	3.84	3.71	3.60	3.51
19	8.18	5.93	5.01	4.50	4.17	3.94	3.77	3.63	3.52	3.43
20	8.10	5.85	4.94	4.43	4.10	3.87	3.70	3.56	3.46	3.37
21	8.02	5.78	4.87	4.37	4.04	3.81	3.64	3.51	3.40	3.31
22	7.95	5.72	4.82	4.31	3.99	3.76	3.59	3.45	3.35	3.26
23	7.88	5.66	4.76	4.26	3.94	3.71	3.54	3.41	3.30	3.21
24	7.82	5.61	4.72	4.22	3.90	3.67	3.50	3.36	3.26	3.17
25	7.77	5.57	4.68	4.18	3.85	3.63	3.46	3.32	3.22	3.13
26	7.72	5.53	4.64	4.14	3.82	3.59	3.42	3.29	3.18	3.09
27	7.68	5.49	4.60	4.11	3.78	3.56	3.39	3.26	3.15	3.06
28	7.64	5.45	4.57	4.07	3.75	3.53	3.36	3.23	3.12	3.03
29	7.60	5.42	4.54	4.04	3.73	3.50	3.33	3.20	3.09	3.00
30	7.56	5.39	4.51	4.02	3.70	3.47	3.30	3.17	3.07	2.98
40	7.31	5.18	4.31	3.83	3.51	3.29	3.12	2.99	2.89	2.80
60	7.08	4.98	4.13	3.65	3.34	3.12	2.95	2.82	2.72	2.63
120	6.85	4.79	3.95	3.48	3.17	2.96	2.79	2.66	2.56	2.47
∞	6.63	4.61	3.78	3.32	3.02	2.80	2.64	2.51	2.41	2.32

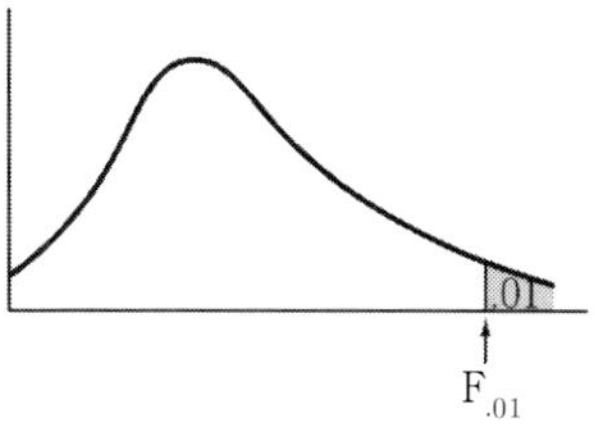

V_1 =분자의 자유도, V_2 =분모의 자유도
도표의 각 셀에 들어 있는 수는 유의수준 .01에 해당하는 F값

V_2	V_1								
	12	15	20	24	30	40	60	120	∞
1	6101	6157	6209	6235	6261	6287	6313	6339	6366
2	99.42	99.43	99.45	99.46	99.47	99.47	99.48	99.49	99.50
3	27.05	26.87	26.69	26.60	26.50	26.41	26.32	26.22	26.13
4	14.37	14.20	14.02	13.93	13.84	13.75	13.65	13.56	13.46
5	9.89	9.72	9.55	9.47	9.38	9.29	9.20	9.11	9.02
6	7.72	7.56	7.40	7.31	7.23	7.14	7.06	6.97	6.88
7	6.47	6.31	6.16	6.07	5.99	5.91	5.82	5.74	5.65
8	5.67	5.52	5.36	5.28	5.20	5.12	5.03	4.95	4.86
9	5.11	4.96	4.81	4.73	4.65	4.57	4.48	4.40	4.31
10	4.71	4.56	4.41	4.33	4.25	4.17	4.08	4.00	3.91
11	4.40	4.25	4.10	4.02	3.94	3.86	3.78	3.69	3.60
12	4.16	4.01	3.86	3.78	3.70	3.62	3.54	3.45	3.36
13	3.96	3.82	3.66	3.59	3.51	3.43	3.34	3.25	3.17
14	3.80	3.66	3.51	3.43	3.35	3.27	3.18	3.09	3.00
15	3.67	3.52	3.37	3.29	3.21	3.13	3.05	2.96	2.87
16	3.55	3.41	3.26	3.18	3.10	3.02	2.93	2.84	2.75
17	3.46	3.31	3.16	3.08	3.00	2.92	2.83	2.75	2.65
18	3.37	3.23	3.08	3.00	2.92	2.84	2.75	2.66	2.57
19	3.30	3.15	3.00	2.92	2.84	2.76	2.67	2.58	2.49
20	3.23	3.09	2.94	2.86	2.78	2.69	2.61	2.52	2.42
21	3.17	3.03	2.88	2.80	2.72	2.64	2.55	2.46	2.36
22	3.12	2.98	2.83	2.75	2.67	2.58	2.50	2.40	2.31
23	3.07	2.93	2.78	2.70	2.62	2.54	2.45	2.35	2.26
24	3.03	2.89	2.74	2.66	2.58	2.49	2.40	2.31	2.21
25	2.99	2.85	2.70	2.62	2.54	2.45	2.36	2.27	2.17
26	2.96	2.81	2.66	2.58	2.50	2.42	2.33	2.23	2.13
27	2.93	2.78	2.63	2.55	2.47	2.38	2.29	2.20	2.10
28	2.90	2.75	2.60	2.52	2.44	2.35	2.26	2.17	2.06
29	2.87	2.73	2.57	2.49	2.41	2.33	2.23	2.14	2.03
30	2.84	2.70	2.55	2.47	2.39	2.30	2.21	2.11	2.01
40	2.66	2.52	2.37	2.29	2.20	2.11	2.02	1.92	1.80
60	2.50	2.35	2.20	2.12	2.03	1.94	1.84	1.73	1.60
120	2.34	2.19	2.03	1.95	1.86	1.76	1.66	1.53	1.38
∞	2.18	2.04	1.88	1.79	1.70	1.59	1.47	1.32	1.00

참고문헌

강승호, 김명숙, 김정환, 남현우, 허숙(1996). 현대교육평가의 이론과 실제. 서울: 양서원.

곽영순, 강호선(2005). 교사평가 수업평가. 서울: 원미사.

교육개혁위원회(1995). 세계화 · 정보화 시대를 주도하는 신교육 체제 수립을 위한 교육 개혁 방안. 제2차 대통령 보고서. 1995. 5. 31.

교육부(1997). 「교육과정」, 「수행평가」 내부자료.

교육부(1998). 새로운 대학입학제도와 교육비전 2002: 새 학교문화 창조. 서울: 교육부.

교육부(1999). 초 · 중 · 고등학교 학교생활기록부 전산처리 및 관리지침, 교육부 훈령 제587호.

교육부(2015). 2015년 시 · 도교육청 평가 결과 발표. 교육부 보도자료(2015. 6. 18.).

교육부(2015). 초 · 중등학교 교육과정 총론. 교육부 고시 2015-74호.

교육부(2016). 2016년 시 · 도교육청 평가 결과 발표. 교육부 보도자료(2016. 7. 15.).

교육부(2017). 2017년 시 · 도교육청 결과발표. 교육부 보도자료(2017. 11. 22.)

교육평가학회(1986). 교육평가의 과제와 전망. 학술세미나발표자료.

구자억, 신기왕, 정규열, 김정민, 이동은, 권영화, 박정하, 채송화(2012). 2011년 학교평가 사업보고서. 한국교육개발원.

국립국어연구원/두산동아(2001). 표준국어대사전.

김경리(2013). 인지진단모형을 활용한 맞춤형 학습경로 분석. 교육평가연구, 26(3), 597-621.

김명남, 장시형 역(2007). 특이점이 온다(The singularity is near). Kurzweil, R. 서울: 김영사. (원저는 2005년에 출간)

김명숙(2004). 교수학습 및 평가방법의 외국 동향. 교육마당21, 특별기획II(http://www. madang21. or.kr/2004_06/html/theme1.htm).

김성숙, 김희경, 서민희, 성태제(2015). 형성평가. 서울: 학지사.

김성천(2013). 혁신학교 성과분석과 과제. 공교육의 새로운 표준을 향한 혁신학교의 가능성과 과제 포럼 자료집.

김성훈(1993). 새로운 교육평가를 위한 인지심리학적 교육측정의 활용 가능성 탐색. 한국교육, 20, 131-154.

김성훈(1999). 학교평가에서의 교육본위적 가치의 위상에 관한 연구: 교육의 질 개념을 중심으로. 건국대학교 한국문제연구원(편). 교육과 삶의 질, 383-416.

김성훈(2001). 학업성취 평가결과 정보의 유형과 교육적 의의. 교육평가연구, 14(2), 1-15.

김성훈(2005). 인지구조모형에 근거한 학생의 지식상태의 진단: 규칙장이론(Rule-Space Theory)의 적용. 교육학연구, 43(1).

김성훈(2005a). 교육평가 콘텐츠 중장기 개발계획. 한국교육과정평가원, 교육용콘텐츠 중장기 개발 계획수립연구.

김성훈(2005b). 인지모형에 근거한 학생의 지식상태 진단-규칙장이론(Rule-space theory)의 적용. 교육학연구, 43(1), 81-107.

김성훈(2006). 객관식 시험과 수행평가의 교육적 의의. 동국대학교교육연구원. 교육문제연구, 17, 37-54.

김성훈(2007). 학습력 향상을 위한 교육평가의 방향. 한국교육학회 편. 한국의 교육력 이대로 좋은가. 한국교육학회 2007 춘계학술대회자료집(pp. 53-59). 한국교육학회.

김성훈(2008). 교육평가는 교육을 교육답게 하는가? 교육원리연구, 13(1), 73-91.

김성훈(2008). 교육평가는 교육을 교육답게 하는가?. 교육원리연구, 3(1), 73-91.

김성훈(2015). 21세기 교원정책연구의 방향: 창의력 신장을 중심으로. 한국교원교육연구, 32(4), 51-72.

김성훈(2016). 창의융합형 인재 양성을 위한 학생평가의 방향. 한국교과서연구재단, 2016 국제 교과서 심포지움(자료집), 20-40.

김성훈, 송미영(2009). 대규모 학업성취도 평가 자료를 활용한 인지상태 진단-DINA 모형의 적용, 대규모 학업성취도평가 자료의 활용방안 탐색. 한국교육과정평가원 연구자료 (ORM 2009-31).

김수동, 김경희, 김수진(2005). 교사의 학생평가 전문성 기준. 서울: 한국교육과정평가원.

김신영, 김용련, 이현숙(2014). 학생의 학업성취도 평가정책의 현실과 미래. 서울: 교육을 바꾸는 사람들.

김영자, 김향자, 신화식, 융옥균, 이현옥, 정태희, 황윤환(2009). 다중지능이론과 교육의 실제. 한국다중지능교육학회 편. 서울: 학지사.

김재철(2002). 학생배경변인과 수학에 대한 태도변화의 관계 분석. 서울대학교 대학원 박사학위논문.

김재철(2008). 사회과학 연구를 위한 최신 실용통계학. 서울: 학지사.

김재춘, 소경희(1999). 수행평가 정착을 위한 교육과정 운영 방안. 한국교육과정평가원보고서

김주후(2004). 프로그램 논리 중심의 평가 적용: TALENT 프로젝트의 사례를 중심으로. 교육평가연구, 17(1), 1-13.

김진규(2013). 형성평가의 101가지 기법. 경기: 교육과학사.

김형주(2005). 미래교육의 준비: ICT에서 u-Learning으로. 삼성경제연구소, 2005 Digital2 Conference 발표자료.

김호권(1984). 현대교육평가. 서울: 교육과학사.

김호권(1999). 수행평가의 정당성과 문제점. 교육평가연구, 12(2), 1-10.

김희경, 박종임, 정영준, 박상욱, 김창환, 이채희, 최재화(2014). 맞춤형 교육지원을 위한 온오프라

인 형성평가시스템 도입방안. 서울: 한국교육과정평가원.
남명호(1996). 수행평가 방법의 활용과 발전 과제. 교육월보, 4월호, 42-45.
남명호, 박소영, 송미영, 김국현(2006). 교사의 학생평가 전문성 신장 연구(III). 서울: 한국교육과정평가원.
남현우(1998). 수행평가의 측정학적인 문제점들에 대한 고찰. 교육평가연구, 제11권, 제2호, 1-21.
대통령자문교육개혁위원회(1995). 세계화 · 정보화 시대를 주도하는 신교육체제 수립을 위한 교육개혁 방안.
류성창(2012). 미래 역량 중심 교육을 위한 교육평가 개선방안. 충북: 한국교육개발원.
류영달(2004). u-Korea 추진 개요 및 전망. 한국컴퓨터정보학회지, 12(2), 9-24.
박도순(1995). 연구의 최근 동향과 수행평가의 문제. 교육진흥, 제27호, 서울: 중앙교육진흥연구소.
박도순 외 24인(2007). 교육평가, 이해와 적용. 경기: 교육과학사.
박순경, 정영근, 백경선, 이영섭, 이병호, 김철호, 이종식, 민은영, 가지혜, 한미애, 최승일, 김민호(2014). 2009 개정 교육과정에 따른 고등학교 핵심 성취기준 개발 연구: 총론. 한국교육과정평가원 연구보고서(CRC 2014-5-1).
박윤수, 이영선, 이영주, 인보란, 김성은, 송미영(2012). 인지진단모형의 다층분석을 적용한 국가수준 학업성취도 평가결과 분석: 지역 간 인지요소 숙달차이를 중심으로. 교육평가연구, 제25권, 제2호.
박효정, 성용구, 신명희, 유승희, 이여만, 정재걸, 정종진, 정태희, 하대현(2006). 다중지능이론과 수업. 경기: 양서원.
배호순(1991). 수업평가. 서울: 양서원.
배호순(1994). 프로그램평가론. 서울: 원미사.
배호순, 윤병희, 김성훈, 황규호, 백순근(1997). 초 · 중 · 고등학교 교육과정평가 방안 및 도구 개발 연구. 교육부 정책과제 보고서.
백순근(1997). 학교평가에 대한 선진 외국의 동향. 한국교육평가학회 학술세미나 발표 논문집, 학교평가의 과제와 발전 방향(pp. 107-128).
백순근(1998). 정보화 시대를 위한 교육평가 체제의 재구조화: 수행평가를 중심으로. 교육월보, 12월호.
백순근(1999). 수행평가 정착을 교육평가 운영 방안. 한국교육과정평가원 보고서.
백순근(2002a). 학습에 대한 생태학적 접근이 교육평가에 주는 시사. 아시아교육연구, 3(1), 27-42.
백순근(2002b). 시 · 도교육청평가의 문제점 및 개선방안. 아시아교육연구, 3(2), 135-151.
백순근(2003a). 학교평가의 문제점 및 개선방안. 서울: 서울대학교 교육연구소.
백순근(2003b). 국가 수준과 시 · 도교육청 수준의 학교평가 연계방안. 2003. 10. 17. 추계 한국교육평가학회 세미나 자료집, 교육공동체 형성을 위한 학교평가의 중장기 전망과 과제(pp. 1-16).
백순근(2005). 교사용 실천지능검사의 구성 요인에 대한 이론적 고찰. 교육평가연구, 18(2), 59-77.
백순근(2006). 학교정책평가의 필요성 및 지향점. 학교경영, 9, 46-51.

백순근, 임현수(2006). 중학교 교사용 실천지능검사의 개발 및 타당화. 교육평가연구, 19(1), 223-240.

백순근, 함은혜, 이재열, 신효정, 유예림(2007). 중등학교 교사의 교수역량 구성요인에 대한 이론적 고찰. 아시아교육연구, 8(1), 47-69.

서민원(1999). 수행평가의 학교현장 적용상의 문제와 장애요인. 교육평가연구.

서민원(2016). 한국교육개발원 이슈페이퍼.

서울대학교 교육연구소(1994). 교육학용어사전. 서울: 하우.

서울특별시교육연구정보원(2018). 2018 학교평가 가이드북. 서울: 서울특별시교육연구정보원.

성태제(1999). 수행평가의 본질과 장단점. 우리나라에서의 문제점과 원인분석 그리고 해결방안. 한국교원대학교 '교육개혁 대토론회: 수행평가 어떻게 할 것인가에서의 발표자료.

성태제(2005). 현대교육평가. 서울: 학지사.

성태제(2006. 9.). 교육평가체제 발전방향: 개인화 종합평가시스템. 한국교육과정평가원 개원8주년 기념 국제학술세미나 자료집, 26-36.

성태제(2009). 교육평가의 기초. 서울: 학지사.

손우정(2012). 배움의 공동체. 서울: 해냄.

송경진 역(2016). 클라우스 슈밥의 제4차 산업혁명(The fourth industrial revolution). Schwab, K. 서울: 새로운 현재. (원저는 2016년에 출간)

시 · 도교육청평가위원회(1996). 1996년도 시 · 도교육청 종합평가보고서.

시 · 도교육청평가위원회(1997). 1997년도 시 · 도교육청 평가보고서.

시 · 도교육청평가위원회(1998). 1998년도 시 · 도교육청 평가보고서.

시 · 도교육청평가위원회(1999). 1999년도 시 · 도교육청 평가보고서.

시 · 도교육청평가위원회(2001). 2001년도 시 · 도교육청 평가보고서.

신기현(1999). 교육분야에서의 전기적 방법의 가능성 탐색. 교육원리연구, 4(1).

이미숙(2015). 중등학교 협동학습의 이론과 실제. 경기: 좋은땅.

이숙영(2003). Ubiquitous computing이 여는 세상. LG 경영인 포럼 11월 조찬회 발표자료.

이영선, 박윤수, 송미영, 김성은, 이영주, 인보란(2012). 인지진단모형을 적용한 학업성취도 평가결과 프로파일 보고방안 탐색. 교육평가연구, 제25권, 제3호.

이종승(2009). 교육 · 심리 · 사회 연구방법론. 경기: 교육과학사.

이종승(2009). 현대교육평가. 경기: 교육과학사.

임인재, 김신영, 박현정(2003). 심리측정의 원리. 서울: 학연사.

장상호(1980). 행동과학의 연구논리. 서울: 교육출판사.

장상호(2005). 학문과 교육(중I): 교육이란 무엇인가. 서울: 서울대학교 출판부.

장상호(2009). 학문과 교육(중II): 교육본위의 삶. 서울: 서울대학교 출판문화원.

정범모(2003). 국가 교육경쟁력 강화를 위한 교육평가의 역할. 국가경쟁력과 교육평가: 한국교육평가학회 창립20주년 기념 세미나 발표논문집, 9-16.

조용환(1998). 한국의 질적 연구 동향의 과제. 한국유아교육학회 연차학술대회.
진대제(2005). 디지털과 한국의 미래. 삼성경제연구소, 2005 Digital2 Conference 발표자료.
진동섭(2001). 학교장과 학교평가. 교육행정학연구, 19(2), 223-238.
최성욱(2009). 정답위주 평가체제에 대한 비판적 고찰. 열린교육연구, 7(1). 121-145.
최성욱, 신기현(1999). 교육평가의 새 영역. 교육원리연구, 4(1), 141-187.
하인호(2009). 미래학이란 무엇인가. 서울: 일송북.
한국교육과정평가원(1999). 고등학교 공통 필수 10개 과목에 대한 평가 방법 개선 연구(총 10권). 서울시교육청 수탁과제 보고서.
한국교육평가학회 편(2004). 교육평가 용어사전. 서울: 학지사.
한국대학교육협의회(1995). 대학종합평가인정편람. 서울: 한국대학교육협의회.
허경철(1999). 수행평가 정착을 위한 교육과정 운영방안. 한국교육과정평가원 보고서.
허경철, 백순근, 박경미, 최미숙, 양길석(1999). 수행평가 정책시행 실태 분석과 개선대책 연구. 교육부 정책연구보고서.
황정규(1986). 교육평가의 과제와 전망. 교육평가연구, 1, 1-24.
황정규(2002). 학교학습과 교육평가. 서울: 교육과학사.
황정규(2004). 학교학습과 교육평가. 서울: 교육과학사.
황정규(2005). 학교학습과 교육평가(개정판). 경기: 교육과학사.

Airasian, P. W. (2001). *Classroom Assessment*(4th ed.). Boston: Mcgraw Hill.
Alkin, M. C. (1969). Evaluation theory development. *Evaluation Comment, 2*(1), 2-7.
Anderman, E. M., & Maehr, M. L. (1994). Motivation and Schooling in the middle grades. *Review of Educational Research, 64*(1), 287-309.
Baron, M. A., & Boschee, F. B. (1995). *Authentic assessment: The key to unlocking student success*. Pennsylvania: Technomic.
Bennett, R. E. (2011). Formative assessment: A critical review. *Assessment in Eduaction: Principles, Policy & Practice, 18*(1).
Berk, R. A. (Ed.). (1986). Performance assessment: *Methods & applications*. The Johns Hopkins University Press.
Black, P., & Wiliam, D. (1998). Assessment and classroom learning. *Assessment in Education: Principles, Policy and Practice, 5*(1).
Bloom, B. S., Hasting, J. T., & Madaus, G. F.(1981). *Evaluation to improve learning*. New York: Mcgraw Hill.
Blum, R. E., & Arter, J. A. (Eds.). (1996). A Handbook for Student Performance Assessment in an Era of Restructuring. Association for Supervision and Curriculum Development.

Alexandria, Virginia.

Bostrom, N. (2014). *Superintelligence: Paths, dangers, strategies.* Oxford University Press.

Bronfenbrenner, U. (1979). *The ecology of human development: Experiments by nature and design.* MA: Harvard University Press.

Brown, S. (2007). Feedback & feed-forward. Center for Bioscience Bulletin 22, The Higher Education Academy.

Buchler, J. (Ed.) (1955). *Philosophical writings of pierce.* NY: Dover, 1955.

Bulger, S. E., & Burger, D. L. (1994). Determining the validity of performance-based assessment. *Educational Measurement: Issues and Practice, 13*(1), 9-15.

Bunderson, C. V., Inouye, D. K., & Olsen, J. B. (1989). The four generations of computerized educational measurement. In R. L. Linn (Ed.), *Educational measurement* (3rd ed., pp. 367-407). American Council on Education and National Council on Educational Measurement.

Chen, H. T. (1994). *Theory-based evaluation.* Newbury Park: Sage Publication.

Combs, A. W. (1979). *Myths in Education.* Boston: Allyn and Bacon, Inc.

Cronbach, L. J. (1963). Evaluation for couse improvement. *Teachers College Record, 64*, 672-683.

Cruickshank, D. R., Bainer, D., & Metcalf, K. (1995). *The act of teaching.* Mcgraw- Hill, Inc.

Cumming, D. R. S., Furber, S. B., & Paul, D. J. (2014. 2. 14. 인출). Beyond Moore's Law. (http://rsta.royalsocietypublishing.org/content/372/2012/20130376.short)

Davey, G. (1989). *Ecological learning theory.* London & New York: Routledge.

Davies, P. (2002). Using Student Reflective Self-Assessment for Awarding Degree Classification. *Innovations in Educational and Testing International, Vol. 39*, No. 4.

Ebel, R. L., & Frisbie, D. A. (1991). *Essentials of educational measurement.* NJ: Prentice-Hall, Inc.

Education Resources. (1996). Educational Issues Series: Performance Assessment. http://www.weac.org/resource/may96/perform.htm

Educational Testing Service (2012). *Keeping learning on track program: Summary.* Princeton, NJ: The Author.

Eisner, E. W. (1985). *The art of educational evaluation: A personal view.* London: Falmer Press.

Eisner, E. W. (1994). *The Educational imagination: On the design and evaluation of school programs* (3rd ed.). New York: Macmillan.

Fitzpatrick, J. L., Sanders, J. R., & Warthen, B. R. (2004). *Program Evaluation* (3rd ed.). Pearson Education, Inc.

Fitzpatrick, J. L., Sanders, J. R., & Worthen, B. R. (2004). *Program evaluation: Alternative approaches and practical guideline* (3rd ed.). Longman, New York: White Plains.

Glaser, R. (1963). Instructional technology and the measurement of learning outcomes. *American Psychologist, 18*, 519-521.

Goleman, D. (1995). *Emotional intelligence*. NY: Bantam Books.

Green, B. F. (1995). Comparability of scores from performance assessment. *Educational measurement: Issues and practice, 14*(4), 13-15, 24.

Guba, E. G., & Lincoln, Y. S. (1989). *Fourth generation evaluation*. San Francisco, CA: Sage Publication.

Haertel, E. (1992). Performance measurement. In M. Alkin (Ed.), *Encyclopedia of Educational Research* (6th ed.). London: Macmillan Publishing.

Harnisch, D. L. (1999). 고교 수행평가는 과정 자체가 수업. 경향신문, 3월 22일.

Heritage, M. (2010). *Formative assessment: Making it happen in the classroom*. Thousand Oaks, CA: Corwin.

Herman, J. L., Aschbacher, P. R, & Winters, L. (1992). *A practical guide to alternative assessment*. Alexandria, Virginia: ASCD.

IMD World Competitiveness Center. (2005). *IMD World Competitiveness Yearbook*.

Jensen, R. (1999). *Dream society: How the coming shift from information to imagination will transform your business*. NY: McGraw Hill.

Johnson, D. W., & Johnson, R. T. (1975). *Learning together and alone: Cooperation, competition and Indivisualization*. NJ: Prentice Hall.

Joint Committee on Standards for Evaluation (1994). *The Program evaluation standards* (2nd ed.). SAGE Pub, Inc.

Lavin(1965). *The prediction of academic performance: A theoretical analysis and review of research*. New York: Russell Sage Foundation.

McMillan, J. H.(2014). *Classroom Assessment: Principles and Practice for effective Instruction* (6th ed.). Boston: Pearson.

McTighe, J., & Ferrara, S. (1994). *Assessing learning in the classroom*. Washington, D.C.: National Education Association.

Mehrens, W, (1992). Using performance assessment for accountability purposes. *Educational Measurement: Issues and Practice, spring*.

Messick, S. (1995). Standards of validity and the validity of standards in performance assessment. *Educational Measurement: Issues and Practice, 14*(4), 5-8.

Motte, T. P. & Richmond, V. P. (2000). Student nonverbal communication and its influence on teachers and teaching: A review of literature, Paper presented at the Annual Meeting of National Communication Association.

Mumford, M. D. (2003). "Where have we been, where are we going? Taking stock in creativity research." *Research Journal, 15*, 107–120.

Nitko, A. J. (1984). Defining 'criterion-referenced test'. In R. A. Berk (ed.), *A guide to criterion-referenced test construction*. Baltimore, MD: Johns Hopkins University Press.

Nystrand, M., Gamoran, A., & Carbonaro, W. (1998). Towards an ecology of learning: The case of classroom discourse and its effects on writing in high school English and social studies. ERIC, ED 415 525.

O'Connor, M. C. (1992). Rethinking aptitude, achievement, and instruction: Cognitive science research and the framing of assessment policy. In B. R. Gifford, & M. C. O'Connor (Eds.), *Changing assessments*. London: Kluwer Academic Pub.

Office of Research. (1993). Performance Assessment. Education Research Consumer Guide, No. 2. http://www.ed.gov/pubs/OR/ConsumerGuides/perfasse.html.

Office of Technology Assessment. (1992). Testing in American Schools: Asking the Right Questions. Congress of the United States.

Oosterhof, A. (1994). *Classroom application of educational measurement* (2nd ed.). New York: MacMillan Publishing Company.

Parlett, M., & Hamilton, D. (1976). Evaluation as illumination: A new approach to the study of innovative programs. In G. V. Glass (Ed.), *Evaluation studies review annual* (Vol. 1). Beverly Hills, CA: Sage.

Pollock, J. E. (2011). Feedback: *The hinge factor that joins teaching and learning*. Thousand Oaks, CA: Corwin.

Provus, M. M. (1971). *Discrepancy evaluation*. Berkeley, CA: McCutchan.

Reigeluth, C. M. (Ed.). (1999). *Instructional-design theories and models, Volume II: A new paradigm of instructional theory*. NJ: Lawrence Erlbaum Associates, Publishers.

Rosenthal, R., Jacobson, L. (1992). *Pygmalion in the classroom: Teacher expectation and pupil's intellectual development*. CrownHouse Publishing.

Royse, O., Thyer, B. A., & Padgett, D. K. (2010). *Program evaluation*, 5th ed. Wadsworth, Cengage Learning.

Sadler, D. R. (1989). Formative assessment and the design of instructional systems. *Instructional Science, 18*(2).

Scriven, M. (1967). The methodology of evaluation. In R. E. Stake (Ed.), *Curriculum evaluation* (AERA monograph series on evaluation, No. 1, 33–83). Chicago: Rand McNally.

Scriven, M. (1974). Evaluation perspectives and procedures. In J. W. Popham (Ed.), *Evaluation in education: Current application* (pp. 3–93). Berkeley, CA: McCutcheon.

Scriven, M. (1974). Standards for evaluation of educational programs and products. In G. D. Borich (Ed.), *Evaluating educational programs and products*. Englewood Cliffs, NJ: Educational Technology.

Shepard, L. A., & Bliem, C. L. (1995). Parent's thinking about standardized tests and performance assessment. *Educational Researcher, 24*(8), 25–33, 46.

Slavin, R. E. (1987). Cooperative Learning & Cooperative School. *Educational Leadership, 45*(3).

Slavin, R. E. (1988). Cooperative Learning & Student Achievement. *Educational Leadership, 46*(10).

Stake, R. E. (1967) "The Countenance of Educational Evaluation. *Teachers College Records, 68*(7): 523–540.

Sternberg, R. J. (2011). Cognitive psychology (6th ed.). ISBN 978–1–133–38701–5. (http://en.wikipedia.org/Creativity, 2015. 5. 31. 인출)

Stiggins, R. J. (1994). *Student–centered classroom assessment*. New York: Macmillian.

Stiggins, R. J. (1998). *Classroom assessment for student success*. Annapolis Junction, MD: National Education Association.

Stiggins, R., & Bridgeford, N. (1982). The role of performance assessment in day to day classroom assessment and evaluation, paper presented at the NCME conference, March, New York.

Stufflebeam, D. L. (1971). The relevance of the CIPP evaluation model for educational accountability. *Journal of Research and Development in Educations, 5*, 19–25.

Stufflebeam, D. L., & Shinkfield, A. J. (2007). *Evaluation theory, models, and applications*. CA: Jossey Bass.

Trinder, J. J., Magill, J. V., & Roy, S. (2005). Portable assessment: Towards ubiquitous education. *International Journal of Electrical Engineering Education, 42*, 73–78.

Tyler, R. W. (1942). General statement on evaluation. *Journal of Educational Research, 35*, 492–501.

Tyler, R. W. (1949). *Basic principles of curriculum and instruction*. IL: University of Chicago Press.

Tyler, R. W. (1967). *Perspective of curriculum evaluation. AERA Monograph Series on Curriculum Evaluation* (No. 1). Chicago: Rand McNally.

Vermesan, D., & Friess, P. (Eds.). (2015). Building the Hyperconnectd Society: IoT research and innovation value chains, ecosystems and markets. River Publishers.

Von Davier, M. (2010). Hierarchical mixture of diagnostic models. *Psychological Testing and Assessment Modeling, 52*(1).

Waldrop, M. M. (2016). The chips are down for Moore's Law. Nature News & Comment.

WEF(World Economic Forum). (2016). Executive summary: The Future of Jobs: Employment, Skills and Workforce Strategy for the Fourth Industrial Revolution.

William, D. (2007). Changing Classroom practice. *Educational Leadership, 65*(4).

William, D. (2011). *Embedded formative assessment.* Bloomington: Solution Tree.

Wimmer, M. (2006). 유럽의 문화교육 진흥을 위한 국제회의 참여, 혁신, 질적기여(Promoting cultural education in Europe: A contribution to participation, innovation and qualitiy). Preconference reader for the European conference, Commissioned by the Austrian Ministry of Education, Science and Culture.

Worthen, B. R., Borg, W. R., & White, K. R. (1993). *Measurement and education in school.* NY: Longman.

네바다 교육청 2014년 초등학교 논설문 채점기준표(3~5학년). https://www.google.co.kr/url?sa=t&rct=j&q=&esrc=s&source=web&cd=1&ved=0ahUKEwjBkM22nvvNAhWGoZQKHQoEBXEQFggdMAA&url=http%3A%2F%2Fwww.doe.nv.gov%2FAssessments%2FWriting%2FES_Resources%2FGrade_4_Evaluation_Guides_2014%2F&usg=AFQjCNE5WSWM5u6syeoYGN0K0Nj_-H9orA&sig2=naxtuVIf1MVdJA5-5IlEgQ&bvm=bv.127178174,d.dGo

맥그로힐 중학교 듣기 채점기준표. http://www.glencoe.com/sec/glencoewriting/MiddleSchoolRubrics_876541.indd.pdf

맥그로힐 중학교 발표 채점기준표. http://www.glencoe.com/sec/glencoewriting/MiddleSchoolRubrics_876541.indd.pdf

맥그로힐 중학교 사회 조사보고서 채점기준표. http://www.glencoe.com/sites/common_assets/workbooks/language_arts/rprw/68rprw.pdf

맥그로힐 중학교 영어 연설문 채점기준표. http://www.glencoe.com/http://www.glencoe.com/sec/glencoewriting/MiddleSchoolRubrics_876541.indd.pdf

이윤수(2015. 2. 16.) 21세기 탈로스 신화: 슈퍼인공지능. 지디넷코리아. http://www. zdnet.co.kr/column/column_view.asp?artice_id=20150216162553

Beacon High School 역사 보고서 채점기준표.

https://beaconschool.org/departments/history/docs/11Historyrubric.pdf

CBS San Francisco–Bowen Bethards.

http://sanfrancisco.cbslocal.com/2012/07/31/mom-says-albany-teacher-bullied-son-sues-district/

Chicago Public High Schools 과학 보고서 채점기준표.

http://www.curiehs.org/apps/pages/index.jsp?uREC_ID=4542&type=d&termREC_ID=&pREC_ID=278346

Elmwood Park Public Schools 초등학교 사회 채점기준표.

http://www.elmwoodparkschools.org/cms/One.aspx?portalId=79535&pageId=273724

Falmouth High School 발표 채점기준표.

http://www.falmouthschools.org/file/highschool/school-wide_rubric_oral.pdf

Garfield High School.

http://garfieldhs.seattleschools.org/UserFiles/Servers/Server_7283/File/Services/Counseling/Grade%20Review.pdf

https://en.wikipedia.org/wiki/omnipresence.

Limits to Student Lawsuits Over Bad Grades in Illinois.

http://edlawinsights.com/tag/california/

Malden High School 영어 설득하는 글 채점기준표.

http://historymalden.wikispaces.com/High+School+Rubrics

Malden 중학교 사회 토론 채점 기준표.

http://historymalden.wikispaces.com/Rubrics

Moore's law. https://en.wikipedia.org/wiki/Moore%27s_law (2016. 9. 7. 인출).

New Berlin 중학교 과학 실험보고서 채점기준표.

http://www.nbexcellence.org/faculty/lawtonl/Microsoft%20Word%20-%20Lab%20Report%20Format%20&%20Rubric%2009-10.pdf

NPR Parent Sues School over Student's Poor Grade.

http://www.npr.org/templates/story/story.php?storyId=8278150

Remsenburg–Speonk 초등학교 과학 보고서(Science Fair) 4학년 채점기준표.

http://rsufsd.drupalgardens.com/sites/g/files/g326596/f/201402/Science%20Fair%20Rubrics.pdf

Virginia Education Association.

http://www.veanea.org/home/651.htm

찾아보기

인명

내용

저자 소개

김성훈 Kim, Sung-Hoon / 제1, 16장

서울대학교 사범대학 교육학과 학사
서울대학교 사범대학 교육학과 석사(교육심리 전공)
미국 일리노이 대학교 대학원 교육학과 박사(교육측정, 평가 전공)
전 한국교육개발원 책임연구원
대수능, 의 · 치의학교육입문검사, 법학적성시험 평가위원장
한국교육평가학회장
대통령실 교육과학문화수석실 정책자문위원
한국교육과정평가원 원장
현 동국대학교 교육학과 교수, 교무부총장

김신영 Kim, Shin Young / 제2, 3, 4장

한국외국어대학교 인도어과 학사
서울대학교 사범대학 교육학과 석사(교육평가 전공)
미국 일리노이 대학교 대학원 교육학과 박사(교육측정, 평가 전공)
전 한국교육개발원 연구원
한국교육과정평가원 책임연구원
대수능, 의 · 치의학교육입문검사, 법학적성시험 평가위원장
한국외국어대학교 사범대학 학장
학국교육평가학회장
한국외국어대학교 교육대학원장
수능개선위원회 위원장
현 한국외국어대학교 사범대학 교수

김재철 Kim, Jae Chul / 제8, 10, 13장

서울대학교 사범대학 교육학과 학사
서울대학교 사범대학 교육학과 석사(교육측정, 평가, 통계 전공)
서울대학교 사범대학 교육학과 박사(교육측정, 평가, 통계 전공)
전 서울시 중 · 고등학교 수학 교사(수학1급 정교사)
한국교육과정평가원 연구원
한국상담학회 전문상담사 시험관리위원장
의 · 치의학교육입문검사, 법학적성시험, 공무원시험 평가위원장
한국교육평가학회 이사
한국교육심리학회 이사
한국인간발달학회 이사
한국교육학회 편집위원
한국진로교육학회 편집위원
현 한남대학교 사범대학 교육학과 교수

반재천 Ban, JAE-CHUN / 제7, 11, 12장

한양대학교 교육학과 학사
서울대학교 사범대학 교육학과 석사(교육측정, 평가, 통계 전공)
미국 아이오와 대학교 대학원 교육학과 박사(교육측정, 평가, 통계 전공)
전 ACT(American College Testing), Inc. 연구원
한국교육과정평가원 연구원
현 충남대학교 사범대학 교육학과 교수
한국교육평가학회 이사
『교육평가연구』 학술지 편집위원장
충남대학교 응용교육측정평가연구소 소장

백순근 BAEK, SUN-GEUN / 제14, 15장

서울대학교 사범대학 교육학과 학사
서울대학교 사범대학 교육학과 석사(교육측정, 평가 전공)
미국 UC버클리 대학교 대학원 교육학과 박사(교육측정, 평가 전공)
전 한국교육개발원 원장
한국교육평가학회 회장
OECD CERI(교육연구혁신센터) 운영위원
UNESCO 한국위원회 운영위원
서울대학교 입학본부 본부장
서울대학교 사범대학 기획실장
현 서울대학교 사범대학 교육학과 교수

서민원 Seo, Min Won / 제5, 6, 9장

충남대학교 문과대학 학사
서울대학교 사범대학 교육학과 석사(교육평가, 연구방법론 전공)
서울대학교 사범대학 교육학과 박사(교육평가, 연구방법론 전공)
전 한국대학평가원 원장
의 · 치의학교육입문검사, 법학적성시험 출제 평가위원장 등
현 우송대학교 부총장

예비교사를 위한 교육평가 (2판)

Educational Evaluation for Teachers (2nd ed.)

2010년 9월 10일 1판 1쇄 발행
2016년 9월 20일 1판 5쇄 발행
2018년 9월 20일 2판 1쇄 발행
2024년 8월 20일 2판 4쇄 발행

지은이 • 김성훈 · 김신영 · 김재철 · 반재천 · 백순근 · 서민원
펴낸이 • 김 진 환
펴낸곳 • (주) 학지사
04031 서울특별시 마포구 양화로 15길 20 마인드월드빌딩 5층
대표전화 • 02) 330-5114 팩스 • 02) 324-2345
등록번호 • 제313-2006-000265호
홈페이지 • http://www.hakjisa.co.kr
인스타그램 • https://www.instagram.com/hakjisabook

ISBN 978-89-997-1654-6 93370

정가 **22,000**원